宋代教育研究丛书

总主编　赵国权

多元与开放

社会大变局中的两宋女子教育生活

赵国权◎著

本套丛书系河南大学教育科学学院教育学科『宋代教育研究』特色重点资助项目

2016年华中师范大学优秀博士学位论文培育计划资助项目（2016YBZZ050）

科学出版社
北京

内容简介

处在“大变局”中的两宋社会，给女子参与社会及教育生活带来了前所未有的机遇和挑战。本书依据社会学上的角色理论，从自然人、家庭人和社会人三个维度及历史学、教育学、社会学、民俗学、心理学、艺术学和考古学等多个学科角度，来探讨处于“大变局”中的两宋女子各个层面的教育生活。通过两宋前后及中外比较，确立两宋女子教育生活在中国乃至世界女子教育史上的重要地位。

本书适合社会学及妇女史研究者、历史或教育史专业的本科生和研究生，以及对中国历史、宋史、生活史感兴趣的读者阅读。

图书在版编目(CIP)数据

多元与开放：社会大变局中的两宋女子教育生活 / 赵国权著. —北京：科学出版社，2020.3

(宋代教育研究丛书 / 赵国权总主编)

ISBN 978-7-03-064475-6

Ⅰ. ①多… Ⅱ. ①赵… Ⅲ. ①妇女教育-教育史-中国-宋代 Ⅳ. ①G776

中国版本图书馆 CIP 数据核字(2020)第 035337 号

责任编辑：付 艳 卢 森 / 责任校对：贾娜娜

责任印制：李 彤 / 封面设计：润一文化

科学出版社 出版

北京东黄城根北街 16 号

邮政编码：100717

http://www.sciencep.com

北京虎彩文化传播有限公司 印刷

科学出版社发行 各地新华书店经销

*

2020 年 3 月第 一 版 开本：720 × 1000 B5

2020 年 3 月第一次印刷 印张：17 3/4

字数：347 000

定价：128.00 元

(如有印装质量问题，我社负责调换)

丛书序

从夏商周到元明清所有王朝中，唯独宋朝所引发的争议最多，是“盛世”还是“衰世”，是“开放”还是“保守”，是“中兴”还是“偏安”等，见智见仁。也正因为如此，其才吸引国内外诸多学者不惜投入大量时间和精力来思考、评判、建构。诸如国学大师王国维称：“天水一朝人智之活动与文化之多方面，前之汉唐，后之元明，皆所不逮也。”史学大家陈寅恪也曾言：“华夏民族之文化，历数千载之演进，造极于赵宋之世。”再如日本学者内藤湖南的“唐宋变革”说、法国学者谢和耐的“文艺复兴”说、美国学者费正清及L.S. 斯塔夫里阿诺斯的“商业革命”说等，他们都站在世界史的角度来反思宋朝的划时代变化，着实能让人对以宋文化为代表的中国文化充满自信。

带着这份自信，立根于北宋都城开封的河南大学人，对宋文化自然情有独钟，在占据天时、地利、人和的情况下，自20世纪80年代就揭开了多学科、大团队聚焦宋史研究的序幕，接连出版了《宋代文化史》《宋代教育》《宋代地域文化》《宋代官员选任和管理制度》等系列专著。其中苗春德主编的《宋代教育》可谓全面系统研究宋代教育的第一部专著，也是一部较早的断代教育史研究专著。

有此研究背景和基础，河南大学教育科学学院在2000年申报教育学一级学科硕士点时，在教育史专业里面专门设置一个“宋代教育”研究方向，深得评审专家的认可。从2002年开始招收第一届硕士研究生至今，凡是入读中国教育史方向的硕士研究生，基本上都是把宋代教育作为自己的研究方向。与此同时，教育史前辈苗春德教授及当下中国教育史团队的赵国权教授、张建东副教授和刘保兄副教授，无论是论著创作、课题申报还是博士论文选题，也多以宋代教育为主，业已形成自己的研究特色，学院也将“宋代教育”作为重点培育的研究方向，还成立了“宋代教育研究所”作为特色发展的一个重要平台加以支持。

为充分展示近年来我们中国教育史团队的宋代教育研究成果，学院特组织一套“宋代教育研究丛书”，共有五部书。其中，有两部属于个人专著：①赵国权的《多元与开放：社会大变局中的两宋女子教育生活》基于其博士论文修改而成，用社会学的角色理论，从自然人、家庭人、社会人三个活动区域或空间维度，对两宋女子的教育生活在生活叙事、场景再现和文学书写等层面进行深度描述，借以充分展现两宋女子教育生活的真实情形，并从宋史、中国史和世界史三个角度，对两宋女子教育生活予以准确定位。②张建东的《宋代游学活动研究》着重探讨宋代学者往返官学、书院、私学之间的游学活动，以及所体现出的游学内容的丰富性、游学目的的明确性、游学阶层的下层性等特点，认为游学活动弥补了官学教育的不足，磨砺出了一批名士硕儒，缩小了各地教育发展的差距，对文化传承、教育平民化、儒家道德教化的重心下移以及尊师风尚等方面产生了积极影响。有三部属于师生合作的宋代教育专题研究成果：①赵国权等著的《宋代“家国同构”下的多元社会教化研究》，主要探讨三个方面的问题：一是伦理与社会教化，包括两宋生活伦理的同一性问题、二程及王安石的社会教化思想等；二是孝道与家庭教化，包括孝道教化的路径、家庭教育建构及“三槐”王氏家族的教育活动等；三是科举及科普教化，包括科举与党争、民间教育传播、医学及科技教育、教育与图书出版等问题。②张建东等著的《宋代教育制度的重建与再生研究》，从官学、私学和书院三个层面剖析宋代教育制度的架构，官学方面论及太学生参政活动、官学经费以及河南地方官学的建制等，私学方面论及私学的管理制度、蒙养教材的编写以及女子教育问题等，书院方面论及书院经费、书院的社会教化功能、嵩阳书院和应天府书院研究等。③刘保兄等著的《宋代学人的教育思想研究》，针对周敦颐、胡瑗、范仲淹、司马光、苏东坡、杨时、胡宏、张栻、吕祖谦、陆九渊、杨简等教育家的教育思想，从道德、教学、书院、家庭、生命、实学等不同的角度进行挖掘和阐释，充分体现出他们对教育的忧患意识和终极追求。

丛书由赵国权教授发起、策划，并担任总主编和统稿事宜，张建东副教授、刘保兄副教授以及数十位已经毕业的研究生们全力协助，可以说是集体智慧的结晶。新时代开启新征程，新气象必有新作为，我们有信心在此研究的基础上，不忘初心，砥砺前行，出更多高质量的研究成果，以无负于这个新时代！

“宋代教育研究丛书”编写组

2019年12月26日

序

德国哲学家卡尔·雅斯贝尔斯在《历史的起源与目标》一书中，曾将公元前500年左右同时出现在中国、西方和印度等地区的人类文化突破现象称为“轴心时代”，认为此时各地所诞生的思想家群体及其所原创的各种思想理论，不仅给蒙昧的人类带来光明和希望，而且对后世各种社会形态或制度下的文化教育均产生重大影响，且这种影响至今仍在持续着。值得注意的是，因受政治、战争或自然环境因素的影响，印度及西方的古老文明都曾出现过断裂现象，然“能够悠久而又绵延不断，源远而又流长，古老而又风韵常存的，唯有中国文化以及这种文化所哺育的教育”①，这是因为中国教育文化博大精深及切于实用，还以其强大的包容性及同化力、适应力，使诸多少数民族军事上的胜利者同时又成为中国文化教育上的臣服者。因而，在世界教育文明史上，源远流长的中国教育文化有着举足轻重的地位。

那么，在轴心后时代的中国文化教育发展进程中，宋朝的文化教育可说是达到了一个鼎盛发展期。对此，国内外史学界多有共识，如史学大家陈寅恪曾称“华夏民族之文化，历数千载之演进，造极于赵宋之世”；学者邓小南认为，两宋时期的社会经济及文化都已达到中国历史上前所未有的高度，在政治文化

① 喻本伐、熊贤君：《中国教育发展史》，华中师范大学出版社1999年版，第3—4页。

形态、精神风貌方面呈现出“世俗化、平民化、人文化的明显趋向”，因而被普遍认为是中国历史上一个重要的“转型期”；学者葛兆光同样认为，中国社会发展到宋朝出现一个“质”的变化，甚至导致一个“千年未有之大变局”。而对中国史颇有研究的日本学者内藤湖南，在其《中国史通论——内藤湖南博士中国史学著作选译》一书中提出“唐宋变革”说，引起学界较大反响；法国学者谢和耐在其专著《中国社会史》一书中，更是认为宋朝在“追溯经典传统，传播知识，科技飞跃发展，出现新哲学及新世界观”等方面，与欧洲的“文艺复兴”确实有诸多相似之处，业已形成“自身的独特性质”，因此喻之为中国的“文艺复兴”。

宋朝文化教育的繁荣,为同时代的女子教育生活带来难得的发展机遇和空间。回溯自社会分工以来，女子在社会生活中就处于弱势地位，甚至“在传统的历史著述中，女性都是作为男性的附庸和配角出现的，处于失语状态，没有自己独立的位置，因而所谓历史只是男性的历史而已”[①]。那么，如何跳出传统的女子“从人”观，将两宋女子及其教育置于这一“千年未有之大变局”中来考察，以重新认识社会大变局给两宋女子教育生活带来的巨大变化，重新解读两宋女子的社会地位、生活样态及教育情形，重新评价两宋女子受教后对个人生活、家庭和谐、社会发展所发生的积极效应，最终来重新书写两宋女子教育的历史，这是一个很值得思考和探究的一个话题。

而今有幸看到，以研究宋代教育见长的赵国权老师，在相关史料犹如大海捞针的情况下，将两宋女子的教育生活作为自己的博士学位论文选题，他以社会角色理论为统领，运用大史料观及多学科视角，从自然人、家庭人、社会人三个维度，对两宋女子各类角色的教育生活进行微观分析和深度描述，大胆提出两宋尽管处于高度动荡的社会大变局，但却是中国古代文化发展的高峰，中国古代女子

① 王学典：《史学引论》，北京大学出版社 2008 年版，第 387 页。

教育生活也由此进入黄金时代。不仅如此，他还把两宋女子教育生活放在世界大历史的背景中去考察，与同时代的世界各国女子教育相比对，得出两宋女子教育生活是同时代世界女子教育生活实际上的“领跑者”，因此“它不独属于中国，也属于世界”。这种不同于传统描述的另一番别样诠释，不仅突破了以往学术界“宋代是程朱理学泛滥，中国女性被奴化最严重时期，没有女子教育”的陈说，而且深化和发展了国外历史学家内藤湖南、谢和耐以及中国前辈史学大师王国维、陈寅恪、钱穆与当代史学名家邓小南、葛兆光等“宋代盛世论”的观点，确实难能可贵。从书中，我们也可以看到：在一个趋向理性、开放、包容的社会生活业态下，两宋女子的教育生活亦呈现出多元、向上、自觉、自主之态势，在中国社会生活及教育生活史上真可谓独领风骚。

诚然，如对两宋具有宗教信仰女子以及少数民族女子的教育生活史料做进一步的挖掘和补充，会使两宋女子的教育生活更加丰满。期待赵国权老师在此研究的基础上“更上一层楼”，是为序！

周洪宇

2019年12月16日

目录

导　论

通过阅读大量史料，笔者发现处在社会大变局中的两宋女子教育生活别有洞天，有必要以社会角色理论为引领，从自然人、家庭人和社会人三个角度，对两宋女子教育生活进行全方位探究，以期能还原一段真实的女子教育生活。

第一节　两宋女子教育生活研究的初衷

研究两宋时期的女子教育，所依靠的史料不仅少之又少，且碎片化严重，查找起来犹如“大海捞针”，但强烈的使命感又迫使笔者必须砥砺前行。

1. 女子教育史应成为教育史学研究的另一半

如果说历史是人创造的，那么所谓的历史就是人的活动的历史，这是毫无疑问的。按理说，创造历史者，无外乎男、女两种人，缺少任何一方都不会有历史的发生和延续。但理论与现实有些时候是割裂的，至少在古代，受男主外“不言内”、女主内“不言外”观念的影响，政治、军事、经济、教育等安邦治国之大事总是由男子担当着，似乎与女子无关，以致书写历史者也总是让女子“走开”。对此，学者多有诟病，如王学典认为：“在传统的历史著述中，女性都是作为男性的附庸和配角出现的，处于失语状态，没有自己独立的位置，因而所谓历史只是男性的历史而已。”[①]国外亦有学者认为：“无论是过去还是现在，主流历史学家对历史事件的分析都有偏见，对于他们来说，男人的历史就是人类的历史。”[②]

不仅是历史学科，作为历史学科一个重要分支的教育史学科来说亦是如此，一部古代教育史其实就是一部男子教育史，因为历朝历代均不曾专为女子办学而使其接受教育，女子一直游离于官学大门之外，所以几无教育制度可言，亦无多少教育理论可书，写史者也自然不会太在意关于女子教育的那些细端末节之事，

---

① 王学典：《史学引论》，北京大学出版社 2008 年版，第 387 页。

②〔瑞典〕I. 胡森、〔德〕T. N. 波斯尔斯韦特：《教育大百科全书》第 2 卷，张斌贤等译，西南师范大学出版社、海南出版社 2006 年版，第 479 页。

甚至是认为“无足称述”。如此被建构的、男人一边倒的教育史，并不能说明女子教育可有可无，而是同男子教育一样重要，甚至在家庭这个层面，女子受教育的价值更为凸显。何况在实际生活中，没有太任的“能胎教”，就不会有周文王的“生而明圣”；没有孟母的三迁其居，也不会成就一代“亚圣”孟子；没有岳母刺字，也不可能有岳飞的“尽忠报国”。或者说，古代的家庭教育多是由“主内”女子承担的，无论是王公贵族抑或是平民百姓，无论是“独善其身”的“隐者”抑或是“兼济天下”的“显者”，无不接受过良好的家教，也无不受益于良好的家教。可以说，如果没有成千上万个母亲的家庭留守或“主内”，可能也成就不了成千上万个功勋男儿。

但历史的“熟视无睹”并不表明女子没有受过任何教育，而是以另外一种方式来呈现的，即在家庭和社会生活中来接受教育。故有学者称古代虽然没有专门的女子教育机构，但以女性为对象的“女学”颇为发达。可以说，人生必受之学校、社会和家庭三方面的教育，女子至少占据其二，在古代女子只是比男子少个官学教育而已，因为私学也是为幼小女童开放的。

正因为女子教育的价值所在，所以需要借助研究走进那段历史，走进历史中的女子，用新史料、新视角对女子教育进行多维解读，以此来还原历史的全部，追寻历史的本真和教育的“原生态”，以此表明女子教育自古以来就是一个动态的、持续的、时代色彩极具凸显的过程；旨在让女子教育合乎逻辑地走进历史，让女子也和男子一样成为历史的主人而非男子或历史的附属品，并最终如美国妇女史学家琼·凯莉所言：“把妇女还给历史，以及把历史还给妇女。”[①]虽已有一批学者，先后或断代立论或通史立论，但学无止境，对女子教育史的研究也远没有止境，尚未被关注及未发现的研究领域尚多，拓展的空间颇大，亟须加强和深化。

2. 对社会大变局中的两宋女子教育研究有必要再深化与再解读

史学界普遍认为两宋处于中国社会的转型期，葛兆光更认为是“千年未有之大变局”[②]。那么，如何跳出传统的宋朝“衰世”论及女子“从人”观，将两宋女子及其教育置于这一“千年未有之大变局”中来考察，这是一个很值得思考和探究的话题。

然而就目前对两宋女子教育的研究状况而言，主要存在以下两个方面的缺憾。

一是研究模式有局限。就近几年有关两宋女子教育研究的成果来看，基本上是从女子教育目标的定位谈到女子教育的内容和方法，或整体而论之，或分仕宦、平民等阶层阐释之；或述及宫廷、家庭等非正规教育路径，或专论司马光、袁采、

① 叶汉明：《女性主义史学与中国妇女社会史——当代西方研究的批判及中国妇女史学的展望》，载张妙清、叶汉明、郭佩兰：《性别学与妇女研究：华人社会的探索》，香港中文大学出版社1995年版，第98页。

② 葛兆光：《思想史研究课堂讲录：视野、角度与方法》，生活·读书·新知三联书店2005年版，第220页。

朱熹等几位名家的女教理论；或就某个家族的女子教育加以点评，或就李清照、朱淑真等卓有成就女性做个案分析等。

二是研究成果少。周愚文认为，以往的教育史研究侧重于教育制度、教育思想和教育人物等三个领域，至如“妇女教育等方面的研究，就显得稀少，甚至有被忽略之感”[①]。整个教育史研究如此，对两宋女子教育的研究更是如此。方建新的《二十世纪宋史研究论著目录》一书[②]，收录了20世纪中国学者宋史研究论著41 000多条，在“社会·妇女”及“教育”栏目中，所收论著大都侧重于婚姻、贞节、财产及职业等方面的研究。与两宋女子教育相关的，只有吴鼎1944年在《文化先锋》上发表的《宋明以来之母教（四千年来中国母教简史稿之三）》及陶晋生1996年在《“中央研究院”历史语言研究所集刊》上发表的《北宋士族妇女的教育》两篇文章，以及周愚文1996年撰写的《宋代儿童的生活与教育》（涉及两宋时期的女童教育）一书。进入21世纪后，学界对两宋女子教育的研究，专著及博士论文尚无，硕士论文不足8篇，期刊论文不足13篇。如此薄弱的研究成果，与两宋时期女子教育的成就与地位是远远不相称的，亟须将两宋女子教育放在“大变局”这一社会背景下进行再认识、再解读，以期有一个新的理论建构和教育图景再现。

3. 伴随史学研究的生活转向，有必要从生活史的角度来审视两宋女子的教育生活

马克思曾言：“现代历史著述方面的一切真正进步，都是当历史学家从政治形式的外表深入到社会生活的深处时才取得的。”[③]事实上，学界所遵循的多是学术研究服从政治需求这一历史规训，以致无论是通史还是专题史研究，总是对政治、军事、经济及贵族精英阶层或人群情有独钟，而对普通民众及日常生活常常不屑一顾。真正将大众日常生活推入学界视野，并实现史学研究向人类学转向，当是发端于20世纪20年代的法国年鉴学派，主要体现在：①眼光向下，更加重视普通百姓的历史和日常生活；②更加重视田野研究和对历史现场的体验；③重视地方文献、民间文书和口述资料的收集与利用。[④]可以说，这种影响促使史学研究成功地由传统史学向“新史学”转型。在此基础上，史学界又有诸多理论上的创新。如20世纪70年代，意大利学者卡洛·金兹伯格等提出“微观史学”理论、美国学者克利福德·格尔兹又提出“深度描述”理论等。至20世纪80年代，美

① 周愚文：《宋代儿童的生活与教育》，师大书苑有限公司1996年版，第1页。

② 方建新：《二十世纪宋史研究论著目录》，北京图书馆出版社2006年版。

③〔德〕马克思、恩格斯：《马克思恩格斯全集》第12卷，中共中央马克思恩格斯列宁斯大林著作编译局编译，人民出版社1962年版，第450页。

④ 本书编写组：《史学概论》，高等教育出版社、人民出版社2009年版，第151页。

国学者林·亨特等发起“新文化史”运动，提倡研究者的视野更多地移向社会下层民众，通过对普通人物身上发生的一些细小事件和生活中的一些琐碎问题的研究，来阐释社会发展中的一些主流现象或文化。

伴随西方史学研究的人类学和生活转向，中国史学研究也悄然在发生着深刻变化，学界普遍注意到史学研究与社会生活之间的内在联系，于是，以社会生活为主题的论著相继问世，其中最有代表性的生活史论著就是陈东原的《中国妇女生活史》。

自20世纪90年代后，史学研究者的视野开始普遍下移，即“从过去传统的领域挪开，开始稍稍从中心转向边缘，从主流转向支流，从经典转向世俗；从研究的对象来说，从重点研究国家、精英、经典思想，转向同时研究民众、生活、一般观念；从研究的空间来说，从重点研究中央、国家、都市，转向兼顾研究区域、边地、交叉部位”①。进入21世纪后，对生活史的研究愈来愈向深入挺进，学术成果如雨后春笋般呈现，尤其是对于两宋时期生活史的研究亦成果斐然，诸如尚园子等《宋元生活掠影》②、李春棠《坊墙倒塌以后——宋代城市生活长卷》③、汪圣铎《宋代社会生活研究》④、谭刚毅《两宋时期的中国民居与居住形态》⑤、铁爱花《宋代士人阶层女性研究》⑥、方健《北宋士人交游录》⑦、刘祥光《宋代日常生活中的卜算与鬼怪》⑧等。

受史学研究生活转向的影响，教育史学面对已往研究的“高位化”及遭遇的“瓶颈化”，面对研究成果被历史学界难以普遍认可的尴尬，同样也在积极寻找新的支点和突破，也就是在逐步地进行活动或生活转向。2008年，周洪宇率先提出要实施“教育活动史”研究，再生性地开辟出一个全新的研究领域。进而又提出要将研究的视野逐步地下移和对外扩散，以“实现教育史研究从精英向民众、从高层向基层、从中心向边缘、从经典向世俗的过渡”⑨。之后，周洪宇又开启教育生活史研究，认为教育生活史是多学科“相互交叉而形成的一个研究领域，在学术源头上属于教育活动史的范畴，从整体上看是教育史特别是教育活动史研究的延伸”，其主要特点是要呈现一个“鲜活的微观世界”⑩。《多样的世界：教育

---

① 葛兆光：《思想史研究课堂讲录：视野、角度与方法》，生活·读书·新知三联书店2005年版，第18页。
② 尚园子、陈维礼：《宋元生活掠影》，沈阳出版社2002年版。
③ 李春棠：《坊墙倒塌以后——宋代城市生活长卷》，湖南出版社2006年版。
④ 汪圣铎：《宋代社会生活研究》，人民出版社2007年版。
⑤ 谭刚毅：《两宋时期的中国民居与居住形态》，东南大学出版社2008年版。
⑥ 铁爱花：《宋代士人阶层女性研究》，人民出版社2011年版。
⑦ 方健：《北宋士人交游录》，上海书店出版社2013年版。
⑧ 刘祥光：《宋代日常生活中的卜算与鬼怪》，台北政大出版社2013年版。
⑨ 周洪宇、申国昌：《教育活动史：视野下移的学术实践》，《教育研究》2010年第10期，第11—16页。
⑩ 周洪宇、刘训华：《多样的世界：教育生活史研究引论·总序》，福建教育出版社2014年版，第2页。

生活史研究引论》的出版，标志着教育史学向教育生活史研究的成功转向。

总之，年鉴学派促成史学研究的生活转向，进而又推动教育史研究的生活转向，对两宋女子教育生活的研究自然是史学或教育史学发展转向的必然诉求。

第二节 两宋女子教育生活研究的百年回顾

学术研究只有在整体把握已有研究成果的基础上才能有所创新，忽略这一点，只能做一些毫无意义的重复性研究。因而，对已有两宋女子教育研究进行回顾和反思非常必要。截至目前，对两宋女子研究成果的学术回顾已有多篇问世，但对两宋女子教育方面的研究成果几无涉及，且尚无针对两宋女子教育研究成果进行的专门回顾与分析。

如果说在中国教育史学科诞生之前，历史对两宋女子教育的文本记载属于原始资料积累的话，那么自 1902 年中国教育史学科诞生之后，伴随社会之进步及史学研究的生活转向，尤其是对妇女史研究的持续关注，学术界也开始对两宋女子教育问题予以思考、关注和系统研究。就所查阅到的历年来学术研究成果而言，大致可以分为以下三个发展阶段，且每一阶段都有各自的研究取向和标志性研究成果。

1. 从酝酿走向局部或断续关注阶段（1902—1984 年）

中国教育史学科的发展缘于 1902 年新学制改革的推动，学制将学校教育分为普通教育、实业教育和师范教育三个部分，其中师范教育需要开设教育史课程。于是，就将日本学者狩野良知编著的教育史教材翻译过来以为应急。之后，国人开始自主编写中国教育史类教材或论著，对先秦女子教育多有论及，且多本之于《礼记·内则》所载，对秦之后的女子教育则没有涉及。不过，1925 年姜琦的《女子教育问题之研究》一文，给研究古代女子教育倒是带来一些新的思路：一是对女子教育的定位，从生理、心理和社会三个角度加以论证，认为女子教育的真正目的是养成完全的女子人格，使之“成为真女子”。而对于传统的“贤妻良母”观，他认为还是很有价值的，只是不能当作女子教育的唯一目的，只可当作教育目的中的一部分。二是关于古代男女教育不平等问题，他从性别差异的角度加以解释，认为“女子身体的组织及其精神的状态，和男子有种种不同的地方，两者的教育当然是稍稍各异的”，因而对女子来说应该“就着女子的特性，使她们自己发挥，或施以一种特殊的影响”。[①]

① 姜琦：《女子教育问题之研究》，载姜琦等：《女子教育之问题及现状》，商务印书馆 1925 年版，第 1—10 页。

陈东原曾有撰写女子教育史的计划，但考虑到“中国向来没有什么女子教育，她们所有的教育，是和妇女生活发生密切关系的，与其要做女子教育史，倒不如放大了来做妇女生活史”[①]。于是便撰写《中国妇女生活史》一书，该书对生活史尤其是妇女生活史研究而言，也是有开创之功的，对两宋女子生活史的研究也自有独到之处，诸如将两宋妇女观的变化分为三个时代：第一个时代即宋初前50年为继承期，对于妇女贞节的观念“都很宽泛，同从前的人差不多”；第二个时代即宋初50年至70年为变化期，对于妇女的观念“有的宽泛，有的严格”；第三个时代属于理学诞生期，也是妇女正统观念确立期，更是两宋“妇女生活的转变时代”。[②]接着，他从“宋儒对于妇女的观念”“社会对于离婚再嫁的态度”“男性的处女嗜好之产生”等角度来逐一阐释，其中也含有教育的因素，只是没有单列论之而已。

进入20世纪40年代，开始有学者局部关注两宋女子教育问题，且将女子作为施教者的身份加以初步研究。最有代表性的成果，就是吴鼎于1943—1944年接连发表的有关“母教”的系列文章。主要内容有两点：一是对“母教”这一话语以及“母教”的地位和作用予以明确界定，提出“母教”即“母亲施于子女之教育”，且自古有之，认为“历代之英雄豪杰，以及成功立业之人，其成功之因素，大半由于优良之母教而来”；二是对自古至民国时期的42位母亲逐一加以介绍，其中包括两宋时的刘安世之母、欧阳修之母、程伊川之母、陈尧咨之母、吕荣公之母、刘当可之母等六位母亲。[③]

1957年胡文楷编著的《历代妇女著作考》，对两宋时期的朱淑真、李清照、杨太后、韩玉真等43位女子的著作进行较为详细的考证，从中也能粗略看到这一时期女子的著述生活及教育成就。之后一直到1984年，没有查阅到有关两宋女子教育研究的专论文献，一些论著中曾有些片言只语，但只能说是断续关注，谈不上立论性研究，说是处于一种长时间段的失语状态显然更为合适。

2. 从局部或断续关注通向整体研究阶段（1985—1999年）

20世纪80年代，伴随世界性的妇女学研究的兴起，女子教育问题再度进入学者的视野，女子教育史研究的沉寂局面被打破，并出现一丝曙光。毛礼锐在《中国教育史简编·序言》中称：“科技教育、社会教育、家庭教育、儿童教育、妇女教育等等，在中国教育史上也都有一定地位。”[④]虽然该书古代部分按专题将“科技”“体育”“美育与社会教育”等都列为专章，“妇女教育”却

① 陈东原：《中国妇女生活史·自序》，上海书局1937年版，第1页。

② 陈东原：《中国妇女生活史》，上海书局1937年版，第132—139页。

③ 吴鼎：《中国古代之母教：四千年来中国母教简史稿之一》，《文化先锋》1942年第1卷第10期、1944年第2卷第7期。

④ 毛礼锐：《中国教育史简编·序言》，教育科学出版社1984年版，第4页。

出现空缺，且文中对“妇女教育”只字不提，但毕竟是考虑到要将“妇女教育”纳入中国教育史的框架之内，以唤起教育史界同人对古代或两宋女子教育史研究的关注。

此后，有关直接或间接、附带或专章节论及两宋女子教育的论著接连出现，如毛礼锐、沈灌群《中国教育通史》①，苗春德《宋代教育》②，雷良波、陈阳凤、熊贤君《中国女子教育史》③，杜学元《中国女子教育通史》④，周愚文《宋代儿童的生活与教育》⑤，阎广芬《中国女子与女子教育》⑥，曹大为《中国古代女子教育》⑦等。除外，还查到唯一的一篇学术论文，即陶晋生《北宋士族妇女的教育》⑧。至于有关两宋女子教育的学位论文尚未发现，着实有些遗憾。

就以上所列论著对两宋女子教育的关注，概而言之有以下几个方面的特点：

一是论著出版的时间比较集中。多在1992—1997年的五年内，应该是同人既普遍关注又几乎是同时探究两宋女子教育的“五年黄金时代”。

二是研究内容由局部关注走向整体或全面研究。如《宋代教育》在“管理编”将“女子教育”与科技教育、社会教育并列而论。《中国女子教育史》第五章虽名为《宋元时期的女子教育》，实际上探讨的都是两宋时期的女子教育，涉及宋朝的女子生活，司马光、二程、朱熹、袁采等学者的女子教育观，唐琬、李清照的个案分析，还论及歌伎舞女的教育等。《中国女子教育通史》的布局显得更为清晰，第五章《宋代的女子教育》分为两节：第一节“宋代女子教育概况”主要讨论“封建礼教日益严厉及其对女子教育的影响”“女子文学教育”“女子艺术教育”等内容；第二节“宋代的女子教育家及其女子教育思想”，主要分析司马光、袁采的女子教育观。⑨还有《宋代儿童的生活与教育》的第十三章《女童的教养》，从“女子的社会地位”“女童的工作”“女童的教育”“女教书”四个方面来展开论述，别有一番新意。⑩

三是就两宋女子教育研究的结论而言，各有侧重亦各有所见。除在指导思想上始终坚持以马克思列宁主义的历史唯物论为指导外，又主要体现在以下几个方面：①研究视角上，除运用传统的阶级分析外，还从文化史、社会史、女性学等

① 毛礼锐、沈灌群：《中国教育通史》，山东教育出版社1986年版。
② 苗春德：《宋代教育》，河南大学出版社1992年版。
③ 雷良波、陈阳凤、熊贤君：《中国女子教育史》，武汉出版社1993年版。
④ 杜学元：《中国女子教育通史》，贵州教育出版社1995年版。
⑤ 周愚文：《宋代儿童的生活与教育》，师大书苑有限公司1996年版。
⑥ 阎广芬：《中国女子与女子教育》，河北大学出版社1996年版。
⑦ 曹大为：《中国古代女子教育》，北京师范大学出版社1996年版。
⑧ 陶晋生：《北宋士族妇女的教育》，台湾历史语言研究所集刊（第67本）1996年版。
⑨ 杜学元：《中国女子教育通史》，贵州教育出版社1995年版，第101—125页。
⑩ 周愚文：《宋代儿童的生活与教育》，师大书苑有限公司1996年版，第293—316页。

多个学科及多个角度来审视女子教育的历史。如曹大为“从文化史、社会史更为广阔的视野进行多方位、多层面的综合考察”，力求“展现一幅全方位的古代女子教育场景”。[①]阎广芬从社会学及女性学的角度，力求沿着人类历史发展的轨迹，来审视女性的存在、变化和进步。[②]②对于女子教育目的的看法，有学者认为古代社会之所以重视女子教育，主要是为了“稳固男权”和“皇权的巩固”，最终要培养能够“相夫教子”的“贤妻良母”。[③]③关于女子教育的内容、读物及方式，多数学者认为女子教育的内容基本上是传统的“三从四德”之教，或者说除“女红”外，还会进行文学、艺术等方面的教育。所使用的教材或读物，都认同为《列女传》《女诫》《女论语》《女孝经》等。至如女子教育的途径或方式，都认为是在家庭之内进行的，除外也有通过“教坊练习”“义徒制”“自修文化知识”等方式来进行的。④对女子教育思想的研究，集中在二程、朱熹、司马光、袁采等学者的女子教育观的分析上。⑤对两宋女子受教育的评价，学界多认为两宋时期“是女教转折的时代，也是中国古代妇女生活转折的时代”[④]，“无论在观念上或实际上，女童仍可识字读书”[⑤]。但也有不同的看法，有的学者认为“女子是没有受学校教育的权利和机会的，他们只能受一些家庭教育和一些不系统、不完整、不成形的教育”[⑥]。

由上可以看出，本阶段对两宋女子教育的研究思路、研究内容及其评价，与当时中国教育史的研究模式基本上是一致的和吻合的，对后续阶段的研究亦有奠基与引领之功。

3. 从整体研究迈向纵深研究阶段（2000 年—）

进入 21 世纪之后，学术界对两宋女子教育研究的关注持续增温，突出表现为两个方面：一是部分学者在原有研究的基础上继又推出新的研究成果，或者说是对原有研究成果的析出与提升，如杜学元《中外女童教育简史》[⑦]，熊贤君《中国女子教育史》[⑧]，苗春德、赵国权《南宋教育史》[⑨]等。二是开始陆续出现专论两宋女子教育的相关学术论文和硕士学位论文，暂无相关博士学位论文。学术论文如粟品孝《宋代士人家庭教育中的母教》[⑩]、李薇《宋代女子体育项目

---

① 曹大为：《中国古代女子教育·序》，北京师范大学出版社 1996 年版，第 3—4 页。
② 阎广芬：《中国女子与女子教育·前言》，河北大学出版社 1996 年版，第 1 页。
③ 雷良波、陈阳风、熊贤君：《中国女子教育史·导言》，武汉出版社 1993 年版，第 5—8 页。
④ 阎广芬：《中国女子与女子教育》，河北大学出版社 1996 年版，第 51 页。
⑤ 周愚文：《宋代儿童的生活与教育》，师大书苑有限公司 1996 年版，第 304 页。
⑥ 苗春德：《宋代教育》，河南大学出版社 1992 年版，第 190 页。
⑦ 杜学元：《中外女童教育简史》，四川大学出版社 2001 年版。
⑧ 熊贤君：《中国女子教育史》，山西教育出版社 2006 年版。
⑨ 苗春德、赵国权：《南宋教育史》，上海古籍出版社 2008 年版。
⑩ 粟品孝：《宋代士人家庭教育中的母教》，载漆侠：《宋史研究论文集·国际宋史研讨会暨中国宋史研究会第九届年会编刊》，河北大学出版社 2002 年版。

及其特点》[①]、铁爱花《宋代社会的女性阅读——以墓志为中心的考察》[②]、黄蕾《以李清照为个案看宋代女子诗词教育》[③]、李鹏《宋代东莱吕氏家族母教探微》[④]和罗梦柯《宋代宦门女子教育状况探微》[⑤]等。硕士学位论文如江晓梅《苏轼的妇女观与女子教育思想》[⑥]、张丽晶《宋代平民女子教育研究》[⑦]、郭光香《朱熹女教思想研究——从一个角度认识“存天理，灭人欲”》[⑧]等8篇。较之前一个阶段，对两宋女子教育的研究既有深化又有拓展。

（1）已往的常规或整体研究不仅仍在持续且在不断深化，其结论显然更全面、更系统。主要表现在以下几个方面：①对女子教育群体的分类研究，将社会分层理论引入两宋女子教育研究中，更重视以女子在社会生活中的地位，将女子这一教育群体细化分类，或分为贵族女子教育和平民女子教育两类，或分为宫廷女子教育、宦门女子教育和平民女子教育三类等，在一定程度上有助于对不同群体女子教育的研究。②对女子教育制度的研究，包括对女子教育方式、教育内容及教材等也有新的认识。如对女子教育方式的分析，或分为家庭教育、塾师教育和社会教育三种；或分为宫廷教育、家传之学、私塾教育、夫妇研学、名师传教或酬唱等。所实施的教育内容，涉及伦理道德、文化知识、诗词书画、宗教、劳动与职业技能、孕期胎教等方方面面。至如教材，又有新的梳理，包括王钦若的《彤管懿范》、邵雍的《女戒》、徐伯谦的《训女蒙求》、余靖的《女训约言》、张载的《戒女书》和《女戒九章》、朱熹的《夫妻封号论》等。③对女子教育理论的研究，除对二程、司马光、朱熹、袁采等学者的女教思想持续介绍外，还涉足对苏轼女子教育思想的研究。

（2）用不同的学科及不同的思路或视角，来拓展研究的主题和范围。主要体现在以下几个方面：①研究思路与视角的转换。例如，赵跟喜从敦煌壁画以及发掘出的写卷入手，来分析唐宋时期女子教育的形态，认为男女有别观念是“产生男女不同教育目标、不同教育内容、不同道德标准、不同教育形式的主要原因”[⑨]。铁爱花查阅206位两宋女子的墓志铭，对墓主人生前阅读的社会背景、阅读内容以及这些女性阅读的社会影响等进行分析，认为女子阅读与社会文教的发达、书

① 李薇：《宋代女子体育项目及其特点》，《中华女子学院学报》2001年第5期，第61—66页。

② 铁爱花：《宋代社会的女性阅读——以墓志为中心的考察》，《晋阳学刊》2005年第5期，第75—78页。

③ 黄蕾：《以李清照为个案看宋代女子诗词教育》，《文学教育（下）》1983年第3期，第18—19页。

④ 李鹏：《宋代东莱吕氏家族母教探微》，《保定学院学报》2012年第5期，第61—64页。

⑤ 罗梦柯：《宋代宦门女子教育状况探微》，《开封大学学报》2014年第3期，第17—20页。

⑥ 江晓梅：《苏轼的妇女观与女子教育思想》，暨南大学硕士学位论文，2006年。

⑦ 张丽晶：《宋代平民女子教育研究》，东北师范大学硕士学位论文，2008年。

⑧ 郭光香：《朱熹女教思想研究——从一个角度认识“存天理，灭人欲”》，曲阜师范大学硕士学位论文，2010年。

⑨ 赵跟喜：《敦煌唐宋时期的女子教育初探》，《敦煌研究》2006年第2期，第91—96页。

籍的普遍流通以及士人的积极提倡有密切关系，阅读的书籍亦呈现出多元性、自主选择性、持续性等特点。[①]李薇对两宋时期女子的健身活动进行探讨，认为两宋女子主要从事娱乐性体育，主要有打秋千、棋类、博戏、蹴鞠、角抵、骑射、马球等。[②]②对女童、仕宦女子、平民女子及母亲等不同教育群体的关注和专门研究，体现出研究视野继续下移的走向。如针对女童教育，杜学元认为因受理学思潮的影响，故而两宋时期的“女童道德教育异常发达”[③]。相比之下，对仕宦女子教育的研究相对多一些，可能与史料相对丰富有关。尤其是母亲作为施教者引发的“母教”现象，也是学者津津乐道的话题。如粟品孝以士人家庭为例，将“母教”分为“助夫教子”和“独立教子”两类。其中“独立教子”是因为丈夫早死、外出求学或为师或被贬，以及疏于教育子女等，这时作为母亲在教育子女方面“扮演着非常重要的角色”[④]。③对家训中女教观的探讨有加。例如，刘欣将“训诫体”作为两宋重要的女教史料，分为直接以“女”为对象的训诫和涉及女子的家训两种情况，认为在实施过程充满人情味，“可以说重亲情、重感情是宋代家训中‘女教’最显著的特点”[⑤]。④对两宋女子教育的再认识。多数学者敢于挑战已往对两宋女子教育的定论，认为在社会转型时期，整个社会对女子读书受教还是比较认同的，教育内容呈现出丰富性和多样性，且普遍重视对女子自主能力的培养等。

（3）国外学者也积极参与对两宋女子教育的研究。日本学者的两宋女子研究成果甚多，但多侧重于家庭、婚姻、财产、户籍、婢妾以及文学作品中女性形象等问题的分析，没有针对两宋女子教育的讨论。美国学者伊沛霞的《内闱：宋代的婚姻和妇女生活》一书，倒是包含一些教育情景的勾画，诸如“为母之道”一章涉及母亲如何教子女读书、形成美德等问题，称“母亲是最可靠、天然的早期教育家，从道德、知识和能力各方面培养孩子”。[⑥]但都是将教育片段融入日常生活中来谈论的，没有专门设置章节来阐释。

法国学者谢和耐在其《蒙元入侵前夜的中国日常生活》中，置有“抚养与教育”一节，谈到女子教育问题时曾说：

有件事相当确凿：文学教育对女孩远没有对男孩那样重要，尽管女孩子也并非完全与此无缘，因为女文学家和女诗人亦曾崭露头角。……但无论如何，小女

① 铁爱花：《宋代社会的女性阅读：以墓志为中心的考察》，《晋阳学刊》2005年第5期，第75—78页。

② 李薇：《宋代女子体育项目及其特点》，《中华女子学院学报》2001年第5期，第61—66页。

③ 杜学元：《中外女童教育简史》，四川大学出版社2001年版，第50页。

④ 粟品孝：《宋代士人家庭教育中的母教》，载漆侠：《宋史研究论文集·国际宋史研讨会暨中国宋史研究会第九届年会编刊》，河北大学出版社2002年版，第482—496页。

⑤ 刘欣：《略论宋代家训中的“女教”》，《中华女子学院学报》2009年第5期，第91—95页。

⑥〔美〕伊沛霞：《内闱：宋代的婚姻和妇女生活》，胡志宏译，江苏人民出版社2004年版，第164页。

孩们主要还是要学习纺织和刺绣：织布是女人的传统工作。唯有那些预定要过卖笑生涯的女孩子才会学习唱歌和奏乐。在下层人民中间，除了极少数的特例之外，妇女们通常并无固定的职业。她们所受的教育基本上属于实用性的，这件事本身也反映出了她们在社会上全然缺乏独立性和处于附属地位。①

从这段话可以看出，谢和耐对两宋时期女子教育的理解与中国20世纪后半叶学术界的看法基本上是一致的。但作为外国学者能对两宋女子教育予以关注，也是一件值得庆幸的事情。

综上所述，通过对国内外两宋女子研究的学术回顾，可知对两宋女子教育的研究虽然成果不多，但基础性研究比较扎实，对文本史料的运用比较充分，对女子教育背景、教育目的、教育内容、教育途径及方式、教育思想以及个案研究等都达到了一定的深度和高度，包括国外学者的研究视角及结论等，都是难能可贵的，为本书提供了诸多有价值的素材和研究范式。

第三节 两宋女子教育生活研究的理论支撑及方法

在众多学科理论中，能够对两宋女子教育生活研究起到支撑或支持作用的，有社会角色理论、生活教育理论及女性主义理论等，而足以建构本书理论框架的则是社会角色理论。

1. 社会角色理论及其应用

角色，本属于戏剧用语，规定扮演者的言行举止等行为。自20世纪二三十年代，被西方社会学家用来研究人的社会行为，从而建构起一套社会角色理论。对“社会角色”的解释，学术界的观点相对是比较一致的，简而言之，就是指被社会所建构的合乎社会规范的一种性别行为模式。但无论从理论上讲抑或是就社会现实而言，社会角色是社会分工带来的，而最初的社会分工又是以性别及性别差异为主要依据的，因而学术界对社会角色的界定，也是基于对性别及性别差异的认知。

社会学研究认为，性别可分为自然性别和社会性别两种。自然性别，亦称为“性”，或称“生理性别”，即“男女两性在生理上的分化，具体表现为生理结构和生理机能两方面的差别”②。其所带来的性差异，即生物学或解剖学上的差异，

① 〔法〕谢和耐：《蒙元入侵前夜的中国日常生活》，刘东译，江苏人民出版社1995年版，第116页。
② 郑新蓉：《性别与教育》，教育科学出版社2005年版，第16页。

是与生俱来不可改变的，由此可分为男性和女性。社会性别，则是指人的社会身份，即“以文化为基础、以符号为特征的性别，它表达了由语言、交流、符号和教育等文化因素构成的判断一个人性别的社会标准”[①]。相对于生理性别而言，社会性别不是与生俱来的，而是在后天的人的社会化过程中形成的。由此带来两性在认知能力及社会行为等方面的性别差异是客观存在的，且造成这种性别差异的因素不是源于先天的遗传，而是“源于两性个体在成长过程中迥异的生活体验、训练以及社会的性别结构”[②]。也就是说，性别差异虽然是由生物差异引起的，却是被社会文化所建构而成的，“是生物取向、个体情感、认知、社会角色、社会期望、社会比较、社会文化等因素综合影响的结果”[③]。

既然如此，可以认为性别及性别差异，既是社会分工的依据又是社会分工的结果。说是依据，主要是在早期社会分工阶段，初步考虑到男、女两性的生理及体质差异，于是便有男、女内外分工之事。如陈东原所言，在远古时期“女子生质不能与男子并驾，分业作用亦即由渐而起，驰逐狩猎、蓄育牛羊归之男子，鞠育幼稚、织毳挏湩归之女子”[④]。说是结果，是因为两性的性别差异不是一成不变的，社会又往往根据分工而分别对男、女两性提出不同要求或角色规范，使之朝着所限定的角色方向去发展，这样会进一步加大两性之间的性别差异。

显然，社会分工直接带来的结果便是两性性别角色的被规训、被强化，以致每个人在社会生活中同时都在扮演着诸多不同的角色，形成一个“角色集”或“角色网络”。且每个人从一出生就要面对角色认知、角色学习、角色理解、角色冲突以及角色期待等问题。虽然在不同的社会形态、不同的文化背景，甚至不同的年龄阶段，社会对两性的行为规范和角色期待都有所不同，但都与各种各样的规则相联系。不能否认，依据性别及性别差异的社会分工是历史发展的必然选择，也是社会发展对社会秩序的必然诉求，对家庭和谐及社会稳定来说无疑是一种进步。

社会角色理论对两宋女子研究的价值主要体现在：一是用两宋女子在社会生活中所扮演的不同角色，从自然人、家庭人、社会人三个层面来逐次讨论其受教及施教生活；二是对两宋女子的生存及教育状况，不以政治或阶级为唯一评判尺度，试图从性别差异及社会分工的角度来讨论其存在的合理性，也许更能走近那段历史，更能呈现出两宋女子的真实教育生活。

2. 研究方法的运用

为顺利达成研究目的，在研究方法的上，主要是对文献法、历史法及比较法

① 罗慧兰：《女性心理学》，湖南大学出版社 2014 年版，第 66 页。
② 郑新蓉：《性别与教育》，教育科学出版社 2005 年版，第 37 页。
③ 罗慧兰：《女性心理学》，湖南大学出版社 2014 年版，第 62 页。
④ 陈东原：《中国教育史》（上），福建教育出版社 2009 年版，第 4 页。

的综合与灵活运用。

首先是文献法。德国学者恩斯特·卡西尔曾说过："历史学家必须学会阅读和解释他的各种文献和遗迹，不是把它们仅仅当作过去的死东西，而是看作来自以往的活生生的信息。"[①]只有将历史文献中的活生生的信息发掘出来，才能还原历史的真实和勾勒出切近两宋女子教育生活的逼真场景。故本书充分借助大量的历史文献资料，诸如《宋史》《宋会要辑稿》《宋刑统》《宋大诏令集》《名公书判清明集》，以及地方志、学者文集、笔记小说、谱牒、墓志铭等，从中发掘两宋女子教育生活方面的点滴信息，并进行系统的梳理和分析。

其次是历史法。已往有学者提"历史研究法"，查看梁启超的《中国历史研究法》、钱穆的《中国历史研究法》等，发现"历史研究法"不是一种"研究方法"，而是一种"价值取向"。故在此表述为"历史法"，采用此法主要是基于以下三方面的考虑。

第一，做史料分析。史料是两宋女子教育生活研究的基本依据，但史料是死的，只有深入发掘其蕴含的信息，它才会"说话"，才会佐证一切。尤其会关注对图像等非文本史料的分析，不仅能与文本史料相互印证或补充，甚至还会发现一些新的、文本史料中不曾记载的信息，借此挖掘出更多的两宋女子教育生活场景。

第二，做历史人物及事件的背景分析。在关注两宋女子物质层面生活的同时，会将诸如弗洛伊德、马斯洛的心理学理论用于对两宋女子进行心理分析，以此来合理解释两宋女子一些行为的正当性而非是对社会及道德的"背叛"，以还女子以"清白"。

第三，做历史叙事。运用历史叙事研究两宋女子的教育生活，主要是考虑到史料对有关女子教育的记载几乎都是"碎片化"的，碎片化本身其实并不可怕，且十分珍贵，关键是如何将这些零碎的、不完整的历史记录进行连接并赋予一定的价值，这就需要充分借鉴"历史想象"和"深度描述"等叙事方式，在充分占有史料的情况下，运用历史的想象来为两宋女子教育生活"构筑一幅解释性的图景，并力图从细小但结构密集的事实中引出重大结论"[②]。

最后是比较法。为探明两宋女子教育的真实情形，除需深挖史料中的女子教育信息并加以比较分析外，还需对女子教育生活做以下几个方面的多维度比较：一是前后朝代之间的比较，以此判断两宋女子教育对前朝是否有所传承和创新，对后世女子教育所发生的影响是大是小、是积极的还是消极的等；二是不同地区或民族之间的比较，以此来寻找彼此互相影响及交融的一面；三是不同阶层或家族间的比较，借以展现各阶层及家族女子教育的特色及共性；四是不同角色之间

①〔德〕恩斯特·卡西尔：《人论》，甘阳译，上海译文出版社 1985 年版，第 224 页。

②〔美〕克利福德·格尔茨：《文化的解释》，韩莉译，译林出版社 1999 年版，第 7—8 页。

的比较；五是同时代中西方女子教育之间的适度比较等。只有通过不同角度的比较分析，才能发现两宋女子教育生活的内在与外在的特异之处。

总之，这是一个比较新的教育史研究领域，依据基本的历史事实、理论支撑及所拥有的文献资料，从自然人、家庭人、社会人三个维度，对两宋女子的教育生活进行生活叙事、场景再现和文学书写等层面的“深度描述”，借以充分展现两宋女子教育生活的原貌或真实性。

第一章

社会大变局：女子教育生活的催化剂

社会大变局，必然导致社会生活的吐故纳新。

然而对于两宋的政治及社会生态，总是被一些倾向于传统研究范式的学者所质疑，不是称其为“积贫积弱”，就是视其为“衰世”，相对于汉唐繁荣强大之“盛世”，宋朝似乎就是一个“文弱书生”而不堪一击。但事实并非如此，宋朝可以说是继隋唐之后又一个全方位变革的时期，足可与汉唐盛世相媲美，甚至大有超越以往朝代之倾向，单凭中国古代四大发明而两宋占据其三，就足以证明两宋科技之发达。

对此，一些国外学者站在亚洲史或世界史角度来看待两宋历史，几乎都得出相似的结论。诸如较早认同宋朝变革说的当是日本学者内藤湖南，他研究认为唐朝是贵族社会，宋朝是君主独裁与平民主义社会，于是提出“唐宋变革”说，将宋朝视为中国近世的开端。继美国历史学家费正清提出南宋时曾出现“商业革命”说之后，L. S. 斯塔夫里阿诺斯在其《全球通史：从史前史到 21 世纪》一书中，同样基于两宋商业贸易的发展，认为在宋朝确实“发生了一场名副其实的商业革命”[①]。甚至法国历史学家谢和耐还提出所谓宋朝的“文艺复兴”说。

国内也有不少学者是赞同宋朝盛世论的，将宋朝断为中国“近代化”的开端。如邓广铭、漆侠认为：“宋代是我国封建社会发展的最高阶段，其物质文明和精神文明所达到的高度，在中国整个封建社会历史时期之内，可以说是空前绝后的。”[②]邓小南认为，两宋时期的社会经济及文化达到中国历史上前所未有的高度，因而被普遍认为是中国历史上一个重要的“转型期”，正是在这一重要的社会转型期内，“重塑了我国城市和乡村的基本面貌，政治文化形态、精神风貌出现了世俗化、平民化、人文化的明显趋向”。[③]可以说，较之唐朝，社会风貌是在宋朝有了一个“质”的变化。

针对两宋社会的转型，也有学者提出自己的看法，如包伟民认为，“无论是宋代近世说，还是唐宋转折说，其背后的思想基础，都是以欧洲历史为标尺，也就是认定中国历史的进程，必然与欧洲一样，从传统的农业社会走入近代的工业社会”[④]。在这里，“标尺”虽然是以欧洲为中心的，但以此将两宋放在世界历史的背景下来考察，尤其是来阐释两宋而不是汉唐或明清的社会进步，说明宋朝确实处在一个历史转型期。那么处于大变局中的两宋社会，必然会诱发社会生活的巨大变化，包括“政治生活、社会生活、经济生活与前代比较，没有任何一个领域

---

① 〔美〕斯塔夫里阿诺斯：《全球通史：从史前史到 21 世纪》，董书慧、王昶、徐正源译，北京大学出版社 2005 年版，第 260 页。

② 邓广铭、漆侠：《两宋政治经济问题》，知识出版社 1988 年版，第 3 页。

③ 邓小南：《“内外”之际与“秩序”格局：宋代妇女》，载杜芳琴、王政：《中国历史中的妇女与性别》，天津人民出版社 2004 年版，第 254—256 页。

④ 包伟民：《以历史思维看唐宋城市史》，载《光明日报》2017 年 6 月 11 日，第 7 版。

不显示出根本变化”，它所呈现给世人的是“一个新世界”。[①]如此一个“大变局”或“新世界”，在一定程度上必定为两宋女子教育生活带来宽松的环境和充分释放的空间。

鉴于社会大变局涉及政治、经济等方方面面，在此笔者仅从文化变迁与下移、制度建构与人文关怀、社会生活的变迁、民族间的交融与冲突等几个方面，来展示两宋女子的生活背景及生存现状，其实这也是两宋女子教育生活所赖以生存的土壤或“源头活水”。

第一节　文化变迁与下移：从“重文”到重女教

在有宋一代，文化上的发展与进步是毋庸置疑的。诸如理学的诞生，自周敦颐开其先，程颢、程颐、张载、邵雍等承其绪，至朱熹集其大成，完成对儒学援佛、道入儒的重大改造，从而建构起一个更加庞大的新儒学体系，钱穆喻之为“学术思想之新曙光”[②]；又如活字印刷术的横空问世，带来了书籍印刷的一场革命，使文化重要载体的书籍能够进入千家万户，从而加速文化的传递与传播；再如伴随宋室南移，文化中心自北向南迁移，使两宋时期尤其是南宋时的学术思想异常活跃，不仅学派林立，且名家辈出，与日益繁荣的城市商业文化相得益彰。至于诗词、书法、绘画等领域的艺术成就，更不待言。这一切又都与宋初“重文”政策的调整及恪守密不可分，由此也带来两宋社会对女子教育的密切关注。

1.“重文”之策促成劝学兴教态势

宋初之所以确立“重文”政策，有其复杂的社会背景：一是统治者面临着被毁坏的社会道德秩序如何修补问题。儒学自两汉“定于一尊”，魏晋南北朝时期却受到来自玄学、佛教、道教的接连冲击，虽然没有颠覆其官学地位，但在相互碰撞中也让统治者看到佛道对稳定社会的价值，致使儒学不再“独尊”。隋唐时国家一统，在社会秩序重建中虽主以儒学，但又兼用佛道，三教之间的“明争暗斗”尤为凸显。尤其是经过五代时期的动荡，儒家所建构的且业已形成的社会伦理秩序遭受重挫，就连身为后周贵族、官至殿前都点检的赵匡胤也竟然做出“黄袍加身”等所谓不忠不孝、不仁不义之事，至于普通士人及民众的伦理滑坡也在所难免。在这种情况下，伦理秩序的同一与重建就显得尤为必要。二是统治者对“军

① 〔法〕谢和耐：《中国社会史》第5卷，黄建华、黄迅余译，江苏人民出版社2010年版，第253页。

② 钱穆：《国史大纲》（下），商务印书馆1994年版，第557页。

人政治”的担忧，赵匡胤是依靠兵权而夺得皇位的，他在给跟随自己打天下的那些部下加官封爵的同时，又担心有朝一日自己也会像周世宗那样被“黄袍移位”，于是，既对那些重臣“杯酒释兵权”，又要招聘重用文官来抑制武官的跋扈，以达到“文以治天下”的目的。三是对“武官文治”弊端的思考，在朝廷要员中有部分是行伍出身，他们虽功勋卓著，但文化素养比较浅薄，担当不起国家治理的重任，故宋太祖毅然做出“宰相须是读书人”的重大抉择，由此开启有宋一代“重文”的序幕。

“重文”政策的实施，在国家层面除尊孔崇儒外，最大的亮点或举措就是宋初范仲淹、王安石、蔡京主持的三次兴学运动，虽然均受政治等多种因素的制约而不甚彻底，但每一次兴学都是对教育发展的巨大推动，在太学改革、专科学校组建、地方官学管理等方面成效尤为显著。除外，还有以下几点值得注意。

（1）帝王亲自劝学。宋真宗的《劝学诗》可谓众所皆知：“富家不用买良田，书中自有千钟粟。安居不用架高楼，书中有女黄金屋。娶妻莫恨无良媒，书中自有颜如玉。出门莫恨无人随，书中车马多如簇。男儿欲遂平生志，五经勤向窗前读。”读起来不仅朗朗上口，还特能诱导士子走“学而优则仕”之路。

（2）科举取士名额逐年增多。唐朝科考进士，最多一次是唐高宗咸亨四年（673 年）录取 79 人，可知能“跳龙门”者寥寥无几。而有宋一代对进士的名额宽限许多，共科举取士 115 427 人，年均 361 人，为唐朝年均的 14 倍。这种状况，对于那些想通过科考而步入仕途的求学或寒门士子来说，无疑具有巨大的诱惑力，参加科考的积极性及信心倍增。事实上，在两宋 133 位宰相中，科举出身的就占 92.4%，且还不乏诸如范仲淹等出身于贫寒家庭的宰相；而唐朝有宰相 368 人，进士出身的有 143 位，仅占 39%。①

（3）对士人的宽容与尊重。早在建隆三年（962 年），宋太祖就颁布《戒约》，对外宣称：“不得杀士大夫及上书言事人。”②宰臣吕大防在哲宗前面还畅言《祖宗家法》，在讲到对文人的态度时，吕大防说：“前代多深于用刑，大者诛戮，小者远窜。唯本朝用法最轻，臣下有罪，止于罢黜，此宽仁之法也。”③可以说，宋朝是唯一一个不对士人大开杀戒的朝代，真正体现出“士为四民之首”的治国理念，更在一定程度上营造了学术与思想自由的环境，两宋时期之所以学派丛生与之不无关系。

上述统治者的顶层“重文”设计，无疑会唤醒国人的重教意识，并促成国人

① 郭齐家：《中国古代考试制度》，商务印书馆 1997 年版，第 114 页。

②（宋）宋太祖：《戒约》，载曾枣庄、刘琳：《全宋文》第 1 册，上海辞书出版社、安徽教育出版社 2006 年版，第 197 页。注：以下只注明《全宋文》册数及页码。

③（宋）周辉：《清波杂志》，载上海古籍出版社：《宋元笔记小说大观》第 5 册，上海古籍出版社 2007 年版，第 5021 页。注：以下只注明《宋元笔记小说大观》册数及页码。

的重教行为。据史书所载，两宋时期的各级地方官员，对兴学重教的认识具有高度的一致性，似乎是这些“读书人渐渐自已从内心深处涌现出一种感觉，觉到他们应该起来担负着天下的重任”[①]。因此，他们每为官一任，总是依据本地的风土人情及民众的生活状态，发布劝学重教文榜，或亲力所为以引导民众关注教育、积极向善。如北宋的程颢为晋城令时，极力倡导社会教化，《宋史》对其事迹有详细记述，称其：

民以事至县者，必告以孝弟忠信，入所以事其父兄，出所以事其长上。度乡村远近为伍保，使之力役相助，患难相恤，而奸伪无所容。凡孤茕残废者，责之亲戚乡党，使无失所。行旅出于其途者，疾病皆有所养。乡必有校，暇时亲至，召父老与之语。儿童所读书，亲为正句读，教者不善，则为易置。择子弟之秀者，聚而教之。乡民为社会，为立科条，旌别善恶，使有劝有耻。在县三岁，民爱之如父母。[②]

北宋另一学者陈襄曾在多处为官，每到一处都以教化为己任。如庆历年间在福建蒲城县做县令时，建学舍三百楹，亲撰《县学疏》云：“凡有志学者，与父之欲教其子者，兄之欲教其弟者，宜悉和会，即当明立规矩，申行约束，使来修饬，而安学焉。”皇祐元年（1049 年），陈襄作为仙居令发布《仙居劝学文》，文中谈及到任后的耳闻目睹，对“邑民不识为学，父子兄弟不相孝友，乡党邻里不相存恤，其心汲汲，惟争财竞利为事，以至身冒刑宪，鞭笞流血而不知止”等状况忧心忡忡，于是动之以情，晓之以理，大谈“为学”之重要。他说：“夫人之为善，莫善于读书为学，学然后知礼义孝悌之教。故一子为学，则父母有养；一弟为学，则兄姊有爱；一家为学，则宗族和睦；一乡为学，则闾里康宁；一邑为学，则风俗美厚。虽有恶人，将变而为善矣。”[③]

南宋的地方要员同样秉承士大夫的担当与自觉精神，对兴学重教的关注度有增无减。如理学家朱熹，自步入仕途，从未停止过兴学教化。《宋史》本传称其：

主泉州同安簿，选邑秀民充弟子员，日与讲说圣贤修己治人之道，禁女妇之为僧道者……以习俗未知礼，采古丧葬嫁娶之仪，揭以示之，命父老解说，以教子弟。土俗崇信释氏，男女聚僧庐为传经会，女不嫁者为庵舍以居，熹悉禁之。[④]

从中央到地方的兴学教化行动，也带动了地方豪族士绅及普通士人家庭对子弟教育的高度重视。就家族兴教来说，最为学者津津乐道的，莫过于范仲淹在范

① 钱穆：《国史大纲》（下），商务印书馆 1994 年版，第 558 页。

②（元）脱脱等：《宋史》，中华书局 1977 年版，第 12714 页。

③（宋）陈襄：《县学疏》《仙居劝学文》，载《全宋文》第 50 册，第 101—103 页。

④（元）脱脱等：《宋史》，中华书局 1977 年版，第 12751、12762 页。

氏义庄所创建的家族式义学。据牟巘的《范文正公义学记》载："汉以来，或为讲堂、为精舍，而养则未之闻也。范文正公尝建义宅，置义田、义庄以收其宗族，又设义学，教养咸备，意最近古。"[①]无独有偶，南宋时的家族式义学比较兴盛。位于衡山县崇岳乡的赵氏家族，仿照范仲淹义庄的做法，置田5000亩建赵氏义庄，将赵氏家族的人丁聚集在一起，同时考虑到"有养而无教"并非创建义庄之初心，于是"乃立义学，中祠忠肃，旁辟四斋。岁延二师，厚其饩廪，子弟六岁以上入小学，十二岁以上入大学。课试中前列者有旌，发荐擢第、铨集补入者有贶。学规如岳麓、石鼓"[②]。可见其义学规模，已远远超过了范氏义庄，不仅有小学，还有所谓的大学，且有"义学庄"之称，与今日之"学校城"有异曲同工之妙。而对于那些一般士人或普通家庭而言，在不具备创办义学或获得家族义学资源的情况下，对子女的教育亦有一种发自内心的自觉，会通过家庭私学等多种方式来实现对子女的成长期待。

言而总之，两宋时期自上而下劝教兴学的推动，使读书为学及知识改变命运的理念深入民心，在社会上形成了一种尊师重道的良好氛围，以及劝子读书为学的良好态势。叶梦得在其《避暑录话》中，谈及元丰兴学之后饶州民众教育观念的变化时，说："饶州自元丰末，朱天锡以神童得官，俚俗争慕之。小儿不问如何，粗能念书，自五六岁即以次教之五经。"甚至有的父母为督促孩子读书，还让孩子坐在竹篮里，高悬于树上，即所谓"以竹篮坐之木杪，绝其视听"。[③]南宋时，无论官学抑或是私学，均呈现出欣欣向荣的喜人景象，如当时的临安，"都城内外，自有文武两学，宗学、京学、县学之外，其余乡校、家塾、舍馆、书会，每一里巷须一二所，弦诵之声，往往相闻"[④]。

2. 书籍印刷促使文化普及与下移

书籍是文化得以传递传播的重要载体，但其传递的范围及传播的速度，则取决于书籍印刷技术的改进。在宋代，雕版印刷技术得到普遍推行，较之前的手写书籍而言无疑是一次巨大的印刷技术革命。而被誉为中国古代四大发明之一的活字印刷术，更是书籍印刷技术的一场重要革新。当它传到欧洲变成新教的工具后，"不仅改变了只有僧侣才能读书写字的状况，而且也改变了只有僧侣才能接受较高级的教育的状况"，因而被恩格斯誉为"欧洲社会发展的第一技术推动力"。[⑤]

①（宋）牟巘：《范文正公义学记》，载《全宋文》第355册，第359页。

②（宋）刘克庄：《赵氏义学庄记》，载《全宋文》第330册，第332页。

③（宋）叶梦得：《避暑录话》，中华书局1985年版，第37页。

④（宋）耐得翁：《都城纪胜》，中国商业出版社1982年版，第16页。

⑤〔德〕恩格斯：《德国农民战争》，载〔德〕马克思、恩格斯：《马克思恩格斯全集》第7卷，中共中央马克思恩格斯列宁斯大林著作编译局编译，人民出版社1995年版，第391、514页。

当然，印刷技术的变革最先所改变的，无疑是两宋时期的社会生活，对当时文化教育的意义绝不亚于它对欧洲新教的影响。由于印刷技术的革新大大提高了劳动效率和降低了印刷成本，除官府及官学以外，部分书院、民间机构乃至个人等都加入刊印书籍队伍中来。例如，北宋学者穆修，曾任海州参军，因触怒通判，遭削籍流落江外，过着“衣食不能给”的穷困生活。然其“晚年得《柳宗元集》，募工镂板，印数百帙，携入京相国寺，设肆鬻之。有儒生数辈至其肆，未评价值，先展揭披阅，修就手夺取，瞑目谓曰：‘汝辈能读一篇，不失句读，吾当以一部赠汝。’其忤物如此，自是经年不售一部”[①]。可见，穆修不仅募工刊印书籍，还将其作为自己谋生的一种手段，从“经年不售一部”来看，他似乎是在寻觅知书者，而不仅仅是为了谋生。再看南宋时的魏岘，宝庆三年（1227年）他将自己整理的《魏氏家藏方》印制成书，并在“自序”中称：“素弱多病，百药备尝，因摭先大父文节公、先人刑部所录及岘躬试而效者，得方凡五十有一，厘为四十一门、一十卷，集成一书，目曰《魏氏家藏》。不敢自奇，用锓诸梓，以广其传。”[②]还有陈自明于嘉熙元年（1237年）撰成的《妇人大全良方》，他在“自序”中说：“仆三世学医，家藏医书若干卷，既又遍行东南，所至必尽索方书以观，暇时闭关净室，翻阅涵泳，究极未合。采摭诸家之善，附以家传经验方，秤而成编。始自调经，讫于产后，凡八门，门数十余证，总二百六十余论。”[③]魏岘及陈自明刊印医书的行为，主要是为了弘扬家学、传播医学知识，以服务于社会大众。

书籍的大量印制与销售，使普通的家庭也能读得起、买得起、藏得起书，在一定程度上改变了民众的日常生活方式，也使书籍在社会及家庭教化中的功能得以充分彰显。主要表现在以下三个方面。

（1）官府及官学、书院愈加重视藏书。朱熹在《徽州婺源县学藏书阁记》中称：“婺源学官讲堂之上有重屋焉，榜曰‘藏书’，而未有以藏。莆田林侯虙来知县事，始出其所宝《大帝神笔石经》若干卷以填之，而又益广市书，凡千四百余卷，列庋其上，俾肄业者得以讲教而诵习焉。”[④]尤其是自唐朝兴起，在两宋大盛的书院，一开始就与书结下了不解之缘，因为有书，才有“书院”之名及教学之实。如果说唐朝书院多是个人读书治学之地，宋朝则逐渐演变为一种新型的教育机构，藏书的受益者不仅是学者，还有一批批的求学士子。据粗略统计，北宋时期的书院有73所，南宋则多达473所，由此可知书籍的普及程度。

（2）家族、家庭或个人藏书异常活跃。家藏万卷书者大有人在，甚至是建藏

---

①（宋）魏泰：《东轩笔录》，载《宋元笔记小说大观》第3册，第2701页。

②（宋）魏岘：《魏氏家藏方自序》，载《全宋文》第325册，第257页。注：《全宋文》载“得方凡五十有一”有误，应为“得方千五十有一”。

③（宋）陈自明：《妇人大全良方·自序》，载《全宋文》第343册，第303页。

④（宋）朱熹：《徽州婺源县学藏书阁记》，载《全宋文》第252册，第64页。

书楼以储之，可供族人尤其是学龄儿童分享。如北宋学者杨亿的从子杨纮，《宋史》本传载其“聚书数万卷，手抄事实，名《窥豹篇》”[①]。藏书家陈亚，官至太常少卿，其“藏书万卷，名画一千余轴”，晚年收藏有怪石异花。为使子孙能够传承所藏，还专门作诗戒子孙曰：“满室图书作典坟，华亭仙客岱云根。他年若不和花卖，便是吾家好子孙。”[②]南宋时私家藏书更为普遍，如江西南城的吴子直、吴子常兄弟，不仅作社仓，又筑书楼，以为子孙讲习读书之所。

（3）普通家庭为教子购书。如北宋女子宋氏，其丈夫喜好黄白术，“宋氏伺其夫出，取其书并烧炼之具，悉焚之。夫归，怒之。宋氏曰：‘君有二子，不使就学，日见君烧炼而效之，他日何以兴君之门？’夫感其言而止。宋氏不爱金帛，市书至数千卷，亲教督二子，使读书”[③]。南宋迪功郎黄子建之妻程氏，在其夫仕途不顺的情况下，将希望放在儿子黄裳的身上，于是“益励裳于学，高价收书，厚礼聘师，庖饪必躬”[④]。足见，书籍的普及在一定程度上也改变着两宋女子的教育观念和生活方式，她们甚至比家庭中的男人们想得更多，看得更远，这是难能可贵的“觉醒”，最终促使她们不自觉地参与到社会生活中来。

3. 学术论争促动社会对女教的特别关注

女子教育不完全是教育问题，更重要的是一个社会问题，乃至于政治问题。然而要使社会关爱女子并推进女子教育，必须有一批学人的介入，对女子及女子教育问题发出呐喊之声，才能真正引起社会乃至决策层的关注。两宋时期的士大夫，正是这一使命的担当者，他们总是以天下为己任，既对社会现状时而显露出强烈的不满，又时时表现出彻底改造世界的冲动，以致发出“为天地立心，为生民立命，为往圣继绝学，为万世开太平”的时代最强音，以期重建一个理想的人间秩序。

正是带着这种崇高的学术气节，带着对扭转时局的学术自觉，带着对天下太平的学术期盼，以周敦颐、程颐、朱熹等为代表的一代代理学家，开始对儒学进行大手笔改造，对社会道德及人间伦理进行一番重建，其中也包含对女子主体价值的认同及女子教育的自觉关注。

有的从人性可塑的角度提出女子受教的可能性与合理性。如刘斧在其《青琐高议》中说：“妇人女子，性犹水也，置于方器则方，置于圆器则圆。”[⑤]而在曾巩看来，女子受教育亦自古有之，所谓“昔先王之教，非独行于士大夫也，盖亦有妇教焉。故女子必有师傅，言动必以《礼》，养其德必以《乐》，歌其行，劝其

①（元）脱脱等：《宋史》，中华书局 1977 年版，第 10085 页。
②（宋）周辉：《清波杂志》，载《宋元笔记小说大观》第 5 册，第 5049 页。
③（宋）司马光：《涑水记闻》，载《宋元笔记小说大观》第 1 册，第 872 页。
④（宋）刘克庄：《程孺人墓志铭》，载《全宋文》第 332 册，第 62 页。
⑤（宋）刘斧：《青琐高议》，载《宋元笔记小说大观》第 1 册，第 1054 页。

志，与夫使之可以托微而见意，必以《诗》。此非学不能，故教成于内外，而其俗易美，其治易洽也”[①]。

有的从家国同构的角度认识女子受教的价值。如周敦颐在其《通书》中说："治天下有本，身之谓也；治天下有则，家之谓也。本必端，端本，诚心而已矣；则必善，善则和亲而已矣。家难而天下易，家亲而天下疏也。家人离，必起于妇人。"[②]在这里，周敦颐从治天下谈到治家，从"家难""家亲"谈到天下太平，而治家重任多由女子担当，因此女子受教至关重要，只有深谙"和亲"之道，才不至于"家人离"的悲剧。

有的从个体礼仪修养的角度来畅谈女子受教的不可或缺性。如司马光在《家范》中明确指出："凡人，不学则不知礼义。不知礼义，则善恶是非之所在，皆莫之识也。于是乎，有身为暴乱而不自知其非也，祸辱将及而不知其危也。然则为人，皆不可以不学，岂男、女之有异哉？"[③]可知，在司马光看来，女子应该和男子一样接受教育，虽然学校大门尚未为女子完全打开，但女子在家里一样可以读书受教，且不可以不读《孝经》《论语》《诗》《礼》等经典，还要"略通大义"。

而有的学者则是从礼仪教化缺失所带来隐患的角度上，强调女子教育应该在幼年时就要倍加重视。如两宋之际的曾敏行在其《独醒杂志》中说道："禅家合众而不哗，无怒而有制。执事者不辞其劳，居安者不愧其逸。入其门，升其堂，整整截截，动有条理。……吾人族姻并居同室，未必如其众多，而不能若是之整肃者，往往女子童稚实始之。"[④]朱熹在《小学》中亦提到由于教育缺失，孩子从幼便骄惰坏了，"到长益凶狠"[⑤]等。

有的从女子读物中所存在的问题来论及女子应该接受更系统、更全面的教育。如罗大经在《鹤林玉露》中对朱熹思想路线的记述："朱文公尝病《女诫》鄙浅，欲别集古语成一书，立篇目曰《正静》，曰《卑弱》，曰《孝爱》，曰《和睦》，曰《俭质》，曰《宽惠》，曰《讲学》。且言如杜诗云：'嗟汝未嫁女，秉心郁忡忡。防身动如律，竭力机杼中。'凡此等句，便可入《正静》，他皆仿此。尝以书属静春先生刘子澄纂辑，迄不能成。公盖欲以配小学书也。"[⑥]朱熹之所以要这样做，主要是他曾明确表示过"女子亦当有教，自《孝经》之外，如《论语》，只取其面前明白者教之"[⑦]，其他如《女诫》《温公家范》等亦可阅读。再就是，他看到《女

①（宋）曾巩：《夫人周氏墓志铭》，载《全宋文》第58册，第258页。
②（宋）周敦颐：《周敦颐集》，中华书局1990年版，第37页。
③（宋）司马光：《家范》，清光绪元年（1875年）夔州李氏刻本。
④（宋）曾敏行：《独醒杂志》，载《宋元笔记小说大观》第3册，第3273页。
⑤（宋）朱熹：《小学》，载韩锡铎：《中华蒙养集成》，辽宁教育出版社1993年版，第174页。
⑥（宋）罗大经：《鹤林玉露》，载《宋元笔记小说大观》第5册，第5297页。
⑦（宋）黎靖德：《朱子语类》第1册，中华书局1986年版，第127页。

诫》的局限，不同意班昭所言“妇德不必才明绝异”[1]，于是想重新为女子编一套读物，尽管没有实现所想，但以其所编《小学》来充当女子读物，也算是了却他的一桩心愿。

还有从家庭治理的角度认为女子受教大有助于料理家业，尤其是在丈夫蠢懦、不肖或夫死子幼时，更能显示出女子受教的重要。对此，南宋学者袁采在所撰《袁氏世范》中有精辟的阐释：

妇人有以其夫蠢懦，而能自理家务计算钱谷出入不能欺者；有夫不肖，而能与其子同理家务不至破荡家产者；有夫死子幼，而能教养其子敦睦内外姻亲、料理家务至于兴隆者，皆贤妇人也。而夫死子幼，居家营生，最为难事。托之宗族，宗族未必贤。托之亲戚，亲戚未必贤。贤者又不肯预人家事。唯妇人自识书算，而所托之人衣食自给，稍识公义，则庶几焉。不然，鲜不破家。[2]

总之，宋朝士大夫阶层对女子及女子教育的关注，虽然没有上升到政策层面，但依其高高在上的社会地位及感召力，不仅影响到其家庭、家族乃至乡里民众，且缘于书籍的传播及所到之处兴学教化的推动，在社会各个阶层也泛起阵阵涟漪，从而引起全社会对女子读书受教的普遍重视。

第二节　制度建构与人文关怀：从意识觉醒到独自维权

制度建构就是立规矩，规矩既是规训又是约束，但只有政治有限参与下的、足以彰显统治者价值取向的制度才有足够的制衡力，也才能充分发挥制度的引领力与教化力，诸如古代的帝王诏书、条例、律令以及地方政府发布的劝谕文、戒律、判词，乃至族规家法等。

那么在两宋时期，无论是已经成形的制度，抑或是正在被建构中的制度，从其对女子地位的认同及规训，可以感受到各种制度建构背后对女子的人文或人性的关怀。诸如统治者对臣僚生病母亲的悉心照顾，据北宋宰相王珪的《永寿郡太君朱氏墓志铭》所载，治平二年（1065 年）翰林学士冯京主持贡举时，闻听母亲朱氏染病，请求回家探望。宋英宗不许，且回复说：“朕自敕太医日夜视夫人疾，毋深念也。”又“赐御膳者再，间遣使者至夫人卧内，所以抚存之甚厚”，使冯京能够安心地履行自己的主考使命。[3]不仅如此，对于一般士人的母亲，统治者亦

①（汉）班昭：《女诫》，载徐少锦等：《中国历代家训大全》上册，中国广播电视出版社 1993 年版，第 5 页。

②（宋）袁采：《袁氏世范》，清乾隆五十五年（1790 年）长塘鲍氏刻知不足斋丛书本。

③（宋）王珪：《永寿郡太君朱氏墓志铭》，载《全宋文》第 53 册，第 277 页。

显示出大爱的胸怀。如北宋学者种放，不愿步入仕途，便携老母一起隐于终南山豹林谷，以讲学为生。宋太宗久闻其名，想招其入朝做事，然其辞以母老不至。太宗无奈，反“每节给钱物供养其母”。咸平元年（998 年），种放母亲病卒，宋真宗又“赐钱二十万、帛三十匹、米三十斛以葬”等。[①]不过，也不能否认统治者的这种行为更具有笼络、安抚臣属或士人的意图。

就地方乃至家族而言，也有比较开明的做法，诸如女子可以在家谱中占有一席之地。如胡舜申在《乾道重修家谱序》中称，家谱中对于男子皆“旁注名字，或仕宦则书出身，或登第则书其年。见存者，止书所任官职；已卒者，详书所终所赠之官。妇人封号类此。以至男所娶之妇，女所嫁之婿，无不书之。凡名字之类，或有阙者，旧所失记，从而阙之”[②]。

不过，更多体现在女子婚姻、财产、立户、救助等许多方面的人文关怀，使两宋女子能够在法定的权限内，理直气壮地来维护自己的合法权益。

1. 对婚姻的自主与自决

婚姻是历代学人及普通民众热议不休的一个话题，因为它不仅事关个人的命运，也关系到家庭的幸福乃至社会的稳定，故在两宋时期，从正史到野史，从笔记到小说，从碑刻到绘画，从律令到家规，都可以感受到社会对婚姻的密切关注和种种约定，无论是宋人的婚姻观念，抑或是对婚姻关系的约束，都显示出比较开放的态势，甚至因为商品经济的繁荣与发展，宋人观念的开放程度不亚于唐代。

就婚配出嫁问题，两宋世俗亦强调“父母之命”“媒妁之言”，且多数家庭女子依然遵守这一约定俗成的规训。如北宋宰相王旦，将长女许配给新科进士韩忠宪为继室夫人，族人一片哗然，但其不以为然，还说服族人接受这一事实。如苏舜钦《太原郡太君王氏墓志》所载：

> 初，文正公在重位，夫人长矣，久择婿不偶，日有盛族扳求，而文正公辄却之。时忠宪公初第，上谒文正公。公一见，遂有意以夫人归焉。族间哗然，以谓韩氏世不甚显大，而上有亲老且严；又前夫人蒲氏有子，当教训抚育，于人情间实难；以夫人少为族人所宠爱，愿于大家著姓为相宜。文正公曰：“以吾女性孝而淑贤，必能尽力于夫族，且其节行易以显，亦足见吾家之法度焉。族盛者骄惰恣放，多以侈事相夸逐，是不喜吾女之所向，此非渠辈所晓知也。”遂以夫人归韩氏。[③]

至于王家千金是否自愿，文中没有交代，但毕竟是父亲大人所定，所嫁又是

①（宋）司马光：《涑水记闻》，载《宋元笔记小说大观》第 1 册，第 837 页。

②（宋）胡舜申：《乾道重修家谱序》，载《全宋文》第 182 册，第 291 页。

③（宋）苏舜钦：《太原郡太君王氏墓志》，载《全宋文》第 41 册，第 127 页。

新科进士，也算是抓住了一个“潜力股”。另据韩维《程伯淳墓志铭》讲，程颢也是被户部侍郎彭季长许配以千金的，文中称程颐“生而秀爽，异于常儿。才数岁，诵诗书，强记过绝人。户部侍郎彭公季长一见异之，遂许妻以女”①。

但也不能排除家人对女子婚姻自主的尊重与选择。如南宋学者叶适《夫人徐氏墓志铭》中所载好友刘必明之妻徐氏，父死后，“母将以嫁姑子之富者。夫人讶未成服，问知其故，号恸殒绝，久而后苏，家乃止不敢言。终丧，兄徐扣其意，夫人曰：‘为富人妻，我不愿也。’必明使聘焉。既聘，必明忽暴得疾，不食柴立，亲戚为夫人忧。夫人曰：‘已许嫁矣，死生从吾夫，复何道’”②。在商贸业发达的江南一带，财富普遍被视为地位的象征，而徐氏居然不愿为“富人妻”，似是不合常理，但也许是基于对富家子弟及其奢靡生活的一种厌恶，而不愿去做“寄人篱下”的阔妇，这该是对婚后新生活的一种追求，无可厚非。袁甫在《太孺人卞氏墓志铭》中，也记述一位女子卞氏，不肯嫁凡夫俗子，而希望嫁一位贤达之士，并最终遂已所愿。如墓志铭曰：“太孺人姓卞氏，讳妙觉，霅川人，同里张公讳思明之室。始，父母议择对，不肯嫁凡子，名阀豪族皆弗愿，闻张公贤誉，欣然归之。雅不喜纷华，不妄言笑，澹如也。”③

就离婚问题，虽然有“从一而终”“不更二夫”之论，但在官方制度中没有有关禁止离婚的条款，士大夫阶层也多秉持比较开明的态度，如司马光在《家范》中说：“夫妻以义合，义绝则离。”也就是说，夫妻之间在已经“绝情绝义”的情况下，继续维持虚无的婚姻已经变得毫无意义，只有“离”才能让双方更好地去追求自己的幸福。然在世俗舆论的压力之下，要想跨过这道坎也是不容易的，所以“士大夫有出妻者，众则非之，以为无行，故士大夫难之”。④尤其在宗法制社会，几乎所有的话语体系都是以男子为中心建构的，谈论婚姻或离婚也多是以男子的利益为转移的。如南宋时的地方官员刘克庄接手一件黄桂夫妇离婚案，这是黄桂其妻丘氏在兄长唆使下提出离婚的。刘克庄在《妻以夫家贫而仳离判》中称：“夫有出妻之理，妻无弃夫之条。”⑤很明显丈夫可以休妻，但妻子不可以主动提出离开丈夫。无论是司马光为士大夫鸣冤，抑或是刘克庄为贫穷丈夫黄桂叫屈，都显示出女子离婚的被动和不自主。但在“从一而终”这个问题上，总算是有所松动，毕竟刘克庄还是判了黄桂夫妇离婚，也算是对女子离婚意愿的尊重，尽管是带有一种指责的态度。

就女子再嫁而言，宋朝法律中没有禁止寡妇再嫁的规定，宋初的《户婚律》

①（宋）韩维：《程伯淳墓志铭》，载《全宋文》第49册，第243页。

②（宋）叶适：《夫人徐氏墓志铭》，载《全宋文》第286册，第227页。

③（宋）袁甫：《太孺人卞氏墓志铭》，载《全宋文》第324册，第122页。

④（宋）司马光：《家范》，清光绪元年（1875年）夔州李氏刻本。

⑤（宋）刘克庄：《妻以夫家贫而仳离判》，载《全宋文》第328册，第3页。

所限定的只是居父母、丈夫以及舅姑（公婆）之丧期间不准改嫁而已。至大中祥符七年（1014 年），宋真宗颁布《娶妻给财亡后妻许改适诏》，明确女子在丈夫死后生活“不能自给”的情况下准许改嫁。由于有法律及政策上的支持，宋代妇女再嫁的数量相对较多。生活于两宋之际的江少虞，在《宋朝事实类苑》中曾描述道：“膏粱士俗之家，夫始属扩，已欲括奁结橐求他偶而适者多矣。”[①]这里所表现出的，是宋朝妇女在改嫁问题上的“不自贱”意识，也是其对婚姻自主的渴望和追求，虽然于情有所不忍，但又是合理合法的。

事实上，在两宋 300 多年间，各类史书中所载女子再嫁、三嫁的事例比比皆是。如胡颖在《妻已改适谋占前夫财物判》中，讲到宋理宗淳祐年间一个叫阿常的女子曾三嫁他人。阿常初嫁钱氏，夫死又嫁徐巡检，不幸巡检又亡。当时徐巡检之母犹在，可谓老而无子，理应悉心照顾婆婆，然阿常又改嫁张巡检，婆婆由婢之夫妇赡养。后得知其婆婆死亡，在养子的怂恿下，又有继承前夫财产的想法，于是引来一场官司。胡颖以汉朝陈孝妇为例，来评判指责阿常的改嫁，说：“阿常若稍有人心，只当终身不嫁，与乃姑相养以生，相守以死，如陈孝妇之义可也。夫死未及卒哭，乃遽委而去之，弃姑如弃路人，易夫如易传舍，其心抑何如此之忍邪！”于是，阿常的行为被视为“背夫绝义”，“朝彼暮此，何异于娼优之贱”。[②]在这里，胡颖没有对阿常的三次改嫁做过多的评判，他对阿常的不满主要是没有亲自照顾老而无子的婆婆，反而又来讨要前夫财产，有悖伦理常情。

另外，女子是否再嫁基本上可以自己做主。如南宋湖州才女吴淑姬，不幸的是未嫁夫亡，夫亡之前曾发生簪玉坠地而折断的事情，似乎预示着破镜难圆了。当父亲劝其改嫁时，她发誓曰：“玉簪重合则嫁。”数年后，“见士子杨子志诗心动，启奁视之，簪已合矣，遂结为夫妇”。[③]史书所考有些传奇，但也最能体现吴淑姬作为风华正茂女子的真实心态，既困于伦理的约束，又渴望美好的婚姻生活，但又不便于表露得那么直白，只能通过“簪已合”来为自己遮掩和辩解，道出了诸多再嫁女子的共同心声。诚然，夫死可以再嫁，被出女子亦能再适，如宋初官员刘琯的母亲王氏。刘琯为寻访被出生母王氏，“遂弃官，布衣蔬食，跣足走天下访之，莫知其生死。数年而琯志益坚，誓不见母，不复为人”。功夫不负有心人，终于在河南汝洛间找到母亲王氏，当时母亲正在为小女儿举办婚事，正好被刘琯碰上，才得知母亲被出后，又嫁一富家为侧室，生女三人，且富家已死，于是刘琯“迎母同居，久之，以寿终”。[④]

①（宋）江少虞：《宋朝事实类苑》，上海古籍出版社 1981 年版，第 702 页。

②（宋）胡颖：《妻已改适谋占前夫财物判》，载《全宋文》第 343 册，第 134 页。

③ 胡文楷：《历代妇女著作考》，上海古籍出版社 1985 年版，第 47 页。

④（宋）王铚：《默记》，载《宋元笔记小说大观》第 5 册，第 4555—4556 页。

值得一提的是，处在两宋女子最底层的妓女，其出籍后嫁人是受歧视的，尤其是嫁给有身份的士人，就连这些士人都被视为“名教罪人”。如南宋官员蔡杭在《士人娶妓判》所称：“公举士人，娶官妓，岂不为名教罪人？岂不为士友之辱？不可！不可！大不可！”[①]这种无视人的合理诉求和基本生理需要，将正常的个人婚姻生活上升到有悖于名教的高度来横加评判，实在有些粗暴和无情。

就总体情况来看，在女子文化层次低下、社会阅历浅薄、生活环境相对封闭的情况下，父母之命也不失为一种社会常规。但父母之命也并非完全由父母做主，在一定程度上还会征求女儿的意见，从两宋时期复杂的订婚程序上看，与婚姻自主也不完全是相悖的，而是有一定程度上的契合。而对于受过教育、性格外向、在家受宠的女孩子来说，婚姻的自主性显得更大一些。如果用今天的婚姻观来衡量，也许是一无是处，但在那个时代都是合情合理的。

2. 对财产的拥有和支配

在以私有制为基础的宗法制社会，似乎只有男子才可以继承或拥有财产，儒家的“三从”规训又似乎就是一种制度，表明女子毫无经济地位可言，只有依从男子才可以艰难地生存下去。然而，这只是一种假象，或者至少说事实上并非完全如此，尤其是政府所颁行的律令中也没有限制女子对财产的拥有权或支配权。

在两宋时期，女子所拥有的财产，主要源于以下四个方面。

（1）陪嫁资产。诸如首饰、物件及田产等。北宋时吕陶在《仁寿县太君魏氏墓志铭》中所言寺丞费文之妻魏氏，“寺丞君旧豪，舍财，不屑屑治产，惟好贤乐善，宴衎自适。夫人罄奁中物及父母所与之田，以资其用，至于匮竭，曾不少慊”[②]。又如叶之表在《宋方府君并夫人墓志铭》中府君夫人方氏，“居里梵刹环绕者十数，夫人自出己财以施之”[③]。这里所谈到的“奁中物”“所与之田”“己财”等，都是出嫁时的陪送嫁妆。如果是一个大的家族，凡是女子出嫁都可支给和男子同等的费用。如绍兴十四年（1144年），赵鼎在其《家训笔录》中规定，当年如有婚嫁，“各给五百贯足，男女同”[④]。对于这些费用，《宋刑统》亦明文规定“妻家所得之财，不在分限”[⑤]。也就是说陪嫁的资产不能纳入兄弟家业分配，仍属于女方个人所有。

（2）继承家产所有。包括在室女、归宗女、改嫁女、妻子、寡妇等，都可以

---

①（宋）蔡杭：《士人娶妓判》，载《全宋文》第335册，第57页。

②（宋）吕陶：《仁寿县太君魏氏墓志铭》，载《全宋文》第74册，第126页。

③（宋）叶之表：《宋方府君并夫人墓志铭》，载《全宋文》第120册，第219页。

④（宋）赵鼎：《家训笔录》，载《全宋笔记》，大象出版社2008年版，第75页。

⑤ 薛梅卿点校：《宋刑统》，法律出版社1999年版，第221页。

不同程度地继承父家、夫家的财产。对于父家的财产来说，假如父母双亡，《宋刑统》规定除未娶者留下聘财外，"姑、姊妹在室者，减男聘财之半"。如果父母无子，成为绝户，那么法律规定"诸身丧户绝者，所有部曲、客女、奴婢、店宅、资财，并令近亲转易货卖，将营葬事及量营功德之外，余财并与女"①。正是有此法律保护，凡是合乎条件的女子，无论出嫁与否，均可获得父母财产的继承权。如北宋著作佐郎俞充之母，据俞充自述，"外家素有产，既绝无后，先妣以法当得之。其后族人有欲分产者，以法不当得，先妣曰：'吾有子，禄足以为养矣，乃援法而弗予之乎？'卒分予之"②。还有，两宋之际的刘勉之的妻子，"妇家富，无子，谋尽以资归于女，勉之不受，以畀族之贤者，命之奉祀"③。俞充之母、刘勉之之妻都是可以继承全部财产的，尽管她们考虑到家族的和谐而自愿放弃所应继承的财产。可见，作为女子在家庭中的法律地位并不低于同辈男子。

对于夫家财产而言，妻子如守寡不嫁，一样可以获得部分继承权。《宋刑统》曾规定，"寡妻妾无男者，承夫分"④。于是，诸多女子在丈夫死亡后同样分得一部分财产。如隆兴元年（1163 年），程迥以进士第就任扬州泰兴尉，部使者向其反映这么一件事情，如《宋史》所载："训武郎杨大烈有田十顷，死而妻女存。俄有讼其妻非正室者，官没其资，且追十年所入租。"程迥得知实情，当即做出"大烈死，资产当归其女。女死，当归所生母"的决定。⑤

（3）薪俸待遇。从史料所载来看，诸如皇宫中的后妃、公主、亲王妻女、其他宗女宗妇、部分女性外戚，以及极少数功臣妇人等都有薪酬，这应该是前所未有的独特现象，也是两宋时期特殊的财政管理制度派生出的结果。诸如元丰六年（1083 年），宋神宗颁诏："吴王元俨女，皇家尊亲，同行存者止此一人。可特给月俸百千，春冬衣各增十匹，生日增银五十两。"⑥不过，我们也不能否认统治者人文关怀的一面，诸如对战死将帅遗孀的支给，乾道四年（1168 年）宁国军节度使魏胜之妻齐安郡夫人，因魏胜"死节可佳"，对其"特与支给"，待遇如同耶律氏等。

（4）女子劳动所得。包括从事买卖、雇佣以及妓女以艺妓获得的收入等，这在《东京梦华录》《梦粱录》《武林旧事》《夷坚志》等多有记载。

无论女子通过什么方式拥有的财产，自然都归女子来独立处置和分配，这在两宋法律上没有禁令，在宗族及民间也都是默认的。她们或者赠送给子孙，如北

①（宋）窦仪等：《宋刑统》，法律出版社 1999 年版，第 222 页。
②（宋）王珪：《辜氏墓志铭》，载《全宋文》第 53 册，第 306—307 页。
③（元）脱脱等：《宋史》，中华书局 1977 年版，第 13463 页。
④ 薛梅卿点校：《宋刑统》，法律出版社 1999 年版，第 222 页。
⑤（元）脱脱等：《宋史》，中华书局 1977 年版，第 12979 页。
⑥（宋）宋神宗：《特给元俨女月俸百千诏》，载《全宋文》第 116 册，第 328 页。

宋蓬莱县君赵氏，在病危之际对几个儿媳说："火风将息，吾何以逃？汝舅仕州县凡七迁，奉法行己，吾所赞多矣。吾奁箧中物皆嫁时资，未尝更置一物以自奉，吾此意亦欲遗诸子孙，汝等志之。"[①]或者用于资助丈夫学业，如北宋士人陈某之妻林氏，"陈君少有四方志，已而所向系軫，辄拂衣还里门，以《诗》《书》训诸子，且招善士为之师。夫人于时罄奁中物买地筑室佐其事，无一毫顾惜"[②]。或用于赎回丈夫祖业，如南宋时户部侍郎季某之妻上官氏，季某以上舍入仕，在他担任辟雍直讲时，季氏家族有败家之子，将清平里之莹山偷卖于僧寺。季某回家后与家人商议如何赎回，但考虑到费用太多，必须借款才能成其事。上官夫人泣曰："吾父母资送我者，以为君家助也，君松槚不自保，吾安所用焉？"于是她"尽倒其奁，以赎其山，且以其余增地甚广，置庐舍守之"，这样"俾后世知自君得，他人无敢预也"。上官夫人的举动，也感动了季氏之族人，族人"无大小，皆称夫人之贤，且服其识，至今薪槱不敢望其墓林，曰此上官夫人赐也"。[③]

当然，也有的女子将自己的奁产自愿交给夫家的，如南宋广西经略司范经干之妻赵氏，"夫人之嫁也，资装良厚，且以田自随，夫人一付之良人，未尝计出入。经干再任，皆在幕府，俸入不薄，夫人如不闻"[④]。这该是基于对丈夫的一种高度信任，或者基于对钱财的淡泊心志。

可以说，两宋女子对财产的拥有，使其在社会及家庭生活中占据一定的主动或独立地位，即便是遭遇婚姻变故，也不至于使自己一时陷入生存的困境。

3. 可为一户之主

据史料所载，女户主要是在唐宋时期实施的一项户籍管理制度，凡是丈夫死后，无子或子幼时均可立为女户，成为一家之主。如北宋末年，居士慕容宗古的妻子李氏，"居士殁，夫人持门户，纂组自力，节逾厉，不以贫故少贬"[⑤]。南宋初大臣赵鼎，在其《家训笔录》中提出要在其百年之后为其女儿三十六娘立户，称："三十六娘吾所钟爱，他日吾百年之后，于绍兴府租课内拨米二百石充嫁资，仍经县投状，改立户名。"[⑥]也就是说，要将这份财产以立户的方式，经县府备案公证，作为三十六娘的嫁资由其支配，他人不得挪用，这是一种很特殊的立户方式。

在两宋时期，凡是女户，不仅掌管一家之财产，且还因属于社会中的弱势群体而享受政府给予的一定待遇。如《宋史·食货志上》所讲："单丁、女户及孤幼

①（宋）李昭玘：《蓬莱县君赵氏墓志铭》，载《全宋文》第121册，第243页。
②（宋）邹浩：《夫人林氏墓志铭》，载《全宋文》第132册，第64页。
③（宋）韩元吉：《荣国太夫人上官氏墓志铭》，载《全宋文》第216册，第343页。
④（宋）刘宰：《故广西经略司范经干孺人赵氏行述》，载《全宋文》第300册，第215页。
⑤（宋）刘跂：《夫人李氏墓志铭》，载《全宋文》第123册，第261页。
⑥（宋）赵鼎：《家训笔录》，载《全宋文》第174册，第375页。

户，并免差役。”[1]因有此等优惠，部分民众乘机弄虚作假，欺上瞒下，借以逃避差役。为此，宋孝宗于乾道九年（1173年）专门下诏来遏制这种不良行为，诏曰：

诸转运司行下所部州县，将女户如寔系寡居，及寡居而有丁者，自依条令施行。其大姓猾民避免赋役，号为女户无丁，诡名立户者，即自三等已（以）上及至第四等、第五等并与编户一等均敷。仍令州县多立文榜晓谕，限两月陈首，与免罪改正；如违，许告。断罪、告赏，并依见行条法。[2]

4. 用法律申诉维权

依据多种史料所载，可以明显感受到，两宋时期当女子合法权益受到侵夺或伤害时，她们不会默默承受冤屈，往往会选择拿起法律的武器向强者宣战，既体现出女子日益觉醒的法律意识，又彰显出法律的相对公平以及对弱势群体的保护。这一时期女子诉讼维权的案件，主要集中在争取赡养权和财产权等方面。

三代以前“孝”的观念业已渗透于民众的内心世界。虞舜本出身寒微，因为孝顺父母而被尧帝所看重，推举为部落首领。商汤的孙子太甲因为“暴虐，不遵汤法，乱德”而被伊尹“放之于桐宫”。尤其是两汉以后“仁治”的推行，《孝经》的刊布、孝子事迹的传诵以及政府对“不孝之罪”的严惩，使“百善孝为先”日益成为各阶层民众日常生活的行为准则和道德底线，也使那些得不到子女赡养的老年人能够用政府的律令来维护自己的合法权益。这种情况在两宋地方官员办案及判词中十分常见。

北宋仁宗时官员薛奎，以加枢密直学士知益州后，就遇到成都民妇讼其子不孝的案件。薛奎诘其子何以不尽孝，其子说“贫无以为养”。薛奎得知实情，便想大事化小，于是拿出自己的薪俸给了他，并告诫说：“若复失养，吾不贷汝矣！”其结果是“母子遂如初”，这也是薛奎所希望看到的。[3]

南宋地方官胡颖在任期内，“惟以厚人伦、美教化为第一义”的他接连办理多起女子诉讼其子不孝案件。例如，一位叫阿周的女子讼其子马圭不孝罪，阿周备陈马圭罪过：“父母与之以田，则鬻之，勉其营生，则悖之，戒其赌博，则违之。十年之前，已尝为父所讼，而挞以记之矣，今不惟罔有悛心，而且以为怨。其间更有当职之所不忍闻者。”由此，胡颖认为马圭当为“恶人”。根据阿周的请求，胡颖判决“刑之于市，与众弃之矣”。但在行刑之前，阿周又拿出丈夫的遗嘱给胡颖看，希望能够改判。胡颖“读之几欲堕泪，益信天下无不慈之父母，只有不孝之子”，于是改判“不欲坐马圭之罪，押归本家，恳告邻舍、亲戚，引领去拜谢乃

---

①（元）脱脱等：《宋史》，中华书局1977年版，第4334页。

②（宋）宋孝宗：《禁大姓猾民避免赋役诡立女户诏》，载《全宋文》第235册，第175—176页。

③（元）脱脱等：《宋史》，中华书局1977年版，第9631页。

母，友爱乃弟，如再有分毫干犯，乃母有词，定当科以不孝之罪”。[①]

对女子应得财产的判决也是地方官员办案的重点，凡是合乎宋朝律令所定，无论这些女子的家庭出身及社会地位如何，都能得到法律的保护，并获得本该属于自己的财产。在诸多案件中，因异姓养子所诱发的财产案还是比较突出的，尤其是在南宋时期的江南一带，其缘由如王得臣在《麈史》中所言："闽中生子既多不举，无后者则养他人子以为息。异日族人或出嫁女争讼其财无虚日。予漕本路，决其狱，日不下数人。"[②]作为地方官员，亦能依法办事。诸如南宋官员范应铃所判郑应辰女儿与郑应辰养子的财产纠纷案，据其《女合承分判》所言，郑应辰无子，生有二女郑孝纯、郑孝德，过房一子郑孝先。郑应辰生前家有田 3000 亩、库 11 座，且郑氏姐妹各遗嘱田 130 亩、库 1 座。郑应辰死后，养子郑孝先想独吞家业，这在范应铃看来"可谓不义之甚"。按照"他郡均分之例处之，二女与养子各合受其半"，何况还有郑应辰遗嘱为证，于是做出"郑孝先勘杖一百，钉锢，照元遗嘱各拨田一百三十亩，日下管业"的判决。[③]

异姓养子侵夺财产诚然不可宽恕，而被夫家人及族人、里人恶意侵夺财产案也不在少数，最终多能得到妥善解决。例如，宋初官员王罕在潭州任上，处理了一件被逼精神失常女子的诉讼案。据《宋史・王罕传》所载："有狂妇数诉事，出言无章，却之则勃骂，前守每叱逐之。罕独引至前，委曲徐问，久稍可晓。乃本为人妻，无子，夫死，妾有子，遂逐妇而据家资，屡诉不得直，因愤恚发狂。罕为治妾而反其资，妇良愈，郡人传为神明。"[④]面对这样一位特殊女子，"为政务适人情"的王罕还是彰显出为民做主的责任担当，对有不法行为者来说也起到一种警示作用，不然，诸如此类女子的冤案将永远得不到解决，不法之徒将会更加猖狂。又如，宋初名臣韩忠宪在扬州任上，遇到一位叫李甲的男子，以财豪于乡里，尤其在兄长死后竟然"诬执其兄之子为他姓，赂里妪之貌类者，使认之为己子，又醉其嫂而嫁之，尽夺其奁橐之蓄"。李氏寡妻无奈"诉于州及提刑转运司，每勘劾，多为甲行赂于胥吏，其嫂侄被笞掠，反自诬服，受杖而去，积十余年矣"。真可谓一起内外勾结、串通一气的冤案和错案。值韩忠宪知扬州，李氏寡妻又出诉，韩忠宪"察其冤，因取前后案牍视之，皆未尝引乳医为证。一日，尽召其党立庭下，出乳医示之，众皆伏罪，子母复归如初"。[⑤]

此外，还有干预女子再嫁以及女子被人殴打侮辱的维权案件。如《童蒙训》卷下所提到的范仲淹接手的一起士子虐待官妓诉讼案，称范仲淹到陕西上任后，"有

---

①（宋）胡颖：《母讼其子而终有爱子之心不欲遽断其罪判》，载《全宋文》第 343 册，第 126—127 页。

②（宋）王得臣：《麈史》，载《宋元笔记小说大观》第 2 册，第 1366 页。

③（宋）范应铃：《女合承分判》，载《全宋文》第 307 册，第 428—429 页。

④（元）脱脱等：《宋史》，中华书局 1977 年版，第 10245 页。

⑤（宋）魏泰：《东轩笔录》，载《宋元笔记小说大观》第 3 册，第 2758 页。

士子怒一厅妓，以瓷瓦剺其面，涅之以墨。妓诉之官，公即追士子致之法，杖之曰：'尔既坏人一生，却当坏尔一生也。'人无不服公处事之当"[①]。又如，南宋时官员胡颖在《嫂嫁小叔入状判》中，提到一位叫阿区的女子，其小叔子李孝德以"失节"为由阻止其改嫁梁肃，并诉讼于官府，阿区也力为自己辩解。胡颖在判词中既指责阿区改嫁的"失节"，又肯定其改嫁的合情、合理与合法，判词曰："阿区以一妇人，而三易其夫，失节固已甚矣！但李孝德乃其小叔，岂得以制其命？纵使以其背兄而嫉恶之，则当其改嫁李从龙之时，便合声其罪，陈之有司，如此则其名正而其言顺矣。……李从龙既死之后，或嫁或不嫁，惟阿区之所自择可也，李孝德何与焉？况阿区之适梁肃也，主婚者叔翁李伯侃，送嫁者族叔李孝绩，初非钻穴隙相窥，逾墙相从者比。李孝德其又何辞以兴讼乎？"这起案件，虽然阿区不是原告，但却以胜诉为终，胡颖对李孝德等人的处罚是"李孝德杖一百，余人并放"。[②]

通过以上女子维权案件以及判决结果，可以感受到法律面前人人平等，哪怕是处在两宋女子最底层的妓女也有自己的尊严和生存的正当权利，尽管有些女子的行为不合乎理想层面的道德标准，但只要不超越政府律令，都是受法律保护的。还有，从对败诉者的处罚力度来看，处罚仅仅是一种手段，感化肇事者及教化民众才是最终目的，这也是稳定社会和家庭所需要的。

5. 社会对女子的救助

在宗法制社会，女子总是处于一种弱势状态，虽然书写历史者将其边缘化，但在实际社会生活中并没有被忽略，她们的生存权除制度保障外，两宋政府还出台诸多有益的救助或保护性措施，对陷入不同困境中的女子施以救助，使其生活得到一定程度的保障。

（1）设置专门机构对弃婴及孤寡老人给予救助。针对社会上普遍存在的"生子不举""溺婴""弃婴"等问题，统治者主要通过设置"举子仓""慈幼庄""慈幼局"等方式加以解决。如南宋时官员真德秀，在他担任江东转运使时，鉴于当时"饥歉之后，民食日艰，生子之家，多是无力养育，因以遗弃道路，或致转死沟壑，殊可矜悯。照得在国法，诸灾伤遗弃小儿，官司给钱雇人乳养，以卖户绝田宅钱充"[③]。据此，他于嘉定十年（1217 年）在建康府创办一所慈幼庄，具体运作及管理方式，如其在《申创置慈幼庄状》中所言：

> 今量度事宜，将本司拘到诸州县没官田产，措置召人租佃，立为一庄，专以慈幼为名，计其岁入，委官掌管，月支钱米，雇人乳养。凡有遗弃小儿，即时责

---

① 尚诗公：《中国历代家训大观》，文汇出版社 1992 年版，第 52 页。

②（宋）胡颖：《嫂嫁小叔入状判》，载《全宋文》第 343 册，第 125—126 页。

③（宋）真德秀：《申创置慈幼庄状》，载《全宋文》第 313 册，第 10 页。

邻保勘会，见得遗弃分明，再行委官审实附籍，给历头与收养之家，每月支钱一贯文、米六斗，至五岁止。其无人收养者，所属官司召募有乳妇人寄养，月给一同，至七岁止。其欲以为己子或有人转觅者，听从其便，仍从官司给据。其抱养之初，襁褓未备，则以钱两贯文给之。其病患者听自陈，给与药费，死亡者支钱二十贯文，即时除籍。或丰年遗弃稀少，支用有余，则储蓄以备荒岁赈给。[①]

吴自牧在《梦粱录》中，也谈到临安府慈幼局的设置情况，即“州府置施药局……局侧有局名慈幼，官给钱典顾乳妇，养在局中，如陋巷贫穷之家，或男女幼而失母，或无力抚养，抛弃于街坊，官收归局养之，月给钱米绢布，使其饱暖，养育成人，听其自便生理，官无所拘。若民间之人，愿收养者听。官仍月给钱一贯、米三斗，以三年住支”[②]。慈幼局的设置，确实把诸多女童从死神手中拉了回来，解决了一大社会难题。

对无依无靠孤寡老人的救助，宋政府主要是设置居养院或养济院来收养，使其能够安度晚年。如南宋时官员程珌在《吉水县创建居养院记》中，谈到当时创建居养院的情形时称：“庐陵八邑，其七皆有居养院，吉水独无之。凡鳏寡孤独者、老者、疾者，率栖寄浮屠氏，结草为庐，风日不蔽。且浮屠氏亦厌苦之……乃度地于县之南，为屋十楹，日赡二十人；而使者又岁给常平五十斛，以备溢额之病而无归者，别为屋以居之，名安乐院。自是生有以养，疾有以药，没有以藏矣。”[③]吴自牧的《梦粱录》则有创建养济院的记载，称：“老疾孤寡、贫乏不能自存，及丐者等人，州县陈请于朝，即委钱塘、仁和县官，以病坊改作养济院，籍家姓名，每名官给钱米赡之。”[④]

（2）对沦为奴婢女子的救助。凡沦为奴婢的女子，主要有贫穷和饥荒两种情况。如至道二年（996年）七月，江南、两浙、福建等路州、府、军、监内有“贫民负欠富人息钱物无以偿，没入男女为奴婢者”。又如至和二年（1055年）四月，宋仁宗诏“访闻饥民流移，有男女或遗弃道路。令开封府、京东、京西、淮东、京畿转运司，应有流民雇卖男女，许诸色人及臣僚之家收买，或遗弃道路者，亦听收养”。[⑤]虽然这些奴婢身为良家，只因灾荒和贫穷而沦为“贱人”，但在其走投无路之时，被人雇佣也不失为一条生路。

但无论是哪一种情况所带来的奴婢身份，政府对雇佣者也多有约束。诸如雇佣时必须立有契约，期满必须送还其家，没有契约的则属于违法行为，是要受到

①（宋）真德秀：《申创置慈幼庄状》，载《全宋文》第313册，第11页。
②（宋）吴自牧：《梦粱录》，中国商业出版社1982年版，第161—162页。
③（宋）程珌：《吉水县创建居养院记》，载《全宋文》第298册，第119页。
④（宋）吴自牧：《梦粱录》，中国商业出版社1982年版，第162页。
⑤（宋）宋仁宗：《许收买或收养流民男女诏》，载《全宋文》第45册，第333页。

惩罚的。如至道二年（996 年）规定："限诏到，并令检勘，还其父母。敢隐匿者，许邻里告诉，差定其赏焉。"[①]天禧四年（1020 年）六月，王博文又在奏折中提出，鉴于大中祥符年间密州因灾害，亲属散在民间，且多为人收养及充作奴婢妻口，故凡"本无契券离书者，望令画时放还。如有诉讼，官司不为理者，并论违制罪"[②]。另外，还要求雇主不得对奴婢实施黥面等人格性惩罚，如据王林的《燕翼诒谋录》所载，针对社会上一些主家"犹擅黥奴仆之面，以快其忿"的实际情况，宋真宗曾下诏强调"士庶之家，奴仆有犯，不得黥面"。[③]

至于非法拐卖妇女的情况，也是两宋时期地方官员严厉打击的对象。如淳熙二年（1175 年），南宋官员张栻在静江府任上发布的《谕俗文》中，既表明政府施加"惩戒"的态度，也提醒民众因情况复杂而严加防范，"无致招悔"。

由上可知，两宋商品经济的发展使奴婢对地主、贵族的人身依附关系较宋之前大为削弱，其隶属关系日益趋向雇佣化或契约化方向发展。伴随各级政府的督管和打击，在士阶层中业已形成一种共识，即恪守契约条文，届时给予奴婢以人身自由。

（3）对阵亡士卒妻子生活的救助。两宋时期为平定内忧外患，不少士卒战死疆场或客死他乡，对其妻子而言无疑是失去了一个顶梁柱，生活也会因此变得日益艰难。为稳定军心、安抚亡灵以及对士卒遗孀的贫困救助，宋政府出台诸多政策加以保障，仅仅是元丰二年（1079 年）宋神宗就颁布两项制令，在《赈济安南死亡军士妻子御批》中说："以安南死亡军士妻子贫饿无所归，乞以死事人于桂州寄下裹衣、借粮米给之。"在《给赴安南死亡军士妻米诏》中又诏令，凡"西京、开封府界差赴安南军士已死，而妻未改嫁，若孤遗无依者，人给米二石"。[④]

（4）对沦为艺妓女子的救助。艺妓的经济条件也许会好很多，但其社会地位非常低下，人格和尊严大多得不到基本保证，甚至有些艺妓颓废堕落至极。不过，她们在沦为艺妓之前本为良家女子，有些自幼读过四书五经，还接受过多种技艺的熏陶，虽因贫困等沦为风尘女子，但还有部分女子心存还良及期待过上正常人生活之念。在这种情况下，他们是可以脱籍从良的。如苏轼在通判钱塘、权领州事时，一位与苏轼有过交往的营妓递交一个状子，以自己年老为由，想在苏轼离任前准其"出籍从良"。苏轼立即行文《判营妓从良》，称："五日京兆，判状不难；九尾野狐，从良任便。"[⑤]当时，还有一位正值青春年少"色艺为一州之最"的官

---

①（宋）宋太宗：《江南等路民负欠富人息钱沦为奴婢者还其父母诏》，载《全宋文》第 4 册，第 398 页。

②（宋）王博文：《密州民为人收养及充奴婢妻口者乞令放还奏》，载《全宋文》第 14 册，第 90 页。

③（宋）王林：《燕翼诒谋录》，载《宋元笔记小说大观》第 5 册，第 4612 页。

④（宋）宋神宗：《赈济安南死亡军士妻子御批》《给赴安南死亡军士妻米诏》，载《全宋文》第 115 册，第 228 页。

⑤（宋）苏轼：《判营妓从良》，载《全宋文》第 87 册，第 220 页。

妓，也尝试着给苏轼递状子，想脱籍嫁人。也许是因为“工作”的需要，苏轼没有同意，判词称：“慕周南之化，此意虽可嘉。空冀北之群，所请宜不允。”[①]看来，艺妓是否能脱籍从良，与年龄及个人才艺是有很大关系的，但毕竟存在着脱籍的可能。

第三节　社会生活的变迁：从角色固化到重塑

伴随着两宋政治经济的变迁，处于大变局中的社会生活方式也发生了再生性变化。法国学者谢和耐认为，中国的唐朝有过最辉煌的岁月，然到 12—13 世纪的宋朝，却发生了令人瞩目的扭转，如果说唐朝是“一个尚武、好战、坚固和组织严明的社会”，那么宋朝则是“一个活泼、重商、享乐和腐化的社会”。[②]美国学者费正清从商业贸易的角度，认为宋朝尤其是在南宋经历了一场“商业革命”。商贸业的发达必然带来都市生活的繁华，以致宋人亦和西方进入都市化的欧洲一样开始学会享受生活，故而“宋时的都市生活是自由而奢华的，城市已非朝廷控制下的几个城池的联合，也不再执行政治中心的功能。相反，娱乐场所成了社会生活的中心。当时的城市中有无数各具特色的茶馆、酒肆和饭庄，并有和后世日本艺妓相似的专业歌伎伺候的娱乐场所”[③]。

事实上，较之于唐朝，两宋时期的社会生活方式的确发生了重大变迁，至少在两个方面有突出的变化：一是士阶层对各种谋生职业的认知不再有明显的高低贵贱之分，且还鼓励子孙可以从事除“士”或“儒”之外的任何正当职业。诸如修订于北宋天圣五年（1027 年）的《苏州吴县湖头钱氏宗谱》中，要求“宗族子孙，士农工商，各尽其职。宜勤俭，毋得怠惰坏事，以玷祖宗。违者罪之”[④]。而南宋学者袁采在《袁氏世范》中，对子弟从业的要求又有所放宽，提出家族子弟如不能为儒，则“巫医、僧道、农圃、商贾、伎术”等，凡可以养生而不至于辱先祖者“皆可为也”，至如行乞、盗窃以及私自贩卖官府所禁货物如茶、盐、酒等事宜，均不可为之。二是无论都市抑或乡村居民，其生活空间日益由家庭转向自然及公共活动领域，呈现出市场化、大众化、舒适化的倾向，可以说是步入了一个享受生活的时代。而最有代表性的文化生活就是在勾栏瓦舍中的大众化娱乐

① （宋）王辟之：《渑水燕谈录》，载《宋元笔记小说大观》第 2 册，第 1307 页。

② 〔法〕谢和耐：《蒙元入侵前夜的中国日常生活》，刘东译，江苏人民出版社 1995 年版，第 2 页。

③ 〔美〕费正清：《费正清中国史》，张沛、张源、顾思兼译，吉林出版集团有限责任公司 2015 年版，第 141—142 页。

④ 费成康：《中国的家法族规》，上海社会科学院出版社 1998 年版，第 237 页。

消费，这显然是一种新的生活方式和生活趣味，更是商品经济发展的必然结果。这一切都使两宋时期的生活空间大为拓展和开放，两宋女子不仅积极地享受社会生活，而且还活跃于社会生活的各个领域。

1. 生活空间的开放与自我

纵观两宋社会生活发展的进程，可以感受到它渐次呈现出一种开放性的姿态，人性在开放中得以张扬，人的精神需求在分享中得以满足。

在当时，最为民众与士人所青睐的娱乐场所就是在都市普遍兴起的勾栏瓦舍。瓦舍，又叫瓦子、瓦市、瓦肆等，因诸色艺人杂集，观众甚多，还有做买卖的等，形成具有相当规模的综合市肆，“城内隶修内司，城外隶殿前司”①。瓦舍中有诸多勾栏，即演出场所，类似今日之戏台或戏院。孟元老在《东京梦华录》中，对东京城内的“瓦子”以及表演盛况都有详细记述，如东角楼“街南桑家瓦子，近北则中瓦，次里瓦，其中大、小勾栏五十余座。内中瓦子莲花棚、牡丹棚，里瓦子夜叉棚、象棚最大，可容数千人。……瓦中多有货药、卖卦、喝故衣、探搏、饮食、剃剪、纸画、令曲之类。终日居此，不觉抵暮”②。

北宋都城东京如此，南宋都城临安又何尝不是这样，所谓“杭之瓦舍，城内外合计有十七处，如清泠桥西熙春楼下，谓之南瓦子；市南坊北三元楼前谓之中瓦子；市西坊内三桥巷名大瓦子，旧呼上瓦子；众安桥南羊棚楼前名下瓦子，旧呼北瓦子”③。北瓦内勾栏就有十三座，且最为繁盛。唐之前也存在普通民众娱乐的场所，但都处在一种相对分散的状态，没有像宋代这样自发形成的一种约定俗成的独立活动空间，且娱乐主体开始向普通百姓转移。因此，可以说勾栏瓦舍的出现，使两宋社会生活空间不同于以往任何一个朝代。

如果说勾栏瓦舍是普通民众可以坐享的娱乐场所，那么遍及都市的酒楼等场馆，则多是士人及官学生等常去之地，因为那里不仅有美味佳肴，还有书中所讲的“颜如玉”。周密在《武林旧事》中谈到临安的酒楼时说道：诸如升旸宫南库的和乐楼、武林园南上库的和丰楼、银瓮子中库的中和楼、北库的春风楼等酒楼均属官库，属户部点检所，“每库设官妓数十人，各有金银酒器千两，以供饮客之用。每库有祗直者数人，名曰‘下番’。饮客登楼，则以名牌点唤侑樽，谓之‘点花牌’。元夕，诸妓皆并番互移他库”。当然也有供市井消费的酒楼，如熙春楼、三元楼、五间楼、赏心楼、花月楼等，生意亦十分火爆。④

①（宋）周密：《武林旧事》，中华书局 2007 年版，第 158 页。
②（宋）孟元老：《东京梦华录》，中国商业出版社 1982 年版，第 15 页。
③（宋）吴自牧：《梦粱录》，中国商业出版社 1982 年版，第 166 页。
④（宋）周密：《武林旧事》，中华书局 2007 年版，第 159—160 页。

如此众多的可供消遣玩乐的场所，必然会诱导民众对高档消费的向往和攀比，也在一定程度上改变了部分士大夫一向洁身自好的固化心态，开始放弃儒者的文雅而与世俗同流，甚至追求过度的奢靡生活。最先引领两宋社会生活奢华之风的，莫过于赵匡胤在“杯酒释兵权”时的一番劝说：“人生如白驹之过隙，所以好富贵者，不过欲多积金银，厚自娱乐，使子孙无贫乏耳。汝曹何不释去兵权，择便好田宅市之，为子孙立永久之业。多置歌儿舞女，日饮酒相欢，以终其天年。君臣之间，两无猜嫌，上下相安，不亦善乎！”[①]赵匡胤的一番话算是开了一个不好的局面，之后不仅武官，文官也多有仿效。如苏东坡知杭州时，据一娼妓回忆：“公春时每遇休暇，必约客湖上。早食于山水佳处，饭毕，每客一舟，令队长一人，各领数妓，任其所适。晡后鸣锣以集之，复会望湖楼或竹阁之类，极欢而罢。至一二鼓，夜市犹未散，列烛以归。城中士女云集，夹道以观千骑之还，实一时之盛事也。”[②]而与苏东坡同时的，奢靡至极的就是蒲宗孟。据《宋史·蒲宗孟传》所载，他第进士后调夔州观察推官，然其“性侈汰，藏帑丰。每旦刲羊十、豕十，然烛三百入郡舍。或请损之，愠曰：‘君欲使我坐暗室忍饥邪？’常日盥洁，有小洗面、大洗面、小濯足、大濯足、小大澡浴之别。每用婢子数人，一浴至汤五斛”[③]。他曾致书于苏轼，说自己“晚年学道有所得”。苏轼回书说：“闻所得甚高，然有二事相劝：一曰慈，二曰俭也。”[④]也就是奉劝蒲宗孟要有所节制，不可过于奢侈。比之于北宋，南宋的社会生活更为多姿，追求享乐的士人也大有人在，即便是当时的官学生，也多游走于酒楼等场馆，诸如临安城内的升旸宫南库和乐楼等“往往皆学舍士夫所据”[⑤]。

那么，两宋女子作为社会生活的主体之一，自然也被如此活跃的生活气氛所感染，她们可以走出闺门，冲破儒者建构的篱笆，能“自我”地与朋友、家人一起来享受生活的乐趣。

史书中对女子在传统节庆之日外出游玩一事，诸如元夕节（即元宵节）当日，杭州“终夕天街鼓吹不绝，都民士女，罗绮如云，盖无夕不然也”。地方官员还借此时机，在热闹地带押罪犯游街，敬告女子注意防范“奸民”偷窃和骚扰，即所谓“京尹幕次，例占市西坊繁闹之地，賁烛糀盆，照耀如昼，其前列荷校囚数人，大书犯由云：‘某人，为不合抢扑钗环，挨搪妇女。’继而行遣一二，谓之‘装灯’。其实皆三狱罪囚，姑借此以警奸民”。[⑥]而远在数千里之外的成都，“自

①（宋）司马光：《涑水记闻》，中华书局 1989 年版，第 12 页。

②（宋）王明清：《挥麈录》，载《宋元笔记小说大观》第 4 册，第 3702 页。

③（元）脱脱等：《宋史》，中华书局 1977 年版，第 10572 页。

④（元）脱脱等：《宋史》，中华书局 1977 年版，第 10572 页。

⑤（宋）周密：《武林旧事》，中华书局 2007 年版，第 159 页。

⑥（宋）周密：《武林旧事》，中华书局 2007 年版，第 52—53 页。

上元至四月十八日，游赏几无虚辰。……自旦至暮，唯杂戏一色。坐于阅武场，环庭皆府官宅看棚。棚外始作高凳，庶民男左女右，立于其上如山”[①]。又如，二月初八日的祠山大帝圣诞之日，杭州城内外，前往献送人群络绎不绝，“最是府第及内官迎献马社，仪仗整肃，装束华丽”。同时，西湖之上“画舫尽开，苏堤游人，来往如蚁……至如贫者，亦解质借兑，带妻挟子，竟日嬉游，不醉不归”。[②]

在非节庆之日，女子外出活动也是比较多的，诸如北宋时的陪都洛阳，每年一度的牡丹花开之际，各类商贩及演出团队在闹市纷纷登场，城中男女甚至是“绝烟火游之”。还有士族阶层夫人间的不定期聚会，如王明清在《挥麈录》中所提到的曾布夫人召集的宴请其他官员夫人一事，从着装到素养，场景鲜活，反差分明，文中称：

李撰字子约，毗陵人。曾文肃在真定，李为教授，家素穷约。夫人尝招其母妻燕集，时有武官提刑宋者，妻亦预席。宋妻盛饰而至，珠翠耀目；李之姑妇所服浣衣不洁清。各携其子俱来，宋之子眉目如画，衣装华焕；李之子蠢甚，然悉皆弦诵如流。左右共哂之。[③]

不仅如此，两宋女子在“性”的问题上也表现得较为大胆和开放。如宣和二年（1120年），费枢入京赶考途中，在长安所遇到的一位女子，如《夷坚志》所载：

宣和庚子岁入京师，将至长安，舍于燕脂坡下旅馆，解担时日已衔山。主家妇嫣然倚户，顾客微笑，发劳苦之语。中夜，独身来前曰：“窃慕上客风致，愿奉顷刻之欢，可乎？”费愕然曰：“汝何为者？何以得至此？”曰：“我父京师贩缯主人也，家在某里，以我嫁此店子。夫今亡，贫无以归，不能忍独宿，冒耻就子。”费曰：“吾不欲犯非礼，汝之情吾实知之，当往访汝父，令遣人迎汝，汝勿怨。”妇人羞愧，不乐去。[④]

可见，费枢对这位寡妇的遭遇甚是同情，到达东京后，他信守诺言，找到这位寡妇的家，向她的父亲说明来由，其父感激不尽，且“即日遣长子取女归而更嫁之”[⑤]。还有，南宋孝宗时的太学生张行简，曾偶遇一素衣妇人，并邀其同欢。如《玉照新志》所载：

①（宋）庄绰：《鸡肋编》，载《宋元笔记小说大观》第4册，第3991页。
②（宋）吴自牧：《梦粱录》，中国商业出版社1982年版，第6—7页。
③（宋）王明清：《挥麈录》，载《宋元笔记小说大观》第4册，第3706页。
④（宋）洪迈：《夷坚志》第1册，中华书局1981年版，第384页。
⑤（宋）洪迈：《夷坚志》第1册，中华书局1981年版，第384页。

隆兴初，有太学生张行简者，临安人也。尝与同舍生游西湖，俱大醉，委之而去，卧于大佛头石像之阴。夜半，月色如昼，酒亦少醒。有素衣妇人者至其所，云："妾家距此不远，可同归少款否？"生领略之。至其舍，屋宇帷帐甚为雅洁，亦有使令之属，逢迎悉如意旨，遂寓止焉。由是流连数日，燕饮甚欢，情意既洽，遂至忘归。①

无论是"主家妇"抑或是"素衣妇人"，所表现出的寂寞和对性的渴望，该是缘于对现实婚姻的不满及由此导致的性压抑，但在严厉的规训及苛刻的社会舆论下她们无法得以合理宣泄。她们一旦告别事实婚姻，便会重新燃起渴望得到满足的欲望，但又不能正大光明地行事，只能暗地约会异性，这种合情不合法的行为在《夷坚志》及《宋元笔记小说大观》中多有记载，且与妓女以此谋生有所不同，与男子的性开放也不可同日而语。

2. 女子生活中的角色趋向多元

在社会生活空间如此开放一个的时代，两宋女子不甘沉溺于"主内"事务，在被推上社会生活的舞台后各自扮演着不同的、适合于自身的角色，远非人们所设想的那种封闭生活情景。如邓小南所言："即便在传统社会中，女性所从事的活动以及她们与外界接触的内容也是多方面的，妇女对于经济生活、法律诉讼、宗教奉祀等各类活动的参与，远比通常想象得更为活跃。现实生活中的宋代女性，亦并非完全被压抑、禁锢于家门之内，而是有着许多迈出宅院门墙的活动。"②

至如两宋女子在社会生活中都在扮演着什么样的角色，或者说都从事什么样的职业，早在20世纪30年代就有学者将其分为四大类：一是实业类，有开茶肆、开食店、开药铺及小贩等职业；二是游艺类，有歌舞、卖技、讲故事、优伶等职业；三是杂役类，以女佣人为多；四是妓女类，有官妓、家妓、营妓、僧妓等。③从对两宋女子职业的分类，可以看出她们所扮演的角色是比较杂的，且基本上都与服务业相关，在此仅从社会角色的角度，主要将其分为商人、艺人、公益慈善人、尼道、佣人、医生、艺妓等七类。

1）商人

两宋女子的经商活动不仅活跃，且所涉及的职业领域广泛。

有在市肆开店做住宿、餐饮、盐业、茶业、药铺等生意的，有单独做的，也

①（宋）王明清：《玉照新志》，载《宋元笔记小说大观》第4册，第3953页。

② 邓小南：《"内外"之际与"秩序"格局：宋代妇女》，载杜芳琴、王政：《中国历史中的妇女与性别》，天津人民出版社2004年版，第265页。

③ 全汉昇：《宋代女子职业与生计》，《食货半月刊》1935年第1卷第9期。

有夫妇合开的。如《挥麈后录》所载，北宋靖康元年（1126年）正月，宋徽宗微服出访时与一酒店老妪的相遇，称："滨河有小市，民皆酣寝，独一老姥家张灯，竹扉半掩。上排户而入，妪问上姓氏，曰：'姓赵，居东京。已致仕，举长子自代。'卫士皆笑，上徐顾卫士，亦笑。妪进酒，上起受妪酒，复传爵与卫士。妪延上至卧内拥炉，又爇劳薪，与上释袜烘趾。久之，上语卫士，令记妪家地名。及龙舟还京，妪没久矣，乃以白金赐其诸孙。"①又如《夷坚志》所讲的鄂州民媪李二婆，"居于南草市，老而无子，以鬻盐自给"②。在古代，盐都是官方掌控的，个人是不准私自买卖的。由此可知，李二婆应该是开正店经营盐业的店主。不过，也有女子在村里开店做生意的。如司马光在《涑水记闻》中所讲到的一家老妪经营的村店，因为一桩涉及僧人的不明盗杀妇人案，只是有嫌疑人在而没有获取赃物，向敏中不敢轻易结案，就派下属到村中暗访。于是就发生店妪提供线索并顺利破案的一幕：

吏食于村店，店妪闻其自府中来，不知其吏也，问之曰："僧某者其狱如何？"吏绐之曰："昨日已笞死于市矣。"妪叹息曰："今若获贼，则何如？"吏曰："府已误决此狱矣，虽获贼，亦不敢问也。"妪曰："然则言之无伤矣。妇人者，乃此村少年某甲所杀也。"吏曰："其人安在？"妪指示其舍，吏就舍中掩捕获之。③

有做各种小商小贩的，一般都是流动性的小本生意，多是女子独立经营。如《夷坚志》中所讲的宣和六年（1124 年）进士董国庆，因战乱中原失陷，不得不弃胶水县主簿之职而败走村落，与一旅店主人相往来。店主人"怜其羁穷，为买一妾，不知何许人也"。但这位女子却改变了董国庆的贫困命运，她"见董贫，则以治生为己任。罄家所有，买磨驴七八头，麦数十斛，每得面，自骑驴入城鬻之，至晚负钱以归。率数日一出，如是三年，获利愈益多，有田宅矣"。④又如周密在《武林旧事》中所讲的"宋五嫂"，宋高宗在西湖游幸时，听到她在叫卖鱼羹，招来一问便知是从开封南迁过来的，还亲口尝了一下她做的鱼羹，勾起这位帝王的思乡情怀，就对宋五嫂大加赏赐，自此"人所共趋，遂成富媪"，很有戏剧色彩。还有，陆游在《入蜀记》中所讲的卖茶女、买酒女。乾道六年（1170年）十一月，陆游过扇子峡至黄牛庙，遇到"村人来卖茶菜者甚众，其中有妇人，皆以青斑布帕首，然颇白皙，语音亦颇正，茶则皆如柴枝草叶，苦不可入口"；他在过江渎北庙时，又见妇人买酒场面，称："有妇人负酒卖，亦如负水状。呼买

①（宋）王清明：《挥麈后录》，载《宋元笔记小说大观》第4册，第3626页。
②（宋）洪迈：《夷坚志》第4册，中华书局1981年版，第1775页。
③（宋）司马光：《涑水记闻》，载《宋元笔记小说大观》第1册，第846—847页。
④（宋）洪迈：《夷坚志》第1册，中华书局1981年版，第190页。

之，长跪以献。”[①]在南方，诸如闽广一代女子几乎都做买卖生意。北宋学者秦观在《淮海集》中称：“粤女市无常，所至辄成区。一日三四迁，处处售虾鱼。”[②]南宋学者周去非在《岭外代答》中亦曰：“余观深广之女，何其多且盛也。……城郭虚市，负贩逐利，率妇人也。”[③]

有在家制作女工等小物件出售的，如《夷坚志》所载：“苏湖詹氏女，姿貌甚美，母早亡，父老而贫……女与兄，事之慎谨，间售女工以取给。”[④]但也有类似于手工作坊式的经营，如徐积《节孝集》卷25《织女》诗云：“此身非不爱罗衣，月晓霜寒不下机。织得罗成还不著，卖钱买得素丝归。”南宋诗人叶茵在其《顺适堂吟稿》之《机女叹》中亦写道：“机声咿轧到天明，万缕千丝织得成。售与绮罗人不顾，看纱嫌重绢嫌轻。”[⑤]

另外，还有在商海中做中间人的，或类似今日之经纪人，有“女使”“女侩”“牙嫂”等不同称呼。如孟元老在《东京梦华录》中称：“凡雇觅人力，干当人、酒食、作匠之类，各有行老供雇。觅女使即有引至牙人。”[⑥]吴自牧在《梦粱录》中亦载有记，称：“如府宅官员、豪富人家，欲买宠妾、歌童、舞女、厨娘、针线供过、粗细婢妮，亦有官私牙嫂，及引置等人”[⑦]这里所讲的牙嫂，又称为牙婆，跟女侩一样，都是以贩卖女口而从中获利者。既然文中提到“官私牙嫂”，说明官方亦有介入，该是一种合法的经营。

2）艺人

两宋女艺人主要是从事歌舞、杂耍、说唱等艺术表演，按其组织形式大致可分为民间艺人和宫廷艺人两大类，其中民间艺人多归属于某个民间社团。

两宋时期的“民间艺术群体非常庞大，从大都市到中小城镇，再到乡村，到处都活跃着从事艺术表演的人群”[⑧]。在周密的《武林旧事》中，所记都城临安的各类表演项目就多达55类，各色艺人515人，且多为周密所见。他在书写“诸色伎艺人”时，就提到棋待诏有沈姑姑，演史有张小娘子、宋小娘子、陈小娘子，说经诨经有陆妙慧、陈妙静，小说有史惠英，影戏有王润卿、李二娘、黑妈妈，唱赚有媳妇徐，小唱有黄婆婆，鼓板有陈宜娘，杂剧有慢星子，女飐有韩春春、绣勒帛、锦勒帛、赛貌多、侥六娘、后辈侥、女急快，打弹有林四九

① 王民信：《宋史资料萃编》第4辑，文海出版社1981年版，第153、195页。

②（宋）秦观撰，徐培均笺注：《淮海集笺注》，上海古籍出版社1994年版，第239页。

③（宋）周去非著，杨武泉校注：《岭外代答校注》，中华书局1999年版，第429页。

④（宋）洪迈：《夷坚志》第4册，中华书局1981年版，第1553页。

⑤（宋）叶茵：《顺适堂吟稿》丙集《机女叹》，载《丛书集成三编》第41册，台湾新文丰出版公司1999年版，第54页。

⑥（宋）孟元老：《东京梦华录》，中国商业出版社1982年版，第23页。

⑦（宋）吴自牧：《梦粱录》，中国商业出版社1982年版，第170页。

⑧ 龚书铎：《中国社会通史》（宋元卷），山西教育出版社1996年版，第316页。

娘，射弩儿有林四九娘等诸多女子。[①]她们表演的舞台除勾栏瓦舍外，还有遇到传统节庆日、庙会以及家庭红白事、寿庆等时也会大显身手。如据《西湖老人繁胜录》讲，作者在临安观赏元宵节庆时，曾看到“诸色舞者，多是女童，先舞于街市”的壮观场景。[②]《武林旧事》在讲述节日表演的“舞队”时，提到参与表演的女艺人有麻婆子、快活三娘、乔师娘等，表演的项目有男女竹马、男女杵歌、女童清音、孙武子教女兵等。

而在宫廷从事艺术表演的女艺人也是颇有规模的，如《东京梦华录》所载的皇帝“驾登宝津楼诸军呈百戏”中，在楼下表演的队伍中就有女童舞队，她们英姿飒爽，与男子一样下马、上马、执弓箭等，类似于检阅仪式，如称：

> 女童皆妙龄翘楚，结束如男子，短顶头巾，各着杂色锦绣捻金丝番段窄袍，红绿吊敦束带，莫非玉羁金勒，宝镫花鞯，艳色耀日，香风袭人，驰骤至楼前，团转数遭，轻帘鼓声，马上亦有呈骁艺者。中贵人许畋押队，招呼成列，鼓声一齐，掷身下马，一手执弓箭，揽缰子，就地如男子仪，拜舞山呼讫，复听鼓声，骗马而上。大抵禁庭如男子装者，便随男子礼起居。[③]

不过，宫廷艺人表演多是在传统节庆及重要宴会时进行的，各个环节的表演都还要说几句喜庆祝福的话即“致语”，且多有女子舞队参与表演。如宋初学者杨亿所撰写的《寿宁节大燕教坊致语》，其中包括“勾女弟子队”“问女弟子”“女弟子”“放女弟子队”等。诸如此类的致语在《全宋文》中多有记载，如胡宿的《集英殿春宴教坊词》、宋祁的《正旦大宴教坊致语》《教坊致语》、元绛的《集英殿秋宴教坊致语》、王珪的《集英殿乾元节大燕教坊乐语口号》、范祖禹的《坤成节教坊致语》、葛胜仲的《教坊致语》及南宋官员刘一止的《圣节乐语》等。

值得一提的是，有些女艺人不仅善于表演，且还擅长作曲。如据朱弁的《曲洧旧闻》载：“东坡言唐僧段和尚善弹琵琶，制《道调》。梁州国工康昆仑求之不得，后于元载子伯和处得女乐八人，以其半遗段，乃得之。予家旧有婢，亦善作此曲，音节皆妙，但不知道调所谓。今日读《唐史·乐志》云：高宗以为李氏老子之后，故命乐工制《道调》，皆在海外语过者。”[④]

3）公益慈善人

据史料所载，两宋女子热心于公益或慈善活动。就公益来说，涉及为乡里筑坝、修桥等事宜。如北宋福建长乐女子钱四娘，在原籍曾修过水坝，在得知莆田

①（宋）周密：《武林旧事》，中华书局2007年版，第179—192页。

②（宋）佚名：《西湖老人繁胜录》，中国商业出版社1982年版，第15页。

③（宋）孟元老：《东京梦华录》，中国商业出版社1982年版，第49页。

④（宋）朱弁：《曲洧旧闻》，载《宋元笔记小说大观》第3册，第2992页。

人渴望治理木兰溪和海潮后，于是筹集费用，在当地人的支持下，于治平元年（1064年）开始修坝即木兰陂。坝体竣工后，突遇山洪暴发而被冲垮。钱四娘目睹功亏一篑的坝体，悲愤至极，投水以身殉陂。又如两宋之际官员葛胜仲的妻子蔡氏，葛胜仲在为妻子所撰墓志铭中称："吾乡涉数郡往来之凑，故有浮桁袤数十丈，会为水败，行者病涉，吾妻不资于众，垂橐而新之。"[①]

两宋女子更热衷于慈善活动，平日会接济穷困之家，但在大灾饥荒之年，面对衣不遮体、到处流浪饥饿的难民，她们更会大发恻隐之心，倾奁资给予不同形式的救助。史书对此记载颇多，诸如北宋文人谢逸在《江夫人墓志铭》所提到的江夫人，不仅"平生乐赈人之穷，宗族乡党之间受其赐者，不知其几人矣"。且在饥荒之年掩埋野尸，所谓"岁饥且疫，僵尸横道，皆犬彘之馂余也，夫人闻之恻然，出奁中金以瘗之"。[②]

南宋官员陈宓在《蜀郡夫人赠东平郡夫人黄氏行状》中所记述的南剑州女子黄德纯，受其父亲"轻财好施"的影响，婚后家境又比较宽裕，于是创办"广惠院"来收养难民，所谓"每遇旱饥，辄捐私囊以赈羸病，如创广惠院五十间，买田岁收数千斛以给之，全活者以百计，行之至今，其利犹博，此素志也"。[③]杨万里在《李母曾氏墓志铭》中，称颂庐陵人李春之母收养妇幼，煮粥施与灾民等，所谓"绍兴己酉盗起，有妇人至，自言从夫宦游，兵间相失，母恻然怜而馆之。居无何，其夫亦至，母资遣之。乙卯大旱，母为饭以鬻于市，里之饥者贯于母家，折券不取庚焉。乡邻有流徙者，弃其赤子，母皆收养之，俟其返而归之"[④]。杨万里在《孺人贺氏墓志铭》中还记述一位迪功郎宁俊之妻贺氏，在绍兴年间物价飞涨，且"乡有饿莩，积而不散"，于是她与丈夫商议后，"乃平直倒廪，且为粥于路以食丐者，所活甚火"。[⑤]

4）尼、冠

自东汉以降，佛道两教日益为统治者所重视，以致唐宋时期确定文教发展政策时，不再"独尊儒术"，而是主以儒学兼重佛道。

在此背景下，佛道发展势头异常迅猛，加上统治者不断出台一些管理政策，如大中祥符二年（1009年）九月，诏"天下僧尼、道士、系帐童行，每寺观十人内度一人，不及十人及住房各礼师者亦度一人，取系帐童深上名者，更不试经业"；大中祥符三年（1010年）正月，诏"应两京、诸路宫观，每十人度一人，不及十

①（宋）葛胜仲：《樊宜人蔡氏墓志铭》，载《全宋文》第143册，第101页。

②（宋）谢逸：《江夫人墓志铭》，载《全宋文》第133册，第276页。

③（宋）陈宓：《蜀郡夫人赠东平郡夫人黄氏行状》，载《全宋文》第305册，第252—253页。

④（宋）杨万里：《李母曾氏墓志铭》，载《全宋文》第240册，第242页。

⑤（宋）杨万里：《孺人贺氏墓志铭》，载《全宋文》第240册，第289页。

人亦如之”等。[①]以致上至宫廷下及寒门，多有女子远离红尘而为尼、为冠的。自宋真宗天禧五年（1021年）至宋神宗熙宁十年（1077年）僧尼及道冠的在职人数多有变化，且尼、冠数相对于僧、道而言相差较大，但也是一个不可小觑的群体，因为在她们的背后还有一大群佛道信奉者（表1-1）。

表1-1　北宋天禧至熙宁间在职佛道人数统计[②]　单位：人

年份	佛教		道教	
	僧	尼	道士	女冠
天禧五年（1021年）	397 615	61 239	19 606	731
景祐元年（1034年）	385 520	48 742	19 538	588
庆历二年（1042年）	348 108	48 417	19 680	502
熙宁元年（1068年）	220 761	34 037	18 746	638
熙宁十年（1077年）	202 872	29 692	18 513	708

5）佣人

两宋女子被人雇佣做事，且立有契约，对雇主的人身依附关系相对比较松散，所涉及职业也是比较杂的。

有被雇佣做技工的，从事纺织、裁衣、摆乐架等事务，多为官府所役使。如天圣元年（1023年）“诏裁造院女工及营妇配南北作坊者，并释之”[③]。这里的裁造院系官署名，属少府监，掌裁制服饰，供皇帝服御及宾客祭祀之用。宫廷举办乐礼需要女工，如“崇宁中，乃陈宫架，用女工，皇后升降行止，并以乐为节”[④]。由于宫廷从事服务的女工甚多，一旦遇到特殊情况，诸如战争或者国库空虚之时，就会出现“放宫女”的场面。据《宋史》载：宋仁宗嘉祐四年（1059年）六月放宫女240人，七月放宫女236人；宋英宗治平元年（1064年）四月放宫女135人；宋徽宗时至少12次解除宫女，计2314位宫女获得人身自由。地方政府也有雇佣女工的行为，如宣和六年（1124年），尚书左丞宇文粹中曾称：“河北衣被天下，而蚕织皆废……假上供而织文绣锦绮，役工女者一郡至百余人。”[⑤]

有被雇佣做乳母的，就官方行为而言，主要是各地设置的慈幼局，所收养的

①（宋）宋真宗：《吴国长公主出家普度僧道诏》《宫观度人诏》，载《全宋文》第12册，第10、26页。

②（清）徐松：《宋会要辑稿》第200册，中华书局1957年版，第7874—7875页。

③（元）脱脱等：《宋史》，中华书局1977年版，第178页。

④（元）脱脱等：《宋史》，中华书局1977年版，第3048页。

⑤（元）脱脱等：《宋史》，中华书局1977年版，第4362页。

弃婴有的处在哺乳期，需要供给母乳，于是“官给钱典顾乳妇，养在局中”[①]。但更多的是家庭行为，如北宋官员张孜的母亲，生下张孜后就入宫喂养宋真宗之子悼献太子；南宋官员李元佐，其妻生下女儿后，乃“买民妻陈氏为乳母”[②]等。

有女子被雇佣或买来做婢妾的，实际上就是侍候人的保姆或勤杂工，从宫廷到仕宦之家都普遍存在雇佣婢妾行为，专为男主人服务的为“妾”，为家庭或女主人使唤的为“婢”，多是些罪犯家属、灾荒饥民及贫寒家庭的女子。婢妾的地位还是比较低的，但较唐之前而言，其地位要改变了许多，至少与雇主之间有一种契约关系，期满之后或续或走人，这也是宋朝律令中所规定的，因而其人身自由还是有一定保障的。

值得一提的是，从所立契约来看，妾不一定就是男主人的“性奴”或小老婆，除非男主人蛮横无理，或者妾有意而为之。但从查阅到的史料来看，多数雇主还是比较自律的。如在王小波、李顺起义被打压之后，凡是去四川为官的多不带家属，大多是买婢来照顾自己的日常生活。张咏知益州时，亦是单骑赴任，然“是时一府官属，惮张之严峻，莫敢蓄婢使者”。张咏为不绝人情，于是做个样子“自买一婢，以侍巾栉，自此官属稍稍置姬属矣”。最终的结果是，“张在蜀四年，被召还阙，呼婢父母，出资以嫁之，仍处女也”。[③]

还有被雇佣临时做杂活的，如《东京梦华录》中所讲，东京都市酒店内“有街坊妇人，腰系青花布手巾，绾危髻，为酒客换汤斟酒，俗谓之‘焌糟’”[④]。另据《夷坚志》所记述的婺州根溪李姥，几个儿子相继疫死，只有一位七八岁的孙子和她一起生活，为解决生计，或为人纺绩，或受雇采茶，如载：“姥为人家纺绩，使儿守舍，至暮归，裹饭哺之，相兴为命。方春时，姥与儿偕里中数人撷茶。”[⑤]

6）医生

两宋女子中还有给人看病的，应该是家学所致。如北宋官员王得臣在《麈史》中就讲到自己接触过的一位女医，他说：“予昔官洛阳，有外医媪张氏，公卿士人家无不到。说富郑公治家严整，有二子舍。凡使女、仆辈戒不得互相往来，闺门肃如也。”[⑥]从其表述的语气来看，这位女医应该是专门看妇科的或者说是一位乳医，即专门为妇人接生的。与王得臣同时代的学者陈师道，在《后山谈丛》中专门谈到经验老到的安徽宿州“乳医陈妪”，称：

---

①（宋）吴自牧：《梦粱录》，中国商业出版社 1982 年版，第 161 页。

②（宋）洪迈：《夷坚志》第 2 册，中华书局 1981 年版，第 936 页。

③（宋）魏泰：《东轩笔录》，载《宋元笔记小说大观》第 3 册，第 2746—2747 页。

④（宋）孟元老：《东京梦华录》，中国商业出版社 1982 年版，第 17 页。

⑤（宋）洪迈：《夷坚志》第 4 册，中华书局 1981 年版，第 1554 页。

⑥（宋）王得臣：《麈史》，载《宋元笔记小说大观》第 2 册，第 1337 页。

宿乳医陈妪，年八十余，切脉知其生早晚，月则知日，日则知时。宿有两家就乳，切其左曰："毋遽，是当夜生。"将就其右，左家疑之，不听也。曰："是家当午而生，无妨也，过午则来日生矣。"复切之，曰："初更两点，其时也，为母具食，听自便。"既多为备，使候时以报，扶母就蓐，即生。[①]

7）艺妓

艺妓或称妓女，两宋艺妓可以分为家妓、私妓、营妓和官妓四类。家妓属于姬妾，多有契约关系，前已述及。私妓活动于民间，流动性较大。营妓和官妓则是由军队和官府经营的。所有妓女如同婢妾一样多来自罪犯家属或贫寒之家。她们看似衣食华丽无忧，却是生活在社会最底层，备尝生活之艰辛。

艺妓活动的空间，主要是在妓馆、酒楼及茶肆，也有从事商演及跟从达官贵人游山玩水的。

活动于妓馆的，可以说是以卖淫为生计的娼妓，无论是东京抑或是临安，开妓馆不仅是合法的，且还遍布都市的各个角落。孟元老在《东京梦华录》中谈到东京城内妓馆分布情况时说：宣德楼"向西去皆妓女馆舍，都人谓之'院街'"；朱雀门"东去大街、麦秸巷、状元楼，余皆妓馆，至保康门街。其御街东朱雀门外，西通新门瓦子以南杀猪巷，亦妓馆"；出旧曹门"下桥，南斜街、北斜街，内有泰山庙，两街有妓馆。桥头人烟市井，不下州南。以东牛行街、下马刘家药铺、看牛楼酒店，亦有妓馆，一直抵新城"。[②]甚至这种情况还出现在佛门圣地，称作"尼站"，实际上就是妓馆。如周密的《癸辛杂识》所载："临平明因尼寺，大刹也。往来僧官每至，必呼尼之少艾者供寝，寺中苦之。于是专作一寮，贮尼之尝有违滥者，以供不时之需，名曰'尼站'。"[③]

活动于酒楼茶肆的，多是青春年少、风华正茂、多才多艺的女子，她们主要是陪客人说笑言欢，饮酒作乐，多是卖艺不卖身。但也不排除有私下约定从事性交易的，甚至有些酒楼专门设置一些机关，供他们色情活动。孟元老在描述东京城内酒店的繁华时称：

门首皆缚彩楼欢门，唯任店入其门，一直主廊约百余步，南北天井两廊皆小合子。向晚灯烛荧煌，上下相照，浓妆妓女数百，聚于主廊槏面上，以待酒客呼唤，望之宛若神仙。

更有百姓入酒肆，见子弟少年辈饮酒，近前小心供过，使令买物命妓，取送钱物之类，谓之"闲汉"。……又有下等妓女，不呼自来，筵前歌唱，临时以些小

① （宋）陈师道：《后山谈丛》，载《宋元笔记小说大观》第 2 册，第 1593 页。

② （宋）孟元老：《东京梦华录》，中国商业出版社 1982 年版，第 13—16 页。

③ （宋）周密：《癸辛杂识》，载《宋元笔记小说大观》第 6 册，第 5863—5864 页。

钱物赠之而去，谓之“札客”，亦谓之“打酒坐”。①

而从事商演的，都是一些不定期的活动。诸如每年一度的官方酒库出新酒时，会动用官妓游街做广告宣传。吴自牧的《梦粱录》及周密的《武林旧事》对此事记述甚详。如对临安官库出酒之日宣传盛况的描述：

及命妓家女使裹头花巾为酒家保，及有花窠五熟盘架、放生笼养等，各库争为新好。库妓之琤琤者，皆珠翠盛饰，销金红背，乘绣鞯宝勒骏骑，各有皂衣黄号私身数对，诃导于前，罗扇衣笈，浮浪闲客，随逐于后。少年狎客，往往簇饤持杯，争劝马首，金钱彩段，沾及舆台。都人习以为常，不为怪笑。所经之地，高楼邃合，绣幕如云，累足骈肩，真所谓“万人海”也。②

又有一些艺妓会出现在婚庆场所，应该是与其他艺人一起组成一个婚庆服务团体，来为主家提供一条龙服务，艺妓则从中扮演“礼仪小姐”的角色。如吴自牧在《梦粱录》中所述新娘子被迎至男方家后的情形：

迎至男家门首，时辰将正，乐官妓女及茶酒等人互念诗词，拦门求利市钱红。尅择官执花斗，盛五谷豆钱彩果，望门而撒，小儿争拾之，谓之“撒谷豆”，以压青阳煞耳。方请新人下车，一妓女倒朝车行捧镜，又以数妓女执莲炬花烛，导前迎引，遂以二亲信女使，左右扶侍而行，踏青锦褥或青毡花席上行，先跨马鞍，蓦背平秤过，入中门，至一室中少歇，当中悬帐，谓之“坐虚帐”。……命妓女执双杯，以红绿同心结绾盏底，行交卺礼毕，以盏一仰一覆，安于床下，取大吉利意。③

从吴自牧的记述中可以看出，主家应该是比较富有的仕宦之家。在人生如此重要的婚庆上，居然让妓女参与进来，这至少可以说明两点：一是时人对妓女的态度非常宽容，很少有排斥或歧视；二是她们能歌善舞，能为民众带来欢乐，因而赢得社会的基本尊重。

凡是加入官籍女妓虽然脱籍困难，但也是可以脱籍的，在苏轼的判词中，老者脱、少者不许便是佐证。南宋时，富春有一豪强李文清非常霸道，有一官妓蔡闰“为文清所盼，每欲与之脱籍而未能”，后被出知富春的周密之父弹劾。④另外，妓女并非只为钱财和享乐，她们中的一部分也有是非感和伦理情怀，甚至为大义而舍生忘死。如《宋史》本传所提到的高邮妓女毛惜惜：

①（宋）孟元老：《东京梦华录》，中国商业出版社1982年版，第16—17页。

②（宋）周密：《武林旧事》，中华书局2007年版，第80页。

③（宋）吴自牧：《梦粱录》，中国商业出版社1982年版，第174—175页。

④（宋）周密：《癸辛杂识》，载《宋元笔记小说大观》第6册，第5747页。

毛惜惜者，高邮妓女也。端平二年，别将荣全率众据城以畔，制置使遣人以武翼郎招之。全伪降，欲杀使者，方与同党王安等宴饮，惜惜耻于供给，安斥责之，惜惜曰："初谓太尉降，为太尉更生贺。今乃闭门不纳使者，纵酒不法，乃畔逆耳。妾虽贱妓，不能事畔臣。"全怒，遂杀之。①

除上述几种情况外，还有女子为人理发的。如《夷坚志》所载："政和初，成都有镊工，出行廛间，妻独居。一鬔髻道人来，求摘髟毛，先与钱二百。妻谢曰：'工夫不多，只十金足矣。'曰：'但取之，为我耐烦可也。'遂就坐，先剃其左，次及右。"②

可见，正因为社会生活方式的变迁，两宋民众的生活空间进一步拓展，尤其是女子的生活空间不再是"大门不出，二门不迈"的规训或预设，而是从庭院到田野，从乡村到市井，从主内到兼外，甚至是从"要我"到"我要"，积极主动地融入多元开放的社会生活中去，从而形成一个多样的具有流动性的"生活场"。尤其是伴随社会经济的发展与繁荣，也给两宋女子提供了多种多样的就业机会，尽管她们所从事的职业既受社会生产水平和分工有别的制约，也受传统性别观念的影响，且大多是为生存而为之，或为众生而为之。但毕竟是发生了一场蜕变，即从幕后走向前台，从被动地分享生活到主动地去创造生活，不仅能解家中及他人之困，还能自在自我地享受生活的乐趣。

第四节　民族间的交融与冲突：从忠君到生成爱国情怀

相对于其他朝代来说，两宋时期的内忧外患是比较突出的。内忧主要是所辖区域内的农民起义等，这与其他王朝没有多大区别。外患主要来自于与北方几个少数民族政权之间的冲突。当然，冲突之中也有文化的交融，最让人感慨的是，征服者往往又为被征服者的文化所征服，进而大大推进了这些少数民族的汉化及社会进程。至如与宋朝接壤的大理朝、越李朝，以及周边的日本、高丽、波斯、阿拉伯等之间的关系，多是温和的使节、僧侣和商贸往来，只有文化上的互动和交流，而没有军事上的碰撞。甚至是"有些外国商业家族侨居中国相继五代之久，他们娶当地女子为妻，子女中，有人甚至还成为学者，通过参加考试，进入中国官僚机构，他们完全中国化了"③。

①（元）脱脱等：《宋史》，中华书局 1977 年版，第 13493 页。

②（宋）洪迈：《夷坚志》第 1 册，中华书局 1981 年版，第 287 页。

③〔美〕斯塔夫里阿诺斯：《全球通史——1500 年以前的世界》，吴象婴、梁赤民译，上海社会科学院出版社 1999 年版，第 76 页。

宋人的“中国”观念已经形成，并且普遍被使用，这在以前任何朝代是不多见的。如陆九渊16岁时就声称：“吾人读《春秋》，知中国夷狄之辨，二圣之仇，岂可不复？”[①]陆游在《金错刀行》诗中曰：“楚虽三户能亡秦，岂有堂堂中国空无人。”[②]不仅是宋朝，就连辽、西夏以及金朝的帝王诏书、学者奏折及文集中，也多称宋朝为“中国”。如生于金朝后归于元的刘祁，他在《归潜志》中分析金朝灭亡的教训时说：“大抵金国之政，杂用辽宋法令，所以支持百年。然其分别汉人，且不变家政，不得士大夫心，此所以不能长久。向使大定后，宣孝得立，尽行中国法。”[③]因而，在汉族与少数民族之间，或农耕文化与游牧文化之间的交融尤其是冲突中，汉文化中心论比较明显，包括两宋女子在内又往往会再生出“尽忠报国”的爱国情怀，“忠君”观念则退而次之，这也是宋朝很有特色的一种教育文化。

1. 交融中的文化包容与生活

两宋与北方少数民族政权之间并非一直处于一种紧张的对峙或战争状态，或者说在两次战争之间还存有短暂的和平往来期，正是在这种持续性的和平年代，通过婚姻及商贸等多方面的往来,民族之间的文化在彼此交融中相互包容与吸纳，两宋女子的社会生活也在这种交融中得到局部改变。

在婚姻问题上，民族之间的通婚自古有之，各个朝代都有公主下嫁异国他乡的情况，但这不只是一种政治安抚行为，其对汉族同少数民族之间的文化交流及促进民族之间的和谐更是起着一种桥梁作用。至两宋时期，从民间到帝王，汉族同北方少数民族之间的婚姻也在不断地演绎着。如辽太宗会同三年（940年）十二月曾下诏：“契丹人授汉官者从汉仪，听与汉人婚姻。”[④]之后，便有三位公主下嫁汉儒，分别是辽景宗之女嫁给卢俊、辽圣宗之女同昌县主嫁给刘三嘏、仁寿县主嫁给刘三嘏之弟刘四端。金朝基于政治上的考虑，同样也准许与汉族通婚，如《金史·兵志》所称：“及其得志中国，自顾其宗族国人尚少，乃割土地、崇位号以假汉人，使为之效力而守之。猛安谋克杂厕汉地，听与契丹、汉人婚姻以相固结。”[⑤]不仅民间，金朝皇室也大开与汉人通婚之门。金太宗于天会八年（1130年）六月诏“以昏德公六女为宗妇”，这里所提到的昏德公就是宋徽宗，“宗妇”也就是金章宗完颜璟的母亲。金章宗继位后，于明昌二年（1191年）四月准尚书

①（宋）陆九渊：《陆九渊集》，中华书局1980年版，第484页。
②（宋）陆游著，钱仲联校注：《剑南诗稿校注》，上海古籍出版社1985年版，第361页。
③（金）刘祁：《归潜志》卷12《辨亡》，武英殿刻本影印，第310—311页。
④（元）脱脱等：《辽史》，中华书局1974年版，第49页。
⑤（元）脱脱等：《金史》，中华书局1975年版，第991页。

省所奏“齐民与屯田户往往不睦，若令递相婚姻，实国家长久安宁之计”。泰和六年（1206 年）十一月，金章宗又诏“屯田军户与所居民为婚姻者听”[①]。可以说，通过婚姻这条纽带，民族及民众之间的交往显得更生活化，尤其是在文化教育及社会生活习俗方面加速了少数民族与中原汉族的融合。如淳化二年(991 年)，吏部尚书宋琪上书论及边事时，称党项族的风俗和吐蕃很类似，其族人有“生户”“熟户”之别，凡“接连汉界、入州城者谓之熟户，居深山僻远、横过寇略者谓之生户”。[②]宋琪所谓的“熟户”就是与汉民杂居，且多被汉化的党项族人，是汉文化包容与融合的结晶。

在服装式样上也多有变通之处，主要是汉族民众对胡服的追捧，且由来已久。如沈括所言：“中国衣冠，自北齐以来，乃全用胡服。窄袖绯绿，短衣，长靿靴，有蹀躞带，皆胡服也。”[③]但到宋朝时，穿着胡服的情况就比较普遍了，以致宋庭屡次诏令禁止士庶及女子穿着。如庆历八年（1048 年）二月，宋仁宗颁布《禁士庶著胡人衣装诏》，诏曰：“闻士庶仿效胡人，衣装裹番样头巾，著（着）青绿，及乘骑番鞍辔；妇人多以铜绿兔褐之类为衣。宜令开封府限一月内止绝，如违，并行重断，仍仰御史台、合门弹纠以闻。”[④]大观四年（1110 年），有鉴于“京城内近日有衣装，杂以外裔形制之人，以戴毡笠子，着战袍，系番束带之类”，宋徽宗下诏要求开封府“严行禁止”。[⑤]至南宋时，汉人着胡服的现象依然有增无减，似乎此类服装更适合穿戴，或美观或实用，却使士阶层担心不已，如朱熹所言：“今世之服，大抵皆胡服，如上领衫靴鞋之类，先王冠服扫地尽矣。”[⑥]

诚然，服饰习俗的影响不是单方面的，而是相互的，汉族服装也给北方少数民族生活带来不小的变化，同样是带着一种好奇而又虚荣的心态，不加排斥地使之融入自己的日常生活。契丹人早期是“食肉衣皮”，入主黄河流域后则有所变通，甚至重要场合均着汉服。如《辽史》所载：“太宗制中国，紫银之鼠，罗绮之篚，麇载而至。纤丽奭毳，被土绸木。于是定衣冠之制，北班国制，南班汉制，各从其便焉。”又“会同中，太后、北面臣僚国服；皇帝、南面臣僚汉服。乾亨以后，大礼虽北面三品以上亦用汉服；重熙以后，大礼并汉服矣”。[⑦]在礼制场合皇帝与南班汉官均着汉服，即“汉制”；太后及北班契丹臣僚均着契丹服，亦即“国制”。从辽兴宗重熙以后，重要的礼仪场合，所有臣僚都着汉服，这背后确实隐含一种

①（元）脱脱等：《金史》，中华书局 1975 年版，第 218、278 页。
②（元）脱脱等：《宋史》，中华书局 1977 年版，第 9129 页。
③（宋）沈括：《梦溪笔谈》，岳麓书社 2002 年版，第 3 页。
④（宋）宋仁宗：《禁士庶著胡人衣装诏》，载《全宋文》第 45 册，第 192 页。
⑤（宋）吴曾：《能改斋漫录》，上海古籍出版社 1979 年版，第 383 页。
⑥（宋）黎靖德：《朱子语类》第 6 册，中华书局 1986 年版，第 2327 页。
⑦（元）脱脱等：《辽史》，中华书局 1974 年版，第 905、908 页。

执政观念的变化。宋庭对西夏所赐物件也影响到其着装习惯，西夏太宗李德明的“和宋”政策，使其受益匪浅，他曾说“吾久用兵，疲矣。吾族三十年衣锦绮，此宋恩也，不可负”①。而其子李元昊虽有些不以为然，但三十年的时光，至少在一定程度上改变了西夏一代人的着装观念。

无论是国情抑或是民情，无论是政治行为抑或是个人嗜好，仅从婚姻及着装上看，因自然环境及历史传统，不同民族的文化在互动中既有相互抵触的一面，又有高度融合的一面，且融合又往往多于抵触，因而文化互动与共享才成为可能，尤其是各民族女子在文化互动与融合中扮演着重要的角色。

2. 冲突中的女子爱国情怀

和平时期的文化互动与交融显然大有助于社会进步与民族融合，但能为史家大书特书或为文学家演绎戏说的乃是宋朝与北方少数民族之间的冲突与战争，且在战争中也更能彰显宋人的“中国”意识及爱国情怀。诸如备受“士大夫宗仰”的程颐的大弟子尹焞，靖康初权礼部侍郎兼侍讲，当时金人遣大臣张通古、萧哲来与宋朝议和，主战的尹焞立即上疏曰：“尤当鼓士卒之心，雪社稷之耻。”②赵汝愚为相时赏功将及叶适，叶适不以功自居，一心想到的是国家的危难及匹夫之责。他说：“国危效忠，职也，适何功之有？”③至如岳飞的“尽忠报国”，文天祥的“人生自古谁无死，留取丹心照汗青”，陆游的“但悲不见九州同”等，尽是家喻户晓。

两宋女子并没有远离这场旷日持久的冲突或战争，她们一向是战争最深重的受害者。在几乎没有人性的战争中，她们不仅憧憬的家庭生活成为泡影，还遭受非人的磨难，甚至为此失去父母、丈夫或子女，乃至失去尊严和生命。但她们不全都是坐以待毙者，面对战争的蹂躏，面对生与死的痛苦选择，在国难当头及大是大非面前，她们中的一部分依然选择了不屈和坚强，表现出高尚的节操和爱国行为。

有的心系社稷，畅言国事。如观文殿大学士、尚书右仆射贾昌朝的夫人陈氏，贾昌朝被罢宰相，判大名，宋仁宗召问陈氏有何要求，陈氏说：“妾夫以布衣致位公相，念无以报国家，不敢以私谒累上德。”仁宗听后甚是感慨，称赞道：“妇人无外事，其能勤俭以正家，柔爱以睦族，固已谓贤，况持节义若此。”④而在国难之际，宋高宗闻听女诗人王氏之才，欲召拜为妃，王氏对来使说：“二帝未还，敌

①（元）脱脱等：《宋史》，中华书局 1977 年版，第 13993 页。

②（元）脱脱等：《宋史》，中华书局 1977 年版，第 12736 页。

③（元）脱脱等：《宋史》，中华书局 1977 年版，第 12891 页。

④（宋）王珪：《魏国夫人陈氏墓志铭》，载《全宋文》第 53 册，第 291 页。

邦未殄，便志耽晏乐，英主必不出此。”[1]便题诗交付使者复命，闭户自经而死。宋高宗诏赠其“贞烈夫人”。为鼓励民众斗志和士气，李清照还写下了让朱熹感慨“岂女子所能”的《夏日绝句》：“生当作人杰，死亦为鬼雄。至今思项羽，不肯过江东。”

有不甘受辱，不愿做亡国奴，为保持名节而“舍生取义”的。如靖康年间，新郑士人张晋卿妻丁氏与家人避金兵于大隗山，被入山搜查的金兵所得，将其挟之鞍上，丁氏挣脱滚落地上，指着金兵破口大骂，说：“我死即死耳，誓不受辱于尔辈。”金兵又将其挟至马上，丁氏仍大骂不止，于是被金兵“举梃纵击，遂死杖下”。[2]巴陵18岁的韩氏女，开庆元年（1259年）被元兵所掠，将挟以献其主将，韩氏女知必不免受辱，竟赴水而死。被捞出水后，发现其练裙带上有一首诗，曰：“我质本瑚琏，宗庙供苹蘩。一朝婴祸难，失身戎马间。宁当血刃死，不作衽席完。汉上有王猛，江南无谢安。长号赴洪流，激烈摧心肝。”[3]咸淳十年（1274年），知池州事赵卯发感到州池难以固守，便对其妻雍氏说：“城将破，吾守臣不当去，汝先出走。”雍氏断然拒绝离开，发誓说：“君为命官，我为命妇，君为忠臣，我独不能为忠臣妇乎？”赵卯发听后感慨道：“此岂妇人女子之所能也。”[4]南宋末年，岳州士人徐君宝妻，也被掳至杭州，因其颇有姿色，主将不忍杀之，但其不甘受辱而投池自尽。死之前，她“严妆焚香，再拜默祝，南向饮泣，题《满庭芳》词一阕于壁上”。词曰：

汉上繁华，江南人物，尚遗宣政风流。绿窗朱户，十里烂银钩。一旦刀兵齐举，旌旗拥百万貔貅。长驱入歌楼舞榭，风卷落花愁。清平三百载，典章文物，扫地俱休。幸此身未北，犹客南州。破鉴徐郎何在，空惆怅相见无由。从今后，断魂千里，夜夜岳阳楼。[5]

不只是仕宦及民间女子，被挟至北方的宫廷女子亦是如此。如德祐二年（1276年），度宗嫔妃美人朱氏、才人陈氏以及两个侍女在大都，浴罢肃襟闭门，焚香于地，各以抹胸自缢而死，后发现朱美人身上藏有纸书一卷云：

不免辱国，幸免辱身。不辱父母，免辱六亲。艺祖受命，立国以仁。中兴南渡，计三百春。身受宋禄，羞为北臣。大难既至，劫数回轮。妾辈之死，守于一贞。焚香设誓，代书诸绅。忠臣义士，期以自新。[6]

① 胡文楷：《历代妇女著作考》，上海古籍出版社1985年版，第41页。
②（元）脱脱等：《宋史》，中华书局1977年版，第13480页。
③（元）脱脱等：《宋史》，中华书局1977年版，第13492页。
④（元）脱脱等：《宋史》，中华书局1977年版，第13259页。
⑤（明）陶宗仪：《南村辍耕录》，中华书局1959年版，第40页。
⑥（元）杨瑀：《山居新语》，中华书局2006年版，第230页。

综上所述，宋廷的执政理念在变，政治及社会生态在变，民众的生活方式也在变，这一切的“变”，既重塑两宋城市和乡村的基本面貌，呈现出世俗化、平民化、人文化的明显趋向，又堆积成两宋女子教育生活的肥沃土壤，使她们在社会公共生活中变得如此光彩夺目。

第二章

作为自然人的女子教育生活

依据人的生存空间及行为指向，可将“人”分为自然人、家庭人和社会人三种情况。自然人相对于家庭人和社会人而言，即指独立的个人或个体。马克思在《1844 年经济学哲学手稿》中，就曾将自然人表述为有生命的自然存在物，或称之为“类存在物”，亦即生物学意义上的人。但其自身有别于其他动物的自然力，使其生存活动具有意识性和能动性，“人的类特性恰恰就是自由的自觉的活动”①，同时自然人的生存活动还与其他的动物一样，也要接受或受到各种因素的限制或制约。正是因为人的生存活动具有“受动”“能动”的二重特性，“使人不再像动物或其他物种那样只是接受或适应一种给定的生存境域，而是在改变既遇的生存境域时为自己创设一种生存境域”。②

自然人不是孤立存在的，他自出生后都要归属于不同的家庭或家族，归属于不同的社会群体或阶层，要扮演不同的角色及承担不同的责任和义务，如此才是一个完整意义上的人，也因此才成就其为一个家庭人和社会人。可以说，自然人是家庭人和社会人存在的前提，家庭人和社会人又是自然人的深化和升华，深化或升华的过程也是对自然人的本性进行一种持续教育或改造的过程，以使人的合理需要得以满足，生存价值得以提升，生命活动得以精彩。也正因为这样，恩格斯断言“人”并非单个人所固有的抽象物，“在其现实性上，它是一切社会关系的总和”③。

依据马克思、恩格斯的观点，作为自然人的女子，在其生存或生活过程中，也必然要借助于各种资源来不断地满足自己饮食、衣饰等方面的诉求。社会也会对其生存空间及条件予以规训或约束，包括性别角色、形体塑造等，使之合乎社会公众对她们的角色期待。诚如法国学者西蒙娜·德·波伏娃所言：“女人并不是生就的，而宁可说是逐渐形成的。”④据此可以说，教育生活在两宋女子作为自然人或作为独立个体的成长过程中，一直占据着不可或缺的位置。事实上，两宋社会生活空间的开放与多元也为女性个体成长提供了巨大的拓展空间与发展机遇。

第一节　性别之教：予以性别规训与认同

性别是社会分工的基础，是男、是女也就意味着在家庭及社会生活中将要扮

---

①〔德〕马克思：《1844 年经济学哲学手稿》，中共中央马克思恩格斯列宁斯大林著作编译局编译，人民出版社 1985 年版，第 53 页。

② 黄克剑：《人文学论纲》，《哲学研究》1997 年第 9 期，第 3—13 页。

③〔德〕马克思、恩格斯：《马克思恩格斯选集》第 1 卷，中共中央马克思恩格斯列宁斯大林著作编译局编译，人民出版社 1995 年版，第 56 页。

④〔法〕西蒙娜·德·波伏娃：《第二性》，陶铁柱译，中国书籍出版社 1998 年版，第 309 页。

演着各自不同的角色，而男女性别角色的形成又往往是“通过社会化的学习过程，即通过强化、观察和模仿获得的”[①]。自古及今无论何人，皆“从出生之日起，就因性别不同受到不同的教育和性别角色期待”[②]。

《礼记·内则》对男女自幼性别之教早有详细描述：孩子刚一出生，如是男孩则“设弧于门左”，是女孩则“设帨于门右”；三日后要抱着孩子出房门，是男孩则举办射礼以示庆贺，是女孩则罢；出生后第三个月末时，要选择吉日为孩子剪去胎发，所谓“男角女羁，否则男左女右”，即男孩留下囟门两边当角处的头发，女孩则在头顶部留下十字形的胎发，或者男孩留下左边胎发，女孩留下右边胎发。尤其是当孩子能够接受教化之后，男女之间的性别界限从“能食”“能言”时就开始规训，至10岁时分别进行内、外之教。如《内则》所称：

子能食食，教以右手。能言，男唯女俞。男鞶革，女鞶丝。六年，教之数与方名。七年，男女不同席，不共食。八年，出入门户及即席饮食，必后长者，始教之让。九年，教之数日。十年，出就外傅，居宿于外，学书计。

女子十年不出，姆教婉娩听从，执麻枲，治丝茧，织纴组紃，学女事，以共衣服。观于祭祀，纳酒浆笾豆菹醢，礼相助奠。十有五年而笄，二十而嫁。[③]

以《内则》为范本，包括两宋在内的后世学者多秉承此教，且对世人及家族家庭女子均施与性别之规训，使其在种种规训中获得对性别及性别角色的认同。

北宋时倡导性别之教当首推司马光，他认为治家莫如礼，而“男女之别，礼之大节也，故治家者必以为先”[④]。司马光将男女性别之教上升到礼的高度，于是在《家范》中，将《内则》所言男女有别之事尽录其内，还罗列大量古人事迹以为模范，供世人效仿学习。进而，司马光在《居家杂仪》中，又对《内则》所言多有变通和细化，使男女之教更加明确，如称：

凡子始生，若为之求乳母，必择良家妇人稍温谨者。子能食，饲之，教以右手。子能言，教之自名及唱喏、万福、安置。稍有知，则教之以恭敬尊长。有不识尊卑长幼者，则严诃禁之。六岁，教之数与方名。男子始习书字，女子始习女工之小者。七岁，男女不同席，不共食，始诵《孝经》《论语》，虽女子亦宜诵之。自七岁以下，谓之孺子，早寝晏起食无时。八岁，出入门户及即席饮食，必后长者，始教之以廉让。男子诵《尚书》，女子不出中门。九岁，男子诵《春秋》及诸史，始为之讲解，使晓义理。女子亦为之讲解《论语》《孝经》及《列女传》《女戒》之

① 强海燕：《性别差异与教育》，陕西人民教育出版社2000年版，第51页。

② 史敬环：《世界教育大系：妇女教育》，吉林教育出版社2000年版，第3页。

③ 杨天宇：《礼记译注》，上海古籍出版社2004年版，第358、360页。

④（宋）司马光：《家范》，清光绪元年（1875年）夔州李氏刻本。

类，略晓大意。十岁，男子出就外傅，居宿于外，读《诗》《礼》《传》，为之讲解，使知仁、义、礼、智、信。……女子则教以婉娩、听从，及女工之大者。[①]

观其施教程序，可以看出男女之教在6岁之前基本上是一样的，6岁之后开始有明显的性别区分，除《内则》所定内容外，男子6岁始习书字，7岁始诵《孝经》《论语》，8岁诵《尚书》，9岁诵《春秋》及诸史，始为之讲解，使晓义理。女子6岁则始习女工，7岁和男子一样始诵《孝经》《论语》，8岁不出中门，9岁略晓《论语》《孝经》《列女传》《女诫》之类大意。到10岁时，则是一个节点，不仅学习内容有较大的变化，且受教空间开始分化，男子要出就外傅，居宿于外，读《诗》《礼》《传》，知仁义礼智信；女子则要待在家里，由长者教以婉娩、听从及女工。可见，对女子来说“女工”之学是主业，可称之为形而下之学，对男子而言经史之学是主业，可称之为形而上之学，这种设计带有明显的角色定位倾向。总之，年龄越大，性别之分越是明显，越是接近社会对女子的角色期待。

如果说司马光因为无女儿而缺乏完整意义上的性别之教的话，那么在北宋时期其他儿女双全之家的教育就不一样了。诸如北宋仁和县君王氏，她“幼而颖悟，以礼自防”，自丈夫病逝后，她“抚育诸孤，教子以经术，训女以妇礼，家虽壁立，躬享蔬薄，宴如也”。[②]居士陈宗谔之妻吴氏，陈宗谔死时给她留下两个始“垂髫”的儿子，还有三个“未笄”的女儿，可以说是儿女皆幼，但吴氏对儿女的一番教诲则是有所区别的，基本上是按照性别期待进行的。她对长子陈彦辅说：“汝无夸嬉，无跌宕，无饕财以取怨，唯是仰事俯育，养生之事，汝其勉之。”对次子陈彦国说：“汝其勿习异端，勿比憸人，勿作无益以堕业，惟是立身扬名，显亲之事，汝其勉之。”而对三个女儿则说：“织纴组紃必勤，执麻枲治丝茧必时，编珠结缕、剪制缝纫必精且巧。”[③]还有二程之母侯氏，程颐称颂母亲“幼而聪悟过人，女功之事，无所不能，好读书史，博知古今”。因此，外祖父虽恨母亲“非男子”，但“爱之过于子，每以政事问之，所言雅合其意”。在母亲七八岁时，外祖父还常教以古诗曰“女人不夜出，夜出秉明烛”，自是“日暮则不复出房阁”。侯氏自幼接受女工、女德之教，出嫁程家生下儿女后，亦将教育的基因传给儿女，如对二程兄弟则“常使从善师友游；虽居贫，或欲延客，则喜而为之具”。其教女则“常以曹大家《女诫》”。[④]

到南宋时，积极倡导性别之教的莫过于理学大家朱熹。他在《小学》中，对

① 费成康：《中国的家法族规》，上海社会科学院出版社1998年版，第241—242页。

②（宋）许巨卿：《梁故仁和县君王氏墓志铭》，载《全宋文》第122册，第251页。

③（宋）谢逸：《吴夫人墓志铭》，载《全宋文》第133册，第269页。

④（宋）程颐：《上谷郡君家传》，载《全宋文》第80册，第354—355页。

男子自出生到致仕、女子自出生到出嫁，所学所做之事都有整体的设想，但基本框架还是以《内则》为蓝本的，没有多大的变化，说明从司马光到朱熹，对《内则》所言都持一种肯定的态度，并直接拿来为其所用。性别之教在有些仕宦之家还是非常受关注的，如陆游在《吕从事夫人方氏墓志铭》中所记述的方氏，丈夫吕某死后，方氏“为子求师择友，日夜进其业，而教其女以妇事，皆讫于成”[①]。袁说友在《故太淑人叶氏行状》所记述的直学之女叶氏，称其“聪悟闲静，未五岁，女工已辄解。直学俾偕兄弟课句读，日记数百言”。叶氏读书上进正是担任直学之职的父亲所期盼的，但叶母却认为女子当学之事并非经史文章，而是“四德”之学，于是便对叶父说：“读书非吾女所先者，当先妇道而辅以剪制缕结可也。”[②]又如陈亮在《汪夫人曹氏墓志铭》所讲到的德化县主簿汪浃之妻曹氏，主簿死时曹氏年方40岁，还留下四男二女，且皆未成年，但在子女教育上曹氏颇有章法，那就是“以进其男子于学，女子非女功不辄习”[③]。

总之，通过学者的书写与建构，通过家庭及社会的规训，男女性别及男女之别普遍被社会所认同、所接受。让女子自幼知道自己与男孩有所不同，且不只是生理结构上的不同，更有穿着打扮、待人接物、交往范围及活动空间等方面的不同，她们从成人的认可及不断强化中，来体验对自己性别的认同，从而使将来所要扮演的各种角色成为自然而然的事情，而无须追问为什么。但这也会带来明显的“性别隔离”倾向，如在10岁以后“男女的活动交往兴趣和范围指向同一性别……结果就是男孩与女孩各自在不同的同伴环境以及不同的亚文化中成长”[④]。伴随女子生活空间的变换，教育的模式也在朝着男女有别的方向改变着，这一切既是社会分工的基础，又是社会分工的结果。

第二节　饮食之教：形成习惯及自觉

饮食可说是个体生存的基本生理需求，也是个体有效从事其他活动的前提。诚如恩格斯所言：“人们首先必须吃、喝、住、穿，然后才能从事政治、科学、艺术、宗教等等。”[⑤]但饮食不只是为解决温饱问题，也不只是为从事其他活动而增加体力，因为饮食活动本身也存在着一定的教育性，即通过一日三餐或节庆聚会

①（宋）陆游：《吕从事夫人方氏墓志铭》，载《全宋文》第223册，第222页。

②（宋）袁说友：《故太淑人叶氏行状》，载《全宋文》第274册，第381页。

③（宋）陈亮：《汪夫人曹氏墓志铭》，载《全宋文》第280册，第120页。

④ 郑新蓉：《性别与教育》，教育科学出版社2005年版，第121页。

⑤〔德〕马克思、恩格斯：《马克思恩格斯选集》第3卷，中共中央马克思恩格斯列宁斯大林著作编译局编译，人民出版社2012年版，第574页。

等饮食活动，可以对饮食习惯、饮食礼仪等加以合理的培养或塑造，通过日常生活接触和交往来了解饮食的养生价值等。这在两宋女子的饮食活动中也多有体现，尽管史料记载非常有限。

1. 饮食习惯的养成

用左手还是用右手吃饭问题，无论是司马光抑或是朱熹，都很欣赏《内则》中所强调的用手习惯，即“子能食食，教以右手”①，他们还分别写进《家范》《居家杂仪》《小学》里面。尤其是在日常生活中，每一家庭无不遵循这一古训，自女孩能用手操持勺筷吃饭时，都会自觉或不自觉地教导她用右手使用餐具，包括迁移至使用书写工具，且一直传承至今，以致发现身边有“左撇子”时似乎就像发现新大陆一样让人惊讶。又如关于勤俭的教导，勤俭是一种美德，也是一种习惯，自古倍受学者尤其是各个家族家庭所重视。司马光在《训俭示康》中称：“人之常情，由俭入奢易，由奢入俭难。”②南宋学者倪思在《经鉏堂杂志》中提到教导子女节俭时亦说：“俭则足用，俭则寡求，俭则可以成家，俭则可以立身，俭则可以传子孙。奢则用不给，奢则贪求，奢则掩身，奢则破家，奢则不可以训子孙。”③可见，勤俭习惯对个人、对家庭都很重要，但要想养成勤俭的习惯并不容易。不过，从两宋女子的墓志铭中，足以找到她们早年接受勤俭之教而又在夫家勤俭持家的踪迹。诸如北宋苏洵的夫人程氏，生于眉山富豪之家，父亲程文应曾任大理寺丞，很重视对女儿程氏的教育，致使其“喜读书，皆识其大义”。尤其是在“程氏富，而苏氏极贫”的情况下，程文应甘愿将18岁的女儿程氏许配给苏洵。由于程氏自幼养成勤俭的习惯，嫁入苏门后“执妇职，孝恭勤俭，族人环视之，无丝毫鞅鞅骄倨可讥诃状，由是共贤之”。当有人劝其向娘家求助，以及苏洵为养家要放弃学业时，程氏拒绝邻居的好意相劝，坚定地支持丈夫的学业，勤俭习惯在其身上被放大，以致换来勤俭持家之后的“富家”，苏洵也得以“专志于学，卒为大儒”。④湖南清源王某之妻宋氏，婚后六年而寡，留下两个儿子，娘家叔父“尝欲夺而嫁之，不可”，一心一意操持王氏家务，“整比家事，动有法则，薄衣食而厚宾客”，而很少考虑自己的穿着打扮，甚至在她死时竟无新衣可穿，家人不得不“制衣而敛”。⑤墓志铭撰者毕仲游与宋氏之子王霦是旧交，对宋氏的行迹不仅“余亦

---

① 杨天宇：《礼记译注》，上海古籍出版社2004年版，第358页。

②（宋）司马光：《司马文正公传家集》，载王云五：《万有文库》第2集，上海商务印书馆1937年版，第840页。

③（宋）倪思：《经鉏堂杂志》，载陈弘谋辑：《五种遗规·训俗遗规》卷1，清乾隆七年（1742年）培远堂刊本。

④（宋）司马光：《苏主簿夫人墓志铭》，载《全宋文》第56册，第286—287页。

⑤（宋）毕仲游：《清源王太君宋氏墓志铭》，载《全宋文》第111册，第171—172页。

闻之”，还“余之所见也”，那么宋氏一生勤俭应该是可信的，这与早年父亲宋辅臣对她的熏陶也是密不可分的。河南郡慕容彦义之女慕容氏，自幼受传统家教熏陶，不仅自身“躬蹈艰苦”，还时常告诫子女“持身以节俭为先，当官以勤恕为本”。[①]

2. 饮食礼仪的熏陶

古人一向重视家庭或外出聚餐时的规矩，并借聚餐之际对女子加以教导，使其晓得聚餐时的基本礼仪规范。一般来说都是依据《内则》所言而教的，女孩7岁时，与男孩不同席，不共食，8岁时出入门户及即席饮食，必后长者，始教之让。但具体到某一个家族或家庭来说，则依据聚餐时人数多寡而有不同的规定。如司马光在《居家杂仪》中谈到家庭宴会时，需要先敬拜年龄最尊长者，虽是男孩领拜，但所有家庭成员都要参与，女孩子也要随众人一起敬拜家长。如载：

> 凡节序及非时家宴，上寿于家长，卑幼盛服序立，如朔望之仪。先再拜，子弟之最长者一人，进立于家长之前。幼者，一人搢笏、执酒盏立于其左，一人搢笏、执酒注立于其右。长者搢笏，跪斟酒，祝曰：“伏愿某官，备膺五福，保族宜家。”尊长饮毕，授幼者盏注，反其故处。长者出笏，俯伏兴退，与卑幼皆再拜。家长命诸卑幼坐，皆再拜而坐。家长命侍者遍酢诸卑幼，诸卑幼皆起，序立如前，俱再拜。就坐饮讫，家长命易服，皆退易便服，还复就坐。[②]

江州陈氏义门的家法中，也有聚会礼仪的规训。虽然是在唐朝时陈氏后人陈崇制定的，但在两宋时一直在沿用，如规定：“凡节序，眷属会饮，于大厅内同坐。仰主事者，至时差后生二十人，排布祗候。先学生童子一座，次未束发女孩儿一座，次已束发女孩儿一座，次婆母新妇一座。”[③]从这里可以看出，这是比较大的家族式聚餐，女孩和男孩是分开坐的，符合《内则》所言“不同席”的古训。且束发与未束发女孩也要分开来坐，有成年与未成年之别，必定是讲究“长幼有序”之故。已婚成年女子则单独成席，尤其是新妇要与婆母一起用餐，定有婆媳和谐相处的意蕴。

对于小家庭来说，也有聚餐时的一些小插曲，如南宋医学家陈了翁，“日与家人会食，男女各为一席。食已，必举一话头，令家人答”。不仅是男女分开就餐，还总是在餐后提出一个问题让家人作答。有一天，陈了翁和家人一起用餐，也许是看到席中有人横肱而坐，饭后就问道：“并坐不横肱，何也？”年方7岁的小孙

---

① （宋）叶梦得：《夫人慕容氏志铭》，载《全宋文》第147册，第353—354页。

② 费成康：《中国的家法族规》，上海社会科学院出版社1998年版，第241页。

③ 费成康：《中国的家法族规》，上海社会科学院出版社1998年版，第225页。

女立即答曰："恐妨同坐者。"[①]小孙女的回答让陈了翁很是满意，这对家人也是一个很有效的说教，即大家在一起用餐时，不能旁若无人而只顾自己方便，还要顾及身边的人是否也方便，以免给他人造成不必要的麻烦。

3. 对饮食养生的认同

古代中医是很重视饮食养生的，并日益渗透到民众的日常生活，对女子的饮食生活也产生不小的影响。但因自然环境、个人嗜好及体质的差异，在饮食上也有各自的做法和体验。在吃的问题上，或喜食竹笋、槟榔等，如仁宗时刑部郎中赵槩之母高氏，夏天时身体不好，常常卧床，到冬天时身体状况转好，所谓"及夏寝疾，涉冬稍闲"，于是"因思食笋"。高氏之所以喜欢吃竹笋，原因有二：一是身体不好，"可求补"；二是随赵槩居住在广陵郡（今之扬州），南方地湿，"笋得早出"。[②]中医认为，竹笋味甘、微寒、无毒，且低脂肪、多纤维等，食之具有清热化痰、益气和胃、消渴利尿以及减肥降血压等作用。由此看来，高氏寿长 82 岁，与食笋还是有一定关系的。另据《岭外代答》所记，福建、四川、广东等地，因地气暑湿，人多患胸中痞带，因此男女都有喜吃槟榔的习惯。尤其是广州，"不以贫富、长幼、男女，自朝至暮，宁不食饭，唯嗜槟榔。富者以银为盘置之，贫者以锡为之。昼则就盘更啖，夜则置盘枕旁，觉即啖之。中下细民，一日费槟榔钱百余。有嘲广人曰：路上行人口似羊"。吃槟榔久之自然会上瘾，故"顷刻不可无之，无则口舌无味，气乃秽浊"。[③]周去非也曾与当地中医探讨过这个问题，那位中医说："槟榔能降气，亦能耗气。"[④]但也许没有更好的办法来解决自然气候带来的身体不适，因而食槟榔之习久而不衰。

或制作"药饵"以食疗，如二程的母亲侯氏，自幼"聪悟过人，女功之事，无所不能"，且"好读书史，博知古今"。由于侯氏"自少多病"，故对书中饮食养生说法有着浓厚的兴趣，于是她不仅"好方饵修养之术，甚得其效"，还"好为药饵，以济病者"。[⑤]虽然侯氏 49 岁时便告别人世，但其通过阅读来探寻养生之术，还周济邻里病者，实属可贵。

或者"食生饮寒"，如北宋尚书礼部侍郎蔡襄之母卢氏，她自幼受到良好家教，且"平生少疾病，虽老而耳目聪明，食生饮寒如壮者"。[⑥]南宋知洪州南康县

---

①（宋）罗大经：《鹤林玉露》，载《宋元笔记小说大观》第 5 册，第 5178 页。
②（宋）苏舜钦：《广陵郡太君墓志铭》，载《全宋文》第 41 册，第 136 页。
③（宋）周去非著，杨武泉校注：《岭外代答校注》，中华书局 1999 年版，第 235—236 页。
④（宋）周去非著，杨武泉校注：《岭外代答校注》，中华书局 1999 年版，第 235—236 页。
⑤（宋）程颐：《上谷郡君家传》，载《全宋文》第 80 册，第 354—356 页。
⑥（宋）欧阳修：《长安郡太君卢氏墓志铭》，载《全宋文》第 35 册，第 395 页。

夏康佐之母朱氏，“少疾，春秋高，视听不衰，食生饮寒，少壮所不及”[①]。如此的饮食方式，便成就了卢氏92岁、朱氏84岁高寿，虽然属于个别情况，但也不无道理，日本国民的长寿也确实跟“食生饮寒”有关联。

或将自己对养生的体验，运用到对长者的侍奉上，如北宋居士陈宗谔之妻吴氏，她21岁来到陈家时，上有祖姑及婆婆两位老人需要照顾，她对居士说：“老者血气衰，赖饮食以养，君司其外，我司其内。”吴氏之所以这样说，跟自己早年的阅历有关。她自幼失去父亲，在长者的引导下对母亲服侍有加，如“鸡初鸣，盥栉造内寝门问安否，抑搔其疾痛疴痒，时其温清而厚薄其衣服，振拂衾席，拉拭几杖而扶持之，奉槃授巾，卒盥则退”。其有早年侍奉母亲的经验，故当其赡养祖姑及婆婆时便得心应手，于是“日供鼎俎匕筯之职，捶麋鹿兔肷去其饵，牛薄切绝其理，湛诸酒，编蕉布羊豕，屑椒桂其上而腊之，粉稻熟溲，洒以饧而炊之，和辛酸滑甘，切葱若韭以笔之”。居士看到两位老人“喜兆于面”，赞美说“娶妻如是，足矣”。[②]

在“喝”的问题上，茶与酒在两宋民众生活中占有重要位置，尤其是南宋，不论士、庶都喜饮茶，因此南宋茶肆行业非常发达。至于饮酒，更不待言，从东京到临安，都市内酒楼酒馆遍布，文人诗词歌赋中对饮酒场景的描述比比皆是，相对于茶业来说两宋的饮酒业更为发达。但饮茶并非为男子所独享，各种史料中对两宋女子与茶的记载为数不少。《全宋文》中就有多篇关于御赐女子药茶的诏书，均是因为这些女子归宁奔丧劳累，赐予茶药以示皇恩抚慰。既然是专门赐予女子的，说明药茶不仅可以消除疲劳、强身健体，还是对女子孝心的一种奖赏，尤其是通过帝王诏书来赐予，等于是下达一个红头文件，对世间女子饮用药茶更是起到一种引领作用，以致一些富贵之家的女子常会在闲暇之时，聚在一起休闲品茶。

史书中对两宋女子饮酒的记载较多。单从女子墓志铭中，可以看出喜酒的女子大有人在，她们不仅借酒交往，还将这种交往当作一种闲适的生活方式。如果家庭中女性长辈喜酒，也会影响到女儿及子妇。如北宋宰相王旦之女王氏，每次家庭聚会，王氏都“饮独为多”。后来感觉到“酌酒诵书，非女子所为”，从此不再沾酒。[③]太常博士许瞻之妻杨氏，“晚喜酒，然杯杓甚浅，但日日索当有。既饮，色愈温而气和，语言尤婉致。故诸女暨众妇，常好酌进之，乃欢”[④]。由此可知，杨氏饮酒之后呈现出“色愈温而气和，语言尤婉致”的状态，可以说饮酒能让经

①（宋）洪适：《朱安人墓铭》，载《全宋文》第214册，第31页。

②（宋）谢逸：《吴夫人墓志铭》，载《全宋文》第133册，第268—269页。

③（宋）韩维：《太原县君墓铭》，载《全宋文》第49册，第247页。

④（宋）文同：《长寿县太君杨氏墓志铭》，载《全宋文》第51册，第205页。

通络活、身心舒展，还能诗兴大发、言辞精彩，这使“诸女暨众妇”亦跟着一起酌饮尽欢。

尤其是在与女子相关的七夕节前后，会有更多的女子与酒打交道，这在《东京梦华录》《武林旧事》中都有记载。如《东京梦华录·七夕》载曰：“至初六日七日晚，贵家多结彩楼于庭，谓之‘乞巧楼’。铺陈磨喝乐、花瓜、酒炙、笔砚、针线，或儿童裁诗，女郎呈巧，焚香列拜，谓之‘乞巧’。”①《武林旧事·乞巧》则曰：“妇人女子，至夜对月穿针，饾饤杯盘，饮酒为乐，谓之乞巧。”②本属于女子的节日，又有酒文化的元素，说明酒对于女子的养生和健康也有一定的好处，借助乞巧节来使女子分享传统的酒文化，同时也起到烘托节日气氛的作用。

在两宋崇尚享受生活的年代，还有一部分有文化底蕴的女子甘愿过着“布衣蔬食”的生活。如南宋左宣教郎姜琦之妻虞氏，她早年“喜观书，读《易》《论语》得其大意。下至练养医药，卜筮数术，无不通晓”。丈夫死后又“学浮图法”。可以说，她对儒佛道三教都有感悟，对儒家的节俭、道家的养生及佛家的无欲等兼而用之，于是就追求一种看似简单而又益于身心的生活方式，即“屏簪珥、却酒肉，布衣蔬食以终其身”，直到 80 岁时寿终正寝。③又如右通直郎刘涤之妻裴氏，讲究养生之道，“凡有血气之类，未常身翦也。一月之中，蔬食者三之一。谨于卫生，服食必戒，终其身发黑而目明”④。

总之，或长辈的言传身教，或读经史所得，使大部分女子对饮食及茶酒养生价值有一定程度的认识和自觉，不仅益于自身，还惠及他人，使日常生活多了诸多情趣。

第三节 佩饰之教：传统与时尚交汇

佩戴装饰既可以彰显身段、容貌或地位，也可以弥补身体某方面的先天不足；既能愉悦身心，又能取悦他人，对具有爱美之心的女子来说，讲究佩饰是其日常生活中不可或缺的重要内容。但她们对各种佩饰的选择，离不开社会引导、家庭规训，以及主体意识觉醒后对美的价值判断与追求。

1. 社会引导

社会对女子佩饰的引导是基于稳定宗法制社会差序格局的需要，为此在两宋

①（宋）孟元老：《东京梦华录》，中国商业出版社 1982 年版，第 54 页。
②（宋）周密：《武林旧事》，中华书局 2007 年版，第 84—85 页。
③（宋）朱熹：《夫人虞氏墓志铭》，载《全宋文》第 253 册，第 127—128 页。
④（宋）杨万里：《通直刘君裴夫人墓志铭》，载《全宋文》第 240 册，第 240—241 页。

时期，政府对包括命妇及一般女子在内的各阶层服装都有明确的规定。为防范穿着上的“僭越”行为，宋廷还多次下诏对女子着装予以规训。宋仁宗曾多次诏令女子服饰要合乎礼制，穿着要合乎自己的身份。如大中祥符元年（1008年）下诏称：“金箔、金银线、贴金、销金、间金、蹙金线、装贴什器土木玩之物，并行禁断。非命妇不得以金为首饰。许人纠告，并以违制论。”大中祥符八年（1015年）下诏称：“自中宫以下，衣服并不得以金为饰，应销金、贴金、缕金、间金、戭金、圈金、解金、剔金、捻金、陷金、明金、泥金、榜金、背金、影金、阑金、盘金、织金金线，皆不许造。”[①]景祐三年（1036年）又规定：“凡命妇许以金为首饰，及为小儿铃镯、钗篸、钏缠、珥环之属；仍毋得为牙鱼、飞鱼、奇巧飞动若龙形者。非命妇之家，毋得以真珠装缀首饰、衣服，及项珠、缨络、耳坠、头巾、抹子之类。”[②]南宋时，对女子着装同样给予约束，如在绍兴五年（1135年），宋高宗谓辅臣曰：“金翠为妇人服饰，不惟靡货害物，而侈靡之习实关风化。已戒中外，及下令不许入宫门，今无一人犯者。尚恐士民之家未能尽革，宜申严禁，仍定销金及采捕金翠罪赏格。”[③]

难能可贵的是，统治者还会从自身做起，要求公主以身示范。如赵匡胤不允许长女魏国长公主“服翠襦”，并严加训导，如史所载：

魏国长公主在太祖朝，尝以贴绣铺翠襦入宫中。太祖见之，谓主曰：“汝当以此与我，自今勿复为此饰。”主笑曰：“此所用翠羽几何？”太祖曰：“不然，主家服此，宫闱戚里皆相效，京城翠羽价高，小民逐利，展转贩易，伤生寖广，实汝之由。汝生长富贵，当念惜福，岂可造此恶业之端？”主惭谢。主因侍坐，与孝章皇后同言曰：“官家作天子日久，岂不能用黄金装肩舁，乘以出入？”太祖笑曰：“我以四海之富，宫殿悉以金银为饰，力亦可办，但念我为天下守财耳，岂可妄用？古称以一人治天下，不以天下奉一人。苟以自奉养为意，使天下之人何仰哉？当勿复言。”[④]

按理说，帝王之女是完全有资格有条件“服翠襦”的，只是魏国长公主没有把握好分寸及过于张扬而被加以制止的，同时也表明宋太祖在倡导一种节俭有序的生活方式。正因为这样，相对于宋之前服装崇尚雍容艳丽而言，两宋时期女子在着装上渐趋于保守、拘谨，形成淡雅恬静的风格，或者说“当时的人都主张妇女服饰不要过分华丽，‘惟务洁净’，所以两宋妇女的服饰，不像南北朝和隋唐那样奢华”[⑤]。

---

①（宋）王林：《燕翼诒谋录》，载《宋元笔记小说大观》第5册，第4600页。

②（元）脱脱等：《宋史》，中华书局1977年版，第3575—3576页。

③（元）脱脱等：《宋史》，中华书局1977年版，第3579页。

④（宋）杨亿：《杨文公谈苑》，载《宋元笔记小说大观》第1册，第494—495页。

⑤ 刘士圣：《中国古代妇女史》，青岛出版社1991年版，第305页。

2. 家庭规训

将对女子佩饰的约束写进家训家规里面，是对女子生活最为直接和最为有效的规训。诸如对女子起居修饰的要求，《礼记·内则》中所言6岁之前的“女鞶丝”，以及未嫁女子每天早上侍奉父母之前要精心盥洗打扮一番，即“鸡初鸣，咸盥漱、栉縰、笄总、拂髦，冠緌缨，端毕绅，搢笏。左右佩用：左佩纷、帨、刀、砺、小觿、金燧，右佩玦、捍、管、遰、大觿、木燧。偪，屦著綦”；出嫁女子也要像对待父母那样侍奉舅姑，即做好“咸盥漱，栉縰，笄总，衣绅。左佩纷、帨、刀砺、小觿、金燧，右佩箴、管、线、纩，施縏袠，大觿。木燧。衿缨，綦屦”①等事宜，然后再去见公婆。这些要求，均为司马光、朱熹等两宋文人所看好，且多被写进家训家规及蒙学读物之中。如司马光在《居家杂仪》中又规定：“凡子事父母，妇事舅姑，天欲明咸起，盥漱、栉总、具冠带。昧爽，适父母舅姑之所省问。”②朱熹在《小学》中同样引用《礼记·内则》所言，要求未嫁女子或已为人妇，在公鸡第一次打鸣时就要起床，先洗脸、梳头、扎头发，整理好穿着衣带，佩戴好饰物和香物，然后再去向父母或公婆问早安等。

家庭对于着装的规训，一般都会跟随社会主流，即讲究简朴洁净。如北宋尚书兵部员外郎陈诂之女陈氏，自幼“警惠，尝阅白居易诗，一过能诵，其兄汝奭异之”。后嫁给太中大夫、权判北京留司御史台韩璹为妻，时任宰相吕公著的夫人曾邀请内外命妇聚会，只见“内外命妇十数环坐，绮纨哗然。夫人以儒者妻，在末座，衣无缋绣，语言容止不矜慕，一座皆耸”。③按理说，参加如此重要的聚会，应该适度打扮一番，至少要穿上命妇的衣装，但陈氏自幼养成的简朴习惯不愿意被改变，虽“衣无缋绣”，但亦不失儒雅，这才是陈氏的处世本色。像陈氏这样衣着简朴的女子，史书中多有记载，如南宋时建宁县主簿罗无兢之妻朱氏，也是自幼“喜读《孝经》《女训》诸书，略能通其大意”。还能“终身奉以周旋”，表现在着装上即“平居服饰独喜简素”。她说：“吾所以肃容承祀，敢不芳洁，过是而事纤丽，非吾志也。”④可见其立下此等志向，把儒家所倡导的女德完美地体现在日常生活之中，与其早年读书识理及长辈训导是分不开的。南宋学者袁采还将着装的要求写在《袁氏世范》之中，要求家人衣着以简朴为好，如果“衣服举止异众”，走到大街上或闹市区，“必为小人所侮”。还特别就女子的着装提出：“惟务洁净，尤不可异众。且如十数人同处，而一人之衣饰独异，众所指目，其

---

① 杨天宇：《礼记译注》，上海古籍出版社2004年版，第329—330页。

② 费成康：《中国的家法族规》，上海社会科学院出版社1998年版，第239页。

③（宋）晁补之：《文安郡君陈氏墓志铭》，载《全宋文》第127册，第82页。

④（宋）刘才邵：《罗无兢妻朱氏夫人墓志铭》，载《全宋文》第176册，第83页。

行坐能自安否？”[①]

3. 女子主体意识觉醒后对美的价值判断与追求

尽管社会在引导，家庭也在规训，但因社会转型带来的生活方式的剧烈变革，以及女子主体意识的觉醒，以致对佩饰的欣赏和拥有不再局限于传统规训的约束，而是敢于冲破重重羁绊，在相互学习模仿和攀比中，追求一种新的或者说是时尚的生活方式，诸如着胡服、“服妖”、戴假发、染指甲、描眉等，这在仁宗朝之前是严加禁止的，“上自宫掖，悉皆屏绝，臣庶之家，犯者必置于法”[②]，之后则因禁而不止，便不再强行规定。于是，便在社会大环境的孕育下各种佩饰样式如雨后春笋，如同其他的流行文化一样，无须规训和引领，只凭女子的自我认同、欣赏、接纳和模仿，便在不同的群体中流行开来。

胡服是对北方少数民族服装的称呼，因民族间的文化不断交融，作为有别于汉服的奇特胡服首先在宋朝上层社会的女子群体中受到推崇，可以说引领着当时的服饰风尚，同时又使当政者感觉到从没有过的文化冲击和潜在危机，以致不得不下诏加以制止。如在庆历八年（1048 年）二月，宋仁宗下诏指出：“闻士庶仿效胡人，衣装裹番样头巾，著（着）青绿，及乘骑番鞍辔；妇人多以铜绿兔褐之类为衣。宜令开封府限一月内止绝，如违，并行重断，仍仰御史台、合门弹纠以闻。”[③]宋徽宗政和七年（1117 年）再次发布禁令：“敢为契丹服若毡笠、钓墩之类者，以违御笔论。钓墩，今亦谓之袜袴，妇人之服也。”[④]其实这些禁令在当时并没有发挥出多大作用，尤其是自金兵南下，着胡服的年轻女子自宫廷到民间、自都市到乡村，均随处可见。

“服妖”是对包括胡服在内的各种奇装异服的总称，《汉书·五行志》对此早有评议，称：“风俗狂慢，变节易度，则为剽轻奇怪之服，故有服妖。”[⑤]可见当时对此服饰并不支持。至两宋时期，已成为一种比较时尚、新潮的服饰，实乃两宋社会生活及民众心态开放的一个缩影，更是两宋女子爱美、猎奇以及个性张扬的真实心理写照。诸如类似抹胸或兜肚的“腰上黄”以及紧身短小而不系纽带的服饰“不制衿”等在当时也很流行，如岳珂在《宣和服妖》中称：“宣和之季，京师士庶竟以鹅黄为腹围，谓之‘腰上黄’。妇人便服不施衿纽，束身短制，谓之‘不制衿’。始自宫掖，未几而通国皆服之。”[⑥]看来“不制衿”是

---

①（宋）袁采：《袁氏世范》，清乾隆五十五年（1790 年）长塘鲍氏刻知不足斋丛书本。

②（宋）王栐：《燕翼诒谋录》，载《宋元笔记小说大观》第 5 册，第 4600 页。

③（宋）宋仁宗：《禁士庶著胡人衣装诏》，载《全宋文》第 45 册，第 192 页。

④（元）脱脱等：《宋史》，中华书局 1977 年版，第 3577 页。

⑤（汉）班固：《汉书》，中华书局 1962 年版，第 1353 页。

⑥（宋）岳珂：《桯史》，载《宋元笔记小说大观》第 4 册，第 4371 页。

很受女子喜爱的，不然则不会“未几而通国皆服之”[①]。还有，两宋女子对官方服饰颜色的挑战，据《燕翼诒谋录》所讲，仁宗时“有染工自南方来，以山矾叶烧灰，梁紫以为黝献之，宦者洎诸王，无不爱之，乃用为朝袍。乍见者皆骇观，士大夫虽慕之，不敢为也。而妇女有以为衫褛者，言者亟论之，以为奇邪之服，浸不可长”。虽然有女子敢为天下先，但毕竟不是专为女子所设计的服饰颜色，于是在至和年间，仁宗下诏“严为之禁，犯者罪之”。但宋室南移之后，“贵贱皆衣黝紫，反以赤紫为御爱紫，亦无敢以为衫袍者，独妇人以为衫褛尔”。看来，两宋女子对“黑紫”是情有独钟的，且还率先“以为衫褛”。[②]只是因这些奇装异服不合“古制”，有“僭越”或“逾制”之嫌，因而受到诸多非议，故被称为“服妖”，且多次诏令禁行，不过这也正是女子主体意识觉醒的征兆和审美力提升的标志。

头饰主要是“假髻”和“垂肩冠”。“假髻”即戴假发，宋之前已有此风俗，但宋朝女子自宋初便追求以“高髻”为美，且多以假发替代，流行极快，以致在端拱二年（989 年），宋太宗便下诏要加以制止，称：“妇人假髻并宜禁断，仍不得作高髻及高冠。”[③]不仅要禁断假发，即便是长发飘飘的女子，在梳妆时也不得做成“高髻”。到南宋时对“假髻”则有所放宽，如宋孝宗时，朱熹曾亲定祭祀、冠婚之服并颁行天下，规定：“凡士大夫家祭祀、冠婚，则具盛服……妇人则假髻、大衣、长裙。女子在室者冠子、背子。众妾则假紒、背子。”[④]“垂肩冠”属于一种头饰，按沈括的考证，在汉朝时已有女子服用，宋朝甚是流行。由于此头饰上高下垂，自然也引起统治者的注意，于是便给予规范，如皇祐元年（1049 年）下诏称：“妇人所服冠，高毋得逾四寸，广毋得逾一尺，梳长毋得逾四寸，毋得以角为之。犯者重置于法，仍听陈告。”[⑤]南宋学者周辉在《清波杂志》中专门谈到“垂肩冠”，称：

皇祐初，诏妇人所服冠，高毋得过七寸，广毋得逾一尺，梳毋得逾尺，以角为之。先是，宫中尚白角冠，人争效之，号“内样冠”，名曰“垂肩”“等肩”，至有长三尺者，登车檐皆侧首而入，梳长亦逾尺。……自孩提，见妇女装束数岁即一变，况乎数十百年前，样制自应不同。如高冠长梳，犹及见之。当时名“大梳裹”，非盛礼不用。若施于今日，未必不夸为新奇，但非时所尚而不售。大抵前辈治器物、盖屋宇，皆务高大，后渐从狭小，首饰亦然。[⑥]

---

①（宋）岳珂：《桯史》，载《宋元笔记小说大观》第 4 册，第 4371 页。
②（宋）王林：《燕翼诒谋录》，载《宋元笔记小说大观》第 5 册，第 4626 页。
③（元）脱脱等：《宋史》，中华书局 1977 年版，第 3574 页。
④（元）脱脱等：《宋史》，中华书局 1977 年版，第 3577—3578 页。
⑤（宋）宋仁宗：《妇人冠制诏》，载《全宋文》第 45 册，第 216 页。
⑥（宋）周辉：《清波杂志》，载《宋元笔记小说大观》第 5 册，第 5097—5098 页。

可见当时女子喜欢追赶时尚，头饰装束竟然“数岁即一变”，犹如房屋建筑一般样式不断翻新。又如北宋仁宗时就有士庶之家用鹿皮制作女人冠子的，可谓新奇，但因“伤生害性”，便于景祐三年（1036 年）诏令士庶之家“毋得采捕鹿胎制造冠子”。但在南宋时又有所缓和，制者日多，如《宋史・志第十八》所载，绍兴二十三年（1153 年）时，“士庶家竞以胎鹿皮制妇人冠，山民采捕胎鹿无遗。时去宣和未远，妇人服饰犹集翠羽为之，近服妖也”①。其实，这正是大变局时代宋人装饰的一大特色。

两宋女子对描眉及染指甲的爱好。关于描眉，据朱翌的《猗觉寮杂记》所载：“今妇人削去眉，画以墨，盖古法也。”②当时既有“青黛”点眉，亦用“轻煤”点眉，且有浓、淡、广、细之分。而据陶縠的《清异录》所载：“范阳凤池院尼童子，年未二十，秾艳明俊，颇通宾游，创作新眉，轻纤不类时俗，人以其佛弟子，谓之‘浅文殊眉’。”③年轻的女尼也喜欢描眉，还能创作新的描眉方法即“浅文殊眉”。至如染指甲，自古人体装饰多是在惹人注目的地方用功夫，指甲在人身五官中本来不含有性的意味，但女性手指的美质事实上的确含有性的魅力。正因为这样，两宋女子才会不惜破其工夫修饰她们的指甲。为修饰指甲，多数女子主要采用植物的花瓣来染色，且还影响到少数民族的女子。如周密在《癸辛杂识》中所记：“凤仙花红者用叶捣碎，入明矾少许在内，先洗净指甲，然后以此付甲上，用片帛缠定过夜。初染色淡，连染三五次，其色若胭脂，洗涤不去，可经旬，直到退甲，方渐去之……今回回妇人多喜此。”④

除此之外，当遇节庆之际，无论是贵族还是士庶之家女子，绝大多数都会穿着节日盛装来分享节日乐趣，也构成节日的一道风景线。对此，《东京梦华录》《梦粱录》《武林旧事》等史料中多有记载。如《武林旧事》中所载元宵节之日，“都民士女，罗绮如云，盖无夕不然也”，“妇人皆戴珠翠、闹蛾、玉梅、雪柳、菩提叶、灯球、销金合、蝉貂袖、项帕，而衣多尚白，盖月下所宜也”。在冬至日，“妇人小儿，服饰华炫，往来如云”。⑤

总之，两宋女子的佩饰既受约束于“古制”及来自官方的规训，但又基于对生活时尚的向往而敢于突破传统，以身试“法”，成为佩饰时尚的领跑者，这也正好说明在社会大变局时代，两宋女子佩饰也处在一种传统与时尚交融的变化过程之中，有着鲜明的时代特征。

---

①（元）脱脱等：《宋史》，中华书局 1977 年版，第 1429 页。

②（宋）朱翌：《猗觉寮杂记》，钦定四库全书本。

③（宋）陶縠：《清异录》，载《宋元笔记小说大观》第 1 册，第 90 页。

④（宋）周密：《癸辛杂识》，载《宋元笔记小说大观》第 6 册，第 5782 页。

⑤（宋）周密：《武林旧事》，中华书局 2007 年版，第 52、55、92 页。

第四节　强身之教：从戏玩到竞技

古人早已意识到游戏活动与健康之间的密切关系，汉朝生成的“导引术”“五禽戏”等，表明人们开始运用“经验体育”来改善自身状态，尽管还带有一定的自发性和盲目性，且主要“依赖于习俗而自我维系和自发调节”[①]，但其对强身健体的价值及效果还是被后世普遍认可的，何况这与儒家所倡导的孝文化也是相吻合的。如《孝经·开宗明义章第一》所言：“身体发肤，受之父母，不敢毁伤，孝之始也。”[②]意即保护好自己的发肤，也是在向父母尽孝。两宋时社会生活的多元也带来健身方式的多样性，受此大环境的影响和熏陶，各阶层、各年龄段的女子都会自觉地走出闺门，从事于适合自己的健身活动，诸如嬉戏、游戏、游玩、棋类、相扑、蹴鞠等，可以说从日常戏玩到竞技场、从文本书写到图像实物所载，都可以看到两宋女子在生活或活动中积极健身的踪影，或者说用身体来书写着自己的教育生活。

1. 在嬉戏玩耍中认识外部世界

两宋女子尤其是未笄女孩跟男孩一起在室外或户外嬉戏玩耍是很正常的事情，这也是女孩子成长及社会化过程中所不可或缺的经历。如王明清的《投辖录》所载，曹皇后到相国寺烧香，价值千万的百宝念珠不慎遗失，仁宗得知后大怒，指令必须找回，属下寻找的过程是这样的：

因念寺前常有小儿数人嬉戏自若，而不知其所从来，漫往问之。中一丫髻女子，年十二三，忽笑谓吏曰：“前日偶取之，忘记还去，今见挂寺塔之颠火珠上，当自往取之。”吏知其异人也，再拜以请，女子还，遂入塔中，吏辈仰视，见第十三级窗中出一手，与相轮等，观者万人，恐怖毛竖，须臾不见。而女子手提数珠而下，授吏，复请曰：“中旨严急，愿俱往以取信。”儿亦不辞，行数十步，立化通衢。[③]

从这段描述可以看出，这个十二三岁的女孩子身手灵巧，当是常在户外活动的普通家庭之女，她与其他孩子又常在寺前玩耍，对身外之物无占有之欲，且还将拾到的百宝念珠挂在“寺塔之颠火珠上”，似与佛有缘，故被称为“异人”。属下的“再拜以请”，而没有对其训斥殴打等，至少又显示出对女孩子的尊重和对其

① 谭华：《体育史》，高等教育出版社2009年版，第4页。
② 汪受宽：《孝经译注》，上海古籍出版社2004年版，第2页。
③（宋）王明清：《投辖录》，载《宋元笔记小说大观》第4册，第3858—3859页。

做善事的鼓励。

另据绘画史料所载，对儿童嬉戏、追逐、打闹等场景的描绘，更能体现出在幼儿或少儿阶段孩子的好奇、活泼、天真乃至无畏等特性。如南宋宫廷画家李嵩的《货郎图》，所描绘的是南宋农村妇幼生活的一个场景：在一个秋高气爽的日子，村外一棵古柳树下，年纪稍长的老货郎手摇蛇皮鼓在招揽生意，货担上装满各色日用品，有吃的有玩的，还有活物喜鹊和八哥等，可以说是琳琅满目，这对农村幼儿来说有着极大的诱惑力。货郎身边已经聚集着一位母亲及其子女，孩子们显得有点迫不及待，围着货摊在选择自己喜欢的物品，其中一个孩子还没有忘记和即将飞奔过来的小同伴打招呼。再看不远处，一位母亲被一群孩子簇拥着急忙赶来，无不陶醉在期待货郎到来的喜悦之中，有的在享用刚买到的美食，有的围绕着货担追逐嬉闹。再看货郎左边的一位母亲，拉着才蹒跚学步的婴儿，也许是难得遇见如此热闹的场面，高兴得手舞足蹈。右下角一位年龄稍大的女孩子，望着在享受美食的小孩子们很是羡慕，她一手提着葫芦，一手食指伸进流着口水的嘴里。那位怀抱婴儿的母亲，既担心前边孩子跑得太快而摔着，便伸臂呼唤着，又被身边的孩子缠着快走（图 2-1）。

图 2-1　南宋画家李嵩的《货郎图》（藏于北京故宫博物院）

李嵩还有一幅《市担婴戏图》，与《货郎图》的风格及题材内容是一样的，描绘的也是农村流动货郎的售货情景。一位母亲怀抱正在吃奶的乳儿，又带着四个幼儿，其中一个男孩还拉着女孩的手，一起簇拥着靠近货摊。看似货摊还没有放稳当，一个小男孩一只脚便踏上了货摊的底架，急忙去指要自己喜欢的东西（图 2-2）。无论是《货郎图》还是《市担婴戏图》，就整个画面来说，都“真实地展现了当时的乡村生活，洋溢着欢快活泼的气氛和质朴无华的乡村情调”[①]。正是在这种日常的、自由自在的嬉戏情境中，女孩子不仅能学会了同辈之间如何

① 周林生：《宋元绘画》，河北教育出版社 2004 年版，第 167 页。

相处，认识到外部世界的精彩，还收获了童年的乐趣。

图 2-2 南宋画家李嵩的《市担婴戏图》（藏于台北故宫博物院）

2. 在游戏中增广见识

游戏是一种目的性、规则性较强的玩耍，带有一定的挑战性和互动性，自然也是少儿最喜爱的一项娱乐活动，在游戏中也最能使幼儿增长见识，养成合作意识。就所查阅到的史料，两宋女子所从事的游戏主要有以下几种。

（1）拈钱。据史载，曹皇后在父母家时，“与群女共为拈钱之戏，而后一钱独旋转盘中，凡三日乃止”[①]。

（2）博戏。常行的是通过双方互掷骰子来定胜负，既能满足自己好胜的心理，又能赢得自己所喜欢的财物等。自汉朝就比较普遍，至宋朝更受人们喜爱。据《武林旧事》所载，在除夕之夜“小儿女终夕博戏不寐，谓之守岁”[②]。

（3）斗草。最早的文献记载是在魏晋南北朝时期，至隋唐则成为妇女和儿童普遍喜欢的一种游戏，玩法分为“文斗”和“武斗”两种。“文斗”即对花草名，女孩子采来百草，以对仗的方式互报草名，诸如有报“美人蕉”可对“君子兰”，有报“狗尾草”可对“鸡冠花”等。看谁采的草种多、对仗水平高，凡是坚持到最后的就是赢家。“武斗”即互相用草角力，凡坚韧者为胜，折断者为败。晏殊的《破阵子》便是描述少女们在采桑的路上，大家相逢在一起，兴高采烈。劳动之余她们玩着斗草游戏，获胜的那位少女忽然想起昨夜所做的那个好梦，便认为那原是“斗草赢”的好兆头，脸上不禁又飞起了笑容。晏殊没有正面描述少女们是如

① （宋）蔡绦：《铁围山丛谈》，载《宋元笔记小说大观》第 3 册，第 3040 页。

② （宋）周密：《武林旧事》，中华书局 2007 年版，第 97 页。

何斗草的，却将相聚及斗草时的内心喜悦展现得淋漓尽致。词曰：“燕子来时新社，梨花落后清明。池上碧苔三四点，叶底黄鹂一两声，日长飞絮轻。巧笑东邻女伴，采桑径里逢迎。疑怪昨宵春梦好，元是今朝斗草赢，笑从双脸生。”①

（4）推枣磨。两宋之际画家苏汉臣在其《秋庭戏婴图》中，描绘出一个富家庭院里姐弟俩一同游戏的场景。姐弟俩围绕着螺钿漆墩上自制的“推枣磨”小玩具，弟弟全神贯注地玩着，衣服滑下肩膀都不自知，显示出对游戏的嗜好以及顽皮、好动的性格。姐姐看似年龄亦不大，一边观看，一边耐心地在照顾着弟弟，也许是在等待亲自操持的机会，却也表现出女孩子沉静温和的性情。再看身后另一个螺钿漆墩上，则杂乱地摆放着其他玩具，似乎刚刚玩过，来不及收拾，就又投入另外一项游戏中来。身后有芙蓉、菊花，说明是在深秋时节。看他们忘乎所以的样子，可见其身心在游戏中得以愉悦（图 2-3）。

图 2-3　南宋画家苏汉臣的《秋庭戏婴图》（藏于台北故宫博物院）

（5）逗弄宠物。儿童游戏不只是在儿童之间，还体现在与动物之间的密切接触。苏汉臣在《冬日婴戏图》中又描绘出姐弟两个一起游戏的场面，只见姐姐挽三鬟于头顶及两耳，再以红白相间的锦缎缠绕其间，弟弟的发束结着红丝缯，形如鹁角，更增添孩童纯稚般的神情。姐姐手里拿着一个色彩斑斓的小旗子，弟弟则用红细绳牵引着一根孔雀羽毛，正逗弄着猫儿。一只黑白花猫在一旁自顾自地玩着毛绒球，姐弟两人的眼神都同时落在小花猫的身上。画面上所绘梅花、山茶等，暗示着时至初冬之际，画家却用温暖的红黄色系，使人不觉得有丝毫的寒意，反形成一派和谐而温煦的情景（图 2-4）。如此“在静态中挖掘出儿童纯洁的心灵，但又不流于儿童举止成人化的弊端”②。

①（宋）晏殊：《破阵子》，载（宋）黄升：《花庵词选》卷 3，明汲古阁刻本。

② 周林生：《宋元绘画》，河北教育出版社 2004 年版，第 162 页。

图 2-4　南宋画家苏汉臣的《冬日婴戏图》（藏于台北故宫博物院）

另外，生活中还有大量的模仿成人劳作的游戏，如范成大在《四时田园杂兴》中所描述的“昼出耘田夜绩麻，村庄儿女各当家。童孙未解供耕织，也傍桑阴学种瓜”一番情景，虽然这是农村常见的现象，但也颇有情趣，显示出男女孩子的天真、好动和好奇。除此之外，宋朝女子普遍喜欢的游戏还有放风筝、荡秋千等。

3. 在游玩中愉悦身心

如果说嬉戏、游戏比较适合低龄女孩的话，那么具有休闲、健身和避暑等意义的踏青游玩则更适于成年女子，当然有子女者也会携带一起出游的。如周必大在《程给事母宜人胡氏墓志铭》中提到的南宋朝散大夫程晋之之妻、给事中程叔达之母胡氏，她和丈夫程晋之都已 70 余岁，“休沐必娱侍西湖上，间登天竺诸山”。在他们登山时，诸孙先后抚携，他们都会加以拒绝，说：“吾方健，汝毋忧。”[①]另据《武林旧事》载，杭州每年的六月六日是显应观崔府君诞辰日，“是日都人士女，骈集炷香，已而登舟泛湖，为避暑之游……盖入夏则游船不复入里湖，多占蒲深柳密宽凉之地，披襟钓水，月上始还。或好事者则敞大舫，设蕲簟，高枕取凉，栉发快浴，惟取适意。或留宿湖心，竟夕而归”[②]。

4. 在竞技中强身健体

女子参与的竞技活动主要有蹴鞠和相扑等。蹴鞠亦即今日之足球，早在战国

① （宋）周必大：《程给事母宜人胡氏墓志铭》，载《全宋文》第 232 册，第 310 页。
② （宋）周密：《武林旧事》，中华书局 2007 年版，第 83—84 页。

时期就已出现，至汉朝已成为民众喜爱的一项竞技活动，汉墓画像石上就有女子参与蹴鞠的情景描述。唐之前多为实心球，宋朝则普遍采用充气球。

两宋时“从皇宫内院到平民家庭，都以蹴鞠为乐，女子蹴鞠也十分普遍”[①]。元朝钱选的《宋太祖蹴鞠图》，便是描绘宋太祖赵匡胤与赵炅、赵普等人踢球的场面。宋徽宗也是一个蹴鞠迷，他看过女子蹴鞠表演后即兴赋诗一首，称：“韶光婉媚属清明，敞宴斯辰到穆清。近密被宣争蹴鞠，两朋庭际再输赢。”为满足帝王及宫廷对蹴鞠所好，还专门组建有宫廷女子蹴鞠队。据《文献通考》所载，在宫廷“女弟子队”中，就有“抛球乐队，衣四色，绣罗宽衫，系银带，捧绣球。……打球乐队，衣四色，窄绣罗襦，系银带，裹顺风脚簇花幞头，执球仗”[②]。南宋时，踢球艺人还组建蹴鞠社团“齐云社”，或称“圆社”，类似今日之足球俱乐部，专事负责蹴鞠活动的比赛组织和宣传推广。据《事林广记》所载，齐云社还制定有社规，要求凡是参加蹴鞠的男女都要遵守此规，内容包括“十紧要”和“十禁戒”。“十紧要”即“要和气，要信实，要志诚，要行止，要温良，要朋友，要尊重，要谦让，要礼法，要精神”；“十禁戒”即“戒多言，戒赌博，戒争斗，戒是非，戒傲慢，戒诡诈，戒猖狂，戒词讼，戒轻薄，戒酒色”。[③]

除文本所载之外，宋人还将女子蹴鞠的画面刻制在铜镜或陶瓷枕之上，成为普通民众家庭的日用品。中国国家博物馆、湖南省博物馆、云南省博物馆内，都珍藏有女子蹴鞠纹铜镜。在中国国家博物馆所藏的铜镜上，可以看到在一座带有假山的花园内，出现有四位人物，两女两男。其中，一对男女在玩蹴鞠，女的穿有开衫长褂，头上梳着高髻，身体前倾，右脚微微抬起，正在接对方踢来的球；男的也穿着长衫，戴着幞头，右脚似是刚刚踢过球而还没有完全放下。二人身后所站的一男一女，自是各自的仆人，那个女的身上还背着衣物，男的不仅手里拿着东西，还不停地在走动，以便看个究竟，似乎还在担任着裁决者的角色，可说是既有观众又有裁判。从他们的着装及蹴鞠场所来看，毫无疑问是大户人家的孩子。此情此景，丝毫看不出男女有别或男女授受不亲观念的痕迹（图 2-5）。而珍藏在河南省博物院内的一个宋朝白釉黑彩蹴鞠瓷枕，正面描绘一个女子独自蹴鞠的场景，只看那未成年女孩扎着两个小辫子，穿着花布长衫，身体前倾，右脚微抬，将球挑到空中，两眼还紧紧盯住球的方向，显得神态安逸，驾驭自如。从其着装来看，当是一位普通家庭的女孩子（图 2-6）。

---

① 谭华：《体育史》，高等教育出版社 2009 年版，第 81 页。

②（元）马端临：《文献通考》（下），中华书局 1986 年版，第 1286 页。

③（宋）陈元靓：《事林广记》，中华书局 1963 年影印本，第 166—170 页。

图 2-5　宋朝女子蹴鞠铜镜（藏于中国国家博物馆）

图 2-6　宋朝女子蹴鞠瓷枕（藏于河南省博物院）

相比较而言，两宋女子相扑是最能吸引人眼球的一项体育活动。相扑又称角抵、争交、拍张等，源于先秦时期，从最初的作战技能，到后来军士训练课程，再到后来成为民间竞技活动，带有浓厚的娱乐特色。但与以往朝代不同的是，两宋时期出现了女子相扑，使这项活动更富有戏剧色彩，上至帝王下至庶民都喜欢观看相扑表演。诸如嘉祐七年（1062 年）正月十八日，宋仁宗“驾御宣德门，召诸色艺人，令各进技艺，赐与银绢。内有妇人相扑，亦被赏赉”。仁宗与嫔妃看得十分尽兴，但司马光却显得有些焦虑不安，因为女子选手的穿戴和男子几无两样，甚至隐私部分也会不同程度地暴露在外，她们一出场，自然会引起在场观众的一阵骚动，甚至是呐喊声一片。这在司马光看来是“非礼”之举，帝王观看有失“天子之尊”，于是他上书宋仁宗，要求“妇人不得于街市以此聚众为戏”。[①]

到南宋时，相扑业有更大的发展，一些艺人还发起组织“角抵社”，女子相扑再次兴盛于街市，和东京一样多是在勾栏瓦舍之内演出。如吴自牧在《梦粱录》中所载：

瓦市相扑者，乃路岐人聚集一等伴侣，以图摽手之资。先以女飐数对打套子，令人观睹，然后以膂力者争交。若论护国寺南高峰露台争交，须择诸道州郡膂力高强、天下无对者，方可夺其赏。如头赏者，旗帐、银杯、彩缎、锦袄、官会、马匹而已。顷于景定年间，贾秋壑秉政时，曾有温州子韩福者，胜得头赏，曾补军佐之职。杭城有周急快、董急快、王急快、赛关索、赤毛朱超、周忙憧、郑伯大、铁稍工韩通住、杨长脚等，及女飐赛关索、嚣三娘、黑四姐女众，俱瓦市诸郡争胜，以为雄伟耳。[②]

① （宋）司马光：《司马光奏议》，载《全宋文》第 54 册，第 252 页。

② （宋）吴自牧：《梦粱录》，中国商业出版社 1982 年版，第 180—181 页。

吴自牧所讲的“女飐”，是指男子正式角抵之前的表演选手，目的是制造气氛，招来观众，提升人气。当时还涌现出“赛关索、嚣三娘、黑四姐”等实力派女选手。周密在《武林旧事》中也提到几位有名气的女子相扑选手，如“韩春春、绣勒帛、锦勒帛、赛貌多、侥六娘、后辈侥、女急快”等。[①]当时宫廷之内，每逢大朝会、圣节、御宴等也都安排有相扑表演，“例用左右军相扑，非市井之徒”[②]。这只是不用民间相扑艺人而已，但并不排除专业女相扑的参与，如《武林旧事》中所讲“天基圣节”当日，在宫廷的盛大表演节目中，就安排有“女厮扑张椿等十人”，从事相扑甚至是男女对打表演。《水浒传》中也有一段专门描写王庆与段三娘在比武台上对打的场面，着实让人眼界大开。

女子相扑的出现，不能不说是对传统规训的一大反叛，但毕竟还是登上了历史的舞台，除谋生等客观因素外，更表明女子对传统伦理的挑战，对社会舆论的挑战，以及对身体极限及自主的追逐。

第五节 “成人”之教：“笄礼”与“乞巧”

从孩童到成年有两大节点是两宋女子必须经历和最值得回味的：一是成人礼即“笄礼”；二是每年一度的“乞巧”节。

1. 笄礼

对女子施与“笄礼”是从周朝开始的。和男孩子的“冠礼”一样，主要是基于对女子的礼仪规训而推行的一种礼制。如《礼记·冠义第四十三》所称：“凡人之所以为人者，礼也……冠者，礼之始也。”“已冠而字之，成人之道也。”“成人之者，将责成人礼焉也。”[③]可见，“笄礼”是女子成人的重要标志，也是对女子进行“成人”之教的最好方式。至于举行“笄礼”的年龄，《内则》称“十有五年而笄”，比之男孩子的“二十而冠”提前五年，这些规定被历代所沿用。女子“及笄”之后，不仅意味着年龄的变化，更是一种角色的转变，即要担当诸多家庭及社会责任和义务。如司马光在《居家杂仪》中所言：“未冠笄者，质明而起，总角醶面，以见尊长。佐长者供养，祭祀则佐执酒食。若既冠笄，则皆责以成人之礼，不得复言童幼矣。”[④]

---

① （宋）周密：《武林旧事》，中华书局 2007 年版，第 179—192 页。

② （宋）吴自牧：《梦粱录》，中国商业出版社 1982 年版，第 180 页。

③ 杨天宇：《礼记译注》，上海古籍出版社 2004 年版，第 812—814 页。

④ 费成康：《中国的家法族规》，上海社会科学院出版社 1998 年版，第 242 页。

举行“笄礼”的时间，一般都是在清明节之前。如《东京梦华录》称：“清明节，寻常京师以冬至后一百五日为大寒食。前一日谓之‘炊熟’，用面造枣䭉飞燕，柳条串之，插于门楣，谓之‘子推燕’。子女及笄者，多以是日上头。寒食第三节，则清明日矣。”①《梦粱录》亦称：“清明交三月，节前两日谓之‘寒食’，京师人从冬至后数起至一百五日，便是此日，家家以柳条插于门上，名曰‘明眼’。凡官民不论小大家，子女未冠笄者，以此日上头。”②两处所记载的时间是一致的，无论是东京还是临安都有几乎相同的做法，即无论是富贵之家还是贫寒之家，凡是到 15 岁的女孩子，都要在这一天举办“笄礼”，也就是要把头发盘起来，插上“笄”，亦即常说的簪子。

但因家庭贫富有别，“笄礼”的规模有大有小，贫寒之家比较简单，自家人在一起即可完成这一仪式。富贵之家的“笄礼”就显得非常隆重，司马光在《书仪》中曾有详细记述：

> 女子许嫁，笄，主妇、女宾执其礼。行之于中堂，执事者亦用家之妇女、婢妾。戒宾、宿宾之词，改吾子为“某亲”，或邑封。陈服，止用背子，无篦幧头。有诸首饰席一，背设于椸，栉总首饰，置桌子上。冠笄盛以盘，蒙以帕。执事者一人执之。摈立于中门内，将笄者双髻襦。主妇迎宾于中门内，布席于房外，南面。宾祝而加冠，及笄，赞者为之施首饰，宾揖笄者适房，改服背子。既笄，所拜见者，惟父及诸母诸姑兄姊而已。③

朱熹在《家礼》中，也有与司马光大体相同的描述：

> 女子许嫁，笄，母为主。前期三日戒宾，一日宿宾，陈设。厥明，陈服，序立。宾至，主妇迎入，升堂。宾为将笄者加冠笄。适房，服背子。乃醮。乃字。乃礼宾，皆冠仪。④

根据司马光和朱熹的描述，可以看出在两宋时期，女孩到 15 岁时，不管是否许嫁都要举办“笄礼”，由母亲担任主礼人，如遇到特殊情况，祖母及叔母、嫂母等家中长辈妇女也可以主礼。在“笄礼”日期确定后，需要提前三天通知亲朋好友，即所谓“戒宾”，同时还要进行占卜，就姻亲中选择一位“贤而有礼者”邀请为“正宾”，并为之配备一位“赞者”来协助完成各项程序。行礼的当日，需要将所用的各种物品，诸如服装、发饰及礼器等提前摆放整齐。受礼女孩也提前穿戴

---

①（宋）孟元老：《东京梦华录》，中国商业出版社 1982 年版，第 43 页。

②（宋）吴自牧：《梦粱录》，中国商业出版社 1982 年版，第 10 页。

③（宋）司马光：《书仪》卷 2《冠仪》，钦定四库全书本。

④（宋）朱熹：《家礼》，《朱子全书》第 7 册，上海古籍出版社、安徽教育出版社 2002 年版，第 893 页。

好衣服，坐在中堂的房间内等待加礼。然后开始笄礼环节：主礼人把正宾迎进中堂，受礼女孩从房内走出，由赞者为其梳头，再由正宾依次将罗帕和发笄、发钗、钗冠三种发饰插到受礼女孩头上，然后是正宾给受礼女孩敬醴酒，同时面向受礼女孩念祝词，并为女孩取“字”，以便于同辈之间或晚辈称呼长辈时使用，以示敬重。接着，受礼女孩要立于场地中央，向在场的父母、正宾及家人、客人等行拜谢礼。最后是家庭主人向宾客敬醴酒，送礼物酬谢，并将宾客迎送至大门外，仪式宣告结束。如此庄重、神圣、有序且富有文化内涵的成人礼仪，无论是对及笄女孩抑或是未笄而在现场观看的女孩，毫无疑问都是一次心灵的洗礼。

2. 乞巧节

“乞巧”节，又称为“七夕”，兴起于春秋战国时期，为历代女子尤其是未笄女孩子所青睐，只是各地及各个时期的过节风俗稍有不同。在两宋时期，每到乞巧节来临，各家各户都会给女孩子安排一下非常有意义的乞巧活动。如《东京梦华录》所讲北宋时乞巧节的情形：

儿童辈特地新妆，竞夸鲜丽。至初六日七日晚，贵家多结彩楼于庭，谓之“乞巧楼”。铺陈磨喝乐、花瓜、酒炙、笔砚、针线，或儿童裁诗，女郎呈巧，焚香列拜，谓之“乞巧”。妇女望月穿针。或以小蜘蛛安合子内，次日看之，若网圆正，谓之“得巧”。里巷与妓馆，往往列之门首，争以侈靡相向。①

《梦粱录》及《武林旧事》中，对南宋时乞巧节的描述与北宋多有类似：

其日晚晡时，倾城儿童女子，不论贫富，皆著新衣。富贵之家，于高楼危榭，安排筵会，以赏节序，又于广庭中设香案及酒果，遂令女郎望月，瞻斗列拜，次乞巧于女、牛。或取小蜘蛛，以金银小盒儿盛之，次早观其网丝圆正，名曰“得巧”。内庭与贵宅皆塑卖“磨喝乐”，又叫“摩侯罗”，孩儿悉以土木雕塑，更以造彩装襕座，用碧纱罩笼之，下以桌面架之，用青绿销金桌衣围护，或以金玉珠翠装饰尤佳。又于数日前，以红熬鸡、果食、时新果品，互相馈送。②

七夕节物，多尚果食、茜鸡，及泥孩儿号“摩侯罗”，有极精巧，饰以金珠者，其直不资。并以蜡印凫雁、水禽之类，浮之水上。妇人女子，至夜对月穿针，饾饤杯盘，饮酒为乐，谓之“乞巧”。及以小蜘蛛贮盒内，以候结网之疏密，为得巧之多少。小儿女多衣荷叶半臂，手持荷叶，效颦“摩侯罗”。大抵皆中原旧俗也。③

---

①（宋）孟元老：《东京梦华录》，中国商业出版社 1982 年版，第 54 页。

②（宋）吴自牧：《梦粱录》，中国商业出版社 1982 年版，第 23 页。

③（宋）周密：《武林旧事》，中华书局 2007 年版，第 84—85 页。

由上述可知，在节日这一天，有几件事情是必须要做的：一是要给女孩子准备节日礼物，诸如服饰、头饰及泥制玩物“摩侯罗”；二是六日或七日晚上，或在阁楼，或在庭院，置几案，摆放果酒、针线、笔砚及摩侯罗等，面对天空牛郎织女方位焚香列拜许愿；三是礼拜许愿之后，家中成年女子会和女孩子一起在月下纳凉话聊，或“对月穿针，饾饤杯盘，饮酒为乐”；四是睡觉之前，给女孩准备一个小盒子，内储一只蜘蛛，第二天要看蜘蛛结网是否稠密，如果结网稠密则谓之“得巧”。从“里巷与妓馆，往往列之门首，争以侈靡相向”来看，“乞巧”节在女子教育生活中占据非常特殊的地位，成为女孩子一年之中最为期待也最为受益的一个节日。

第六节　生死之悟：求生与释然

作为自然人，生老病死也是自然规律，对此问题谁也无法回避。虽然孔老夫子曾教导弟子“未知生，焉知死”，意即要敬畏生命，旨在培养弟子的生命自觉和担当，提升生命的价值。但只要是人，都会面临死亡乃至死亡的威胁。在生命即将结束之时，是恐惧还是释怀，诚与其所受教育及对生死的感悟息息相关。

从大量的墓志铭中，可以探寻到两宋女子对于生，以及如何提升生命质量问题还是比较关注的，期望悟出生死之道，并通过一定的方式来延长生命。如黄庭坚在《单卿夫人张氏墓志铭》中提到的张氏，丈夫死后，她就将家庭事务交给儿媳来管理，自己不仅“斋几熏炉，宴坐终日”，还常“游道人宗本法秀之间，知生死之说”。[①]湖州乌程县主簿胥某之妻谢氏，在公公、丈夫及两个儿子都已先后离世的情况下，她虽“身体日销”，但没有被接连的不幸所击倒，而是在照顾年迈婆婆的同时，“纵观方外之书，求死生之说”[②]。而对于北宋末年赠金紫光禄大夫盛遵甫之妻王氏来说，较早求得道家的“吐纳术”，以致寿高 84 岁。其丈夫英年早逝，她还“尚少”，家人想让其再嫁，她以“宁死不可”而断然拒绝，“自是屏华珥，不肉食，日一饭，以讫于老。间则读经史诸子，极乎释老阴阳卜筮之书，特善吐纳术，以故寿考康宁”[③]。不难看出，凡对“求生”关注较多的女子，或是家人因病过早离去，或是自身健康有问题，因此感慨生命的脆弱，对生命心存敬畏，希望求得养生之术以延长生命期限。

基于对死亡规律的初步认识，两宋女子也表现出对死亡的释怀和坦然，这在

①（宋）黄庭坚：《单卿夫人张氏墓志铭》，载《全宋文》第 108 册，第 116 页。
②（宋）黄庭坚：《湖州乌程县主簿胥君夫人谢氏墓志铭》，载《全宋文》第 108 册，第 126 页。
③（宋）晁说之：《崇德县太君王氏墓志铭》，载《全宋文》第 130 册，第 344 页。

墓志铭中也多有记载。如欧阳修之妻薛氏，临终前见诸子悲痛哭泣，73 岁的她便劝慰说："吾年至此，死其常也。此尔等忧，岂复预吾事邪？"[①]南宋官员何九龄之妻范氏，在其 90 岁临死之际，将子孙新妇招致身边灌之以生命之道，说："生老病死理也，余生无灾，死无病，太老何为。"[②]

有意思的是，在这些对死亡释然的女子中，有相当一部分是信佛的，她们相信人死之后还会进入另外一个美好的世界，因而对死亡几乎是没有恐惧感的，甚至要求家人设宴告别及为自己准备寿衣棺木等。如北宋官员韩宗道之妻聂氏，"尝病甚急，医者以为忧。夫人神色安然，不知死之为可（何）恶也。或劝使呼儿女来前，夫人止之曰：'彼且啼泣乱人意，无益病。'后愈，夫人尽去金珠服玩，斥不复用。更为道士服，而诵浮屠书。后二年，告宗道曰：'得不祥梦，自以为当死，死不期岁矣。'自是数与姻族语，语若诀别，而曰不可易者，命也，未尝以为戚。岁余果病，自为送终服"[③]。淮南节度使推官、知信州上饶县事李介夫之妻许氏，平时少疾，"奉佛尤专"。在她 76 岁时，自感生命即将终结，于是"具肴酒，合亲属，从容语诀，附以家事，逾二日而卒"[④]。居士施某之妻林氏，"年三十，悟生理不足恃，诵佛书，欲其乡人为善，语因缘感应事以动之，不及人短长。食不味，衣不华，如此四十年"。有病后又对其家人说："人生七十二，所得多矣！势数当往，为吾具棺衾，告亲旧。"[⑤]还有，南宋右宣义郎致仕、赠金紫光禄大夫黄崇之妻游氏，"颇信尚浮屠法"，当其病重之际，丈夫在跟前悲伤不已，而她却对丈夫说："生死聚散，如夜旦然，何以戚戚为哉！"[⑥]她们对死的释然，会减少她们面对死亡的恐惧和痛苦，使自己灵魂在想象的天国里有所安顿，让自己死得其所。

总之，作为自然人的两宋女子，在被社会及长者规训而恪守传统的同时，又通过环境的熏陶、同辈的影响及对生活的感悟等，主体意识有所觉醒，对自己的人生有新的思考和追求，因而在头饰、服饰及蹴鞠、相扑等健身竞技方面，都能超越传统及社会舆论的羁绊而任其自我，甚至超越自我，事实上这也是社会生活转型的必然结果。但自然人绝不是孤立的，其同时又是家庭人和社会人，因而性别之教使女子的角色被固化，成年之后的生活空间基本上是局限在家庭之内，相夫教子、侍候公婆、照顾弟妹、和睦邻里等是她们的生活常态，繁重的生活负担会加速她们的衰老和死亡，尤其是每生一个孩子都是在过一道鬼门关，甚至因此会付出生命的代价。

---

①（宋）苏辙：《欧阳文忠公夫人薛氏墓志铭》，载《全宋文》第 96 册，第 247 页。

②（宋）范宗己：《宋故何夫人范氏墓志铭》，载《全宋文》第 343 册，第 314 页。

③（宋）刘攽：《聂夫人墓志铭》，载《全宋文》第 69 册，第 260—261 页。

④（宋）孔武仲：《仁和县君许氏墓志铭》，载《全宋文》第 100 册，第 336—337 页。

⑤（宋）黄裳：《夫人林氏墓志铭》，载《全宋文》第 104 册，第 1 页。

⑥（宋）朱熹：《建安郡夫人游氏墓志铭》，载《全宋文》第 253 册，第 94—95 页。

另外，自南唐兴起的缠足陋习在两宋时期也有沿袭，个别家庭会诱劝女子缠足，仕宦阶层也在推波助澜，如苏东坡的《菩萨蛮》称颂道："涂香莫惜莲承步，长愁罗袜凌波去。只见舞回风，都无行处踪。偷穿宫样稳，并立双趺困。纤妙说应难，须从掌上看。"[①]南宋时自发缠足女子逐渐增多，庆元元年（1195 年）五月，洪迈在湖州南门外，就曾看到"一妇人颜色洁白，着皂弓鞋，踽踽独行，呼赁小艇，欲从何山路往易村"[②]。至如文学作品《金瓶梅》中对潘金莲"尖翘翘金莲小脚"的描述就自不待言。对此陋习，南宋末年学者车若水在其《脚气集》中率先站出来提出质疑，他指出："夫人缠足，不知始于何时。小儿未四五岁，无罪无辜，而使之受无限之苦，缠得小束，不知何用？"[③]可以说，缠足是对女子身体的一种畸形塑造，不管是何等原因，它对女子所带来的巨大的伤痛是不可否认的，在一定程度上还限制了这些女子的行动自由。

① 唐圭璋：《全宋词》，中华书局 1965 年版，第 321 页。

②（宋）洪迈：《夷坚志》第 2 册，中华书局 1981 年版，第 892 页。

③（宋）车若水：《脚气集》，钦定四库全书本。

第三章

作为家庭人的女子教育生活

每个自然人都属于家庭的一分子，通过扮演不同的角色，来尽不同的责任和义务。但对于女子来说，一生中要经过多次重要的家庭角色变换。诸如“笄礼”之后，就意味着孩童生活的结束和成年生活的开始，既要侍奉长辈，又要照顾弟妹，出嫁之后置身于一个新的或异性家庭而为人妻，面对夫家及家族所有成员，必定要发生重要的角色重组。接着，又要为人媳、为人母或为人婆等。由于受“主内”观念的影响，虽然家庭多由男子主宰，但在具体事务上基本都是女子来担当的，因而每一次角色变换都是一次挑战，都会使女子作为家庭人的生活发生重要变化。

依据陶行知的生活教育观，“是生活就是教育，不是生活的就不是教育”，“是那样的生活，就是那样的教育”。[①]那么可以说，女子生活角色的每一次改变，都是在经历着一次新的自教或他教过程。无论是自教或他教，教育的目标指向都是一致的，即孝女、贤妻、良母和顺媳，其实这也就是社会对她们作为家庭人的角色预设和期待。如李觏对南城主簿聂某之妻王氏的评价是“为妇孝，为妻顺，为母爱而不弛”[②]。皇甫淳对通直郎之妻时氏的评价，乃是借其家人的语气给予定论的，如时氏在娘家时“事继母以孝，训诸弟以学，言语动作为诸女法”，故其父称之曰：“吾家之贤女也。”时氏出嫁后“事舅姑如事亲，舅没姑老，益勤妇道”，故其婆婆悦而称之曰：“吾家之贤妇也。”时氏治家自甘菲薄，不辞劳苦，还勉励丈夫勤学而登第，故其丈夫曾对人说：“予所以能有成者，实由吾妻之助也。”时氏还“训饬诸子严，诸子力学不倦，其长次皆预贡礼部，而季亦克自立”，故其子常曰：“予兄弟所以能承父业，实吾母之训也。”[③]无论是学者眼中的王氏，还是家人眼中的时氏，都是完美的、典型的、标准的家庭人形象，可以说是一位“全面发展”或模范的家庭人。由此可知，女子要想成就自己在家庭中的多重角色，必须在“做中学”，在长者的引导和环境的影响下不间断地磨炼，才能成为众望所归的家庭人。

第一节　为人女之教：立身处世做“孝女”

自出生至未嫁之前这段时间，女孩子多是受家人呵护或保护的对象，这也是女子一生中所度过的最快乐、最无忧无虑的时光，但同时也在接受不同程度的家庭伦理规训，接受为人处世的基本规范及训练，包括如何孝父母、如何友爱兄弟

① 华中师范学院教育科学研究所：《陶行知全集》第2卷，湖南教育出版社1985年版，第180页。

②（宋）李觏：《聂夫人墓铭》，载《全宋文》第42册，第333页。

③（宋）皇甫淳：《通直郎李公夫人时氏墓志铭》，载《全宋文》第133册，第104页。

姐妹以及如何对待兄嫂等，只有具备这种爱的素养，出嫁后才能将此感情及时迁移到异性家族成员身上，所谓“移其孝以安舅姑，移其友以和娣姒”[①]等，如此才能在一个全新的家族家庭中拥有立身之处。故而《女论语》首言“立身”，称凡为女子“先学立身”。

1. 入则孝父母

中国的孝文化源远流长，如舜帝因孝而被选为部族首领，商汤之孙太甲因不孝而被放之“桐宫”，故而孔子教导弟子首先要做到“入则孝”。之后问世的《孝经》更是倡导“孝，天之经也，地之义也”“人之行，莫大于孝”和“五刑之属三千，而罪莫大于不孝”[②]等孝道观，加上汉武帝以仁孝治国，致使孝文化已汇入民众的血液之中而不断地发酵。北宋学者蔡襄在《论忠孝》中强调：“事父母之道曰孝，天之性也……通代以旌赏劝其孝，爵禄劝其忠，则孝非天之性，忠非人之义矣，犹无耳目心腹，岂为人欤！”[③]向父母或祖辈尽孝，这是子女做人的基本规范和底线，超越这个底线将无异于禽兽，自然就被列为百恶之首而要受到法律的严惩。因而历代帝王及士庶家庭，都很重视孝道教化，着重教育和引导子女要孝敬父母。

两宋时，对女子的孝道教化与社会及家庭日常生活是融为一体的。

（1）宋廷及地方官员所颁布的律令、劝谕文中，对女子为何尽孝及如何尽孝等加以规范。如《宋刑统》规定，凡是有殴打、斥骂、诅咒、控告、不供养、别籍、异财等行为的皆视之为“不孝”之罪，重者甚至要处于死刑以示惩戒，如“诸詈祖父母、父母者绞”[④]。

地方官员为推行孝道，在其颁行的文告中，无不涉及子女孝顺父母事宜。如北宋官员郑至道，在天台县为官时发现“违理逆德，不孝不悌”等情况比较普遍，于是发布《谕俗文》，专置“孝父母”一目对民众晓之以理、动之以情、导之以行，称：“父兮生我，母兮鞠我。拊我畜我，长我育我，顾我复我，出入腹我。欲报之德，昊天罔极。故孝子之事亲，居则致其敬，养则致其乐，病则致其忧，丧则致其哀，祭则致其严，所以为厚德之报也。”[⑤]南宋官员真德秀在泉州为官时，专门发布《泉州劝孝文》，既阐发《孝经》旨意，称：“天下万善，孝为之本，若能勤行孝道，非惟乡人重之，官司敬之，天地鬼神亦将佑之。如其悖逆不孝，非惟乡人贱之，官司治之，天地鬼神亦将殛之。”因此，真德秀提出具体的要求，如“父母未食，子不先尝，父母尚寒，子不独暖，父母有怒，和颜开解，父母有命，竭

①（宋）宋祁：《故赠太师章公夫人追封邓国太夫人张氏墓志铭》，载《全宋文》第25册，第158页。

② 汪受宽：《孝经译注》，上海古籍出版社2004年版，第30、42、58页。

③（宋）蔡襄：《论忠孝》，载《全宋文》第47册，第148页。

④（宋）窦仪等：《宋刑统》，中华书局1984年版，第349页。

⑤（宋）郑至道：《谕俗文》，载《全宋文》第97册，第116页。

力奉承，则尊者之心，自然快乐，闺门之内，盎然如春矣”。[①]

不仅如此，对于孝行突出的女子，地方官员还会以不同的方式加以褒奖，等于是为天下女子树立一个孝父母的标杆。如《宋史》所载的“列女”中，首述一位孝女朱娥，生卒年无载，只说她是浙江上虞朱回之女，自母亲死后就跟随祖母一起生活。就在朱娥10岁那年，邻居朱颜与祖母发生摩擦，于是就发生一场血案。史载朱颜“持刀欲杀媪，一家惊溃，独娥号呼突前，拥蔽其媪，手挽颜衣，以身下坠颜刀，曰：‘宁杀我，毋杀媪也。’媪以娥故得脱。娥连被数十刀，犹手挽颜衣不释，颜忿恚，断其喉以死”。朱娥小小的年纪，竟有此非常之举，诚然与祖母感情深厚有关。当地官员将其视为孝女，不仅“赐其家粟帛”，还“立像于曹娥庙，岁时配享”。[②]《宋史》所载另一位名叫吕良子的泉州孝女，其父吕仲洙病情加重，良子“焚香祝天，请以身代，刲股为粥以进”。三天后，父亲病情好转，良子的妹妹细良亦要和姐姐一起祷拜，良子以其年龄太小而不同意，细良有些不高兴地说：“岂姊能之，儿不能耶！”也许是受州守真德秀劝孝的缘故，因而深得真德秀的赞许，并“嘉之，表其居曰懿孝”。[③]还有，周密在《癸辛杂识》中所提到的福建莆阳农家女张氏，出嫁前一直与母亲在一起生活，养母至孝。离开夫家回到娘家后不久母亲死亡，张氏对母亲“追慕不已，既祥而不除，欲丧之终其身”，也就是说她要为母亲守孝终身而不再改适。当地太守感慨其孝心，赐以钱酒，还书其门曰：“何必读书，只此便是读书；何必为学，只此便是为学。”[④]看来，孝心在于天性，而不在于是否读书，或者说对父母孝顺与否和读书之间没有必然的联系，无疑也是在告诫那些没有机会读书的贫寒子女，对父母尽孝没有身份等级之分，应是每个子女当尽之责。换句话说，向父母尽孝也是在读书，更是在践行书中所言之孝道，与读书有异曲同工之效。

（2）文人学者依据《礼记·内则》所言，将女子如何孝父母写进儿童读物及家规家训之中，以程序化的形式来规范女子的孝行。如果说如朱熹在《小学》中，要求未笄女子每天鸡初鸣时就起床，先梳洗装饰一番，待黎明时分前往父母居处问安，还要询问父母是否用餐，“若已食则退，若未食则佐长者视具”。那么，对已笄女子来说，则所要做的事情更多，黎明时前往父母居室后，要“下气怡声，问衣燠寒。疾痛苛痒，而敬抑搔之。出入则或先或后，而敬扶持之。进盥，少者奉盘，长者奉水，请沃盥，盥卒授巾”。还要问父母想吃什么，然后温柔恭敬地送到父母跟前，待父母“尝之而后退”。[⑤]朱熹的得意门生陈淳，又依据《小

①（宋）真德秀：《泉州劝孝文》，载《全宋文》第313册，第28页。
②（元）脱脱等：《宋史》，中华书局1977年版，第13478页。
③（元）脱脱等：《宋史》，中华书局1977年版，第13491页。
④（宋）周密：《癸辛杂识》，载《宋元笔记小说大观》第6册，第5758页。
⑤（宋）朱熹：《小学》，载韩锡铎：《中华蒙学集成》，辽宁教育出版社1993年版，第141页。

学》而撰写《小学诗礼》，其中在“事亲”篇对子女如何尽孝做了系统的梳理和阐释：

凡子事父母，鸡鸣咸盥漱。栉总冠绅履，以适父母所。
及所声气怡，燠寒问其衣。疾痛敬抑搔，出入敬扶持。
将坐请何向，长席少执床。悬衾箧枕簟，洒扫室及堂。
长者必奉水，少者必奉盘。进盥请沃盥，盥卒授以巾。
问所欲而进，甘饴滑以瀡。柔色以温之，必尝而后退。
养则致其乐，居则致其敬。昏定而晨省，冬温而夏凊。
三日则具沐，五日则请浴。燂潘请靧面，燂汤请濯足。
其有不安节，行不能正履。饮酒不变貌，食肉不变味。
立不敢中门，行不敢中道。坐不敢中席，居不敢主奥。
父召唯无诺，父呼走不趋。食在口则吐，手执业则投。
父立则视足，父坐则视膝。应对言视面，立视前三尺。
父母或有过，柔声以谏之。三谏而不听，则号泣而随。
父在不远游，所游必有常。出不敢易方，复不敢过时。
舟焉而不游，道焉而不径。身者父母体，行之敢不敬。[①]

至如家训家规所载，毫无例外地要将孝父母列为女子必修之功课。司马光在《家范》《居家杂仪》中都有明确规定，要求子女“事父母，乐其心，不违其志，乐其耳目，安其寝处”，具体内容与上略同。南宋学者赵鼎在其《家训笔录》中，则提出“闺门之内，以孝友为先”，要求子女就司马光的《家范》，“各录一本，时时一览，足以为法”。[②]

（3）在家庭长者的影响与感化下来学习如何孝顺父母。在家庭成员中对女孩子影响最大者莫过于母亲，母亲的言行举止都会带来潜移默化的效果。如北宋鄱阳处士赠大理评事黄某之妻李氏，未嫁时就“以善事父母闻于乡里”。及嫁到黄家后，她“移所以事父于舅，而致其礼有加焉，凡在舅党者，无不礼也。移所以事母于姑，而致其爱无损焉，凡在姑党者，无不爱也”。李氏的孝行深深影响到两个女儿，如其长女婚配后不久丧偶，但其“事姑以孝闻而不嫁”，州之士大夫称“是母能教，非独施于其一男而已，盖其女子亦母之力也”。[③]河东都转运使、天章阁待制施某之妻徐氏，7岁时丧母，因母女情深而哀不自胜，曾哭泣道：“母，女所恃以生者也。

①（宋）陈淳：《小学诗礼》，载（清）陈弘谋：《五种遗规·养正遗规》，清乾隆四年（1739年）培远堂刊本。

②（宋）赵鼎：《家训笔录》，载《全宋文》第174册，第372页。

③（宋）王安石：《鄱阳李夫人墓表》，载《全宋文》第65册，第121—122页。

无母，其复能生？”说着就要投水自尽，其父、兄赶忙加以制止，并进行一番劝说。不久，父亲再娶，徐氏不但没有排斥，反而“事其继母，则以孝闻”。徐氏嫁到施家后，又“逮事其姑，纫缝烹饪必以身，蚤（早）暮寒暑饮食必以时”。[①]

还有，诸多女子是通过阅读史书来体会和践行孝道的，带有一定的自觉意识。如北宋朝散郎李某之妻王氏，自幼性情端惠，父母甚是“钟爱之，异他子”。但王氏没有被娇惯坏，反而很懂事，如“母呼之，必瞿然造前，惟谨”。有人不解，问何以如此，王氏说：“女当在母侧，未闻待屡呼而后至。”说这话的时候王氏还是个孩子，故“亲族以其幼，奇之”。[②]从王氏所讲的内容，显然是读过《礼记》或《女论语》之后的感悟，如《礼记》所称父母之命“勿逆勿怠”等，尤其能身体力行，实属可贵。又如《夷坚志》中的芜湖孝女詹氏，因家庭贫困，母亲早亡，詹氏与兄长侍奉父亲尤勤，“间售女工以取给”。尤其是詹氏还“手抄《列女传》，每暮夜，必熟读数四而后寝，虽大寒暑不废”。列女的事迹或孝行，在詹氏脑海中时常环绕着。不久，遭遇贼寇张遇来犯，乡人皆纷纷逃避。父亲对她说：“吾老矣，死固无恨，奈尔何？”她说：“父独何忧？我计久已决。”不一会贼首张遇来到她家，欲杀其父兄。詹氏上前拜曰：“吾父贫且老，杀之何为？观将军意不在金帛，妾虽丑陋，愿奉巾栉，以赎父兄之命。不然，将拼命于此，无益也。”其父兄逃过一劫，然詹氏被张遇押走，在路过村头东市桥时，她跃入河中而死，时年 17 岁。[③]詹氏一个弱女子，在生死关头表现出的大义凛然、视死如归之举，远在凡夫俗子之上，也是对儒家孝道的最好诠释。

2. 出则友兄弟姊妹

受医疗技术等客观因素的制约，古代家庭不得不以多生来提高子女的成活率，并保证农耕社会对劳动力的基本需求，因而多子女家庭是一种客观存在。在多子女家庭中，子女之间如何相处不仅仅是一个家庭问题，还是一个社会问题。尤其是作为女子，成人后的生活空间主要在家庭，与自家兄弟姐妹之间的接触交往居多，这也会影响到婚后在夫家的生活质量。虽然诸如《家范》《居家杂仪》《小学》等两宋时期的教育文本中，对家庭男女之间的空间接触规范得泾渭分明，如《家范》引用《礼记》所言，要求“男女不杂坐，不同椸枷，不同巾栉，不亲授受。嫂叔不通问，诸母不漱裳。外言不入于阃，内言不出于阃”以及“男女不同席，不共食”等。[④]但这些都是一种预设的礼仪规范，其实在日常生活中女子与家庭

①（宋）欧阳修：《万寿县君徐氏墓志铭》，载《全宋文》第 35 册，第 388 页。

②（宋）刘跂：《朝散郎李公安人王氏墓志铭》，载《全宋文》第 123 册，第 263 页。

③（宋）洪迈：《夷坚志》第 4 册，中华书局 1981 年版，第 1553—1554 页。

④（宋）司马光：《家范》，清光绪元年（1875 年）夔州李氏刻本。

中兄弟之间的接触还是比较自然随和的，从前文所及的男女蹴鞠瓷枕便可略见一斑。蹴鞠男女虽然穿戴齐整，但在踢球过程中难免发生身体上的接触乃至于碰撞，且此活动应是得到家人允许和社会默认的。

事实上，从地方官员到家族家庭，也会有对家庭中同辈之间如何相处加以劝导的。如北宋官员郑至道在《谕俗文》中奉告天台县民众，兄弟姊妹“同受形于父母，一气所生，骨肉之至亲者也”。又举例说：“南唐江州陈氏，七代同居，族人数百口，每食，铺广席，以次就坐；又犬百余头，共食一槽，一犬不到，余犬为之不食。禽兽犹如此，况于兄弟乎！”①言外之意，就是要同辈之间能够和谐相处。当然，从两宋女子的形状、墓志铭中，才能真正感受到她们在生活中是如何学会与兄弟姊妹友好相处的。

（1）懂得把照顾弟妹看成是自己应尽的义务。她们或者是与弟妹和睦相处，如北宋重臣韩琦的妻子崔氏，“柔静端洁，幼有成德”，与诸姐弟之间能做到“友爱敦笃，情礼兼至，虽在颠沛，未尝忘也”。②陈州宛丘令姚焕之母米氏，“温慈惠和，清约自然。在家事父母至孝，与其昆弟姊妹数人亲膝之下，友于熙熙”③。或是挑起家务重担，抚育幼弟，如吴仪在《宋故夫人席氏墓志铭》提到的习氏，未笄而遭母丧，她哀毁尽瘁，但又深感“吾兄姊弟妹凡十人，纷纷满前，而吾父且老矣，岂足任此忧者？”于是她勇于挑起家庭的重担，与兄弟姊妹一起“相率以孝恭弟顺，而闺门之政毕举，不异母夫人之平时，其父忧乃解”④。南宋右通直郎林永年之妻柳氏，“年未及笄而孤，抚幼弟，须其成立而后嫁，盖年三十有一，始归于通直郎，为林氏冢妇”⑤。或者是引导弟弟专心于学业，如北宋学者黄裳的姐姐黄氏，出嫁陈家后还一直挂念着弟弟，当时黄裳累举不第，黄氏鼓励他说：“汝旦暮当显于朝，知名于天下，慎毋以少抑而懈大事。”然后，又劝说母亲，让黄裳到京师去游学，最终“得第还里”。⑥还有，晁说之在《文安县子硕人范氏墓志铭》中提及的北宋末年秀州人范氏，14岁时母亲病死，小小年纪居然“能纪纲家事，怜其弟幼而抚厚之，辄自喜读书如成人”⑦。

（2）学会侍兄嫂如同父母。在宗法制社会，兄嫂是约定俗成的仅次于父母的家庭成员，一旦父母双亡，兄嫂就是这个家庭的长者，弟妹都要像侍奉父母那样来侍奉兄嫂。如饶州长安县君沈宜，“幼失父母，奉兄嫂如顾复恩。性警悟，事一

① （宋）郑至道：《谕俗文》，载《全宋文》第97册，第117—118页。
② （宋）韩琦：《录夫人崔氏事迹与崔殿丞请为行状》，载《全宋文》第40册，第58—59页。
③ （宋）姚焕：《宋故度支郎中姚府君夫人米氏墓志铭》，载《全宋文》第80册，第170—171页。
④ （宋）吴仪：《宋故夫人席氏墓志铭》，载《全宋文》第119册，第256页。
⑤ （宋）林季仲：《孝妇柳夫人墓志铭》，载《全宋文》第179册，第129页。
⑥ （宋）黄裳：《夫人黄氏墓志铭》，载《全宋文》第103册，第371—372页。
⑦ （宋）晁说之：《文安县子硕人范氏墓志铭》，载《全宋文》第130册，第320页。

经目，无不能者”[①]。仁昌县太君李氏，“幼失父母而知哀，长与兄嫂而知顺”。当其兄长死后，其嫂“贫不能自养”时，已经出嫁的李氏依然“存问资给，而终嫂之身如一日”[②]，即一直照顾其嫂到老，足见其对家庭责任的担当。

（3）意识到“家和”之重要，看淡嫁资，甚至不与同辈争夺哪怕是属于自己的一部分财产。如北宋右侍禁吴某之女吴氏，10 岁那年母亲病死，几位兄长给她准备好丰厚的嫁资，但她不屑一顾，而是“养侍禁谨甚，而事其兄以顺，卒相视欢然”。父亲病逝后，吴氏的生活便日益贫困，她也没有向兄长索要嫁资，以致“贫敝零丁，无所归，他人视之，若不胜其忧者”。好在吴氏“能自刻削，习为俭薄，不以困约有所不足”。[③]又如南宋武翼大夫郭师仁之女郭氏，父亲生前曾给她预备五百金嫁资，让其兄长代她保管，但到她将嫁之时，兄长根本不提嫁资的事。有人为之鸣不平，她却说：“向先人治命，虑家贫也，我今幸有托，我视兄犹父也，可计较耶？”[④]

如果是女子与兄弟之间发生财产纠纷的话，地方官员也会从“家和”的角度对这些女子进行教导。如北宋官员吕陶，上任铜梁令伊始就遇到一桩官司，即庞氏姊妹三人强行占有父亲生前留给弟弟的田产，其弟长大后想要回田产，却遭到拒绝，不得已诉诸衙门，依然得不到解决，生活上又没有依靠，以致“贫至庸奴于人”。吕陶上任后，庞氏弟又上诉，经审问三姊妹皆服罪，将田产偿还给弟弟。庞氏弟感恩不尽，“愿以田半作佛事以报”。吕陶则晓之曰：“三姊皆汝同气，方汝幼时，适为汝主之尔。不然，亦为他人所欺。与其捐半供佛，曷若遗姊，复为兄弟，顾不美乎？”庞氏弟听后，就将部分田产分给三个姐姐，姐弟之间又和好如初。[⑤]

3. 及笄婚姻第一课

婚姻乃人生之大事，诚如《礼记·昏义》所称：“昏礼者，将合二姓之好，上以事宗庙，而下以继后世也，故君子重之。”[⑥]所以，北宋学者郑至道在《谕俗文》中提出要“重婚姻”，所谓“婚姻者，礼之本，所以合二姓之好”[⑦]。可知，对于已经成年的女子而言，婚姻就意味着要离开父母，跟随丈夫在异乡异姓的家庭中去重组生活，不同的地域、家庭及人际环境，不同的角色和责任，对她们都是一个全新的挑战。为使她们婚后能够有个好的开端，减少因婚姻带来的诸多焦虑和不适，历代家庭都会在女子出嫁之前做好一系列的准备和引导工作，可称之为婚姻第一

① （宋）程遵彦：《宋饶州长安县君沈氏墓志铭》，载《全宋文》第 97 册，第 153 页。
② （宋）毕仲游：《仁昌县太君李夫人墓志铭》，载《全宋文》第 111 册，第 173 页。
③ （宋）陈襄：《夫人吴氏墓志铭》，载《全宋文》第 50 册，第 238 页。
④ （宋）度正：《郭安人墓志铭》，载《全宋文》第 301 册，第 186 页。
⑤ （元）脱脱等：《宋史》，中华书局 1977 年版，第 10977 页。
⑥ 杨天宇：《礼记译注》，上海古籍出版社 2004 年版，第 815 页。
⑦ （宋）郑至道：《谕俗文》，载《全宋文》第 97 册，第 120 页。

课，旨在使她们感受到婚姻的神圣和美好，还要学会如何去经营自己的婚姻。

（1）选偶引导。既要门当户对，又要德才兼备；由长辈主导，亦可自主选择。

对女子择偶，从家族到家庭都很重视。有些大的家族会对此给予规训，如胡涤称祖父胡瑗治家甚严，有《遗训》曰："嫁女必须胜吾家者，娶妇必须不若吾家者。"之所以要这样，是因为"嫁女胜吾家，则女之事人必钦必戒。娶妇不若吾家，则妇之事舅姑必执妇道"。[①]胡瑗的意见显然是基于儒家的女子"从人"之道，是一个男子中心论者，不过没有明显的门户之见，或者说基本上是门当户对，也很受后世家族的青睐。如北宋天圣五年（1027年），钱惟寅在主持修订钱氏宗谱时，特定《谱例》，指出："娶妇必须不若吾家者，不若吾家，则妇之事舅姑必执妇道。三日庙见拜谒，然后方许房族尽礼，以见尊祖敬宗之意。嫁女必须胜吾家者，胜吾家，则女之事人必钦必敬。毋违夫子，而箕帚有托，蘋蘩有主，不负顾育而罹父母之忧矣。"[②]

家族规训只是一种引导，父母或兄长的意见对女子择偶显得更为重要，甚至可以说有绝对的权威。一般来说，在门户没有明显差别的情况下，大多数父母都会教导女儿、长兄教导妹妹要看中男方的品德和才华，她们也自然会听从长辈的安排。如宋初学者杨悫，戚同文曾日过其门，"因授《礼记》，随即成诵，日讽一卷……不终岁毕诵《五经》"。杨悫觉得戚同文不仅有德还有才，于是留下来让他继续读书，作为长兄的他还"妻以女弟"。[③]北宋重臣晏殊，好友范仲淹曾给他推荐一位"少笃学，有大度"的年轻人富弼，称其"王佐才也"。晏殊看过富弼的文章后，不仅非常认可，还"妻以女"。翰林侍读学士、赠开府仪同三司王洙之妻齐氏，则是母亲和兄长做主许嫁的。齐氏好读书能文章，有高节美行。但其父亲过世早，便"誓不嫁以养母"。王洙之原配死后，留下几个孩子无人照料，听说齐氏贤能便上门求婚，经母亲和兄长的一番劝说之后而"强嫁之"，虽然有违齐氏的意志，但毕竟齐氏也是一位知书达理之女子，何况女大当嫁也在情理之中。尤其是身居宰相高位的王旦，其长女才貌双全，就是找不到一个合适的对象。就在这个时候，一位初第举子韩忠宪前来拜谒，王旦一看便顿生许意，但其族内一阵哗然，还是反对者多。族人的担心不是没有道理的，何况初婚少女要嫁人为继室，还要养育前室之子。但最终还是将长女许配给韩忠宪，从王氏到韩家之后的行迹来看，她还是比较中意这门亲事的，因而"能上承尊嫜，奉忠宪公恂恂然，举动无一不中容礼者；抚蒲之生，若己所出"[④]。

---

①（清）黄宗羲：《黄宗羲全集》第3册《宋元学案》，浙江古籍出版社1992年版，第61页。

② 费成康：《中国的家法族规》，上海社会科学院出版社1998年版，第237页。

③（元）脱脱等：《宋史》，中华书局1977年版，第13418页。

④（宋）苏舜钦：《太原郡太君王氏墓志》，载《全宋文》第41册，第127页。

诚然，父兄主导是主要的，但也不能排除女子在婚姻问题上的自主性，毕竟她们中的一部分读过书，即便是没有读过书的女子，对男女婚姻问题也多有了解，对自己的婚姻大事也有一定的思考和设想，她们也会按照自己的意愿来规划自己的婚姻。在这个问题上，家族及父母也没有予以强烈的干预，反而也会考虑和尊重女子的选择。《宋人轶事汇编》中载有一位叫祖无择的官员，有人给其介绍一位年轻貌美的女子徐氏，祖无择很乐意，但徐氏在过门之前必定要看看未来丈夫长相如何。祖无择虽很有才华，但相貌比较丑陋，于是和媒婆串通好，让同舍生冯当世替自己从徐氏门前骑马走一遭，徐氏暗中窥视甚喜，婚后才恍然大悟，不得已与祖无择分道扬镳。由此可以看出，徐氏不只是看中祖无择的职位，也包括他的相貌，在发现自己上当受骗之后，虽然木已成舟，但依然做出离婚的抉择。南宋乐安县女子熊氏，明知吴某已经娶过两任妻子，然“慕其名德，故乐从之”。[①]

发生在北宋时以诗词、棋艺论嫁的两则案例，可以说具有自由恋爱的倾向，也说明这两位女子对婚姻大事有明显的自觉、自愿和自主意识。如刘斧在《青琐高议》中所记述的长安妓女曹文姬以诗选夫的情形：

曹文姬，本长安娼女也。生四五岁，好文字戏，每读一卷，能通大义，人疑其夙习也。及笄，姿艳绝伦，尤工翰墨。自笺素外至于罗绮窗户，可书之处，必书之，日数千字，人号为“书仙”，笔力为关中第一。当时工部周郎中越、马观察端，一见称赏不已。家人教以丝竹，曰：“此贱事，吾岂乐为之！惟墨池笔冢，使吾老于此间足矣。”由是籍籍声名，豪贵之士，愿输金委玉求与偶者，不可胜计。女曰：“此非吾偶也。欲偶者，请托投诗，当自裁择。”自是长篇短句，艳词丽语，日驰数百，女悉阿意。有岷江任生，客于长安，赋才敏捷，闻之喜曰：“吾得偶矣。”或问之，则曰：“凤栖梧而鱼跃渊，物有所归耳。”遂投之诗曰：“玉皇殿前掌书仙，一染尘心谪九天。莫怪浓香熏骨腻，霞衣曾惹御炉烟。”女得诗，喜曰：“此真吾夫也。不然何以知吾行事耶？吾愿妻之，幸勿他顾。”家人不能阻，遂以为偶。自此，春朝秋夕，夫妇相携，微吟小酌，以尽一时之景。[②]

从这段记载可以看出，与唐朝女性身上静止的、被动的闺怨有所不同，宋朝女子对爱情的执着精神和积极果敢的性格，“反映出她们在社会生活中独立意识和解放意识的加强，她们大胆、积极地追求自己的权利，展现了新的女性对生命的愿望和对礼教的突破，极富人性色彩”[③]。

另据洪迈的《夷坚志》所载，蔡州小棋童不愿听从父母的婚姻安排，而是要

①（宋）陈造：《熊氏墓志铭》，载《全宋文》第256册，第405页。

②（宋）刘斧：《青琐高议》，载《宋元笔记小说大观》第1册，第1024—1025页。

③ 龚书铎主编，王育济等著：《中国文化发展史》（宋元卷），山东教育出版社2013年版，第200页。

找一位志同道合的人生伴侣，于是穿着道服，自称小道人，周游天下，以期通过自身高超的棋艺而能有“美遇，以偿平生之志”。少女妙观明知小道人设套要娶她为妻，她没有选择放弃，而是决心要赌一把，于是就发生小道人与妙观之间对弈定终身的情形，如史载：

蔡州有村童，能棋，里中无敌。父母将为娶妇，力辞曰：“吾门户卑微，所取不过农家女，非所愿也。儿当挟艺出游，庶几有美遇，以偿平生之志。”遂著野人服，自称小道人，适汴京。过太原真定，每密行棋觇视，自知无出其右者，奋然至燕。燕为虏都，而棋国手乃一女子妙观道人，童连日访其肆，见有误处，必指示。妙观惧为众哂，戒他少年遮阑于外，不使入视。童愤愤，即彼肆相对僦屋，标一牌曰“汝南小道人手谈，奉饶天下最高手一先。”妙观益不平，然揣其能出己上，未敢与校胜负。择弟子之最者张生往试之，张受童一子，不可敌。连增至三，归语妙观曰：“客艺甚高，恐师亦须避席。”未几，好事者闻之，欲斗两人，共率钱二百千，约某日会战于僧舍。妙观阴使人祷童曰：“法当三局两胜，幸少下我，自约外奉五十千以酬。”童曰：“吾行囊元不乏钱，非所望，然切慕其颜色，能容我通衽席之欢乃可。”女不得已许之。及对局，童果两败，妙观但酬钱而不从其请。适虏之宗王贵公子宴集，呼童弈戏，询其与妙观优劣。童曰：“此女棋本劣，向者故下之耳。”于是亦呼至前，令赌百千。童探怀出金五两曰：“可赌此。”妙观以无金辞，童拱白座上曰：“如彼胜则得金，某胜乞得妻。”坐客皆大笑，同声赞之曰：“好!”妙观惭窘失措，遂连败。既退，复背约。童以词诉于燕府，引诸王为证，卒得女为妻，竟如初志。①

有意思的是，两宋部分地区及家族还有集体征婚或抢婚的习俗，相对于传统的婚俗而言多了一些情趣，也让未嫁者对爱情多了一分选择和向往。集体征婚或者是地方政府统一组织的，将未嫁男女集中在一起，通过类似游戏的方式来确定自己的终身大事。如周密《癸辛杂识》中所讲的广西南丹州：

男女之未婚嫁者，于每岁七月聚于州主之厅，铺大毯于地。女衣青花大袖，用青绢盖头，手执小青盖；男子拥髻，皂衣皂帽，各分朋而立。既而，左右队长各以男女一人推扑于毯，男女相抱持，以口相呵，谓之“听气”。合者即为正偶，或不合，则别择一人配之。盖必如是而后成婚，否则论以奸罪也。②

有的是在家族内部来举办相亲会，如洪迈在《夷坚志》中所讲的婺州武义县郑氏家族曾举办一次相亲会，当时有一个家庭三个女儿，长女 18 岁，次女 14 岁，

①（宋）洪迈：《夷坚志》第 4 册，中华书局 1981 年版，第 1728—1729 页。

②（宋）周密：《癸辛杂识》，载《宋元笔记小说大观》第 6 册，第 5811 页。

三女 12 岁，均未嫁人，就在绍兴二十四年（1154 年）二月六日，“族有姻会，三女往观之。会罢，亲族相聚博戏，忽大雨震电，三女皆舍去”[①]。关于抢婚，属于湖南西南一代土著民的一种婚俗。据陆游的《老学庵笔记》所载，辰、沅、靖州等地的“男未娶者，以金鸡羽插髻。女未嫁者，以海螺为数珠挂颈上。嫁娶先密约，乃伺女于路，劫缚以归，亦忿争叫号求救，其实皆伪也”[②]。

（2）订婚礼序的庄重。无论是以何种形式来确定女子所嫁对象，一般来说男方都会根据《礼记・昏义》及《仪礼・士昏义》所定古制，在家庙设几案行纳采、问名、纳吉、纳征、请期、亲迎六礼，以示对婚姻及婚礼的敬重，也借以引起男女双方的高度重视。

程颐在《婚礼说》中，对各项程序都有解读。如“纳采”为婚礼的开始，由媒妁到女家行“纳采之礼”，帖子上会写有“吾子有惠，贶某室也；某壻父。有先人之礼，使某也敢纳采”之语。“问名”即问女子之名及生辰八字，媒妁会说：“某既受命，将加诸卜，敢请女为谁氏。”“纳吉”即男方得到女子基本信息后进行占卜，看一下生辰八字是否吉祥，如吉祥即到女方家奉告结果，并送礼表示订婚之意。“纳征”即纳聘礼或彩礼，以示大事告成，帖子上会写有：“有命，贶室某也，某有先人之礼某物，使某也请纳征。”[③]这时，女子已经是有夫之妇，相当于领到“结婚登记证书”，即便是没有操办婚礼也不可轻易毁约，更不可再许他人，因为按照宋律，“已投婚书及有私约而辄悔者，杖六十，更许他人者，杖一百，已成者徒一年，女追归前夫”。[④]“请期”即告诉女方婚期，女方还要回复是否同意，如“惟命之从”，然后男方会下催妆礼，以便女子做好充分的出嫁准备。最后一道礼仪就是“亲迎”，也就是大婚之礼，其中诸多环节都是对女子“为妇之道”的熏陶及生活幸福的期待。如《东京梦华录》所载：

> 婿于床前请新妇出，二家各出彩段，绾一同心，谓之“牵巾”……男左女右，留少头发，二家出匹段、钗子、木梳、头须之类，谓之“合髻”。……次日五更，用一卓，盛镜台镜子于其上，望上展拜，谓之“新妇拜堂”。次拜尊长亲戚，各有彩段巧作鞋枕等为献，谓之“赏贺”。尊长则复换一匹回之，谓之“答贺”。[⑤]

（3）出嫁前的叮嘱。父母及家庭其他长辈逐一教导，希望出嫁者到夫家后如何做事，该做哪些，不该做哪些，交代甚详，且基本上都是依照《仪礼・士昏礼》中所言去叮嘱的。北宋天水县太君赵氏，她教女甚严，“女将适人，结衿褵以申

①（宋）洪迈：《夷坚志》第 1 册，中华书局 1981 年版，第 112—113 页。

②（宋）陆游：《老学庵笔记》，载《宋元笔记小说大观》第 4 册，第 3483 页。

③（宋）程颐：《婚礼说》，载《全宋文》第 80 册，第 315—316 页。

④（宋）刘克庄：《女家已回定帖而翻悔判》，载《全宋文》第 328 册，第 4 页。

⑤（宋）孟元老：《东京梦华录》，中国商业出版社 1982 年版，第 33—34 页。

戒”[①]。即在女儿出嫁前，亲自给女儿结上佩巾，这是一种嫁女礼节，意味着终身已定，然后还要“申戒”一番。故赠太师夫人张氏，“既笄而四德备，未结缡而六姻是式”[②]。即说张氏在母亲还没有为其结上佩巾时，她就具备了嫁人的资格，甚至是族内女子都拿她为榜样，即所谓“六姻是式”。太中大夫、集贤殿修撰张景宪之妻尹氏，闺门严整有法，曾反复告诫诸女到夫家后，要“事夫如事父，敬而有别，乃可以久。此吾得于汝外祖之言也”[③]。

尤其是在女孩出嫁之前，还有一项重要的活动，就是上告列祖列宗。如两宋之际官员翟汝文在其《女嫁昭告家庙文》中称：“维某年月至之灵，某蒙赖祖考遗德，庇覆其孤，以有嗣续。今第几女择耦（偶）以时，归于某氏之子某，兹用徼福于我祖考，使宜其伉俪家室，以成嘉耦（偶）。择日有行，不敢不告。伏惟尚飨。”[④]有家庙、家祠的会在庙祠内进行，没有的会在祖坟例行昭告，至今各地还盛行此风俗。

而作为地方官员或学者，也会通过不同的方式对女子出嫁之前的引导路径加以宣扬，使普通民众能够有章可循。如北宋官员郑至道在天台县任职时所发布的《谕俗文》中，提到女儿出嫁时，母亲送女儿出家门，必嘱托到夫家后要“必敬必戒，无违夫子，以顺为正”，也就是教之以“为妇之道”[⑤]。朱熹更是将《仪礼·士昏礼》的内容写进《小学》一书，即：

父送女，命之曰：“戒之敬之，夙夜无违命。”母施衿结帨，曰：“勉之敬之，夙夜无违宫事。”庶母及门内，施鞶，申之以父母之命，命之曰：“敬恭听，宗尔父母之言，夙夜无愆，视诸衿鞶。”[⑥]

这里所呈现的是在女儿出嫁当日，与父母及族人告别时的一个场景设计。父亲送女儿出门时，告诫她到夫家后要敬慎行事，要听公婆的话。母亲为女儿系好衣带和佩巾，告诫女儿要勤勉谨慎，家内之事要多听丈夫之言。庶母也为女儿系上盛物的小囊，再次重申父母的教导，告诫她要牢记父母的话，看一下父母的赐物就会想起父母的教导，这样早晚都不会有过失。可以说是千叮咛万嘱托，虽然是对女子的种种约束，但也是为女儿的幸福和安全考虑的，也是国人“在人屋檐下怎敢不低头”心理的一种映射。

总之，在两宋女子的婚姻教育生活中，既有父母之命、媒妁之言，也有女子

---

①（宋）杨亿：《刘氏太夫人天水县太君赵氏墓碣铭》，载《全宋文》第15册，第38页。

②（宋）宋祁：《故赠太师章公夫人追封邓国太夫人张氏墓志铭》，载《全宋文》第25册，第158页。

③（宋）范祖禹：《长乐郡君尹氏墓志铭》，载《全宋文》第98册，第327页。

④（宋）翟汝文：《女嫁昭告家庙文》，载《全宋文》第149册，第234页。

⑤（宋）郑至道：《谕俗文》，载《全宋文》第97册，第120页。

⑥（宋）朱熹：《小学》，载韩锡铎：《中华蒙学集成》，辽宁教育出版社1993年版，第150页。

的自主抉择，甚至还有以诗、以棋定终身的浪漫传奇。从婚仪的各个环节来说，也彰显着对女子的尊重，只是对女子的说教多是“为妇之道”而已，这诚然也是她们即将开始新生活的一个重要的行为指导，但都是在家国同构下的一种理论建构和实践规训。至如不顾女儿意愿，将其作为捞取钱财手段的父母，虽不在多数，但也是有悖于伦理和良知的。

第二节　为人妻之教：柔顺事夫做“贤妻”

从为人女到为人妻是一次重要的角色变换，也意味着有更重要的责任担当。宋初学者陶穀曾称：“一妻不能御，一家从可知。以之卿诸侯，一国从可知。以之相天子，天下从可知。盖夫夫妇妇而天下正，正家而天下定矣。”[①]这里所讲的“御”，即对为人妻的规训或教化，使其明晓“夫夫妇妇”之道，能够做到柔顺、相夫。尤其是将御妻与家、国、天下联系起来，强调御妻是齐家、治国、定天下之基。反之亦然，欲定天下必先治国，欲治国必先齐家，欲齐家必先御妻。显然是《大学》之道在家庭中的运用，进而突出为人妻在家庭中的地位是不可或缺的。至如妻子都应该具备哪些素养，司马光在《家范》中提出六条标准，即“为人妻者，其德有六：一曰柔顺，二曰清洁，三曰不妒，四曰俭约，五曰恭谨，六曰勤劳”[②]。与传统的“四德”不同，这“六德”是针对妻子而言的。其中“柔顺”为“从夫”之道，“不妒”为与婢妾相处之道，而“清洁”“俭约”“恭谨”“勤劳”为持家之道，亦是在解决丈夫的后顾之忧，故在一定程度上讲也是相夫之举，不过又单列“辅佐君子”之道。除外，还应包括历来热议不休的“守节”之道。但无论对妻子哪方面的要求，都是在日常生活中得以实现的，旨在使之成为一位“贤妻”。

1. 妻以“柔顺”为美

夫妻之间如何相处，事关家庭的和谐与稳定。作为妻子，对丈夫怎样的态度是适宜的，怎样的言行是适当的，怎样的表达是适度的，自古比较认同的答案就是“柔顺”，这也是社会对为人妻者最美好的期待。故而班昭在《女诫》中，依据男女性情及阴阳刚柔之道，强调“女以柔为美”。两宋学者也将“柔顺”作为女子的一大美德而不断加以阐发，如司马光在《家范》中指出：“夫天也，妻地也；夫日也，妻月也；夫阳也，妻阴也。天尊而处上，地卑而处下；日无盈亏，月有圆缺；阳唱

①（宋）陶穀：《清异录》，载《宋元笔记小说大观》第1册，第20页。

②（宋）司马光：《家范》，清光绪元年（1875年）夔州李氏刻本。

而生物，阴和而成物。故妇专以柔顺为德，不以强辩为美也。”[①]宋哲宗时官员任泽在《柳氏家训序并后序》中亦说：“刚强者，男子之德也；柔顺者，妇人之美也。不刚而柔，谓之非夫；不柔而刚，谓之悖妇。”[②]在两宋女子墓志铭中，也多以“柔顺”来称颂墓主人的品性。至于女子如何做到“柔顺”，主要是对丈夫要温柔和顺从。

温柔是一种美德，伴随妻子的温馨体贴与关心，可使夫妻之间柔情似水，使家庭及婚姻幸福久远，这也是天下男子所希望看到和得到的美好结局。因此，司马光就将“柔顺”列为妻子“六德”中的第一美德。有鉴于古训及长辈之教导，绝大多数女子都会在丈夫面前尽显温柔之美。诸如她们言语温和，不以恶言、戏言等伤害对方。如崇德县君郭氏，她“性淡素，善《书》《礼》”。可谓性情温和，知书达理，18 岁嫁给北海郡王之子后，不仅“勤孝尽妇道”，且与丈夫“相待如宾，平居无戏言”。[③]她们或甘于跟随丈夫过着俭约的生活，而毫无追求富贵的奢望。如北宋比部员外郎韩正彦之妻王氏，其祖父王曾“以道德忠信相仁宗，以兴太平，大名重望，为诸宰之冠。而治家不失儒素，闺门肃然”。王氏自幼受祖辈的说教，“已稔习其门法，婉嫕之行，不教而修”。嫁到韩家后，王氏仍然保持“淳约之性……能持己，不自厚”的品质，跟随韩正彦“虽浣衣薄食，未尝有不满之色”。[④]

大凡温柔的女子，也会做到对丈夫的“顺从”，这也可以理解为古之“三从”之一的“从夫”。不过，《仪礼·丧服》中所讲的“三从”是在丧服穿戴问题上，要求女子和父亲、丈夫、儿子等保持一致，未嫁之前父亲穿戴什么女儿也穿戴什么，出嫁之后丈夫如何穿戴妻子也如何穿戴，丈夫死后儿子是否穿戴也决定母亲是否穿戴，即所谓“未嫁从父，既嫁从夫，夫死从子”[⑤]。后世学者往往将其引入现实生活之中，要求女子事事处处都要顺从丈夫，自然也少不了长者的说教。如起居舍人、直龙图阁尹洙的女儿尹氏，她将从长辈那里得到的事夫教诲又传给自己的女儿，告诫几个女儿说：“汝曹事夫如事父，敬而有别，乃可以久。此吾得于汝外祖之言也。”[⑥]

事实上大多女子也都能做到对丈夫的顺从，且在墓志铭中都会被书写者所关注。如宋祁在《陇西郡君李氏墓志铭》中提到的李氏，说她“性静淑不媚刻，德肖行严，举有仪矱”，对丈夫“以顺称”。[⑦]黄庭坚在《叔母章夫人墓志铭》中提到的洪州分宁县处士章积之女章氏，自幼“喜诵书弄笔墨……由是知书”。嫁到黄

---

①（宋）司马光：《家范》，清光绪元年（1875 年）夔州李氏刻本。
②（宋）任泽：《柳氏家训序并后序》，载《全宋文》第 119 册，第 264 页。
③（宋）范祖禹：《右千牛卫将军妻崇德县君郭氏墓志铭》，载《全宋文》第 99 册，第 95 页。
④（宋）韩琦：《故寿安县君王氏墓志铭》，载《全宋文》第 40 册，第 103 页。
⑤ 李学勤：《十三经注疏·仪礼注疏》（下），北京大学出版社 1999 年版，第 581 页。
⑥（宋）范祖禹：《长乐郡君尹氏墓志铭》，载《全宋文》第 98 册，第 327 页。
⑦（宋）宋祁：《陇西郡君李氏墓志铭》，载《全宋文》第 25 册，第 157 页。

家后，丈夫黄某，也就是黄庭坚的叔父，生性豪爽嗜酒，尤好宾客，每当“客至咄嗟责办，夫人怡然从令，未尝不肃给也”。有时候丈夫喝得酩酊大醉，“或使酒嫚侮，夫人承之，未尝不以礼也”。[①]袁燮在《夫人边氏圹志》中也谈及自己的妻子边氏，自 19 岁嫁到袁家后，“安卑陋，忍穷乏，母家饶财，曾不取贷焉”。袁燮还称颂她说：“与吾处，外若少和，察其私，爱敬备至。吾饮食衣服，烹饪补纫，常躬其劳，而不使吾尽知之。其用钱，其遗人，物虽甚微，亦必以告。每曰：‘吾心如大路，人皆可行。’言由中出，行无外饰。”[②]还有，叶适在《张令人墓志铭》中提到的中书舍人陈傅良之妻张幼昭，她的父亲、兄长皆为“儒先生”，因而她“自幼陶染诗礼间事，绝异于他女”。嫁给陈傅良后，面对其夫陈傅良“有学行文词经世之业，远近宗从登门请义，通日夜，历寒暑，室内常无坐处”。这时，张氏总是耐心地“独挟一婢治爨，贫甚，籴米市薪，行饭分茗，皆令得洁馔，有无未尝使夫闻之”。凡是陈傅良想做的事情，她都毫无怨言地“不曲折仿古，不循俗……一切顺承”。因为在她看来，“不如是，是吾不能从其夫”。[③]

无论是温柔抑或是顺从，也并非一味地随声附和或低声下气地而没有一点尊严，而是温柔之中也有尊重，顺从之内也有平等相待，甚至遇到一些内外之事都会在一起商议之后再做定夺。如北宋官员程珦之妻侯氏，其子程颐在《上谷郡君家传》中称其：“与先公相待如宾客，德容之盛，内外亲戚无不敬爱。……先公赖其内助，礼敬尤至；而夫人谦顺自牧，虽小事未尝专，必禀而后行。”[④]官员谭文初之妻谢氏，生于儒学世家，父亲为南雄军事推官，自幼教之以“凡诗书礼义，古今义妇烈女，有见于传记者，必使之习读，通其理义”。因而，婚后谢氏颇能用所学经营家庭，与丈夫两人相濡以沫。谭文初曾回忆说：“每公休无事，必与之谈论诗书、前言往行之醇疵，以观其识。……夜分而后寐，凡起必吾先，而寝必吾后，虽疲倦百为，未之有改。其所以事吾亲者如彼，而所以事吾者又如此，不变其天资也，不倦其至诚也。”[⑤]

2. 妻以“不妒”为德

恩格斯在《家庭、私有制和国家的起源》中指出：“性爱，按其本性来说是排他的。”[⑥]尤其是在宗法制社会下所盛行的一妻多妾制，虽然妻子是唯一合法的，

①（宋）黄庭坚：《叔母章夫人墓志铭》，载《全宋文》第 108 册，第 121 页。

②（宋）袁燮：《夫人边氏圹志》，载《全宋文》第 282 册，第 38 页。

③（宋）叶适：《张令人墓志铭》，载《全宋文》第 286 册，第 178 页。

④（宋）程颐：《上谷郡君家传》，载《全宋文》第 80 册，第 354 页。

⑤（宋）郑侠：《谢夫人墓表》，载《全宋文》第 100 册，第 32、34 页。

⑥〔德〕恩格斯：《家庭、私有制和国家的起源》，中共中央马克思恩格斯列宁斯大林著作编译局编译，人民出版社 1972 年版，第 79 页。

媵妾则多是男人在世俗及性欲支配下对女人的额外占有，故有出妻之理而无休妾之说，在家庭中明媒正娶的妻子固然占据主母之位，而通过不同方式得来的媵妾虽地位低下，却因其年龄及姿色而颇受男主人的宠爱，这无疑会把众多妻妾置于冰炭不容、不共戴天的境地，故彼此之间的排斥或作为主母妻子的妒忌也在情理之中。这不仅是一个家庭问题，还会引发诸多社会问题。因而自古就颇受社会及家族家庭的关注，如何引导并使妻子不具妒忌之心，或适度加以宣泄也便成为妻之教的重要内容。

（1）在家训家规中，将妻子的“不妒”行为列为一大美德加以提倡。如司马光在《家范》中所讲到的妻子“六德”，其中第三德就是“不妒”，强调“妇人之美，无如不妒矣”，如果妻子能够做到“不妒”，那么就“益为君子所贤”。司马光还举出鲍苏之妻女宗等很多古代女子不妒的例子，来让天下为人妻者学着去做。[①]袁采在《袁氏世范》中，认为凡是有妒忌之心者，都有一个共同的心态，那就是“常欲我之高出于人”，即总是希望自己比别人好，于是“闻有称道人之美者，则忿然不平，以为不然。闻人有不如人者，则欣然笑快”。而在妻妾之间，最易生成妒忌之心，一旦发生摩擦，妻子往往会占上风，对媵妾大加惩罚，其结果或者彼此结怨，或者会诱发媵妾伺机报复，或者会让媵妾轻生自残等。因此，袁采也要求“为家长者，宜于平昔常以待奴仆之理喻之，其间必自有晓然者”。他很推崇浙江寿昌胡彦特之家训，如规定“妇女不得自打婢妾。有过，则告之家长，家长为之行遣”等。[②]

（2）作为一家之长或丈夫，常会在日常生活中对妻子灌输“不妒”观念。黄庭坚在《家诫》中，就要求做丈夫的要经常告诫妻子“无以猜忌为心”。不过，多是就事论事，或者在妻妾已经发生矛盾后丈夫才会积极进行劝说的。如南宋官员季元衡，登科后调台州教授，将往建康拜会府尹，只因“家有侍妾，忿主母不能容，常怀绝命之意”。临行之前，季元衡告诫妻子不要随意鞭挞其妾，假如真的不能容忍，也要等着从建康归来再辞之也不迟。季妻听后觉得甚有道理，便保证说：“君但安心而行，吾不为此事。”[③]相对于季妻来说，南宋绍兴年间的王彦谟之妻对婢妾就显得更加凶狠。当时，有位叫梁企道的侍郎寓居鄱阳妙果寺，王彦谟作为随行提辖也携妻同行，住在僧堂之后。史载王妻“极狠悍，有两婢，役使甚酷，昼夜不得休。每见其困睡，必挼皂角滓螫其目，至经日不能视”。王彦谟也深知妻子的桀骜个性，但也不失时机地加以规劝，说：“婢妾有过，当垂之；不可恕，则逐之。不应损其眸子，坏他终世。”[④]

①（宋）司马光：《家范》，清光绪元年（1875年）夔州李氏刻本。

②（宋）袁采：《袁氏世范》，清乾隆五十五年（1790年）长塘鲍氏刻知不足斋丛书本。

③（宋）洪迈：《夷坚志》第4册，中华书局1981年版，第1706页。

④（宋）洪迈：《夷坚志》第3册，中华书局1981年版，第1062页。

（3）自幼受过良好家教或对现实予以认同的女子，都能够保持一种宽容或包容的态度，能学会与媵妾和谐相处，不至于争风吃醋而导致家庭不和乃至于家庭悲剧。这从女子墓志铭中可以得到充分的佐证，如北宋汀州宁化县主簿俞备之妻，“自少奉佛，中年益笃，多不茹荤，持诵终日。无妒忌之心，饰妾妇以奉君子”[①]。俞妻的无妒，应是受佛教的“无欲”及儒教的“寡欲”的影响较大，既与世无争，又乐于为善。王德用在《宋故孺人徐氏墓志》中提及自己的妻子徐氏，自17岁徐氏嫁到他家后，对所有夫家人都没有猜忌之心，彼此其乐融融，王德用称其“处闺门雍睦以和，相保惠教，诲成内助之美。家人长短不谈于口，疑忌之虑不萌于胸次，忿懥之色不见于容貌；同焉而合于礼，婉焉而得其正。娣姒之间，欢然相爱；内外长幼，一无间言”[②]。袁燮在《夫人边氏圹志》中也谈及自己的妻子边氏，称其“少壮时，性颇严，久而浸宽，十余年间，婢妾无捶挞者”。之所以这样，固然与边母的教导有关，边母嫠居守节多年，且“教子女有法度”。[③]刘宰在《故广西经略司范经干孺人赵氏行述》中提到的南宋官员范经干之妻赵悟真，在刘宰看来，对女子来说常会为两件事所困，即“性多吝”和“性多忌”。尤其是“性多忌”多会引发家庭矛盾或家庭暴力，而对赵悟真来说，都能很理性地加以对待和解决。如针对丈夫范经干的“文雅风流而好游，间奉亲以行，常累月不归”，赵悟真“饬内外惟谨，未尝有愠色”。媵妾有生孩子的，赵悟真则“常亲护视，惟恐失其宜”。假如范经干又从外面带来新欢，大家都觉得赵悟真必定不容，然其不但能够欢然接受，还与之“寀久如一日，卒能柔服其心，使知所敬”。[④]真可谓“不妒”之典范。像赵悟真这样的妻子，还有舒岳祥在《故孺人王氏墓志铭》中提到的、生于儒学世家的王氏，她“性多容少妒，姬侍生子，抚育如己出，寒暑燥湿，一皆共之。家虽贫薄，处之裕如”[⑤]。

有部分知书达理女子的包容心更为前卫，主动花钱买妾来伺候丈夫，个中缘由多是为照顾丈夫的生活起居。如王安石的妻子吴氏买妾一事，刘斧在《青琐高议》中所载犹如一场情景剧：

王荆公介甫知制诰日，吴夫人为买一妾。荆公见之曰：“何物女子？”对曰：“夫人令执事左右。”曰：“汝谁氏？”曰：“妾夫为军大将，部运米失舟，家资尽没，犹不足，又卖妾以偿。”公愀然曰：“夫人用钱几何得汝？”曰：“九十万。”

①（宋）黄裳：《夫人陈氏墓志铭》，载《全宋文》第103册，第367页。
②（宋）王德用：《宋故孺人徐氏墓志》，载《全宋文》第280册，第203页。
③（宋）袁燮：《夫人边氏圹志》，载《全宋文》第282册，第37—38页。
④（宋）刘宰：《故广西经略司范经干孺人赵氏行述》，载《全宋文》第300册，第215页。
⑤（宋）舒岳祥：《故孺人王氏墓志铭》，载《全宋文》第353册，第35页。

公呼其夫，令为夫妇如初，尽以钱赐之。[①]

司马光的妻子亦曾为其买妾，如同王安石一样发生在晋身之日，既是为照顾司马光的日常生活，也有为司马光传宗接代的考虑。史载：

司马温公从襄颍公辟为太原府通判日，尚未有子。颍公夫人言之，为买一妾，公殊不顾，夫人疑有所忌也。一日，教其妾曰："俟我出，汝自妆饰往书院中。"冀公一顾也。妾如其言，公讶曰："夫人出，汝安得至此？"亟遣之归内。[②]

还有女子更为宽容，竟拿出钱来让丈夫直接去买妾，看不出一丝一毫的妒心。如北宋官员冯京的母亲，冯京的父亲是一位商人，然壮年无子。父亲要到京师开封做一笔生意，临走之前，母亲"授以白金数笏"，并对父亲说："君未有子，可以此为买妾之资。"接下来，父亲遇到一件事情改变了买妾的主意，史载其："及至京师，买一妾，立券偿钱矣。问妾所自来，涕泣不肯言。固问之，乃言其父有官，因纲运欠折，鬻妾以为赔偿之计。遂恻然不忍犯，遣还其父，不索其钱。"父亲回到家后"具告以故"，母亲安慰道："君用心如此，何患无子！"果不出所料，数月之后冯母便有孕在身，"将诞，里中人皆梦鼓吹喧阗迎状元，京乃生"。[③]还有南宋时官员袁韶的母亲，资助丈夫买妾情节与冯母极为相似，事出起因都为"无子"，然所买之妾或为赔偿或为葬父，但结果都有好报，即如愿得子。如《宋史》所载：

韶之父为郡小吏，给事通判厅，勤谨无失，岁满当代，不听去。后通判至，复留用之，因致丰饶。夫妻俱近五十，无子，其妻资遣之往临安置妾。既得妾，察之有忧色，且以麻束发，外以彩饰之。问之，泣曰："妾故赵知府女也，家四川，父殁家贫，故鬻妾以为归葬计耳。"即送还之。其母泣曰："计女聘财犹未足以给归费，且用破矣，将何以酬汝？"徐曰："贱吏不敢辱娘子，聘财尽以相奉。"且闻其家尚不给，尽以囊中资与之，遂独归。妻迎问之曰："妾安在？"告以其故，且曰："吾思之，无子命也。我与汝周旋久，若有子，汝岂不育，必待他妇人乃育哉？"妻亦喜曰："君设心如此，行当有子矣。"明年生韶。[④]

而对于妒心重，虐待媵妾，甚至置媵妾于死地的女子，一些文人往往会将其虐待行为与异物、疾病、死亡联系在一起，来宣传"因果报应"，同时也以此警示那些有虐待行为的女子，此类案例多见于两宋笔记小说之中。如：北宋时官员胡宗甫之妻张氏，"极妒……有小婢云英行酒，与主人相顾而笑，张见而嫌之。婢亦

①（宋）刘斧：《青琐高议》，载《宋元笔记小说大观》第 1 册，第 1097—1098 页。
②（宋）刘斧：《青琐高议》，载《宋元笔记小说大观》第 1 册，第 1098 页。
③（宋）罗大经：《鹤林玉露》，载《宋元笔记小说大观》第 5 册，第 5284 页。
④（元）脱脱等：《宋史》，中华书局 1977 年版，第 12452 页。

觉，是夕，自缢于厕”。家人发现云英自缢后，赶紧向她报告，但其不屑一顾，“饮嚼自如”。第二年，张氏之爱女发病，以云英的口气责怪张氏说：“我由尔死，尚未足道，既闻之，饮食笑乐安忍耶。必令主死，尔诸子继之，使尔孑然无聊，以偿我昔痛。”不久，丈夫胡宗甫及三个儿子接连死亡，留下她和三个儿媳孀居。张氏晚年病发，可谓生不如死，“宛转哀鸣，求诸婢傭伺扶掖，或责以前事，则流涕无语，如是十余年乃卒”。[①]南宋时蕲春太守之妻晁氏，“性酷妒，遇妾侍如束湿。尝有忤意者，既加痛锤，复用铁钳箝出舌，以剪刀断之。妾刮席忍痛，不能语言饮食，逾月始死”。不久，家人举办水陆斋会，僧招来孤魂野鬼，晁氏见到被自己折磨致死的侍妾模样，甚是害怕而得暴疾，数日后死亡，缘是“妾督冤责偿，势必不免”。[②]

凡妻有妒，根在“多妾”。虽然妾与主人之间的交往，不一定都会发生感情或成为性伴侣，甚至是传宗接代，但毕竟多为妻子所忌讳、所排斥，因而对那些有妒心的女子应该给予更多的同情和理解，但其对媵妾惩罚行为的失当乃至残忍，即便是没有疾病或死亡的偶然事件，也会受到法律惩罚的。而那些具有包容心的妻子，也并非都心甘情愿地让丈夫拥有诸多媵妾，所以对丈夫的媵妾予以默认或和谐相处，多是一种无奈之举，也说明她们的知书达理及对“一妻多妾”现实制度的无法超越。

3. 妻以“相夫”为功

古人对妻子的最经典评价就是“贤妻”，只有贤妻才会“相夫”或“事夫”以贤。如《女诫》在“夫妇”篇所称：“妇不贤，则无以事夫……妇不事夫，则义理堕阙。”[③]只因妻子“主内”，故凡贤妻都有“贤内助”之誉。司马光在编撰《家范》时，不但规定妻子要具备“六德”，还要求妻子“辅佐君子，成其令名”。至于如何辅佐丈夫，依司马光所见，除做好家内事务，消除丈夫的后顾之忧外，还要照着《卷耳》《殷其雷》《汝坟》《鸡鸣》等《诗经》中几首民歌所描写的妻子那样去做，即“以《卷耳》求贤审官，《殷其雷》劝以义，《汝坟》勉之以正，《鸡鸣》警戒相成，此皆内助之功也”[④]。可见，作为妻子对丈夫的辅佐更多的是学业仕途上的勉励，以及精神或心理上的支撑，能如此则可使丈夫功成名就，并得到家人及社会的认可。翻阅两宋女子的墓志铭，无论是碑文作者抑或是女子的丈夫，无不对此大加赞美。

1）勉励及资助丈夫学业

古时男弱冠、女及笄即可结婚，故婚后仍有男子要继续完成学业，直至登第

①（宋）朱彧：《萍洲可谈》，载《宋元笔记小说大观》第 2 册，第 2344 页。

②（宋）洪迈：《夷坚志》第 2 册，中华书局 1981 年版，第 742 页。

③（清）陈弘谋：《五种遗规・教女遗规・女诫》，清乾隆培远堂刻本。

④（宋）司马光：《家范》，清光绪元年（1875 年）夔州李氏刻本。

步入仕途。那么，妻子就要在学业及举业上给丈夫以勉励或支持。

有的及时勉励丈夫上进求学。如北宋官员陈瑞卿之妻彭氏，陈瑞卿尚未入太学之前，彭氏就勉励他说："得不得有命，而在我者不可不修也。与其卑栖于燕雀之群，孰若仰首一鸣于鸳鹭之侧乎？"陈瑞卿觉得言之有理，于是前往太学读书，这时彭氏又勉励他说："子亲虽老，吾能事之如父母。甘旨之奉，子无忧也。"正因为有彭氏的勉励，陈瑞卿"游太学七八年，业精行成"。[①]右千牛卫将军之妻李氏，15岁就嫁给"有美才，善为文章，尤通音律"的丈夫。然李氏对丈夫所好则以区别对待，如"闻其讲诵书史、留意翰墨则喜，稍习声乐，则终日若有戚容"。即李氏不希望丈夫沉溺于声乐之中，丈夫深知其意，于是"悉屏他好，自力于学"，力学的结果是"试有司，中高选"。[②]南宋官员王之道的妻子孙氏，孙氏到他家20年，他居然在太学10年，而孙氏"虽风雨、寒暑、疾病，家人不见其有儿女戚戚之态。尤勤于妇功，非夜分不寐"。这让王之道既内疚，又从孙氏身上获得"自勉"，对孙氏说："使为学如此，取官何足道哉？"[③]

有的用嫁资作为丈夫的学费，供其入学读书。如北宋崇德县君司马氏，"能脱簪珥资其夫入太学，遂成其名"[④]。左中大夫、直秘阁之妻傅氏，其丈夫"少锐于学"，傅氏便"斥簪珥资遣而勛之"，对丈夫说："往卒业，为亲荣，无以家为恤。"结果，没多久其丈夫便"释进士褐，累阀阅，典方州，奉使一路，名迹隐然，为缙绅之望"。[⑤]

有的斥嫁资购置书，以供丈夫研读治学。如北宋刺史令话之妻程氏，"尽斥奁具，置书史，以助其夫之学"[⑥]。左丞议郎之妻宋氏，其丈夫"少孤贫，力学，欲以立名"。宋氏看到丈夫如此地好学有大志，于是就"悉捐簪珥鞶帨易书史，辅成其志"[⑦]。南宋高邮郡陈某之妻张氏，她与陈某是同乡，陈某曾读过书，然当地偏僻落后，以致"不喜士人"。刚结婚时，村里人还对其丈夫陈某说些风凉话，所谓"始嫁，莫不以婿儒为嗤点"。而张氏却不以为然，还为此暗自高兴，为满足丈夫无钱购书的愿望，她便毫不犹豫地"捐所有佐费"。后来陈某登乙科而步入仕途，张氏也"同食其禄凡二十有四年乃卒"。[⑧]

在科举制度日益完善、政治日益平民化的两宋时期，还有诸多女子支持或鼓

---

①（宋）谢逸：《彭夫人墓志铭》，载《全宋文》第133册，第272页。
②（宋）范祖禹：《右千牛卫将军妻李氏墓志铭》，载《全宋文》第99册，第83页。
③（宋）王之道：《孙宜人墓志》，载《全宋文》第185册，第128页。
④（宋）黄庭坚：《崇德县君司马氏夫人墓表》，载《全宋文》第108册，第145页。
⑤（宋）孙觌：《宋故令人傅氏墓志铭》，载《全宋文》第161册，第130页。
⑥（宋）范祖禹：《右监门卫大将军贵州刺史妻永兴县君程氏墓志铭》，载《全宋文》第99册，第137页。
⑦（宋）范祖禹：《左承议郎妻崇德县君宋氏墓志铭》，载《全宋文》第99册，第59页。
⑧（宋）陈造：《安人张氏埋铭》，载《全宋文》第256册，第405页。

励丈夫参加科举考试，以求得好名声。如北宋朝散郎、太仆寺丞晁某之妻叶氏，晁某“少有高材，笃学不遑暇家事”，因叶氏“躬俭菲以养”，晁某“得一意于业，遂中甲科，成令名”。[①]司勋郎中李穆之妻任氏，两人结婚时丈夫尚未及第，任氏曾对丈夫说：“业之所精者在于勤，志之所尚者在于专。业勤则不惰，志专则有成。读书、治生，未易两全也。君若欲兀兀穷年以苟岁月之养则已，必欲力学起家，宜无以生事累。若乃舅姑朝夕之奉，非贻君所忧也。”任氏引经据典，苦口婆心，让丈夫感动不已，“自此，乃处于徂徕石室，居二年而遂登第”。[②]南宋房州司理余泽之妻洪氏，嫁到夫家时，余泽还在备战举业，洪氏便“经理其家务，俾得专力于学”。数年之后，余泽“果得禄，孺人力为多”。[③]

2）规劝丈夫为官勤政清廉

大凡有教养的女子都希望自己的丈夫有所作为，最理想的就是出仕为官，且能成为“良吏”或“廉吏”，不希望成为贪官污吏或因此招来灾难，其实这也是有良知官员的行为准则。

她们或劝夫为官做“廉吏”，如北宋归正议大夫程师孟之妻贺氏，平日生活俭约，不慕奢华。程师孟要去广州为官，那里物华天宝，又有奢靡之风气，担心丈夫抵挡不住诱惑而失去节操。对此，贺氏一方面恳切地对丈夫说：“南海珠贝，百货之府，廉吏至此，往往以家自累，失其趣操。吾夫庶几有终始者。”另一方面又“饬家人，水火不交于民”。贺氏的双管齐下也确实起到立竿见影的效果，如其墓志铭所载：“久之，正议治成，上嘉之，自光禄卿迁谏议大夫，赐紫，再留。及其去，囊中萧然如迎日。其清如此，盖夫人之助也。”[④]

或劝夫勤政为民，做一个心系国事民生的“良吏”。北宋尚书屯田郎中、赠给事中张宗雅之妻符氏，每当丈夫在家与士大夫议论时事，她总是站在门内“多窃听之”。等客人走后，便对丈夫“品第其人物贤否，无不典当”，还能就“政事与狱讼之疑难者，悉能区别情伪，裁之义理”。似是丈夫的家庭内参，也因此使丈夫政绩卓著，所谓“给事所治有异政，号为良吏，抑夫人之助也”。[⑤]官员李兑之妻钱氏，自嫁到李家之后，不仅夫妻二人“素相礼重”，且每当李兑退朝回到家里，钱氏总是“从容讽切以古之忠义”。李兑到外地为官时，钱氏则“劝以尚德缓刑”。因此，李兑“立朝大节不渝，而为政宽猛相济，夫人有助焉”。[⑥]范仲淹之子范纯仁的妻子王氏，当范纯仁为御史谏官时，曾因“数以言事斥逐，家事益落”，王氏

①（宋）晁补之：《钱塘县君叶氏墓志铭》，载《全宋文》第127册，第85页。

②（宋）孙準：《宋故长安县君任氏墓志铭》，载《全宋文》第135册，第120页。

③（宋）陈造：《洪氏孺人墓志铭》，载《全宋文》第256册，第398页。

④（宋）陆佃：《长乐郡君贺氏墓志铭》，载《全宋文》第101册，第249页。

⑤（宋）陈襄：《崇国太夫人符氏墓志铭》，载《全宋文》第50册，第250页。

⑥（宋）范祖禹：《工部尚书致仕李庄公许昌郡夫人钱氏墓志铭》，载《全宋文》第98册，第320页。

不仅坦然面对，还时常“勉公以国事，不及他也”。后来，范纯仁身居哲宗朝宰相高位而“不改平素”，王氏亦不事文绣衣服珠玉，且还“周人之急如恐不及”。有王氏的全力辅佐，范纯仁则“一心国事，无所内顾，行盛名于天下”。[①]兵部侍郎兼侍读胡铨之妻刘氏，上下内外周旋，使胡铨“不以家事拂其心，而得尽力于学”。登甲科后入朝为枢密院编修官，当时是秦桧当国，秦桧权力熏天、打压异己，无人敢与其抗争。在这种情况下，胡铨则大胆上书，“力折其奸，至乞斩桧”。胡铨的许多至交力劝不止，转而“或讽夫人止之，恐祸不测”。这时，刘氏基于对秦桧之流祸国殃民的痛恨和对丈夫置生死于度外人格的钦佩，不但不去制止丈夫，反对劝者说：“彼方为国言事，且不谋于妇人，止之非吾事也，特安之而已。”[②]南宋中散大夫王万枢之妻蔡氏，更是对丈夫步步叮嘱，无论是做人幕僚，或是参与救灾，或是执掌当涂，均就事论事，要求丈夫能慎重从事，为民谋福。如墓志铭所载：

大夫从金陵帅黄公度幕府，夫人手书戒曰：“汝年少，更事浅，谨之谨之，家事吾自力，不以累汝也。”真公德秀、李公道传振荒江东，大夫及南库颇参其议，夫人曰：“民命所系，何可忽诸！”大夫之宰当涂也，值岁大水，夏六月三日夫人诞日，是岁初登七秩，郡太守遣乐，同僚相率升堂为寿，夫人语大夫：“天变如此，汝有社有民，毋以吾故乐饮。”[③]

或劝夫办案要三思后行，以便做个好官，保“廉节”。如北宋司勋郎中李穆之妻任氏，李穆知延州肤施县时，曾遇到一件可疑的案件，觉得有个死刑犯可以死，也“可以无死”。任氏知道后，便“从容言之”。她对丈夫如是说：“公家之事，故非妇人所可预闻。然君子□□贵其仁，而□罪疑从轻，国之法也。士大夫所谓积阴德者，不外于此，君其念之。”大而言之要依法“从轻”，小而论之要“积阴德”，即不做有损仁德之事，可见其分析得有理有据、合情合理。李穆所以能“扬历中外，守土刺郡，风力卓然”，“夫人亦有内助之力为多矣”。[④]中奉大夫赠右光禄大夫阎骙之妻高氏也是一位好帮手，高氏早年曾“独玩意笔砚间，泛观六经诸子，视其大指”。丈夫出仕任典刑狱，“阅文书每至夜分，求所以平反者”。高氏就坐在旁边观看或倾听，时而还提醒丈夫说：“审思之，无忽也。”这样的提醒，会使丈夫对案情斟酌再三，不至于盲目下结论，以致阎骙“仕四方，以廉节称，自谓得内助为多”。[⑤]

①（宋）毕仲游：《魏国王夫人墓志铭》，载《全宋文》第111册，第167页。
②（宋）王庭珪：《故令人刘氏墓志铭》，载《全宋文》第158册，第291页。
③（宋）刘宰：《故吉州王使君夫人蔡氏行状》，载《全宋文》第300册，第210页。
④（宋）孙準：《宋故长安县君任氏墓志铭》，载《全宋文》第135册，第120页。
⑤（宋）刘一止：《宋故永嘉郡夫人高氏墓志铭》，载《全宋文》第152册，第298页。

对于不愿为官或不愿继续为官的丈夫，有些妻子也表现出理解和支持，而不平生羡虚荣慕富贵之念。如北宋学者潘延之之妻钱氏，潘延之一生致力于学问，甘做一位隐士，故“得官不赴，退于钟陵三十年”。宋廷闻知其学问达博，令其入朝为官，但他“辞以母老，不愿仕”。妻子钱氏早年读佛书，对这件事情很能看得开，故其态度也大有别于其他女子，即“实同其志，而无向荣之慕，不强夫以仕，此其所难也”。[①]而北宋官员郝戭之妻聂氏，曾为通山令的郝戭因父亲年老而请辞致仕，父死守孝期满后，“大臣交荐，朝廷累降告命起之”。但郝戭始终不为所动，这倒急坏了一些亲朋好友，在劝说郝戭出仕为官行不通的情况下，又来劝说聂氏说：“公方年逾知命，盍勉以仕乎？”谁知，聂氏的想法和丈夫是一致的，便直接对前来游说的亲友说：“吾不德，无以助君子，矧敢强其所不欲，以累其高哉！”最终，郝戭还是没有应召出仕。[②]

3）力助丈夫广交游砺学问

自古士人喜交游，与志同道合者言天下、道古今、相酬唱，以此磨砺学问，积攒人脉。两宋士人也秉承交游传统，他们或外出交结宾朋，或家庭聚会，这对于主内的妻子来说，自然增加不少家务负担，同时也会带来经济上的压力。

对此，有相当一部分女子对丈夫的交游行为都能给予理解和支持，及时制备饭菜而毫无怨言，甚至是在家庭经济拮据的情况下，还动用自己的奁资来满足膳食方面的需求。如北宋太常博士许瞻之妻杨氏，婚后便随从丈夫一起到成都府就师求学，丈夫生性豪爽，甚至是“不惜所有，以交当时之贤俊，朝夕会遇，讲磨其所习”。而杨氏则“常自临灶鬴，手和羹炙，以过给宾客，无一日不如事，且未尝有倦款之色”。[③]士人希元之妻张氏，丈夫办私学以经史教子弟，她“亦班班成诵之。讲解义训，无不通晓”。丈夫办学很有成就，又喜欢交结贤士，以致“宾客日满门下，终岁未尝独执匕箸以食”。张氏不仅要料理日常家务，还要为这些宾客忙碌，所谓“夫人多自调絜和齐，供亿无少倦。至猝遽无有，乃解装构物，以治其具，惟恐一缺，不能相属者”。[④]官员仲奚之妻石氏，丈夫不仅好学，还喜欢与贤俊交往，石氏便“具膳饮、致馈遗，未尝少倦”[⑤]。

还有部分女子所关注的，不仅是对丈夫物质上的供应，还担忧丈夫所交往的人员素养及对丈夫的事业有可能带来的不良影响等，因此也劝说或督促或提醒丈夫要慎重交往。如北宋学者梅圣俞之妻谢氏，夫妻两人相敬如宾，常会在一起商议交游之道。据梅圣俞所讲，“吾尝与士大夫语，谢氏多从户屏窃听之，间则尽能

①（宋）杨杰：《故钱夫人墓志铭》，载《全宋文》第75册，第284页。

②（宋）范祖禹：《长寿县太君聂氏墓志铭》，载《全宋文》第99册，第29页。

③（宋）文同：《长寿县太君杨氏墓志铭》，载《全宋文》第51册，第205页。

④（宋）文同：《张夫人墓志铭》，载《全宋文》第51册，第207页。

⑤（宋）范祖禹：《右监门卫大将军荣州团练使妻金华县君石氏墓志铭》，载《全宋文》第99册，第81页。

商榷其人才能贤否及时事之得失，皆有条理”。梅圣俞为官吴兴时，时而与好友相聚，宴乐之后大醉而归。这时，谢氏总会问“今日孰与饮而乐乎？”如果是与贤达之士在一起，谢氏必定欣喜，否则，谢氏会对其说教一番：“君所交，皆一时贤隽，岂其屈己下之耶？惟以道德焉。故合者尤寡。今与是人饮而欢邪（耶）？”①苏轼谈到自己每做一件事情，妻子王氏总要交代或追问几句，如墓志铭所言：“从轼官于凤翔，轼有所为于外，君未尝不问知其详。曰：‘子去亲远，不可以不慎。’日以先君之所以戒轼者相语也。轼与客言于外，君立屏间听之，退必反复其言曰：‘某人也，言辄持两端，惟子意之所向，子何用与是人言。’有来求与轼亲厚甚者。君曰：‘恐不能久。其与人锐，其去人必速。’已而果然。”②

当然，除鼓励丈夫广交游外，有文化素养的女子还会与丈夫相酬唱，在酬唱中既能加深夫妻之间的情感，又能提升自己的文学素养。如北宋才女史琰，字炎玉，嗜学擅诗，字体庄劲。被眉阳令张士仪纳为子妇，成为张子履之妻。她“性素冲淡，不事铅饰，服浣濯之衣，日游心于编简翰墨。平生临览之胜，燕笑之适，与子履诗词酬唱，格调闲雅，久而盈箧，手自叙次，目曰《和鸣集》”③。《贤训篇》作者莫氏，亦即两宋之际学者胡宗伋之妻，其“通经学，晓音律，作诗文如慧男子”。30 岁时嫁给胡宗伋，夫妇两人不仅志同道合，敬恭如宾，还“以诗书朝夕相摩，甚相乐也”。④

4）辅佐丈夫办学授徒

自春秋时期开始兴办私学，除短暂的秦王朝禁私学发展外，可以说历朝历代都允许或鼓励办理私学，虽然没有严格的定制，却满足着巨大的社会需求，也造就了庞大的私学教师群体。他们或为家庭私学所聘用，或自办私学授徒，或举办义学惠及乡里贫困学子，尤其在他们身后，还有一批贤惠之妻的鼎力相助。

两宋多子女的家庭，往往会在家开办私学，聘请塾师上门教授子女，妻子则主要是做后勤供应。如北宋时右监门卫大将军仲全之妻陈氏，生九男十六女，其下又有孙男十三人、孙女十人。因子孙众多，仲全就在家长期开办私学，“延置门下皆宿师老儒”，而陈氏则“厚具供给”，以致“诸子皆以艺业称，而诸孙亦举进士”。⑤南宋时惠州文学曾正臣之妻刘氏，生五男五女。曾正臣便在家亲自开馆教子，而妻子刘氏则“主膳羞（馐），必躬，必饬”，墓志铭称：“文学公父子业专学

①（宋）欧阳修：《南阳县君谢氏墓志铭》，载《全宋文》第 35 册，第 386—387 页。

②（宋）苏轼：《亡妻王氏墓志铭》，载《全宋文》第 92 册，第 83 页。

③ 胡文楷：《历代妇女著作考》，上海古籍出版社 1985 年版，第 42 页。

④ 胡文楷：《历代妇女著作考》，上海古籍出版社 1985 年版，第 59 页。

⑤（宋）范祖禹：《右监门卫大将军天水郡开国侯妻新安县君陈氏墓志铭》，载《全宋文》第 99 册，第 148 页。

訧（尤），趾美续闻，则夫人实使之。”[①]

而一些隐居不仕者，也常常自办私学以求生存。丈夫有此志向，妻子自然也要做好内助事宜，且与求学士子相处融洽，感情尤深。叶适在《孺人周氏墓志铭》中讲述的永嘉塾师陈垓之妻周氏便是其中的一位，如载：

君教永嘉，方倾身与士接，夜诵满廊户，烹菜搅糜，鼓三伐，共食已，乃揖就睡。夫人常鬻假称具无难色，士誉君之贤，则及夫人。将别，小学子翘敏者，怀以果饵，储以方笔，或总其角，或束其带，顾恋依依，尤以夫人为有恩。[②]

除外，还有一些热心公益人士为解决贫困家庭子弟求学而创办的义学，不但没有学费收入，还要筹集经费来维持学校生存，这对其妻子来说更是一个挑战，不仅要面对诸多日常事务，还要承受心理及经济上的压力。然凡是办理成功的人士，都少不了妻子这一坚强后盾。如北宋余姚学者胡宗伋之妻莫氏，她“通经学，晓音律”。先是胡宗伋“尝开义学，教训乡族子弟馆谷之，莫脱簪珥，治具无吝”。后来胡宗伋偕同妻子到京城参加“南宫试”，即进士科考试。但没有及第，且在京城居住太久，费用接济不上，亲故皆劝之回家做事，但莫氏以为不可，以其所学“日助宗伋训学徒，给衣粮，必成名乃归”。不久遭金兵犯阙，无奈而仓促南下。[③]

5）讽勉丈夫励志与处世

通过举业步入仕途后步步高升几乎是每位士人的梦想，但也并非每位士人都能如愿以偿，一旦低就位卑长期得不到升迁，自然会产生不满情绪，以致会颓废无为。每当这个时候，知书达理的妻子往往会及时给予同情、安慰和勉励。如北宋官员刘忠举之妻乐氏，父亲乐理国为尚书比部员外郎，而丈夫则“久困州县，数为知己荐而不克迁”，丈夫的不满现状很快被乐氏发现，乐氏既“常勉其志”，又“食贸治家，勤劳不愠”，始终让丈夫感受到家的温暖和关爱，以致乐氏死时，刘忠举悲痛欲绝，说：“正吾□、抚吾族、成吾身者夫人也。今夫人既卒，吾无以为家矣。”[④]给事中冯式之妻朱氏，冯式一直为左侍禁，他“自以负所学而不得志，几欲易一簿尉”而未如意。朱氏便劝其要安身立命、洁身自好，说：“穷达顾不有命？宁介而踦，将屈而遂之乎？”朱氏的直言相劝，改变了冯式刻意追求变换官位的想法，所谓“给事为止”。[⑤]南宋时官员段符美之妻彭氏，丈夫虽“力学淹贯群书”，然官场却不得志，彭氏则采取“泉石之乐”的方式来转移丈夫的注意力，使其享受生活乐趣的同时又不荒废其心志，所谓“卒能使承议公日与客饮酒而忘

① (宋）杨万里：《曾正臣妻刘氏墓志铭》，载《全宋文》第240册，第232页。
② (宋）叶适：《孺人周氏墓志铭》，载《全宋文》第286册，第362页。
③ 胡文楷：《历代妇女著作考》，上海古籍出版社1985年版，第459页。
④ (宋）陆经：《宋故乐夫人墓志铭》，载《全宋文》第27册，第225页。
⑤ (宋）王珪：《永寿郡太君朱氏墓志铭》，载《全宋文》第53册，第276页。

其家之贫，又使其夫不以得失累其心，而终身不戚戚者，实有助焉”。①

有的妻子在丈夫为官失意的时候，也会建议其在家开馆教子，将壮志寄托在孩子身上。如北宋承议郎李競之妻高氏，丈夫“有大节”，只是担任承议郎日久，以致白首之际仍“方且栖栖管库间，或以为恨”。高氏很同情丈夫，又不能火上浇油，于是规劝丈夫要顺其自然，同时考虑五个孩子正处在读书求学之年，就劝丈夫可暂时在家开馆教子。她说：“仕谁不愿达，其不得达者，命也，君如命何。我闻为善必有报，姑教诸子以俟之可乎。”结果，所生四个男孩“皆举进士”。②南宋崇仁学者吴某之妻熊氏，丈夫虽“有声于为儒”，但仕途总不得志，“贡数屈于有司”，自感此路艰难，便另寻他径，他对熊氏说：“吾自揆可施于国，无路以进，施诸家，可乎？”熊氏对丈夫居家教子的抉择没有犹豫，且十分赞同地表示支持说：“翁才德如此，顾不遇，命也，淑诸子可也。”熊氏也“佐其营理不遗力，家遂以饶”。③

至如妻子对丈夫为人处世方面的辅佐，更是家常便饭，其言行事迹多载入墓志铭中，且多是就事论事。她们或要丈夫清白做人，不乘人之危发难。如刘必明之妻徐氏，刘必明在外教学为生，曾托人给徐氏带回“白金”贴补家用，有些自卑的他便让人蒙骗徐氏说是“某人诿请某事验，以为谢”而得之。徐氏听后大怒，投白金于地上，说：“我以子为贤，而若是！亟具归！”刘必明赶忙回到家里，向徐氏出示票据，以此证明是“教学所得”，徐氏才转怒为喜。对此，叶适在墓志铭中称赞说：“必明以卑遂其高，夫人以刚佐其洁，夫妇皆一世之伟，可敬。”④

或鼓励丈夫在大是大非面前要敢于担当，如南宋官员姚勉之妻邹妙庄，时任秘书省正字的姚勉要进京上书宋理宗，途中却得知太学生陈宗等伏阙上书揭露朝廷奸臣丁大全的恶劣行径，却遭到打击陷害，所谓“士皆以罪逐，累累满道，参相久轩先生且去国”。姚勉有些后怕，以致“忧得疾，不欲往，然恐伤夫人从仕意，进退维谷，未有攸处”。看到丈夫犹豫不决的神情，邹妙庄则庄重而又真诚地对他说：“人之出处，如鱼饮水，冷暖自知，尚何疑乎！臣受君恩，有过则谏。谏而不听，则去。毋以妾故。苟以直言得罪，愿同谪岭海，死不悔。妾愿为贤人妻，不愿徒为贵人妻也。”有了妻子的强力支持，姚勉也“甚壮其言”弹劾丁大全等人不法行为。⑤

或教夫恪守家法，不搞特殊化。如《邵氏闻见录》中所载河中县的一个大家族姚家，已同居二十余世，制定有严格的家规，所有饮食及日用品都由尊长下令

①（宋）王庭珪：《故彭夫人墓志铭》，载《全宋文》第158册，第307页。

②（宋）邹浩：《长寿县君高氏墓志铭》，载《全宋文》第132册，第63页。

③（宋）陈造：《熊氏墓志铭》，载《全宋文》第256册，第405—406页。

④（宋）叶适：《夫人徐氏墓志铭》，载《全宋文》第286册，第227页。

⑤（宋）姚勉：《梅庄夫人墓志铭》，载《全宋文》第352册，第148—149页。

统一供给，任何成员都不允许搞特殊，结果“有子弟新娶，私市食以遗其妻，妻不受，纳于尊长，请杖之”[①]。

或赞美丈夫的良好习惯。如欧阳修之继室杨氏，嫁给欧阳修之后不仅甘于平素，且总是拿父亲的处世品格来赞赏丈夫的行为，如见丈夫读书著文章时，便说“此吾先君之所以乐而终身也”；见丈夫“食粝而衣弊”时，又会说“此吾先君虽显而不过是也”。[②]

由上可知，“相夫”在一定程度上讲也是用一种谏言献策的方式来影响或感染丈夫，旨在让丈夫积极向善，造福家庭，造福社会，同时“相夫”的过程也是妻子自我提升的过程，由此她们也学会了如何做一位真正的“贤妻”。

4. 夫亡守节或可再嫁

古代对已婚女子操守的要求主要是守节和不改嫁，如《礼记》《女诫》强调“女无二适”，《女论语》要求在丈夫死后“守志坚心”等，社会也通过不同的方式来宣扬守节乃“为妻之道”，愈加使之成为一种没有法律依据和效力的习俗，更成为女子所应恪守的美德。按理说，对爱情婚姻的专一是高尚的，然而一旦没有婚姻事实的存在，诸如丈夫死亡等，还强制女子继续守着一块牌位或一堆孤坟过日子，也未免成为一种陋俗。如此不近人情的做法，还特别为儒家的卫道士们所青睐、所提倡。当有人问程颐“或有孤孀贫穷无托者，可再嫁否”时，他不假思索地说：“只是后世怕寒饿死，故有是说。然饿死事极小，失节事极大!”[③]尽管他也认为男子娶遗孀也是失节行为，但对后世女子的影响似乎更重一些。朱熹不仅将古训“烈女不更二夫”及“一与之齐，终身不改，故夫死不嫁”等观点写进《小学》一书，还在得知宰相陈师中妹夫郑自明死后其妹要再嫁人的消息，于是写信给陈师中，让陈师中规劝自己的妹妹不要茫然从事。他在信中说：

> 令女弟甚贤，必能养老抚孤，以全“柏舟”之节，此事更在丞相夫人奖劝扶植，以成就之。使自明没为忠臣，而其室家生为节妇，斯亦人伦之美事。计老兄昆仲，必不惮赞成之也。昔伊川先生尝论此事，以为饿死事小，失节事大，自世俗观之，诚为迂阔。然自知经识理之君子观之，当有以知其不可易也。伏况丞相，一代元老，名教所宗，举错之间，不可不审。熹既辱知之，厚于义，不可不言。[④]

写完这封信后，朱熹觉得不稳妥，又给陈师中的父亲陈俊卿写信，让他也劝

---

①（宋）邵伯温、邵博：《邵氏闻见录》，上海古籍出版社2012年版，第97页。

②（宋）焦千之：《杨氏夫人墓志铭》，载《全宋文》第78册，第141—142页。

③（宋）程颢、程颐：《二程集》，中华书局1981年版，第301页。

④（宋）朱熹：《与陈师中书》，《朱子全书》第21册，上海古籍出版社、安徽教育出版社2002年版，第1173页。

一劝女儿不要再适他人。虽然朱熹视程颐所言“诚为迂阔”，但还是力劝陈俊卿、陈师中父子阻止陈氏改嫁，直让人感到朱熹是在借牺牲女子的幸福来维护男人的尊严。

可以说，基于传统的伦理说教，社会的舆论导向，以及自幼读书所悟，使“生是夫家人，死是夫家鬼”在两宋部分女子心目中业已成为一种共识。因而在丈夫死后发誓不嫁者为数不少，只是各个家庭的具体情况有所不同而已，大致归纳为以下几种情况。

（1）自幼受礼教的熏陶，甘愿终身守寡。在这类女子中，有的想独善其身，过一种平淡或与世无争的生活。如北宋右屯卫大将军之妻杨氏，20 岁时开始守寡，母亲“怜其孀独，欲夺志而嫁之”，但杨氏死活不同意，母亲又“怜其节，不强也”。自此，杨氏便“屏簪珥，斥铅华，衣服无文采。晨起扫一室，熏洁诵佛书，柔日必齐（斋）素，终老不厌”。[①]太子左赞善大夫盛遵甫之妻王氏，盛遵甫死时王氏年少，身为淮南转运使的季父王举元劝说她再适他人，她“宁死不可”，从此她“屏华珥，不肉食，日一饭，以讫于老”。[②]

有的秉承古训，恪守礼义而发誓不嫁。如北宋国子博士罗易直之女罗氏，30 岁时丈夫李宁病死，罗氏“居丧以礼，纲纪其家，事无所阙”。母亲想让她再嫁，她则“陈义甚高，卒不可夺而止”。[③]南宋学者宋沆之妻王氏，第三个孩子刚出生不久宋沆便病死，有人对她说：“岁月尚赊，何恃能自守？”王氏哭着说：“女不读礼乎？信，妇德也，一与之齐，终身不改。夫死不嫁，古志甚明。”[④]学者薛与之之妻余氏，自幼能诵《论语》《孟子》，略知大意。27 岁时寡居，发誓不嫁。父亲门人中有擢第归求婚者，她说：“孀居命也，否者吾夫不死矣。”有人劝她说：“今嫁嫁官人，非前比也。”余氏仍不动心，说：“不得为官人妻亦命也，否者吾夫当擢第矣。”[⑤]还有，洪迈在《夷坚志》中提到的都昌王乙之妻吴氏，无子寡居，事姑尽孝。但“姑老且病目，怜吴孤贫，欲为招婿接脚，因以为义儿”。即婆婆想找一个义子给她做“接脚夫”，吴氏坚决不同意，哭着说：“女不事二夫，新妇自能供奉，勿为此说。”婆婆见其“志不可夺，勉从之”。[⑥]

有的以共姜为偶像或以《柏舟》诗中描述的自由婚姻为追求，甘愿寡居无二。如南宋学者丁适道之妻陈氏，丁适道死后，其子丁周尚幼。有人问陈氏以后如何

①（宋）范祖禹：《右屯卫大将军妻吉安县君杨氏墓志铭》，载《全宋文》第 99 册，第 139—140 页。
②（宋）晁说之：《崇德县太君王氏墓志铭》，载《全宋文》第 130 册，第 344 页。
③（宋）晁补之：《罗氏墓志铭》，载《全宋文》第 127 册，第 112 页。
④（宋）杨简：《宋母墓铭》，载《全宋文》第 276 册，第 30 页。
⑤（宋）黄震：《余夫人墓志铭》，载《全宋文》第 348 册，第 390 页。
⑥（宋）洪迈：《夷坚志》第 4 册，中华书局 1981 年版，第 1554—1555 页。

生活，她说："若知有卫共姜者乎？吾不践二庭矣。"[①]安福人刘氏，丈夫死时她才23岁，公婆都健在，所生儿子不满一岁，左邻右舍开始怀疑说："夫亡畴依，子幼畴希？是能安其室而畴归乎？"刘氏听到这些风言风语后辩白说："曾谓世无共姜，妇皆文君乎？舜何人也，予何人也？"[②]又如吴自牧在《梦粱录》中所讲的凌大渊之妻刘氏，还没有入洞房丈夫得急病而死，然其服丧、养义子、抱孙而"不易其志"[③]。

（2）在长辈的示意或劝说下而不再嫁人。如《宋史》所载包拯的儿子包繶之妻崔氏，包繶早亡，留下一幼子。包拯夫妇"意崔不能守也，使左右尝其心"。崔氏得知公婆的想法后，便"蓬垢涕泣出堂下"，见到公公包拯即刻表明自己的心志，说："翁，天下名公也。妇得齿贱获，执瀚涤之事幸矣，况敢污家乎！生为包妇，死为包鬼，誓无它也。"[④]胡寅在《王氏墓志铭》中提到的湘南逸民彪虎臣之妻王氏，她的一个女儿嫁给乡人许某为妻，可惜许君早死且无子。按理说，做母亲的应该为女儿的幸福考虑一下，以规劝女儿再嫁他人。反而她觉得再嫁是一种耻辱，便以共姜为例劝女儿守节。她诫之曰："妇氏大守节。而父言古有共姜能此道，父母欲嫁之，共姜作《柏舟》之诗，誓而弗许，尔宜取其诗读之，毋贻吾羞尔。夫无嗣，若求诸宗族而善抚养之，未必不逾于己所生也。"于是，许氏"以繁华时孀居靡他，能立许君嗣"。[⑤]胡寅还在《荚氏墓志铭》中提到荚氏之子杨咏的妻子谢氏，因杨咏早逝，其妻谢氏"齿尚壮，其兄议更嫁之"。这时，婆婆荚氏曾在村里议论某人之妻"夫亡有子而再适，彼盖不知非妇人行也"，这些话被谢氏听到后，改变了她欲再适的想法，所谓"闻而守节"。[⑥]

（3）基于家庭的责任担当，或为孝敬公婆，或为养育幼小而不愿嫁人。如包拯的儿媳妇崔氏，当丈夫、幼子死后，她的母亲吕氏从荆州赶来，目的是"诱崔欲嫁其族人"。崔氏则对母亲说："昔之留也，非以子也，舅姑故也。今舅殁，姑老矣，将舍而去乎？"这让她的母亲十分不满，母亲不得已便放下狠话说："我宁死此，决不独归，须尔同往也。"崔氏也不甘示弱，哭泣道："母远来，义不当使母独还。然到荆州傥以不义见迫，必绝于尺组之下，愿以尸还包氏。"母亲也拿女儿没办法，最终还是成全女儿的愿望。[⑦]南宋莆田士人王孝曾之妻李氏，新婚才满月，丈夫即撒手归天，"里中慕其容德，争求娶。兄弟怜其少寡，将夺嫁"。对

①（宋）孙德之：《丁适道母墓铭》，载《全宋文》第334册，第214页。
②（宋）杨万里：《节妇刘氏墓铭》，载《全宋文》第240册，第307—308页。
③（宋）吴自牧：《梦粱录》，中国商业出版社1982年版，第144页。
④（元）脱脱等：《宋史》，中华书局1977年版，第13479页。
⑤（宋）胡寅：《王氏墓志铭》，载《全宋文》第190册，第236页。
⑥（宋）胡寅：《荚氏墓志铭》，载《全宋文》第190册，第217页。
⑦（元）脱脱等：《宋史》，中华书局1977年版，第13479页。

此，李氏毫不动心，她对家人说："夫死而背之，不义；姑老而弃之，不孝。请勿复言，吾死王氏矣。"有人说王家贫穷，她却"蔬食足矣"。有人说她膝下无子，她说"绝者不可继乎？"于是，她和婆婆商议，"取侄之襁抱者为子"。这样，"昔之疑者莫不悚伏敬叹，仰其人、高其节也"。[①]

相比之下，为养育儿女誓不改嫁者居多。如北宋钱塘万某之妻万夫人，万某死时她年齿方少，当"父母欲夺而嫁之"时，她悲愤涕泣说："叔姒遇我恩厚，又有一女，我终不忍去万氏。"最终未嫁，居家养育幼女。[②]晋陵朱舜举之妻范氏，婚后两年朱舜举病死，娘家人一再劝她再适，她发誓说："宁死耳，此不忍为也。"范氏不同意再适，是因为"孤童幼女，皆在襁褓，终身俱无足赖者"。[③]南宋时武义处士巩法之妻杨氏，巩法死时她"尚盛年也，遂誓不再行"。主要是两个儿子尚幼，长子"始学步，踉跄不逾阈"，次子"尚襁褓"。[④]还有《宋史》中所载的程祥之妻度氏，程祥死后，度氏"犹质卖奁具以抚育孤子"。但没过多久，经济上陷入困境，以致有"濒死"之危。有人劝其再嫁，她说："吾儿幼，若事他人，使母不得抚其子，岂不负良人乎？"在番阳萧寺奉祠的官员程迥听说后，立即将这件事上告于郡守，"月给之钱粟"。[⑤]

（4）丈夫还在，妻子在遭遇不可抗拒的凌辱或暴力时，为不甘受辱、坚守自身清白而自杀殉节的，即如史书所载的"烈女"，其行为亦多受传统贞节说教的影响，此类女子在社会变革及生活崇尚奢靡的两宋时期也为数不少。诸如：北宋鄂州江夏平民之妻张氏，有一天，村里少年谢师乞路过其门口，见到张氏年轻貌美，便突发淫欲"欲通之，胁以白刃"。面对谢师乞的胁迫，张氏十分恼怒，大骂不已，说："庸奴，我宁死，岂从汝邪（耶）？"谢师乞有些害怕，便起杀人灭口之心，"割其咽"导致张氏死亡。[⑥]南宋初年，中兴死节之士固不乏人，而女子守节者亦多有之。如繁昌焦涓之妻洪氏，"一日遇巨盗于江中，欲逼之，女义不受污，投江而死"。诗人周少隐得知此事后，便赋诗云："就死由来不自疑，玉颜那为贼锋低。了知今日投渊妇，犹胜当年断臂妻。"[⑦]湖北提刑陈寿隆之女陈氏，在由兄长陈造之护送赴苏州吴氏夫家的路上，遭遇强盗威逼，陈氏拒不顺从，14岁的她为"此身明白，无为贼辱"而跃入水中溺死。[⑧]又有安徽和州张弼之妻徐氏，金兵南犯

①（宋）刘克庄：《李节妇墓志铭》，载《全宋文》第331册，第194页。
②（宋）沈辽：《万府君夫人朱氏墓志铭》，载《全宋文》第79册，第247页。
③（宋）林觋：《宋故朱君夫人范氏墓志》，载《全宋文》第121册，第362页。
④（宋）陆游：《杨夫人墓志铭》，载《全宋文》第223册，第207页。
⑤（元）脱脱等：《宋史》，中华书局1977年版，第12951页。
⑥（宋）罗愿：《鄂州张烈女祠堂碑》，载《全宋文》第259册，第321页。
⑦（宋）费衮：《梁溪漫志》，载《宋元笔记小说大观》第3册，第3419页。
⑧（宋）费衮：《梁溪漫志》，载《宋元笔记小说大观》第3册，第3420页。

时，官军望风奔溃，且多肆意掳掠，见到徐氏有姿色而欲奸污，徐氏瞋目大骂曰："朝廷蓄汝辈以备缓急，今敌犯行在，既不能赴难，又乘时为盗，我恨一女子不能引剑断汝头，以快众愤，肯为汝辱以苟活耶，第速杀我。"因此她被那些官军"以刃刺杀之，投江中而去"。[①]

尽管规训严明，守节女子信誓旦旦，毕竟不是两宋寡女教育生活的全部。鉴于宋律中没有禁止女子再嫁的条文，祖父母、父母劝说女子改嫁也不违法，因而此类规劝女子再嫁的案例不绝于史书，且社会上对女子再嫁问题也有赞成的声音。如北宋翰林学士吴育的弟媳妇、驸马都尉李遵勖之妹李氏，生有六个孩子，自丈夫死后一直不嫁，曾被吴育荐为御史的唐询借机弹劾吴育，说吴育不规劝弟媳改嫁乃为过。虽然唐询所为是有目的的，即"欲用此附李氏自进"[②]，但以自己的恩人吴育之弟媳不嫁来说事，可见他对女子再嫁问题还是持赞成态度的。

在现实生活中，各种原因导致的寡女再嫁、三嫁者确实也为数不少。如《夷坚志》所载改嫁事例就有61起，其中再嫁者55人，三嫁者6人。也许女子再嫁的缘由各有不同，或为儿女，或为自己，或为家人劝说等，但有一点是相同的，那就是敢于对"女不更二夫"的传统观念发起挑战，让自己从理想回归现实，继续追寻生命的价值和过上正常人的生活。如北宋大名孙某之妻崔氏，孙某生前有侠义之气而"尽耗其家资"，他死后崔氏"孤居益贫"，不得已到开封依附于姨家，不久其姨又病故，崔氏看着两个未成年的孩子，很悲伤地说："吾不忍儿之无以毓也。"本不想改嫁的她，"乃再归于高密赵君，二儿乃得成立"。[③]南宋晋陵孙稷之妻强氏，自己守寡半生，其女孙氏婚后不久，丈夫左宣教郎席畸病死，所生一子亦夭折。强氏不忍心让女儿过守寡生活，规劝女儿说："无夫无子，何恃而存？"于是"夺而嫁之"，孙氏再适张氏。[④]

丈夫还健在，在没有"出妻"或"休妻"的情况下，还发生过妻子改嫁的情况。王安石之子王雱，为人"慓悍阴刻，无所顾忌"。他还患有疑心病，其妻庞氏生有一子，他"以貌不类己，百计欲杀之"，还与庞氏"日相斗哄"。[⑤]对此，王安石甚是担忧，知道王雱与庞氏的感情已经破裂，又念庞氏无辜，如果让他们离婚，则怕庞氏负有"恶声"，于是就为庞氏"择壻而嫁之"。[⑥]无独有偶，南宋时建阳人施逵，从颍州教官任上秩满而归。回到建阳时，与农民起义军头领范汝为相遇，不得已而加入起义队伍。后为韩世忠讨伐所擒，经临安府判决，"编隶湖外"。

①（元）脱脱等：《宋史》，中华书局1977年版，第13481页。
②（元）脱脱等：《宋史》，中华书局1977年版，第10042页。
③（宋）郑獬：《崔夫人墓志铭》，载《全宋文》第68册，第206页。
④（宋）孙觌：《宋故孙夫人强氏墓志铭》，载《全宋文》第161册，第134页。
⑤（宋）魏泰：《东轩笔录》，载《宋元笔记小说大观》第3册，第2726页。
⑥（宋）魏泰：《东轩笔录》，载《宋元笔记小说大观》第3册，第2726页。

施逵离家之日，度此去必无生还，于是“嘱其妻令改适”。[①]这当是对此类弱势女子的一种同情或保护，动机或出发点是值得肯定的，事实上如果继续维持现状，也不是女子想要的真正生活。

诚然，囿于传统观念的束缚，两宋社会对女子再适既默认其正当性，又要为女子的不忠找到一个罪名，于是就有借用志怪故事来加以诠释或鞭挞。从《夷坚志》中所载“陆氏负约”“陈氏负前夫”两件案例，可以看出男子的自尊与自私，全然把妻子当作自己的私有财产，死后不容许易作他人。为维护这些男人的自尊，就把毫无关联甚至时间上纯属巧合的两件事情放在一起使之成为必然，还将女德融入其内，将女子死亡变成对背叛丈夫意愿的一种惩罚，直让一些女子对夫死再适望而生畏。

总之，两宋时期女子在丈夫死后何去何从，有两种声音并存，有两条路可择：或恪守礼教、守身如玉而不嫁；或不遵祖训而再适他人。如果说前者视为情感专一，能保持节操，谓之“守节”，那么后者则敢于突破传统，本着合情合理又合法，继续追求属于自己的幸福，这也是她们应有的权利，不存在“失节”问题，因而不能用“不守节”来否定她们再嫁行为的正当性，事实上不合法的婚姻或改嫁行为也是要受到严惩的。

第三节　为人母之教：养育子女做“良母”

当身份由妻子变为母亲时，也意味着其家庭角色的重要改变，由此也会带来其家庭地位的变化，最主要的还是对养育子女的责任担当。子女能否健康成长，不仅事关子女个人命运，还关系到家庭的稳定与幸福。故自古上至帝王下至士庶，都很重视为人母之教，从文王之母的胎教到孟母的三迁其居，都为后世母亲树立了典范。

事实上，无论是丈夫在家抑或是在外为官经商，也无论是丈夫在世抑或是死亡，已身为母亲的妻子大都有明显的重视教育的意识或理念，如南宋庐陵李春之母曾氏，“见其子春幼而颖异，令从师问学。方居贫寒不可忍，闻其无钱市书，以衣易之”。有人居然不理解，反而“或笑其迂”。曾氏很坦然地说：“富而后教，是吾儿老而后学欤？”[②]大多数母亲还能把握有效的教育方法，如北宋莱州防御使、东莱侯赵从恪之妻米氏，治家训子“皆有法”；朝散大夫秘书丞上骑都尉韦襄之妻吴氏，对子女“教抚之慈且严”等。可以说，她们几乎是把全部身心以及家庭的

①（宋）陈鹄：《西塘集耆旧续闻》，载《宋元笔记小说大观》第5册，第4831页。

②（宋）杨万里：《李母曾氏墓志铭》，载《全宋文》第240册，第242页。

希望都倾注在子女身上，诚如南宋学者袁燮之妻边氏所言："吾之心，写于儿之身。"[①]她们的无私付出及子女的茁壮成长，也赢得社会及家人的普遍认可。如参知政事贾黄中之母王氏，宋太宗召见她时，说："教子如是，今之孟母也。"[②]万寿县女子徐氏，在她死后，长子曾回忆说："吾母不以爱怠我，而以成人勖我，使我至于有立。"[③]

可以说，"良母"是古代社会对母亲的角色定位和期待，其教育生活既有对母亲的种种规训，又有母亲的教育践行，包括对孕育子女的美好祈愿、对新生命的呵护以及在日常生活中对子女的教育和引导等，形成中国古代教育长河中独特的"母教"文化。

1. 孕育中的祈愿

自古凡是做父母的，都希望子女健康聪明、有所作为，因而会率先将诸多美好的期待融入怀孕、出生等各个环节。史家在记述他们行迹时，又往往会借助母亲或家人的话语，将其成长与外在的、奇异的以及梦幻中的一些元素联系在一起，借以突出他们尚未出生就有不同于凡人之处，诸如感物而孕、胎中之教、逢吉而生等，从而构成古代生育文化的重要组成部分。

1）感物而孕

感物而孕现象由来已久，如《诗经》中的《商颂·玄鸟》就有"天命玄鸟，降而生商"一说；《大雅·生民》中亦有后稷之母姜源，因脚踏帝武履迹而生下后稷的记载。这种人与异物的生育缘分，既是远古图腾崇拜的产物，也是母系社会有母无父意识的一种折射。

有的因年长无子，祈求神灵保佑或赐予而孕。如张师正在《括异志》中提到的建州张氏夫妇，俱40余岁而无子。他们家附近就有一座城隍庙，于是屡祷于神，以求继嗣。一年之后，他们在梦中有神告知："汝夫妇分当无子，我念汝告祷之虔，今以庙中判官与若为嗣。"[④]既而妻子怀孕，于宋真宗咸平六年（1003年）生下一子即张伯玉，第进士，官至司封郎中。洪迈在《夷坚志》中提到的循州龙川女子陈氏，前往道教圣地罗浮山祷告后而怀孕，孩子出生之时还梦见"仙鹤集其居"，且"室有异光"。结果，其子蓝乔年十二已能诗文，有相面者对陈氏说："尔子有奇骨，仕官当至将相，学道必为神仙。"洪迈还谈及一位京师人士翟楫，年五十而无子，但他不是到寺庙去祷告，而是"绘观世音像，恳祷甚至"。没多久，妻子在

---

①（宋）袁燮：《夫人边氏圹志》，载《全宋文》第282册，第38页。

②（宋）邵伯温、邵博：《邵氏闻见录》，上海古籍出版社2012年版，第36页。

③（宋）欧阳修：《万寿县君徐氏墓志铭》，载《全宋文》第35册，第388页。

④（宋）张师正：《括异志》，载《宋元笔记小说大观》第1册，第699页。

梦中见“白衣妇人以盘擎一儿，甚韶秀”而怀孕，生下一男子。[①]

有的虽非因无子，然在无意之际，因梦中与神灵或异物接触而孕，且所生孩子异常聪颖。或吞下异物而致，如北宋官员寇瑊之母“梦神人授珠，吞之而娠”，故寇瑊生而眉目美秀，“擢进士，授蓬州军事推官”。[②]官员黄亢之母“梦星殒于怀，掬而吞之，遂有娠”。故黄亢“少奇颖过人，年十五，以文谒翰林学士章得象，得象奇之”。[③]南宋棋童胡卓明之母，自云“梦吞一枯棋也”。家人都觉得是“日所尝见，是以形于梦寐”，没什么可奇怪的。然不久怀孕，接着生下胡卓明。在其七八岁时，观看爷爷与客人对弈，爷爷战败后，胡卓明就说其中一步棋走错了，爷爷不信，与客人商议重新恢复原局试试看。这时，胡卓明得以大显身手，“布数着，果胜，厥祖大惊。因与对棋，其布置初若无法度，既合，则皆是。数日间，遽能与厥祖为敌”。[④]

或梦中身体接触某些异物有感而孕。北宋官员章得象之母，“梦登山，遇神人授以玉象”而孕，故其取名“得象”，且“长而好学，美姿表，为人庄重。进士及第，为大理评事、知玉山县，迁本寺丞”。[⑤]另一位官员魏野之母，“尝梦引袂于月中承兔得之，因有娠，遂生野”。故魏野“及长，嗜吟咏，不求闻达”。[⑥]而《夷坚志》所载的南宋官员李名嵩之母郑氏，则是在睡梦中来到一座高山下，见“有绿衣小儿戏于颠，急抱取得之，遂寤。已而有娠生男”。李名嵩“稍长，极隽敏，父命习进士业”，绍兴十五年（1145 年）一举擢第，为建州建阳尉。[⑦]

或梦中看到某些异物或贵人因感而孕。北宋官员刘沆之母，“梦衣冠丈夫曰：牛相公来。已来有娠，乃生沆”[⑧]。这可能与其父刘素好交游有关，所居后山旧有牛僧孺读书堂，已荒废不堪，刘素就故基筑台一座曰“聪明台”，多与宾客在此谈论古今，母亲也常来常往，故而感梦而孕，于至道元年（995 年）生下刘沆。而范祖禹在《随州观察使汉东侯妻陈留郡君吴氏墓志铭》所记述的陈留郡君吴氏之母，则是“梦群女鲜服，拥旌仗而至，有一女跪拜于前”。父王守仁占卜后说：“必有女贵者。”果不出所然，吴氏出生时“室有红光，家人异之。年十七，适故随州观察使、汉东侯宗楷”。[⑨]

就如上感物而孕的所感之物而言，比较明显的一点，就是家庭或母亲对生男孩的强烈欲望和满怀期待之情，而对感物孕女的记载少之又少。

①（宋）洪迈：《夷坚志》第 1 册，中华书局 1981 年版，第 134、325 页。
②（元）脱脱等：《宋史》，中华书局 1977 年版，第 9987 页。
③（元）脱脱等：《宋史》，中华书局 1977 年版，第 13085 页。
④（宋）曾敏行：《独醒杂志》，载《宋元笔记小说大观》第 3 册，第 3275 页。
⑤（元）脱脱等：《宋史》，中华书局 1977 年版，第 10204 页。
⑥（元）脱脱等：《宋史》，中华书局 1977 年版，第 13430 页。
⑦（宋）洪迈：《夷坚志》第 1 册，中华书局 1981 年版，第 24 页。
⑧（元）脱脱等：《宋史》，中华书局 1977 年版，第 9605 页。
⑨（宋）范祖禹：《随州观察使汉东侯妻陈留郡君吴氏墓志铭》，载《全宋文》第 99 册，第 89 页。

2）胎中之教

中国自古就有“胎教”一说，《史记》《列女传》《新书》《颜氏家训》等经典，对胎教及文王之母太任的胎教行为都有记述和称颂。从史书所载来看，实际上就是为胎儿的健康生长创造一个适宜的外部环境，涉及母亲的衣食住行，以及诗书、礼节方面的要求或规范等，对后世学者及家庭影响颇为深远。

两宋时学者亦积极倡导母亲对胎儿实施胎教，朱熹《小学》一书就将胎教的程序及方法写了进去，在《立教》篇提倡按照《列女传》所言去做，即“古者妇人妊子，寝不侧，坐不边，立不跸，不食邪味。割不正不食，席不正不坐，目不视邪色，耳不听淫声。夜则令瞽诵诗，道正事。如此则生子形容端正，才德过人矣”。在《稽古》又要求以太任为标杆，即“太任之性，端一诚庄，惟德之行。及其妊文王，目不视恶色，耳不听淫声，口不出敖言，生文王而明圣，太任教之以一而识百，卒为周宗。君子谓太任为能胎教”。[①]

胎教也是医学家颇为关注的一个话题。朱端章的《卫生家宝产科备要》中，就涉及胎儿的养护之法，包括饮食上的禁忌，如“食兔肉令子缺唇，食雀肉令子盲，食羊肝令子多患，食鸭子令子倒行，食鳖肉令子项短，食驴肉令子过月，食干姜蒜令胎不安”[②]。陈自明的《妇人大全良方》中设置“胎教门”一目，认为“保胎之法，须多方豫养，方无后患”。至于如何来做，他提出“三月名始胎”，这时易“因感而变”，主张孕妇应该言正言、行正事、看诗书、心情愉快等，否则会使胎儿“气薄不能成”或多疾而愚笨。如果身体不适时，也要慎重用药，因为“药毒不消……无产后而母子均安者”。假如邻家有兴房造屋之事，亦应避免噪音的影响。[③]尤其是绍兴钱氏妇科，至南宋钱象垌时已是第十四代，而其妇科正是从钱象垌开始闻名于世的。在祖传的《胎产要诀》《大生秘旨》中，专门论述女子生产前后的食物、药物禁忌，主张孕妇的饮食、环境、情志、劳逸、房事等事关母子健康，必须以适度为宜，避免因此过度疲倦，对耗气药、攻下药等药物亦要禁忌。对产后的禁忌更为严格，书中专门列有“产妇宜戒”“产妇禁药”“产后忌物”等，提醒产妇务必留心从事。除外，涉及养胎及胎教的医学书籍，还有陈先的《妇科秘兰全书》、齐仲甫的《女科百问》、薛辛的《女科万金方》等，为女子养胎、保胎及胎教等提供了详细的医学指导。

地方官员也会在整治地方风俗的告示中加以引导，并对贫困家庭的孕妇给予钱粮帮扶。如南宋官员黄震在提举江西常平仓司任上，曾发布《晓谕遗弃榜》，其

① （宋）朱熹：《小学》，载韩锡铎：《中华蒙学集成》，辽宁教育出版社 1993 年版，第 136、165 页。

② （宋）朱端章：《卫生家宝产科备要》，续修四库全书本。

③ （宋）陈自明：《妇人大全良方》，《景印文渊阁四库全书》第 742 册，台湾商务印书馆 1983 年版，第 612—615 页。

中提到“西汉盛时，有胎养教。我高宗绍兴八年指挥，贫乏妊妇支常平米四斗，绍兴十五年改支一石。今常平米上属省所，本司不可擅支，合体此良法美意，变通慈幼元规，应诸坊厢委系贫乏妊妇无力养育之家诉于临产之时，经坊长保明申上，支保产米一石、会子五贯”①。

而在墓志铭中，也可以看到女子胎教的行迹，基本上都是依据史书所言而行之。如两宋之际官员胡浚明的妻子莫氏，其长子胡沂未出生时，她与丈夫“危坐相对，多诵经史，用古人胎教之说”，故而胡沂“生而资性敏悟绝人”。②诵读经史，可以说是在对胎儿进行语言感化。南宋右宣义郎黄崇之妻游氏的胎教做法则别有特色，墓志铭称其：“颇信尚浮屠法，娠子则必端居静室，焚香读儒佛书。不疾呼，不怒视，曰此古人胎教之法也。故其子生皆贤材。”③显然，游氏在胎教时又附加了佛教元素，如此会给胎儿一种安全感。

3）逢吉而生

母亲对子女的美好期待，也同时体现在孩子出生之日，自感伴有吉祥的征兆或有吉祥物的出现，虽然是一种附会，却常会带来一种心理上的愉悦或满足。当然，也不排除其子女有出息之后的模糊追忆，但总有一种情感和期盼附加在里面。

就史料所载，涉及的吉祥物件大致有以下几种情况。

（1）吉祥如意的动植物。这些动植物或是现实生活中所见的，如北宋时汪居士之妻朱芝，据说其“未生前一月，芝产于其母寝室。及生，遂以命之”④。这里所说的“芝”，是指“灵芝”，传说中的仙草、瑞草。《宋史·岳飞传》本传载，岳飞“生时，有大禽若鹄，飞鸣室上，因以为名”⑤。另据《癸辛杂识》所载，宋理宗之母全夫人出生时，“其父全翁大节，忽门外有大蛇蟠绕一大树间，细而视之，则其蛇有两小角。方以为异，将入呼儿侄辈逐之，则报以得女，而蛇不复见矣”⑥。“蛇”为小龙，“有两小角”意味着生女，与后来成为理宗的皇后而遥相呼应。

或是为母者的梦中所遇。如宋初官员段少连之母，“尝梦凤集家庭，寤而生少连。及长，美姿表，倜傥有识度”⑦。朝廷重臣富弼之母，“梦旌旗鹤雁降其庭，云有天赦，已而生弼。少笃学，有大度，范仲淹见而奇之，曰：‘王佐才也’”⑧。官员滕元发之母，“梦虎行月中，堕其室”而生元发，九岁能赋诗，范仲淹“见而奇之”。⑨还

①（宋）黄震：《晓谕遗弃榜》，载《全宋文》第348册，第86页。

②（宋）刘一止：《宋故太宜人莫氏墓志铭》，载《全宋文》第152册，第314页。

③（宋）朱熹：《建安郡夫人游氏墓志铭》，载《全宋文》第253册，第94页。

④（宋）胡伸：《汪居士夫人朱氏墓志铭》，载《全宋文》第136册，第317页。

⑤（元）脱脱等：《宋史》，中华书局1977年版，第11375页。

⑥（宋）周密：《癸辛杂识》，载《宋元笔记小说大观》第6册，第5820页。

⑦（元）脱脱等：《宋史》，中华书局1977年版，第9894页。

⑧（元）脱脱等：《宋史》，中华书局1977年版，第10249页。

⑨（元）脱脱等：《宋史》，中华书局1977年版，第10673页。

有学者胡安国的侄子胡寅，其母曾有“多男欲不举”的想法，而叔母胡安国之妻则“梦大鱼跃盆水中，急往取而子之”，说明这个孩子将来肯定会演绎出“鲤鱼跳龙门”的故事，胡安国奉母命抚养为己子。后胡寅“游辟雍，中宣和进士甲科”。[1]最初虽非胡寅之母所想，但也出自叔母之梦。

（2）吉祥的自然天象。如北宋官员范纯仁之母李氏，“梦儿堕月中，承以衣裾，得之，遂生纯仁。资警悟，八岁能讲所授书”[2]。官员宗泽之母刘氏，“梦天大雷电，光烛其身，翌日而泽生。泽自幼豪爽有大志，登元祐六年进士第”[3]。南宋绍兴年间，隐士黄德纯之妻邓氏有身孕，“一夕将晓，夜光如雷，发衾袂中”，接着便生下女儿黄氏。黄氏“少长，动循礼法，喜观书，一见袁氏《世范》曰：‘美哉，律身齐家，待人接物尽在是矣。’自是成诵，而服行之终身”。[4]还有，朝廷重臣赵汝愚的夫人李氏，其出生时“忽大雷雨，有龙入其室，而夫人生焉”[5]。

（3）梦见异人或神人，且据此给子女起名字。如北宋官员范祖禹之母，“梦一伟丈夫被金甲入寝室，曰：‘吾汉将军邓禹。’既寤，犹见之，遂以为名”[6]。陆游，所以字“务观”，“盖母氏梦秦少游而生公，故以秦名为字而字其名”。[7]还有南宋才女何师韫，史载“何氏，名师韫，母嫁邑士何天进之子，有身，将就蓐，天进妻梦神人抱一玉孩儿入孕妇房，遂生师韫”。取名“师韫”，即希望她像谢道韫一样有才气，果然，她“好读书作诗，有《何师韫诗》一部”。[8]

除外，还有求助神灵荫护的，如南宋时金华县孝顺镇平民陈二，其妻将要临产，便与妻子商议后，到居家附近的太平寺“请僧于佛前许《孔雀明王经》一部，以祈荫护”[9]。也有用一些物件催生的。如北宋抗金名将李显忠，据《宋史·李显忠传》载：“初，其母当产，数日不能免。”这时，有一僧人路过其家门口，得知情况后说：“所孕乃奇男子，当以剑、矢置母旁，即生。”家人赶紧找来剑、矢置于其母身旁，结果“已而果生显忠，立于蓐，咸异之”。不仅如此，李显忠长大后还随父亲李永奇“出入行阵，官至太尉”。[10]

2. 对新生命的呵护

由于医疗技术等客观因素所限，无论是帝王之家抑或是普通百姓，都会面临

① （元）脱脱等：《宋史》，中华书局1977年版，第12916页。
② （元）脱脱等：《宋史》，中华书局1977年版，第10281页。
③ （元）脱脱等：《宋史》，中华书局1977年版，第11275页。
④ （宋）陈宓：《蜀郡夫人赠东平郡夫人黄氏行状》，载《全宋文》第305册，第251—252页。
⑤ （宋）周密：《癸辛杂识》，载《宋元笔记小说大观》第6册，第5820页。
⑥ （元）脱脱等：《宋史》，中华书局1977年版，第10794页。
⑦ （宋）叶绍翁：《四朝闻见录》，载《宋元笔记小说大观》第5册，第4907页。
⑧ 胡文楷：《历代妇女著作考》，上海古籍出版社1985年版，第46页。
⑨ （宋）洪迈：《夷坚志》第2册，中华书局1981年版，第860页。
⑩ （元）脱脱等：《宋史》，中华书局1977年版，第11427页。

因病无法医治子女夭折等问题。据《宋史》所载，两宋帝王之女 63 人，享年 60 岁以上的、可以确认的有 4 人，“早亡”的有 30 人，成活率几乎是 50%，还不包括 16 岁以下死亡的 3 人。公主如此，普通家庭女孩子的健康情况会更没有保障。

而值得注意的是，因家庭经济能力及重男轻女观念等，两宋时生子“不举”的陋俗及遗弃行为在各地普遍存在，南方一些地区尤为盛行，如苏轼曾言：“岳鄂间田野小人，例只养二男一女。过此辄杀之，尤讳养女，以故民间少女，多鳏夫。”[①]李元纲亦称：“闽人生子多者，至第四子则率皆不举，为其资产不足以赡也。若女，则不待三，往往临蓐以器贮水，才产即溺之，谓之洗儿，建、剑尤甚。”[②]那么，如何引导这些家庭尤其是母亲，对刚刚出生的小生命加以正常的呵护，使其能长大成人，这是摆在政府面前的一个社会问题。

对此，两宋政府尤其是地方官员，除根据有关规定建造“慈幼局”来收养弃婴，以及诸如对贫困家庭所生男女不能养赡者，“每人支钱四千，于常平或免役宽剩钱内支给”外，还不断发布文告，对有“生子不举”想法的父母加以劝诫。[③]如北宋官员王鼎，在知建州任上，发现当地“其俗生子多不举”，便及时“为条教禁止”。[④]官员周楙在奏折中，也谈到“诸道有生子不举者，屡勤诏旨申严劝诱，纤悉备至”[⑤]。南宋官员张栻在静江军任上所发布的《谕俗文》中，针对“生子不举”问题，恳告民众说：“人各有生，莫亲于父母儿女之爱，何忍至此！男女虽多，它日岂不能相助营缉生计，宁有反患不给之理？以利灭亲，悖逆天道。如有不悛，许人告捉，支赏依条施行。”[⑥]朱熹的父亲朱松针对家乡婺源“牵于习俗之昏，则虽有法而不能胜”的生子不举行为，于政和七年（1117 年）写下《戒杀子文》，强调“人伦之爱，孰如父母之于子者”[⑦]，凡生子不举既无人性，又是违法的，因而必须依法惩处，以此警告或震慑有“不举”想法的父母，应及时制止自己的不理性乃至违法行为，用慈爱之心来呵护这些弱小的生命，给他们生存下去的权利和机会。

政府的干预和规劝也是有效果的，尤其是在生子不举的福建一带。如家居福建浦城的北宋中期政治家章惇，因其为父亲章俞与乳母所生，自然是一位私生子，虽非因家庭经济能力有限，但在家中则名不正而言不顺，故“人言初生时，父母欲不举，已纳水盆中，为人救止”[⑧]。同样，家居福建崇安的学者胡寅，其母曾

---

①（宋）苏轼：《东坡全集》，台湾商务印书馆 1983 年版，第 202 页。

②（宋）李元纲：《厚德录》，载《全宋笔记》，大象出版社 2013 年版，第 286 页。

③（宋）周楙：《乞量发义仓之粟以赈贫乏家生男女不能养赡者奏》，载《全宋文》第 194 册，第 358 页。

④（元）脱脱等：《宋史》，中华书局 1977 年版，第 9961 页。

⑤（宋）周楙：《乞量发义仓之粟以赈贫乏家生男女不能养赡者奏》，载《全宋文》第 194 册，第 358 页。

⑥（宋）张栻：《谕俗文》，载《全宋文》第 255 册，第 27 页。

⑦（宋）朱松：《戒杀子文》，载《全宋文》第 188 册，第 326 页。

⑧（宋）佚名：《道山清话》，载《宋元笔记小说大观》第 3 册，第 2936 页。

有“不举”的想法，因其叔母“梦大鱼跃盆水中，急往取而子之”，及时劝说胡母才得以保全性命。[①]

但对绝大多数家庭来说，孩子的出生确是一件大喜事，于是诸如“洗儿会”“百晬”“周晬”等各种庆贺习俗接二连三，显示出家庭对孩子的百般疼爱，也借以引起母亲对子女生命及成长的关注。

（1）“洗儿会”。在孩子满月时，亲朋好友聚集在一起进行的庆贺活动。唐朝有此习俗，宋朝就很盛行，其基本程序如孟元老的《东京梦华录》所载：

至满月则生色及绷绣钱，贵富家金银犀玉为之，并果子，大展洗儿会。亲宾盛集，煎香汤于盆中，下果子彩钱葱蒜等，用数丈彩绕之，名曰“围盆”。以钗子搅水，谓之“搅盆”。观者各撒钱于水中，谓之“添盆”。盆中枣子直立者，妇人争取食之，以为生男之征。浴儿毕，落胎发，遍谢坐客，抱牙儿入他人房，谓之“移窠”。[②]

吴自牧在《梦粱录》中对南宋时杭州的“洗儿会”习俗也有记述，与北宋时的做法基本相同。尤其是“洗儿会”不只是富有家庭的专利，那些贫穷之家也一样重视，只是规模大小及所费多少而已。如载：

至满月，则外家以彩画钱或金银钱杂果，及以彩段珠翠囟角儿食物等，送往其家，大展“洗儿会”。亲朋俱集，煎香汤于银盆内，下洗儿果彩钱等，仍用色彩绕盆，谓之“围盆红”。尊长以金银钗搅水，名曰“搅盆钗”。亲宾亦以金钱银钗撒于盆中，谓之“添盆”。盆内有立枣儿，少年妇争取而食之，以为生男之征。浴儿落胎发毕，以发入金银小合，盛以色线结绦络之，抱儿遍谢诸亲坐客，及抱入姆婶房中，谓之“移窠”。若富室宦家，则用此礼。贫下之家，则随其俭，法则不如式也。[③]

（2）“百晬”。在孩子出生百天时进行的家庭聚会，以祈愿孩子能平安成长。《东京梦华录》称：“生子百日，置会，谓之百晬。”[④]《梦粱录》称：“生子百时，即一百日，亦开筵作庆。”[⑤]

（3）“周晬”。又称为试儿、试晬、拈周、试周、抓周等，在孩子一周岁时进行，实际上就是孩子的第一个生日宴会，通过让孩子抓取物件，来预测其将来孩子的志向或命运，其实也是一种美好的愿望和期待。据《颜氏家训》称：“为制新

①（元）脱脱等：《宋史》，中华书局 1977 年版，第 12916 页。
②（宋）孟元老：《东京梦华录》，中国商业出版社 1982 年版，第 34—35 页。
③（宋）吴自牧：《梦粱录》，中国商业出版社 1982 年版，第 176 页。
④（宋）孟元老：《东京梦华录》，中国商业出版社 1982 年版，第 35 页。
⑤（宋）吴自牧：《梦粱录》，中国商业出版社 1982 年版，第 175—176 页。

衣，盥浴装饰。男则用弓矢纸笔，女则刀尺针缕，并加饮食之物，及珍宝服玩，置之儿前，观其发意所取，以验贪廉愚智，名之为试儿。”[①]此风俗在江南一带比较盛行，唐宋时期则普遍传播开来。如叶寘在《爱日斋丛钞》中谈到的宋朝开国大将曹彬，生于南唐长兴二年（931 年），在其周岁时，父母为其举办隆重的“周晬”典礼。到北宋时，“周晬”就更有讲究，男女孩子分别对待。如《东京梦华录》载曰：“至来岁生日，谓之‘周晬’，罗列盘琖于地，盛果木、饮食、官诰、笔研、筭秤等经卷针线应用之物，观其所先拈者，以为征兆，谓之‘试晬’，此小儿之盛礼也。”[②]南宋时的“周晬”与北宋大同小异，如《梦粱录》称：

至来岁得周，名曰“周晬”，其家罗列锦席于中堂，烧香炳烛，顿果儿饮食，及父祖诰敕、金银七宝玩具、文房书籍、道释经卷、秤尺刀翦、升斗等子、彩段花朵、官楮钱陌、女工针线、应用物件，并儿戏物，却置得周小儿于中座，观其先拈者何物，以为佳谶，谓之“拈周试晬”。其日诸亲馈送，开筵以待亲朋。[③]

此外，从李嵩的《货郎图卷》及《市担婴戏图》也可以看出母亲带着孩子外出购物的喜悦心情，以及对调皮孩子的悉心照顾。

3. 生活中的倾心教导

母爱固然是一种天性，但仅仅停留在爱的层面上是远远不够的，韩非早有“严家无悍虏，而慈母有败子”的警告。颜之推对“世间无教而有爱”的现象及严重后果亦给予密切关注，认为如对孩子“饮食运为，恣其所欲，宜诫翻奖，应呵反笑”，那么天长日久，“骄慢已习，方复制之，捶挞至死而无威，忿怒日隆而增怨，逮于成长，终为败德”。[④]司马光更是针对“慈母败子”问题，在《家范》中明确指出：“为人母者，不患不慈，患于知爱而不知教也。……爱而不教，使沦于不肖，陷于大恶，入于刑辟，归于乱亡。非他人败之也，母败之也，自古及今，若是者多矣，不可悉数。”为避免“爱”的家庭悲剧，司马光要求为人之母者对孩子要“爱之当教之使成人”。[⑤]可见，只有教育孩子长大成人，才是母亲对孩子的一种真爱。

无论是韩非、颜之推抑或是司马光，所强调的都是母亲对子女“教育”之重要。正是基于有母训、有规训、有教训，两宋女子几乎都很重视对子女的教导，无论丈夫处于一种怎样的生存状态，她们都义无反顾地将教育子女视为自己生命中的一部分，视为一种重要的日常生活，在她们所理会的教育信念的引领下，遇

① 王利器：《颜氏家训集解》，中华书局 1993 年版，第 115 页。
② （宋）孟元老：《东京梦华录》，中国商业出版社 1982 年版，第 35 页。
③ （宋）吴自牧：《梦粱录》，中国商业出版社 1982 年版，第 176 页。
④ 王利器：《颜氏家训集解》，中华书局 1993 年版，第 8 页。
⑤ （宋）司马光：《家范》，清光绪元年（1875 年）夔州李氏刻本。

物则诲，相机而教，呈现出一幅幅生动、有趣、有效的教育生活图景。

1）生子必教，施之终身

对子女教育的认识程度决定着教育的方式及子女将来的出路，查两宋女子的教育事迹，发现有相当一部分女子在生子之后总是坚持以教育为先，或者说她们在教育子女问题上存在一种共识，即生子必教。如北宋宣德郎赠少师周弁之母施氏，孩子周弁出生时，丈夫周良史就已过世，儿子周弁也便成为施氏的唯一依靠。虽然家穷，但施氏并没有忽略或放弃对周弁的教育，当时“闾里未知读书”，施氏则“始教其子”。对施氏的教子行为，邻里都觉得不可理解，有的持以同情的目光劝她说：“莫若使田，富贵焉可必。”有的则持以嘲笑的态度对她讲：“是见钱迟，其穷可立待也。”但无论邻里如何风言风语，都没有动摇施氏教子的信心，反而更加坚定了她教子成人的决心，所谓“自信不疑，而教之愈笃”。后来，施氏还让周弁到四明的舅舅家“求良师友以训诲之”。每当周弁出外或赴京师就学，施氏都牵挂不已，“行之日饭素祷于家，俟其还无恙，乃为肉食”。且“自学以至仕，装橐悉自办，不取诸邻里，至鬻衣奁以资之。有宾客至，必亲为之执爨具食，无少倦，故少师益得以结贤士大夫，就成其业”。由于周弁自幼体弱多病，还患有一种皮肤病“累年不能疗”，施氏都“亲自抚视，至达旦不寐”。在施氏的悉心呵护与教导下，周弁 18 岁荐于乡学，仁宗嘉祐六年（1061 年）参加进士科考试“以文章取高第”，从此邻里对施氏刮目相看，“乃知孺人为善教子也”。[①]

湖州乌程县人、右承事郎沈异之的妻子钱氏，当其有了第一个孩子沈长卿时，“闾里未知教子弟为学也”，可知当地文化教育的落后，多数家庭都不太重视对子女的教育。墓志铭中没有过多描述钱氏的家世及早年受教情况，只是提到从其曾祖、祖父及父亲三代“皆隐德不仕”，应是一位平民家庭出身的女子。然钱氏看到长卿自幼聪颖，将来定有作为，便依然“相其夫督教之，不惮寒暑。既授之书，且约以礼义”。一旦发现长卿“言动小愆，与肄业弗勤，则痛惩之，俾悔伏乃已”。后来，沈长卿凡出外就学、交游师友及负笈游京师等，“资费虽广，不少靳”。钱氏的一路支持和鞭策，使长卿驰声于太学，未几“登进士甲科，于是里人始荣之，而叹孺人之识非凡女子比也”。[②]钱氏不同于施氏之处，在于施氏是寡居教子，钱氏是与丈夫协同教子，但结果都是如其所愿。

还有枢密直学士张奎、客省张亢之母宋氏，也颇有远见，且胜过丈夫。丈夫张某嗜好“黄白术”，向来不过问孩子求学之事。宋氏趁丈夫外出，“取其书并烧炼之具悉焚之”。等丈夫回来，已被烧得一干二净，自然暴怒不已。宋氏好言相劝地说：“君有二子，不使就学，日见君烧炼而效之，他日何以兴君之门？”丈夫觉

①（宋）王藻：《魏国夫人施氏节行碑》，载《全宋文》第 301 册，第 269 页。

②（宋）刘一止：《宋故孺人钱氏墓志铭》，载《全宋文》第 152 册，第 282—283 页。

得言之有理，从此不再玩弄黄白术。宋氏也省吃俭用，“市书至数千卷，亲教督二子，使读书。……既而二子皆登进士第，仕至显官”。[①]

母亲对子女的教导，不只是发生在“人之初”，也不是一时的心血来潮，而总是坚持到自己生命的最后一刻，可以说是施教于终身，从墓志铭中对子女的病重或临终嘱托便可见一斑。如官员史琳之妻舒氏，在丈夫死后的25年之内，她“专于家治，教勖诸子”。临终之时，舒氏让家人把所有子孙召集在一起，对他们说：“吾之诸子，率能虔事，克循先业；吾之诸孙，多识儒学，当有闻者。儿曹勉焉，吾魂有知，将享其荣，吾六十有五，不为不寿，瞑目无憾矣。”总之要求他们“使为令人”，即都要成为一个有美好品德的人。[②]又如赠曹州观察使、济阴侯赵世统之妻王氏，丈夫死后，因悲痛过度而感疾卧床不起，把子女召集到床前说：“尔曹幼孤，宜力学治身，以无忘先王之训，则吾虽死，目且瞑矣。”[③]

总之，生子必教、施教终身，这是两宋诸多女子的教育信条，贯穿于她们的全部施教生活，也因此成就了子女的读书求学乃至步入仕途的人生梦想。

2）为子择师从学，鼓励广交贤士

按古制，男孩10岁就要为其择师以接受专门的教育，作为母亲也乐此不疲，即便是家庭再困难，也会想方设法择师送孩子去读书。如北宋官员范雍之母韩氏，丈夫死时儿子范雍才10岁，又到外出求学的年龄，虽“家甚贫”，韩氏依然“遣公就学，常质衣以为资”[④]。程颐的得意门生贾易，7岁而孤，家里又穷，母亲彭氏则“以纺绩自给，日与易十钱，使从学”。贾易也很心疼母亲，而“不忍使一钱，每浃旬，辄复归之”。[⑤]官员胡松年的母亲，丈夫早卒，儿子尚幼，她不辞劳苦，通过机织“资给使学”，胡松年也便“读书过目不忘，尤邃于《易》”。[⑥]南宋官员周必大的母亲，周必大在为母亲撰写的《先夫人王氏墓志》中，称自幼受母亲王氏的举业训练，诸如“教以属对赋诗”等。后来，他对母亲说“举业非吾习也”，于是母亲为其“择汴人陈先生，特使从之”。当时塾师陈先生门下弟子以百数，而王氏对塾师特以“一衣之华、一味之甘”加以敬奉，这让陈先生甚是感动，又很过意不去，叹曰：“有母如此，吾忍负之？”[⑦]官员杨松之母彭氏，不仅送子从师乡先生张正己受业，且“喜尊礼师儒”，杨松在学十年，彭氏对乡先生“敬爱日加

---

①（宋）司马光：《涑水记闻》，载《宋元笔记小说大观》第1册，第872页。

②（宋）程矩：《宋舒氏夫人墓志铭》，载《全宋文》第80册，第174页。

③（宋）范祖禹：《赠曹州观察使妻安康县君王氏墓志铭》，载《全宋文》第99册，第114页。

④（宋）范仲淹：《资政殿大学士礼部尚书赠太子太师谥忠献范公墓志铭》，载《全宋文》第19册，第58页。

⑤（元）脱脱等：《宋史》，中华书局1977年版，第11173页。

⑥（元）脱脱等：《宋史》，中华书局1977年版，第11697页。

⑦（宋）周必大：《先夫人王氏墓志》，载《全宋文》第232册，第302页。

于初”。有一天，小偷跑到学校去行窃，虽然没有偷去什么，但彭氏得知之后，“未黎明即函袭衣往劳问，其勤厚如此”。[①]

如果家有丈夫，而尚未意识到送子外出读书之时，妻子也会及时提醒或规劝丈夫。如南宋赠承事郎陈宪臣之继室时氏，丈夫陈宪臣懂医术，“务以药石济人”，时氏则考虑到包括前妻所生在内的八个男孩将来不可能都会继承父业，必须多为他们的出路着想，于是就对丈夫说：“自入君家，资用粗饶，群儿戢戢，他日所乏者非贷也。况君以医活人，多阴功，其后必大，恐不当仅仍故业。”丈夫听后感觉甚有道理，说：“是吾心也。”自此，开始让最小的儿子陈确“从师读书”，很快便“弱冠取科第起家，而学行词藻，为时闻人”，后任监察御史。而其他的几个孩子，“皆修饬有立，兄弟孝友”。[②]

十多岁的孩子外出求学，最牵挂他们的莫过于母亲，但为支持儿子在外求学而不分心，有的母亲不会无缘无故地让孩子回家探望。如北宋官员陈确之母方氏，“甚爱诸子，而宝臣、确尝游学京师者五年，夫人未尝命以归”。邻里有人对此不理解，觉得儿子应该利用假期回家看望一下父母，然方氏却不以为然地说：“吾子能自求于学，吾志也。”结果，其子陈宝臣、陈确及陈舜臣皆中进士，而“确尤有名，达于为政”。[③]

为子择师从学固然是促使孩子成才的主要途径，但与贤者交游也是增长见识、磨砺学问及积累处世经验的重要方式。孔子曾言要“见贤思齐”，荀子提出要“游必就士”，傅玄更提出“近朱者赤，近墨者黑”的卓见，都是在强调交游之必要。对此，作为母亲也颇为开明，不遗余力地为孩子打造与人交游的氛围和机会，力使其在交游中成长和成熟。

首先，支持并创造机会让孩子与士人交往。如北宋一位处士徐某之妻周氏，徐某曾外出求学，不得志而归，周氏觉得他没有作为，甚至是“耻之”，然后就把希望寄托在孩子身上，希望孩子能与有学问的人交往，故“凡宾客至其家，周氏必手为具，尽意厚遇之，寒暑未尝惮”。有一天，本地一位要参加礼部试的学士来到她家，要拜访徐某，但徐某“以故不欲见，将谢之”。这时，周氏即刻加以制止，对徐某说：“士及门而辞以事，非君所以欲教子之意也。”说完，赶忙招呼孩子过来见见这位学士，难免要对其子鼓励一番。学士将要离开时，周氏“又资其囊以若干”，可见其用心良苦。但回报亦很丰厚，庆历八年（1048 年）黄庶为周氏撰写墓志铭时，就称“其子皆好学，耻不若人，盖周氏有助”。[④]枢密直学士张奎、

①（宋）史尧弼：《杨君夫人彭氏墓志铭》，载《全宋文》第 218 册，第 70 页。

②（宋）张守：《太孺人时氏墓志铭》，载《全宋文》第 174 册，第 43—44 页。

③（宋）沈遘：《方夫人墓志铭》，载《全宋文》第 74 册，第 351 页。

④（宋）黄庶：《徐君处士妻周氏墓志铭》，载《全宋文》第 51 册，第 251—252 页。

客省张亢之母宋氏，侨居常州时，遇到一位举人、枢密胡某，宋氏认为其有文行，定能成为儿子的贵人，便有意让儿子从师于他。而其子张亢小时候很放荡，不喜欢读书，宋氏便“常藏其衣冠，不听出，唯胡秀才召，乃给衣冠使诣之”①。

南宋时吉州庐陵秀才李恺之妻段氏，李恺“不幸学成而寿啬”，段氏变卖自己的嫁资来支持儿子学业，所谓“倾奁具，益买书，纵诸子交四方贤豪”，结果她的两个儿子“皆名震场屋”，乡人莫不称之为贤母。②修职郎王俊臣之妻欧阳氏和段氏一样，“至鬻簪珥，恶衣服以资其子，使从四方名士游”。丈夫王俊臣喜交宾客，甚至是“来者如林”。这自然也是熏陶孩子的最佳时机，欧阳氏便悉心招待，使“至者如归”，而她“或夜漏下四十刻燕宾客散”才能顾得上吃一口饭。③而官员曾德贤之妻邹氏，则是主动邀请好学之士来到家里与其子共勉，所谓“好学之士愿与子游者，悉招延之，故其子学以成。……乡里之为妇为女者，是则是式”④。

其次，对孩子所交往的对象有严格限制，其标准唯在是否“贤达”，如贤者则交之，不肖者则远之。如北宋时官员王某之妻毛氏，当听说州里有贤达之士时，便会对其子说：“苟如其为人，虽不利进取，吾何汝责！”母亲的教诲，孩子牢牢记在心里，以致“所与游，多乡里善人君子；而所习问学，知本德性，异于科举苟得之士”。程门大弟子、学者周行己称王某“所知，过人远矣”。⑤被陆游称为天池先生的谭篆之妻青阳氏，其子谭季壬长大后，要和他人交往，她告诫季壬说：“某可师，某可友，某当绝勿与通。”可见，青阳氏根据自己对周围人的了解，直接告诉孩子谁可以为师，谁可以为友，还有谁绝对不能与之相处等。显然，也是受荀子“非我而当者，吾师也；是我而当者，吾友也；谄谀我者，吾贼也”⑥主张的影响。当然，她对孩子谭季壬的影响就更大，“故季壬名其堂曰愿学，室曰胜己私，皆夫人所以训也”。⑦

再次，对孩子日常交往给予检查和监督，防患于未然。北宋官员张次元之妻严氏，丈夫死后，她带着孩子从丈夫任所回到故里，凡是有客人来找其子，必先询问一番，然后再做定夺，如是贤达之士，“即纵从之游，促家人为具，笑语异常日”⑧。南宋金华学者戚如圭之母周氏，其子在外求学，每次回到家里“必问其

①（宋）司马光：《涑水记闻》，载《宋元笔记小说大观》第1册，第872页。

②（宋）王庭珪：《故段夫人墓志铭》，载《全宋文》第158册，第301页。

③（宋）杨万里：《夫人欧阳氏墓志铭》，载《全宋文》第240册，第245页。

④（宋）杨万里：《夫人邹氏墓志铭》，载《全宋文》第240册，第301—302页。

⑤（宋）周行己：《王君夫人毛氏墓志铭》，载《全宋文》第137册，第162页。

⑥ 方勇、李波译注：《荀子》，中华书局2011年版，第13页。

⑦（宋）陆游：《青阳夫人墓志铭》，载《全宋文》第223册，第192页。

⑧（宋）邹浩：《寿昌县太君严氏墓志铭》，载《全宋文》第132册，第74页。

所与游。善士也，则笑语异他日，否则神色辄不怡，故多以谨恪闻"[①]。有的母亲会在其子与客人畅聊时，躲在屏风后面窃听，等客人走后再对客人的言行品质议论一番，借以提醒其子可交或不可交。如南宋赠右承事郎王长方之妻徐氏，长子王信官至军器少监兼考功郎官，"每与客语，辄耳属于屏。既归，枚数曰某贤可与游，某不贤勿亲也，后多如言"[②]。司农寺簿叶大显之妻张氏，有一次，杨简去拜访其子叶元吉，张氏因病卧床不起，于是就让女儿替自己躲在屏风后窃听，如墓志铭所称："某访元吉，孺人已疾病。命二女听于屏间，尽记某之言以告。孺人举手曰：'幸甚，吾儿得此于先生也，吾死无憾矣。'"[③]

最后，每当孩子所交游的朋友来到家里，母亲认为是贤士的，都会表现出喜悦和热情款待。如北宋太子太保田况之妻富氏，也就是朝廷重臣富弼的妹妹，她常教孩子"问学取友"之道，平日"每闻有贤士大夫至，喜见颜色，亲视膳饮以进客"[④]。官员钱绛之妻吴氏，丈夫死时两个儿子钱长文、钱长卿尚幼，但对其子平时所交监管甚严，要求"不得妄与人游，常所往来，必一时闻人"。凡是客人来到家里，吴氏总会隔着窗户加以审视，如是贤者则亲为酒食，否则力劝不宜往来，所谓"每客至，夫人从户窥之，信贤欤，为亲具酒食，数延见不厌也。一有非是，立诫以绝，故二子稍长，皆好学而文。吴中多以夫人教子为法"。[⑤]枢密直学士张奎、客省张亢之母宋氏，每当孩子的朋友来到家里，她总是"辄于窗间听之，客与其子论文学、政事，则为之设酒肴；或闲谈、谐谑，则不设也"[⑥]。

3）设家塾聘师教子，斥资购书供子阅读

两宋时虽然官学制度比较完备，但各级官学多不下县，规模亦不大，大多数适龄学童都要在书院或私学里面来接受教育，这就为子女多或家庭条件相对较好的家庭设置家塾提供了可能及发展的空间。更难能可贵的是，母亲在家塾设置中所发挥的巨大作用。大部分家塾都是在母亲的运作下进行的，多会单独另辟场地来施教，甚至建造房屋使之成为一所相对独立的家庭私学。如北宋官员周谓之妻节妇荃，周谓被派往南方镇守，一去就是26年，杳无音信。父母曾"欲夺荃嫁之"，但她以死相争，父母也不敢强其所难。看到孩子日渐长大，她便"筑舍于外，购书命师教之"。[⑦]教室、书籍、塾师及学生具备，俨然就是一

①（宋）吕祖谦：《金华戚如圭母周氏墓志铭》，载《全宋文》第262册，第75页。
②（宋）周必大：《王给事母安人徐氏墓志铭》，载《全宋文》第232册，第308—309页。
③（宋）杨简：《叶元吉妣张氏墓志铭》，载《全宋文》第276册，第39—40页。
④（宋）范祖禹：《永嘉郡夫人富氏墓志铭》，载《全宋文》第98册，第326页。
⑤（宋）陈襄：《夫人吴氏墓志铭》，载《全宋文》第50册，第239页。
⑥（宋）司马光：《涑水记闻》，载《宋元笔记小说大观》第1册，第872页。
⑦（宋）文莹：《玉壶清话》，载《宋元笔记小说大观》第2册，第1483页。

所相对正规的家庭私学。

南宋女子所经营的家塾更为常见。如官员孙稷之妻强氏，“即舍东辟屋数楹，迎师教其子，晨夜课诵，不使嬉宕”[①]。刘子高之妻易氏，丈夫死后，她倾奁教子，以致所生六个儿子均“以儒学显”。接下来，易氏又考虑十七个孙男、三十个孙女的教育问题，且训饬诸孙尤为用心，尤其是“即所居之南为塾，明窗静（净）几，日延师友游息其间”。虽然有塾师教导，但易氏还“每聆弦诵声，时往听之，率宵分乃寐”。[②]朝奉郎谭微仲之妻左氏，丈夫本来就是私塾先生，曾建有精舍及读经堂。但丈夫过世后，精舍无人维持，这时左氏出面跟族亲征求意见，说：“今儒士中谁可为子弟师？”有人说某某可以，她便多方打听，确认这位塾师能教其子后，便“始命其子聘之”，于是家塾得以持续办理，且对私塾先生之礼“益加于前”，左氏也常常是稳坐堂上“夜听诸子读书，喜而不寐，或至申旦”。[③]敷文阁待制单夔之母叶氏，丈夫早逝，儿子单夔尚未读书便能言：“吾独失父，不力学自立，不名为人。”叶氏悲喜交加，对儿子说：“是儿父所钟爱，今可教也。”于是，叶氏便“访师之良者，买书史，辟庐舍，昼则躬烹饭，夜则供灯火”，让单夔师从金陵钱某读书求学，使17岁的单夔便“入铨闱高等，未几复占刑法科……实夫人有子而善教之也”。[④]官员章某之妻盛氏，曾“辟塾于家，延师教子，入则问所业进減，出则视其友损益”[⑤]。还有孙德之在《石夫人墓铭》中提到的新昌女子石氏，“嫠居早，幼稚呱呱。夫人守良人之志……辟馆宾师，而诸子有成”[⑥]等。

而对子女少或经济条件相对较弱的家庭，往往会聘请教师进行单独辅导，类似今日之家庭教师的角色。如北宋处士陈某之妻叶氏，陈某过世早，叶氏便“遵其志，教饬子孙，延儒师，能尽情诚”[⑦]。南宋官员王安之母程氏，“缩衣节食，聘士教子”。然塾师姜庆家庭非常贫困，独与女儿在一起生活。程氏顿生恻隐之心，将其女儿接到家里抚养，后来还为其置备嫁资。不仅如此，姜庆还患有消渴疾，“每讲罢，索巨觥引满，如奉漏瓮沃焦釜，少辽缓则殆不济”。故每当姜庆开讲时，程氏都要准备好所饮之水，凡数年，且“终无倦色”。[⑧]这既是对塾师的敬重，也是基于对子女教育的坚持。崇仁县居士缪昭之妻王氏，自丈夫去世后，王氏以兴起门户自任，除经营家业外，“延名儒，课子孙以书”[⑨]。还有，崇仁县吴某之继

①（宋）孙觌：《宋故孙夫人强氏墓志铭》，载《全宋文》第161册，第134页。

②（宋）胡铨：《易氏夫人墓志铭》，载《全宋文》第196册，第58页。

③（宋）杨万里：《夫人左氏墓志铭》，载《全宋文》第240册，第317页。

④（宋）袁说友：《故太淑人叶氏行状》，载《全宋文》第274册，第382页。

⑤（宋）吴泳：《盛宜人墓志铭》，载《全宋文》第316册，第405页。

⑥（宋）孙德之：《石夫人墓铭》，载《全宋文》第334册，第219页。

⑦（宋）吕南公：《陈处士妻叶氏墓志铭》，载《全宋文》第109册，第354页。

⑧（宋）吕祖谦：《鄱阳王安母程氏墓志铭》，载《全宋文》第262册，第109—110页。

⑨（宋）陈造：《太孺人王氏墓志铭》，载《全宋文》第256册，第403页。

室熊氏，嫁给吴某后生下三个儿子，吴某过世后母子四人单独生活，只是“所得产薄甚”。但熊氏不为生活所困，“属亲旧择师”，笃意教子。所聘塾师对其子要求甚严，“三子小迕，怒之往往过当”。虽然塾师对三个儿子有“过当”行为，熊氏则很坦然，甚至是很欣慰地说：“自今吾可无忧。”结果，她的三个儿子均“为举子著名，而长子某，被某年恩，廷试名在第四”。①

伴随印刷技术的发展与进步，仕宦之家藏书日益增多，一些普通家庭的女子亦便产生购置图书以供子女阅读的想法，即便是在家庭经济困难的情况下，居然还能变卖嫁资来换取一些图书，确实有远见之识。如南宋官至监潭州南岳庙的赵谦仲之妻李氏，“尤务教子，褚无长资，至典衣市书，每以汉唐宗室儒术相业为训……故其子皆知嗜学，又累赴国子选，人谓庶几孟母之教”②。又有文林郎曾光庭之妻刘氏，在藏书与田产之间，她说过一句很经典的话，即“蓄田千亩，不如藏书一束”。因而，在丈夫死后，刘氏面对五子一女、孙男十五人、孙女九人的大家庭，为让他们有书来读，便“不吝金帛以求之，插架几万轴”，正因为这样，其子孙大多学业有成，所谓“子孙闻见寖广，艺业日有闻，对策集英者三，贡于乡者十二，文风蔼如也”。③

4）亲授经史，早促学晚“夜课”

在孩子尚幼或未到外出从师的年龄，或因家庭困难而孩子无缘求学时，母亲自然就行使起“第一任”教师的职责。她们多能根据自己早年所受教育，对子女或口授或教读、检查功课或指导书写训练、早间促学或深夜陪读等，可以说是尽心竭力、尽职尽责。

对子女何时开始起教，《礼记·内则》早有主张，司马光也对此加以发挥，要求“子能食，饲之，教以右手。子能言，教之自名及唱喏、万福、安置。稍有知，则教之以恭敬尊长。有不识尊卑长幼者，则严诃禁之”④等。事实上，母亲都会依据古训，从子女能食能言时开始施教。如北宋学者杨亿的母亲，据《宋史》本传称，杨亿“能言，母以小经口授，随即成诵。七岁，能属文，对客谈论，有老成风”⑤。刑部郎中、知制诰赵槩之母高氏，生有七个儿子，赵槩最小，“自初能言，夫人日自课以书，使调四声作诗赋”⑥。秘丞马蒙之母何氏，自马蒙“能道语言，乃教之学书，念文字。既冠，遣从师为词章”⑦。还有南宋吉州女子段净

①（宋）陈造：《熊氏墓志铭》，载《全宋文》第256册，第406页。
②（宋）胡铨：《赵谦仲妻李氏墓志铭》，载《全宋文》第196册，第76页。
③（宋）周必大：《曾监酒母孺人刘氏墓志铭》，载《全宋文》第232册，第307页。
④ 费成康：《中国的家法族规》，上海社会科学院出版社1998年版，第241页。
⑤（元）脱脱等：《宋史》，中华书局1977年版，第10079页。
⑥（宋）苏舜钦：《广陵郡太君墓志铭》，载《全宋文》第41册，第135页。
⑦（宋）文同：《寿安县太君何氏墓志铭》，载《全宋文》第51册，第202页。

才，“诸子能言即教之诵诗，训以孙弟，稍长勉令为善强学”[①]。国子博士俞烈之母张氏，“博士生而能言，夫人自教诵《蒙求》《孝经》，昼出从先生，夜归就膏火，亲课其勤惰，率鸡鸣乃得睡，既长立犹然。博士后试礼部，为天下第一”[②]。

母亲对子女所亲授之课，皆以经史为主，而兼及其他，可以说与当时官学的课程设置基本上是吻合或保持一致的，进一步说是与科举考试的导向密切相关的。当然，对女孩子来说，也有专门的授课内容。如司马光在《居家杂仪》中，就要求对男孩子授以《论语》《孝经》《尚书》《春秋》等，对女孩子“亦为之讲解《论语》《孝经》及《列女传》《女诫》之类，略晓大意”[③]等。然不同家庭背景的母亲，在实际的授受过程中也会有细微的差异。如北宋翰林学士王拱辰之母李氏，除授诸子《孝经》及古诗外，还授以“方田之数”，亦即教授《九章算术》之内容，用以计算田地面积等。官员史温之母夏氏，在史温 4 岁时就“亲授之《孝经》《论语》，复得昔贤书帖，俾之临学”。幼小的史温既要读经又要练习书帖，难免会有“缠书哭之哀”，而夏氏则“无废日严之训”，最终是史温“践场屋，以文学为时辈所推”。[④]南宋时处士巩法之妻杨氏，丈夫死时两个儿子尚幼，但她在孩子会说话时，“皆亲授以《孝经》《论语》《毛诗·国风》，为之讲声形，正章句，具有师法”。可见，杨氏不只是让孩子背诵诗书，还为之讲解声形及章句，俨然有汉风，不亚于私塾或官学中的正规授课，使两个孩子“未从外塾，而于幼学之事，各已通贯精习，卓然为奇童矣”，后来他们两个“皆举进士，中其科”。[⑤]还有，鄞州士人何懋之的妻子宣希真，自两个儿子能言便授以《论语》《孟子》，后来虽择师就学，但回到家之后，宣氏又以《曲礼》《内则》《中庸》《大学》《冠婚》《乡饮》诸篇，“时时为儿辈讽诵而开警之”[⑥]。也就是说在《论语》之外，又追加《孟子》《大学》《中庸》等经书的传授，以及通过《礼记》中的《曲礼》《内则》《冠婚》《乡饮》等名篇来进行礼节或礼仪方面的训导。

除经史诗书外，还有对子女的书写训练，这也是当时读书问学的基本功，也颇为母亲所重视。如欧阳修的母亲郑氏，丈夫死后守节自誓，亲自教子学业，因家里贫穷买不起笔墨纸砚，于是就地取材，“以荻画地学书”[⑦]。南宋保宁军节度使、信安郡王孟忠厚之妻王氏，“学书有楷法，每教子辄书数十字，随手涂灭，

---

①（宋）周必大：《段夫人墓志铭》，载《全宋文》第 233 册，第 135 页。

②（宋）叶适：《安人张氏墓志铭》，载《全宋文》第 286 册，第 164 页。

③（宋）司马光：《居家杂仪》，载费成康：《中国的家法族规》，上海社会科学院出版社 1998 年版，第 241 页。

④（宋）祖士衡：《宋故赠大理评事武昌史府君墓志铭》，载《全宋文》第 17 册，第 377—378 页。

⑤（宋）陆游：《杨夫人墓志铭》，载《全宋文》第 223 册，第 207 页。

⑥（宋）袁燮：《何夫人宣氏墓志铭》，载《全宋文》第 282 册，第 29 页。

⑦（元）脱脱等：《宋史》，中华书局 1977 年版，第 10375 页。

不以示人”。[①]

一天当中，身为母亲从早到晚要做很多的事情，而能对孩子施教的时间主要是在早晨和晚上。早晨的功课多是督促孩子起床后的诵读，或是做好去学塾的准备。如南宋大夫王师伋之妻宗氏，每天早上鸡鸣时分，就让两个儿子赶快起床，即“鸡鸣趣二子起就学”[②]。但她们会更多地在晚上来对孩子实施“夜课”，或专以检验孩子的诵读效果，如南宋修职郎王俊臣之妻欧阳氏，为督促孩子的学问，每天晚上做完其他事情之后，专心陪着孩子读书，时而还会有所感悟，所谓“训诸子以学问，每夕吹灯视其读书，默听古人语，时若有得，曰某书某语，殆谓某事耶？往往暗合文意”[③]。陆游好友谭季壬的母亲青阳氏，白天让孩子入学读书，晚上则又亲自为孩子补课，还动用传统的计时工具来限定时刻，即“夜课以书，必漏下三十刻乃止”[④]。甚至是，像赠中散大夫王万枢之妻蔡氏，晚上夜课诵读，如孩子诵读未精熟，她也不睡觉，即“诸子之幼也，夫人夜课诵读，苟未精熟，夫人夜亦不寝”[⑤]。

当然，在晚上有家务事必做的时候，这些母亲往往会边挑灯缝纫绩麻，边指导及陪伴孩子读书。如北宋奉议郎潭侯之妻龚氏，平日以《论语》《孟子》躬受其子，每到晚上便“夜然膏火力缝纫，视其读书，不以寒暑变也”[⑥]。南宋处士陈龟朋之妻黄氏，丈夫死后家贫子幼，邻里劝其“它求乐处”，但其自誓教子，“夜课儿书，常烧松明、萁麻苎以待之，琅琅成诵乃止”。[⑦]

5）学孟母，择居教子

孟母之所以三迁其居，无非是要给孟子创造一个良好的受教环境，而孟子的成材使“孟母三迁”的故事家喻户晓，后世诸多母亲也便纷纷效仿。北宋末年处士郑某之妻黄氏，郑某过世时诸子尚幼，黄氏不仅寡居守节，还考虑到所居郊野，让孩子外出拜师求学十分不便，于是直接在郡学附近购置房屋安顿下来，所谓“亟斥卖奁具，得舍数椽，直郡庠之左”[⑧]。可知，住所附近不仅有官学，还有士人的精神家园文庙，文庙中又供奉诸多人生之标杆。在如此一个被儒学化的环境中，其子学业自然长进不小，即“朝夕尊所闻见。盖不待三迁，果皆业儒”[⑨]。难怪张元幹在墓志铭中对其大赞曰：“夫善师孟母若夫人者鲜矣。”[⑩]浙江诸暨的俞择之妻

①（宋）孙觌：《宋故秦国夫人王氏墓志铭》，载《全宋文》第161册，第121页。
②（宋）刘克庄：《夫人宗氏墓志铭》，载《全宋文》第332册，第46页。
③（宋）杨万里：《夫人欧阳氏墓志铭》，载《全宋文》第240册，第245页。
④（宋）陆游：《青阳夫人墓志铭》，载《全宋文》第223册，第192页。
⑤（宋）刘宰：《故吉州王使君夫人蔡氏行状》，载《全宋文》第300册，第209页。
⑥（宋）许翰：《龚氏夫人墓志铭》，载《全宋文》第145册，第21页。
⑦（宋）刘克庄：《陈处士黄夫人墓志铭》，载《全宋文》第332册，第116页。
⑧（宋）张元幹：《晋安黄夫人墓志铭》，载《全宋文》第182册，第435页。
⑨（宋）张元幹：《晋安黄夫人墓志铭》，载《全宋文》第182册，第435页。
⑩（宋）张元幹：《晋安黄夫人墓志铭》，载《全宋文》第182册，第435页。

王氏，独自将子女拉扯大后，为让孙子俞方直接跟从学者陆佃（陆游的祖父）读书，便在陆佃住所的旁边“买邻以居”，还对俞方说：“是其谏议阴德之后，克绍其门者，又尝问道真儒，盍往归焉。”[①]南宋鄞州士人何懋之的妻子宣希真，原来也居住在乡下，其子长大要外出求学时，宣希真便“徙居城中，择精于教导者，俾师事焉”[②]。

而南宋赠朝散大夫丘经之妻臧氏则与黄氏、宣氏有所不同，丈夫死后她典卖故所，带着五个尚未成年的孩子，在城外置田数十亩，对子女说：“耕此，教若曹耳。”即要在此过耕读生活，但也会“察士之材否，使其子择而后从。”到了晚上，她还督促孩子诵读经史，并常说：“我妇人也，不能知书之义。观其玩诵反复，清切不寐者，深于学之验也。”[③]

6）教子为官清廉，主持正义

对子女的教诲不只是停留在学龄阶段，还体现在孩子出仕为官之后，为光祖耀宗或考虑到为官贪廉与否的直接后果以及对家风门风的传承等，众多母亲都会不断地提醒儿子要做一个好官，并给他们强大的心理支持，以解除他们的后顾之忧。

首先，教子为官要自律、勤勉，这是为官的基本素养。为母者虽未有从政之机，但耳闻目睹及史书所言，也足以让她们认识到如何做一个值得民众信赖的好官。如北宋赠朝议大夫郭某之妻周氏，丈夫为官时本就“爱人勤职，信厚人也，而以清特闻”。后来，其子郭益在武进做承议郎，与武进比邻的义兴，曾是丈夫中年安家之处，多族亲姻旧。郭益为官“刚介自信，人固莫敢以事请”。因而，常有亲友找到周氏来说和，求郭益帮忙办事。周氏一边告诫郭益说：“县治近乡闾，当以绝请托为先务。”一边又与旧亲周旋，说：“吾妇人，不当知门外事。”过几日那些人又来求情，周氏又说：“老人善忘，不记所言矣。”[④]著作佐郎俞充之母辜氏，丈夫曾举进士，但壮志未酬身先死。辜氏则教育俞充等“毋堕先人之志”。十余年之后，俞充举进士，归拜于堂上，母亲教他做官一定要有个好名声，说：“学所以求仕，仕矣，必求名誉于其身，使人知汝父之有子，夫然后吾以为乐也。”[⑤]以奉议郎致仕的董綖之妻祝氏，则是教已经入仕的儿子如何做君子而不做小人。她说：“凡不欺于心，不害于物，谓之君子；反是，谓之小人。穷达异分，贵贱殊辙，惟不悖于义，则无愧。为君子，不为小人，虽五斗之奉，吾不憾也；为小人，不为君子，虽万钟之养，吾不悦也。尔等勉之。”[⑥]此番话似是出自一位学者之口，言辞之间不无哲理，亦无不透漏出对儿子的殷切期望。其长子朝请郎董丕与墓志铭

①（宋）陆佃：《俞君夫人王氏墓志铭》，载《全宋文》第101册，第256页。

②（宋）袁燮：《何夫人宣氏墓志铭》，载《全宋文》第282册，第28页。

③（宋）叶适：《故太硕人臧氏墓志铭》，载《全宋文》第286册，第155—156页。

④（宋）程俱：《朝议大夫郭公宜人周氏墓志铭》，载《全宋文》第155册，第404页。

⑤（宋）王珪：《辜氏墓志铭》，载《全宋文》第53册，第306页。

⑥（宋）吕陶：《长安县君祝氏墓志铭》，载《全宋文》第74册，第130—131页。

的作者吕陶为同僚，吕陶称董丕“趣操方静，多文而敏于政”[①]，可谓不负母之苦心。

南宋致仕官员吴景之妻宗氏，教子要为国勤政。嘉定四年（1211 年），其子吴应龙由乡举第太常，名列丙科，宗氏甚是欢喜，且举酒杯既祝贺又叮嘱说：“士方未仕，志得一官以兴家耳。既仕，则当国尔忘家，汝其勉之！”很快，吴应龙就任毗陵尉一职，但又以官卑职冗为忧。宗氏又勉励他要勤政，说：“第毋忧，惟饬身以正，莅职以勤则免矣。”后来，吴应龙奏辟为湖广总领所准备差遣，到官后曾令幕僚做事要殷勤，于是每天鸡初鸣，母亲就叫醒吴应龙起床入幕做事，还说：“宁汝伺人，毋令人伺汝。”[②]还有，通判范如山之妻张氏，长子范炎初任临江新喻主簿，她常戒之曰：“日日消簿，家家春风，我止闻之，今汝为之，可不勉乎？”每吃过晚饭，张氏也必问当日书写多少文书，即“今日消几何纸，数溢则喜，否则戒曰：‘明必偿之。’”[③]

其次，教子为官廉洁奉公。廉洁是为官的底线，突破这一底线就步入贪官之列，而贪官一旦事发则千夫所指，玷污祖宗，不为人齿，因而为人母者也很在意对为官之子的廉洁引导或督促。如南宋中大夫梁季珌之妻吴氏，丈夫为官“约己奉公”，死后家无余财，吴氏“橐中尤萧然”，但她不以钱财自累。其子梁钥为宣教郎知绍兴上虞县，以俸薄无以赡为忧，吴氏开导他说：“而父以清白传家，汝曹所当世守。且禄厚而廉，人所可能；禄薄而廉，非贤者不能也，汝其勉之。”[④]吴氏对“禄”和“廉”之间的关系理解得相当深刻和精致，不亚于有识之士。又如通判范如山之妻张氏，长子范炎在临江新喻主簿任上“以禄养缺乏为忸”，张氏深情地对他说：“汝能廉，吾虽饭蔬饮水，甘于鼎食矣。”后来，范炎在知晋陵时，“治平为天下最”。[⑤]

最后，教子在大是大非面前，为官尤其是任谏议官要敢于担当，要主持正义，要有士大夫“为天地立心，为生民立命”及“舍生取义”的忘我精神。如北宋官员刘安世，得第后不就职，拜师于司马光门下，后经吕公著的推荐，迁起居舍人兼左司谏，进左谏议大夫。尚未上任，先回到家里禀告母亲说：“朝廷不以安世不肖，使在言路。倘居其官，须明目张胆，以身任责，脱有触忤，祸谴立至。主上方以孝治天下，若以老母辞，当可免。”刘安世的担心并非多余，因为谏议这一职位确实很容易得罪人，说不定会因此而卷入一场党争，甚至是身败名裂。他以母老请辞，也合乎官制和惯例，朝廷也不会因此而勉其难。母亲听后却不这么想，

①（宋）吕陶：《长安县君祝氏墓志铭》，载《全宋文》第 74 册，第 131 页。
②（宋）刘宰：《故宗氏安人墓志铭》，载《全宋文》第 300 册，第 259—260 页。
③（宋）刘宰：《故公安范大夫及夫人张氏行述》，载《全宋文》第 300 册，第 214 页。
④（宋）刘宰：《吴夫人行状》，载《全宋文》第 300 册，第 205 页。
⑤（宋）刘宰：《故公安范大夫及夫人张氏行述》，载《全宋文》第 300 册，第 214 页。

她从父志到国恩，再到心理准备，叮嘱刘安世说："不然，吾闻谏官为天子诤臣，汝父平生欲为之而弗得，汝幸居此地，当捐身以报国恩。正得罪流放，无问远近，吾当从汝所之。"[①]有母亲的鼓励和支持，刘安世于是受命，且以直谏闻名。

继刘安世之后的邹浩也是一位谏官，被宋哲宗擢为右正言。邹浩担心在此官位上会给家人带来灾难，亦想推辞。母亲张氏劝他说："儿能报国，无愧于公论，吾顾何忧？"邹浩就任后虽非常用心做事，也因此而两度被贬岭表，母亲却仍"不易初意"。后来调任直龙图阁，因瘴疾发作而病危。程颢大弟子杨时路过常州时，前往家里探视，虽"仅存余息，犹眷眷以国事为问，语不及私"。[②]《宋史·张浚传》载，力主抗金的张浚想上疏"极论时事"，因怕母亲担忧而消瘦不少。母亲询问其故，张浚如实以对。母亲则诵其父对策之语说："臣宁言而死于斧钺，不能忍不言以负陛下。"受母亲寓意的感染，张浚决意上疏，称："当今事势，譬如养成大疽于头目心腹之间，不决不止。惟陛下谋之于心，谨察情伪，使在我有不可犯之势，庶几社稷安全；不然，后将噬脐。"其言直刺当权者秦桧，结果被贬连州。还有，宋理宗时学者刘黻，与陈宜中、林测祖、陈宗、曾唯、黄镛等上书参劾丁大全的奸邪误国，结果被消去学籍，送南安军安置。临别之际，母亲解氏宽慰他说："为臣死忠，以直被贬，分也。速行！"[③]足见这些母亲的博大胸怀以及对国是的担忧，在自己无力参与政事的情况下，只有鼓励儿子去尽忠于国家了。

母亲对儿子的为官之教是持续性的，甚至可以说儿子每为官一处，母亲都要反复交代一番，时刻提醒儿子要谨慎从政。如南宋敷文阁待制单夔之母叶氏，单夔年 17 岁及第后不久而诏守三辅，即任为京畿之地守官，其官位甚是重要。叶氏就对他说："是官非州县比，汝能信吾说即往，否则勿就。"单夔敬请母亲直言，叶氏接着说："今天子仁圣，爱及蝼蚁。我闻廷评阅天下狱案，罪所轻重在笔端，'宁失不经，哀矜勿喜'，圣人格言，汝当守此。"单夔谨遵母亲为官公正的教诲，在职六年，他"自评而丞，丞而正，谳议讯鞫，一无有滥冤者，而缓死之议盖什九焉，夫人之训然也"。而后，单夔知霅川即今之湖州吴兴县，仅七个月又寻以尚书郎总领淮西事。单夔离开霅川时，叶氏对诸多馈赠之物及在官所使用过的物件都要逐一过目留下，以免影响儿子的清廉。单夔在总领淮西事四年中，曾三次以"王人"即帝王之臣的身份回家探望，叶氏每次见到儿子总是要他以社稷民生为重，以不负朝廷及长辈所厚望。她说："汝繇卑官，蒙主上特达之知，遭逢晋用，何能称塞？惟是得望清光，日当以裕民力、宽州县、爱士卒者入告。其曰剥下以媚上，瘠民以肥国，则汝大负朝廷，非我畴昔望汝者。"淳熙三年（1176 年），单夔被调

①（元）脱脱等：《宋史》，中华书局 1977 年版，第 10954 页。
②（元）脱脱等：《宋史》，中华书局 1977 年版，第 10958 页。
③（元）脱脱等：《宋史》，中华书局 1977 年版，第 12242 页。

任户部侍郎。但叶氏觉得此任甚重，称："吾儿本何能而至于此？才弗称禄，食浮于名，恐终不足负荷。"而单夔也觉得自己适合在地方上做事，就在母亲的授意下，上请孝宗皇帝改任他职，两年后便出知平江府。而平江这个地方，又是母亲叶氏小时候的寓居地，亲朋故旧甚多，叶氏却很理智地做出选择，所谓"戒以毋得毫发私吾家，又饬所亲之贤，俾家谕其族，毋令扰吾子"。以致单夔离开平江之日，"莫敢一人愿受私者"。[①]还有，官员马廷鸾之母段氏，马廷鸾在为其撰写的墓志铭中如是说：

子为教官，都堂召，则戒以"安分，无躁进"。为馆职，轮当面对，御史迎劾去，则戒以"无戚戚，菽水吾安之"。为两制，欲投簪奉母去，则戒以"从臣异庶官，无轻为去就"。所以命其子之进退若此。[②]

7）人生及学业引导

两宋母亲对子女的教导除上述之外，还会涉及如何立志及励志、学业方向的选择、应有怎样的处世态度以及过一种怎样的生活等，远非学校教育所能全及。

第一，教子立志于学。古人治学最重立志，孔子所言"三军可夺帅而匹夫不可夺志"，墨子所言"志不强者智不达"等，都是在奉告学子要确立人生的远大目标，这样不至于迷茫和颓废。作为深受传统教育熏染的母亲，在实际生活中也无不重视对孩子的立志引导。北宋宗室安国公、延州观察使赵从古之妻宋氏，生于世家大族，"母教之剪制之事，音律之法，诗书之言，其性聪悟，所学辄过人"[③]。早年的教化使其对子女的教育也给予特别关注，教子要"近于学"，而不致玩物丧志。她在病重期间，还将子女召集到床前谆谆教诲，说："吾奉宗祀有年矣，老而益不敢懈。夫富贵易靡于人，汝曹勉近于学，亡以歌钟狗马而自溺其志也。"[④]南宋金华学者汪仲仪之母王氏，教育儿子要"专意经史，毋以货败尔志"[⑤]，即不能因贪图物质享受而丧失人生的方向。南宋致仕官员吴景之妻宗氏，深知学之重要，故对其子大讲"人生不学"的忧患及立志于学的好处，她说："人生不学，即无繇知古今、识理道。吾以少事女工不及学，用为终身恨，或他生可期，吾志其伸乎。"在宗氏的启迪下，几个孩子也很努力地去学，只是参加科举考试时皆未如意，他们都感慨乃"命"之所系。宗氏没有正面回应他们的抱怨，待其懈怠之时，便带着激励的口气说如此"可以命自诿乎"，几个孩子理会到母亲的话中之意，于

①（宋）袁说友：《故太淑人叶氏行状》，载《全宋文》第 274 册，第 383 页。
②（宋）马廷鸾：《咸宁郡段太夫人墓志》，载《全宋文》第 354 册，第 83 页。
③（宋）王珪：《宗室延州观察使夫人京兆郡君宋氏墓志铭》，载《全宋文》第 53 册，第 268 页。
④（宋）王珪：《宗室延州观察使夫人京兆郡君宋氏墓志铭》，载《全宋文》第 53 册，第 268 页。
⑤（宋）吕祖谦：《金华汪仲仪母王氏墓志铭》，载《全宋文》第 262 册，第 78 页。

是皆“痛自勉励”。[①]

第二，教子主以儒学，兼重举业。在儒学一统的年代，引导孩子自幼攻习儒学也是顺理成章的事情，作为母亲有此意识和行动，表明她们的生活已与社会生活融为一体，与社会同呼吸共命运，只是此命运多是在为孩子把握而已。如北宋尚书屯田郎中张宗雅之妻符氏，宗雅死后没有留下多少资产，但留下“儒术起家”的精神财富。有一天，符氏把孩子召集在一起说：“父以儒术起家，厥有余构。汝惟激昂自立，毋忝前人。菽水之须，吾自有处，非尔曹忧也。”言外之意，也就是要让孩子继承父亲的“儒业”。于是，几个孩子“涕泣承教，相与愤悱，出从师学，遂得卒业”。[②]南宋官员胡颖的母亲赵氏，她有两个儿子，长子胡显“有拳勇，以材武入官，数有战功”。次子即胡颖，“自幼风神秀异，机警不常……成童即能倍诵诸经，中童子科”。胡颖本该沿着经史之路继续发展下去，却向母亲提出“从兄学弓马”的要求。赵氏便一口回绝，说：“汝家世儒业，不可复尔也。”胡颖从此便断绝习武的念头，“感励苦学，尤长于《春秋》”。终于在绍定五年（1232年）“登进士第，即授京秩”。[③]

同样，在科举盛行的年代，由儒学到科举再到步入仕途，是一条光大门庭的“直通车”，也是普通家庭子弟得以改变自己命运的最好机会，因而举国对科举的关注度也在不断提升。作为母亲，也无不希望孩子能通过科举改变命运，自然会对孩子的读书应举给予大力支持。如北宋学者薛与之的妻子余氏，她曾幼读《论语》《孟子》，寡居后教子读书，“有男子所不如”。其子薛漫翁最初因科举失利而“游淮堧，得勇爵归”，母亲对他的武官身份不感兴趣，甚至是“不受拜”。然后语重心长地对他说：“我之所以望汝者岂在此也？”薛漫翁明白母亲的意思，即“必欲其以儒学进”，从此薛漫翁“益感厉，思有以酬夫人素志”，其实也是在不忘初心，以圆科场之梦。[④]又如官员束斌卿之母李氏，丈夫死后家庭限于贫困，但对子女的“训之学而劝以仕”方面的引导却没有丝毫放松，当束斌卿“数举进士不利，怠而欲止”的时候，李氏鼓励他说：“汝学未也，勉之。”束斌卿又下定决心，刻苦攻读，“已而起家登进士第，得官东归”。[⑤]

不过，相对于举业而言，部分母亲对儒业更为看重，对举业似有不屑一顾之嫌。如程门大弟子尹焞，自幼跟从程颐读书，曾经参加应试，看到考题内容涉及“诛元祐诸臣议”，非常感慨地说：“噫，尚可以干禄乎哉！”结果不对而出，马上去回禀老师程颐说：“焞不复应进士举矣。”程颐没有直接回应他的想法，劝他回

①（宋）刘宰：《故宗氏安人墓志铭》，载《全宋文》第300册，第259页。
②（宋）陈襄：《崇国太夫人符氏墓志铭》，载《全宋文》第50册，第250页。
③（元）脱脱等：《宋史》，中华书局1977年版，第12478页。
④（宋）黄震：《余夫人墓志铭》，载《全宋文》第348册，第390—391页。
⑤（宋）赵鼎臣：《束邦宪母李氏墓志铭》，载《全宋文》第138册，第281页。

家再征求一下母亲的意见。尹焞又归告母亲陈氏，母亲说："吾知汝以善养，不知汝以禄养。"母亲的回答很巧妙得体，以致程颐赞美说："贤哉，母也。"[①]尹焞也因此终身不就科举，以讲学授徒为己任。南宋湘南逸民彪虎臣之妻王氏，丈夫曾"不复求仕，以经术教授乡里"。王氏生有两个儿子，即彪居厚、彪居正，且"自孩提时即教以善道"。有一天，王氏对丈夫说："闻客言于君者，皆谓读书务记诵，为章句，取利禄。我窃异其言，幸教二子勿同流俗。"[②]从王氏所言，可以看出她是不愿意让儿子"为章句、取利禄"的。

有些母亲也并非一味排斥举业，而是认为要以儒业为主，在打好儒学基础之后再通过科举入仕也为时不晚。如南宋学者宋修叔之母王氏，早年"通诗礼史传，不为辞章,见世之妇若女以文章笔札传于人者以为非",因而她将举业视为"小技"。故当其长子宋甡十五六岁"较艺郡庠，数居前列"时，王氏担心其沉溺于应举而跳不出来，就开导他说："汝父无恙时讲道于家，未尝强以语人，而就问者众。每使学者熟味《论语》'学而时习'一章，所学果何学，所习果何习。是弗之思，讵可效举子习小技，角胜负，止于科第而已耶？"有此想法之后，王氏便穿着整洁，面请公公"乞择大儒，俾就学"。当时吕祖谦已经是"名动一时"的学者，于是就让宋甡师从吕祖谦，"遣之从游，大见称许"。公公宋某要致仕还乡，还可以荫及子孙，就想把这个机会给予长孙宋甡，但王氏还是想让孩子自己去努力奋斗，就对公公说："传长，法也。恐难以卑逾尊。况孤寡之人，越受恩荣，万一不克负荷，则上孤慈祖之恩，下失孀母之望。不若听其修身俟命。"王氏的一路鞭策和鼓励，最终还是让宋甡走上科举之途，"登绍熙龙飞进士科"，也可以说是水到渠成之事。[③]

第三，教孩子学会待人接物。这是家庭教育的一大优势，也是为人母者在日常生活中实施最多的一种说教，涉及子女生活的方方面面。

首先，教子女清白做人。如北宋尚书比部员外郎杜某之妻崔氏，不仅"好读经史佛书，既晓其义，亦必终身行之"，还"善教诸子"。当时，内外姻族多以华侈相尚，唯独崔氏"布素自若"，即便是"左右或羞之"，亦不为所动而泰然自若。在其重病之时，对诸子说："吾其终乎！吾所遗汝曹者，清白孝谨而已，无他物也。"[④]又如，尚书职方员外郎、赠左正议大夫张仲庄之妻王氏，公公祈国文孝公张观临终之际，将王氏叫到跟前属以后事，王氏"奉遗训，斯须不忘。教子必以礼义"，而不因失礼以污名声。她曾对族人说："文孝以德行起家，清白之训，以属于余。子孙当勉以继之，勿使人谓家风衰于祖考，则为孝矣。"[⑤]

---

①（元）脱脱等：《宋史》，中华书局1977年版，第12734页。

②（宋）胡寅：《王氏墓志铭》，载《全宋文》第190册，第236页。

③（宋）杨简：《宋母墓铭》，载《全宋文》第276册，第30—31页。

④（宋）范纯仁：《比部杜君夫人崔氏墓志铭》，载《全宋文》第71册，第330—331页。

⑤（宋）范祖禹：《寿昌县太君王氏墓志铭》，载《全宋文》第99册，第20页。

其次，教子女要善待他人、善待自己。南宋参知政事、会稽李安简之妻管氏，曾对诸子说："凡人处心宜公，待物宜恕。吾虽不学，然于此若有得焉，行之终身，不敢一日忘也。"管氏之所以那么从容说教，是因为她做得很到位，内心很坦然。她无论是对李安简原配黄氏所生三男三女，抑或是对自己所生二男二女，都能做到"抚爱均一，人无间言"。对待儿媳妇也是"如己女"，内外姻亲无不称其贤。[①]罗大经在《鹤林玉露》中提到的南宋官员杨万里之妻罗氏，则是教育孩子应该善待家奴。罗氏年逾 70 岁，每天早上黎明时分就起床，"诣厨躬作粥一釜，遍享奴婢，然后使之服役"。儿子杨东山有些不解，也很心疼母亲，就说："天寒何自苦如此？"罗氏却说："奴婢亦人子也。清晨寒冷，须使其腹中略有火气，乃堪服役耳。"母亲将心比心，所言不无道理，而杨东山还是固执地说："夫人老，且贱事，何倒行而逆施乎？"这些不近人情的话，让母亲有些恼怒，说："我自乐此，不知寒也。汝为此言，必不能如吾矣！"后来，杨东山也慢慢改变了自己的想法。[②]

同时，也会教导子女要善待自己，以使自己有一个健康的身体。北宋官员陈彭年之母，只有陈彭年这一个孩子，而陈彭年又非常好学，母亲怕他把身体搞坏，劝其晚上不要"开夜车"读书，然其"篝灯密室，不令母知"[③]。而谏议大夫杨大雅之母元氏，她是在儿子得眼疾后加以规劝或禁止看书的。墓志铭称，杨大雅"幼失其父，有志节，不群诸儿，母元夫人独爱之。……及长，尤好学，日必诵书数万言，或昼夜不息，临食至失匕箸。已而病其目，元夫人夺藏其书，府君盗之，亡邻家以读"。[④]从陈母到元氏，虽然未能完全阻止孩子夜间或长时间看书，但其出发点是毫无疑问的，就是要儿子学会保护自己的眼睛。

也有教孩子戒酒的，如北宋大理评事程某之母，程某特别喜欢喝酒，甚至有时酒后出现神志不清的状态，母亲于心不忍，强行令其戒酒，程某"自是终身不复饮"。程某晚年，曾患有风痹之疾，家人对他说，大夫所开出的中药需要用酒来辅助服用，他得知后坚决拒绝用酒服饮，说："吾虽晚耄，敢忘亲言乎！"苏舜钦在墓志铭中感叹道："食饮，人欲之大，君能因亲以绝，可谓纯孝也欤！"[⑤]

对外出求学的士子，由于年龄尚小，很多母亲都会在生活自理方面给予叮嘱。如《北窗炙輠录》中提到甘肃华亭学子姚进道，他在学之日，母亲怕他学到半夜会饿肚子，就叮嘱他要准备好夜宵，以防万一，尽管他每天晚上都准备，每次都没有吃过而施舍给"斋仆"，但慈母之心跃然纸上。如载：

---

①（宋）朱熹：《荣国夫人管氏墓志铭》，载《全宋文》第 253 册，第 122 页。
②（宋）罗大经：《鹤林玉露》，载《宋元笔记小说大观》第 5 册，第 5361 页。
③（元）脱脱等：《宋史》，中华书局 1977 年版，第 9660 页。
④（宋）欧阳修：《谏议大夫杨公墓志铭》，载《全宋文》第 36 册，第 12 页。
⑤（宋）苏舜钦：《大理评事程君墓志铭》，载《全宋文》第 41 册，第 133 页。

姚进道在学士日，每夜必市两蒸饼，未尝食，明日辄以饲斋仆，同舍皆怪之。子韶问曰："公所市蒸饼不食，徒以饲仆，何耶？"进道曰："固也。某来时，老母戒某云：'学中夜间饥则无所食，宜以蒸饼为备。'某虽未尝饥，然不敢违老母之戒也。"市之如初。①

最后，教孩子勤勉于事，不言人是非。天道酬勤，勤能补拙，此乃古人做事或求学的普遍共识。做母亲的也深知这一道理，也会以此鼓励子女要勤于做事。如新安别驾方符之母陈氏，常对两个儿子讲："民生在勤，勤则不匮，我妇人不解书意，岂谓勤则事无可不为耶！"其实，陈氏自己也身体力行，如其母再适之后复寡无所依靠，她则"奉事之终身"；妹妹亦寡居贫困，她则"经纪其幼孤无倦色"。还有为夫家及其家族所做的一切，以致婆婆说："恭谨有礼法，不当如吾妇乎？"族戚亦相语曰："温良无忌刻，不当如某嫂乎？"②陈氏的辛苦勤劳，赢得了家人及家族的普遍称颂，也为子女树立了可供效仿的榜样。

管好自己，做好自己的事情而问心无愧，且不去随意评议别人之是非，也是做人的一大美德。对此，北宋资政殿学士蒲宗孟之妹、太子中舍苏不欺之妻蒲氏表现不凡，丈夫苏不欺死后，她对诸幼子"训饬教戒，益严且勤"。待孩子长大懂事后，又谆谆教导说："吾事而父毕矣，汝曹惟勉学慎行，庶几成就，以显尔亲，则吾无憾。昔马援闻人之过，如父母之名，吾自幼至老，不敢言人之非，小子识之，可以寡尤也。"③

第四，教子女生活俭约。两宋社会虽然出现一股追逐时尚和享受之风，甚至是有些仕宦或商贾之家过度奢靡，然仍有相当一部分家庭及父母继续保持着俭约的生活方式，对子女也会持续自觉地进行俭约朴素引导，如司马光在给儿子司马康的书信中所言"由俭入奢易，由奢入俭难"。作为母亲在这方面的教导会更多一些，如欧阳修的母亲郑氏，虽世为江南名族，但"恭俭仁爱而有礼"，在治家上主以俭约，且对欧阳修说："吾儿不能苟合于世，俭薄所以居患难也。"即让欧阳修养成一种俭约习惯，即便是遇到艰难的日子也能生存下去。后来欧阳修被贬到偏僻的夷陵，郑氏没有为之担忧，反言笑自若，说："汝家故贫贱也，吾处之有素矣。汝能安之，吾亦安矣。"④官员吕希哲与妻子张氏系姨表亲，张氏虽为家中幼女，最受父亲钟爱，"然居常至微细事，教之必有法度，如饮食之类，饭羹许更益，鱼肉不更进也"。有一天，张氏之母来到女儿家探望，"见舍后有锅釜之类，大不乐"。即张母怀疑女儿在婆家私开小灶搞特殊，不高兴地对妹妹即吕夫人说："岂可使小

①（宋）施德操：《北窗炙輠录》，载《宋元笔记小说大观》第3册，第3302页。
②（宋）刘克庄：《陈太孺人墓志铭》，载《全宋文》第331册，第196页。
③（宋）吕陶：《静安县君蒲氏墓志铭》，载《全宋文》第74册，第132页。
④（宋）欧阳修：《泷冈阡表》，载《欧阳修诗文集校笺》，上海古籍出版社2009年版，第702页。

儿辈私作饮食，坏家法耶？”[①]于是，要求女儿张氏要恪守家法，继续保持俭约传统，而不搞特殊和例外。

南宋承事郎、赠朝散大夫蔡湍之妻方道坚，其教子“幼课以诗书，长勉以名节”。其子蔡定夫步入仕途后，虽“从其子游宦，逾岭涉湖，上汉沔，历江浙，几半天下，人皆荣之”，但她总是“以盈为惧”，于是戒其子要学会知足。她说：“我为汝家妇，逮事乃祖。乃祖仕不过二千石，汝父一官四十年，而在官仅五稔。汝趾美袭庆，今幸有田庐，家不啻足，无不知足以贻吾忧。”蔡定夫所以“安义命，恬进取，夫人之教也”。同时，方氏也对五个女儿施与俭约持家之教，“言动惟法，故诸女适仕族皆宜其夫家”。[②]

而官员陈宓的母亲聂氏，丈夫陈俊卿后高居相位，但其教子却颇倾向于俭约，如“饮食衣服常不使有余”。聂氏所考虑的不是因家庭条件所限，她平日很慷慨，很乐于周济邻里孤贫之人，所谓“族属孤贫者，夫人必曲意抚恤。……族中待夫人而炊者数十人，邻里有匮急，至捐簪珥解衣，推食周人，惟恐不及”。聂氏是不想让孩子因生活纵欲而败家丧志，所以需要施以俭约或艰苦教化。她对子女说：“吾非吝此，但欲汝曹稍识辛苦，庶异日可以保家耳。且天地间物若虚费耗，必有天谴，吾见亲戚间以纵侈败者多矣，汝曹戒之。”[③]

第五，教子女做慈善。两宋女子不仅自己乐于慈善，还会教子女做慈善，以惠及灾难深重的邻里或路人。如北宋某富家之妻蒋氏，熙宁年间苏州一带闹饥荒，蒋氏令其子“为食于路，与里之饥者；又[illegible]其地，以掩暴骼数千百人”[④]。南宋时吉州富商刘昱之妻王氏，乃教儿子不乘人之危。建炎四年（1130年）因灾荒，吉州当地物价飞涨，不仅“米斗千钱”，且一些粮贩囤积居奇，以求获取更多利润。这个时候，王氏私下对儿子刘彦弼说：“岁饥，盗贼蜂起，广积盈腐，非福也。”于是，刘彦弼就以市价的十分之一价格来出售储粮，使诸多乡邻度过生死关，所谓“乃尽发宿偫，斗值唯取十之一，乡闾多赖以活”。[⑤]还有，官员聂汝宗之妻陈氏，生于儒学世家。有一年，江西豫章一代闹饥荒，自然也是“粟贵人饥”。这时，陈氏告诫三个儿子说：“周急恤邻，平直齐量，汝父生平志也，汝宜继之。”使“乡里戴其惠”，而能度过灾荒。[⑥]

8）对教子策略的灵活把握

两宋女子不可能接受系统的教育理论或教育技能的熏陶，但在教子目标比较

①（宋）吕本中：《童蒙训》，载韩锡铎：《中华蒙学集成》，辽宁教育出版社1993年版，第53页。

②（宋）杨万里：《太令人方氏墓志铭》，载《全宋文》第240册，第279页。

③（宋）陈宓：《魏国太夫人聂氏行述》，载《全宋文》第305册，第254—255页。

④（宋）陆佃：《蒋氏夫人墓志铭》，载《全宋文》第101册，第263页。

⑤（宋）王庭珪：《故王氏墓志铭》，载《全宋文》第158册，第298页。

⑥（宋）聂蒙正：《宋故夫人陈氏圹记》，载《全宋文》第344册，第326页。

明确的情况下，对如何教育子女，以及如何有效地教育子女有着大致相同的思考和做法，以期让子女朝着社会及家庭所期待的方向去获取更大的发展。

第一，慈爱之下有严教。爱与教不是对立的，只是一个问题的两个方面，如何做到爱而有教、教而有爱，确实需要把握好分寸。出于天性，为人母者都能疼爱孩子，只是在疼爱之下如何从孩子长远考虑而施以严教，这是两宋诸多母亲一向关心的问题，且也不乏有远见之母亲。如北宋右谏议大夫杨大雅之妻张氏，对孩子“不略弛其色”，有人问她何以如此，她说：“慈或失之教不严，不足以训。”[①]屯田郎中张某之妻许氏，丈夫前妻留下二子一女，许氏抚摸着尚幼的三个孩子，心疼地说：“是亦吾子也，吾何独忍不爱之？爱而不能教，犹非我心也。”[②]

在实际生活中，有的母亲会等孩子放学回家后，及时督问学业及所做之事。如北宋大理寺丞钱访之妻吴氏，丈夫死后，她对两个儿子钱长文、钱长卿“躬自诲之，损资币使就学”。尤其是孩子晚上放学归来，吴氏总是“必考其业，而验其记诵之精否”，以致钱塘一带许多母亲“多以夫人为教子法”。[③]婺源居士汪藻之妻朱氏，亦是“日夜勉其子以学，归必问，所与游者贤、所阅书多即喜，或少懈辄怒，为不食”[④]。还有，南宋沙溪陈允文之妻张氏，其长子在就读州学期间，每次回到家里，不是过问学业如何，而是询问：“汝师谁氏？文谁氏？荐绅间过从谁氏？其人是业劣，亦为善不？”[⑤]虽然所问与学业不直接相关，但却都是大有助于学业的问题。

有的母亲要求严明，督促甚严。如北宋曹州乘氏县令梁某之妻镡氏，丈夫死后极力教子，甚至是“右执槚楚，左持简册，训若严师，成其国器”[⑥]。朝廷重臣吕公著之妻鲁氏，其子吕希哲10岁时，鲁氏则要求他在父亲面前不能随意坐下，只有“命之坐则坐”，大人不问什么问题，不得随意插嘴说话。还要求“诸子出入，不得入酒肆、茶肆”，以免沾染上不良习气。[⑦]右屯卫大将军仲参之妻杨氏，儿子稍长就开始让其读书，且“昼诵夜讲，日课稍怠，必严颜色而训之”。族人觉得杨氏对儿子过于严厉，就劝她说：“夫人有子，单子名系属籍，设不使知道学，富贵可坐致，何苦效寒素家，急禄养耶？”杨氏反而说道：“生子不可不教，吾独一儿，尤当力学，以荣其身。惰而愚，非吾之志也。”让族人不得不佩服她的远见，所谓

①（宋）欧阳修：《漳南县君张氏墓志铭》，载《全宋文》第36册，第22页。

②（宋）王令：《故屯田郎中张公夫人许氏墓志铭》，载《全宋文》第80册，第160—161页。

③（宋）陈襄：《夫人吴氏墓志铭》，载《全宋文》第50册，第239页。

④（宋）胡伸：《汪居士夫人朱氏墓志铭》，载《全宋文》第136册，第318页。

⑤（宋）曾丰：《淑母张氏墓志铭》，载《全宋文》第278册，第91页。

⑥（宋）句中正：《大宋故曹州乘氏县令赠太子洗马梁府君墓志铭》，载《全宋文》第3册，第225页。

⑦（宋）吕本中：《童蒙训》，载韩锡铎：《中华蒙学集成》，辽宁教育出版社1993年版，第53页。

"族人乃服"。[①]如果是孩子在学校不好好读书，甚至是因此被老师体罚逃学时，做母亲的也不姑息孩子，而是严厉训斥之后将其送回学校。如南宋官员杨伯起之妻莢氏，其子杨训幼从师于学者胡寅的父亲，因功课没做好而"被扑逃归"，莢氏又很快将其送回胡父的私塾里，说："少焉姑息，长必败家。"[②]

当孩子出现过错时，多数母亲不会加以掩饰，而是给予严厉训斥。如南宋右通直郎致仕林永年之妻柳氏，"至诸子有过差，则弗为掩讳，训笃加厉"[③]。而有的母亲会让孩子自动反省，让其认识到自己的过错并加以自纠。如苏辙的表妹、进士王器之的妻子苏氏，丈夫死后"训导诸子不失家法，遇其有过，未尝见声色"。何以至此，苏氏说："使尔自悟则善，勉强从我无益也。"[④]在她看来，在孩子尚未认识到自己错在哪里时，大人的训斥打骂是没有用的，只会加重孩子对父母的不满情绪。当然，会有更多的母亲相信"棍棒下面出孝子"这一古训，因而施与体罚的情况还是比较普遍的。如北宋尚书屯田员外郎林某之妻黄氏，其子、其夫先后死亡，留下八个尚未成年的孙子，黄氏虽已年迈，但还要治家教孙，对有不听话者，往往会给予体罚，即其"平居日夜课诸孙以学，有不中程，辄扑之"。黄氏适度的体罚，使诸孙颇为争气，"及长，遂多知名，连以进士中其科"。[⑤]相比之下，朝廷重臣寇准小时候所受到的体罚则更重一些，据《宋史》本传所载："寇莱公少时不修小节，颇爱飞鹰走狗。太夫人性严，尝不胜怒，举秤锤投之，中足，流血，由是折节从学。"如果不是这次刻骨铭心的体罚，也很难说他能功成名就，因而在其母亲死后，"每扪其痕，辄哭"。[⑥]

第二，将父亲树为子女的标杆。众多母亲深知在孩子成长阶段，需要为他们树立一个可供模仿的对象，然与经史之书及学校教师所讲的"希圣希贤"不同的是，她们多以孩子的父亲为标杆，既可承继家学家风，又可学父为人处世，且标杆就在身边，甚至是直接接受父亲的教导和影响，并非如同圣贤那样遥不可及。欧阳修虽四岁失父，但对父亲也有点印象，尤其是父亲为官或做人都堪为人表，母亲郑氏虽出身贫寒，没有读过几天书，但她颇有见识，尤重对子女的教育，希望子女能像其父那样长大成人，致使欧阳修"闻而服之终身"。对此，欧阳修在《泷冈阡表》中，对母亲述及父亲的言行及谆谆教导曾有一番精彩的描述：

---

①（宋）范祖禹：《右屯卫大将军妻吉安县君杨氏墓志铭》，载《全宋文》第99册，第140页。

②（宋）胡寅：《莢氏墓志铭》，载《全宋文》第190册，第217页。

③（宋）林季仲：《孝妇柳夫人墓志铭》，载《全宋文》第179册，第130页。

④（宋）苏辙：《亡姊王夫人墓志铭》，载《全宋文》第96册，第272页。

⑤（宋）曾巩：《天长县君黄氏墓志铭》，载《全宋文》第58册，第253页。

⑥（宋）司马光：《涑水记闻》，载《宋元笔记小说大观》第1册，第841页。

修不幸，生四岁而孤，太夫人守节自誓，居穷，自力于衣食，以长以教俾至于成人。太夫人告之曰："汝父为吏，廉而好施与，喜宾客。其俸禄虽薄，常不使有余。曰：'毋以是为我累。'故其亡也，无一瓦之覆、一垄之植，以庇而为生，吾何恃而能自守邪？吾于汝父，知其一二，以有待于汝也。……汝父为吏，尝夜烛治官书，屡废而叹。吾问之，则曰：'此死狱也，我求其生不得尔。'吾曰：'生可求乎？'曰：'求其生而不得，则死者与我皆无恨也。矧求而有得邪，以其有得，则知不求而死者有恨也。夫常求其生，犹失之死，而世常求其死也。'回顾乳者，剑（抱）汝而立于旁，因指而叹，曰：'术者谓我岁行在戌将死，使其言然，吾不及见儿之立也，后当以我语告之。'其平居教他子弟，常用此语，吾耳熟焉，故能详也。其施于外事，吾不能知。其居于家，无所矜饰。而所为如此，是真发于中者邪！呜呼！其心厚于仁者邪！此吾知汝父之必将有后也。汝其勉之！夫养不必丰，要于孝。利虽不得博于物，要其心之厚于仁。吾不能教汝，此汝父之志也。"修泣而志之，不敢忘。①

宰相王旦的长女，太子太傅、赠太子太保韩亿之妻王氏，夫妻两人齐心协力来教育子女。韩亿扮演严父的角色，要求诸子为学必须持之以恒。王氏虽教子严格，但更多的是"内以慈爱抚之"，同时又"勖以义理之说"，要求诸子像父亲那样处世"方正有法则"。她说："乃父方正有法则，为世所知，汝曹若不效之，外人将以为类我，是彰我不德也。"②右谏议大夫杨某之妻卢氏，丈夫"以文行著名当时，治身廉清，好施宗族"，后卒于官舍。卢氏有感于丈夫的"文行"及"廉清"，临死之前还告诫其子说："吾幸见汝辈立而死，吾无以教，为人能如汝父，足矣！"③饶阳侯赵克己之妻武氏，丈夫好学，著述甚丰，且与人为善。武氏则把丈夫的遗作搜集在一起，对诸子说："此汝父以遗汝者，使儿曹为善人，吾可以无憾矣。"④还有，秘书省著作佐郎、诗人晁端友之妻杨氏，她很善于教子读书，且几个孩子"皆登进士第"。其子晁补之及第后，任为承议郎、秘书丞、秘阁校理、知济州事等。但在杨氏看来，儿子步入仕途也并非其所愿，于是很坦然地对晁补之说："汝父平生志甚高，仕非其本意。儿德愧先人，慎毋为诡遇。吾老无所用，富贵如是多矣！"⑤杨氏主要是担心儿子会在物质上误入歧途，即利用手中权力获取不正当利益，因此教育儿子应该像父亲那样做一个廉吏。

当然，也不排除有些母亲会让孩子以乡里名儒为标杆，并直接遣子从师。如

①（宋）欧阳修：《泷冈阡表》，《欧阳修诗文集校笺》，上海古籍出版社 2009 年版，第 700—701 页。

②（宋）苏舜钦：《太原郡太君王氏墓志》，载《全宋文》第 41 册，第 128 页。

③（宋）欧阳修：《长安县太君卢氏墓志铭》，载《全宋文》第 36 册，第 21—22 页。

④（宋）沈括：《宗室故深州防御使饶阳侯克己妻长宁县君武氏墓志铭》，载《全宋文》第 78 册，第 26 页。

⑤（宋）杜纮：《宋寿光县太君杨氏墓志铭》，载《全宋文》第 84 册，第 331 页。

南宋婺州人士巩某之妻杨氏，丈夫死时两个儿子皆幼，到外出求学的年龄时，因“婺有大儒吕公”，即吕祖谦，开办有家庭式书院即丽泽书院。杨氏就让两个儿子去跟从吕祖谦读书，并对他们说：“尔学不成，无庸归也。”以致她的两个儿子“或经年不得见夫人。既而先后登进士第，皆为时所知，丰尤有文名”。[①]

第三，用自身言行来影响子女。教育者的一言一行、一举一动都有可能为受教者所关注、所效仿，教育者只有以身作则，才会增加施教的有效性。诚如孔子在《论语·子路》中所言：“其身正，不令而行；其身不正，虽令不从。”[②]

从墓志铭中，可以充分感受到两宋女子的孝老、贤惠甚至是忍辱负重，无形之中也影响到子女的人生及处事态度。宋初名相李昉之妻符氏，在夫家“比宗亲，待娣侄，则以己下之；洁粢盛，澄酒醴，则以身先之。……每休浣燕集，子妇佐馔，儿童奉觞，夫人亲举案以致恭，俨如宾而相待”。符氏的待人接物可谓典范，在家宴之时又“亲举案以致恭，俨如宾而相待”，如此直观、生动、有礼序的画面，对在场的诸子女无一不是一种有效的感化，因而“当世言家法者，称李氏焉”。[③]左千牛卫将军卫延谔之妻徐氏是以做事专一来影响子女的，丈夫死后她“守家严谨，□人性温顺，语言动止，率有仪法。入门几六十年，为妇为母，无毫厘差失”。徐氏做事的严谨和始终如一，也带来诸子的“勤学之专”，五个儿子有四个皆举进士。[④]户部侍郎、宝文阁待制陆师敏之妻范氏，未嫁之前就能照顾弟弟使之“喜读书如成人”，出嫁之后则“志教诸子《论语》《毛诗》，皆其口所指授，而诸子易以立”，尤其是“诸女相与鸡鸣而起”做家事。当邻里或问何以至此，子女皆曰：“可不勉哉！吾母如何，吾曹当如何！”[⑤]可见，母亲就是孩子的“样子”，孩子就是母亲的“影子”。还有南宋金华学者戚如圭之母周氏，丈夫死后留下四子一女，均未成年，家庭经济条件也很有限，以致“族党忧不能济”。但周氏以其勤劳强力撑起这个家，因此也成为子女精神上的支柱和为人处世之榜样。如吕祖谦在墓志铭中所述：

夫人攻苦食淡，身处其劳，而佚诸子于学，米盐薪刍之问不至其耳。方未就外傅，《孝经》《论语》，率夫人口授……蚕事起，自课甚苦。诸子晨省，夫人已仆仆筥箔间；夜分诵习急且寝，壁后络织犹未绝也。丝入有经，口众，不足于衣，则又缕絮缉绝以佐其阙。天暑，汗浃背不休。诸子更劝夫人少纾其勤，夫人曰：“吾职也，吾敢废职而嬉？”下至麻枲蔬茹，料理靡密，老农圃者不能加。……

①（宋）叶适：《杨夫人墓表》，载《全宋文》第286册，第175页。
②（宋）朱熹：《四书集注》，岳麓书社1985年版，第175页。
③（宋）祖士衡：《文正李公魏国太夫人符氏墓志》，载《全宋文》第17册，第364页。
④（宋）李之才：《大宋左千牛卫将军卫君夫人高平县君墓志铭》，载《全宋文》第26册，第185页。
⑤（宋）晁说之：《文安县子硕人范氏墓志铭》，载《全宋文》第130册，第320页。

晚时观书，辄能举大义。尝读上蔡谢良佐氏《语录》，顾诸子曰："既不为禄利，复不求人知，斯所谓问学者耶！"夫人期诸子者盖如此。[①]

而叶适在谈到母亲杜氏时，对母亲的治家理家、做事专注以及对自己的教诲等，自豪之情溢于言辞之间，如其在墓志铭中所说：

家君聚数童子以自给，多不继。夫人无生事可治，然犹营理其微细者，至乃拾滞麻遗纻缉之，仅成端匹。人或笑夫人之如此，夫人曰："此吾职也，不可废，其所不得为者，命也。"穷居如是二十余年，皆人耳目所未尝见闻者，至如《国风》所称之妇人，不足道也。亲戚共劝夫人曰："是不可忍矣，何不改业由他道，衣食幸易致。"夫人曰："然。不可以羞吾舅姑之世也。"夫人尝戒适等曰："吾无师以教汝也，汝善为之，无累我也。"又曰："废兴成败，天也，若义不能立，徒以积困之故受怜于人，此人为之缪耳。汝勉之，善不可失也。"故虽其穷如此，而犹得保为士人之家者，由夫人见之之明而所守者笃也。[②]

当然，除家务之外，还有前文所述女子对邻里贫困者的周济及对灾荒之年饥荒者的救助等，都为子女学会如何为人处世做出了榜样。

第四，依据子女性情分别施教。常言道，知子莫如父，知女莫如母。为人母者无论是对儿子还是女儿，都是非常了解的。她们能根据子女的个性及兴趣爱好或特长，甚至是根据家业的需求，来分别施教，使诸子能够各有所长。如北宋大理寺丞李筠之妻耿氏，生有三男，分别是李弼、李辅和李垂。丈夫李筠死后三年，家庭经济出现紧张，耿氏对三个儿子说："从子之道，吾悉久矣。奈何贫贱是人之所恶，汝辈无赖，吾得理之。"然后，为振兴家业，耿氏根据三个儿子的实际情况，分别为他们指引将来的发展方向，并告诫他们说："弼且吏而役，辅且耕而食，垂好读书，纵之且使游学。"十年之后，三个儿子都不负母亲的期待，即"弼与辅生业果不甚废，垂于学亦将有成"。具体来说，长子李弼"熟刑名，功笔□"；次子李辅"贵乡党，重稼穑，今于丘园"；幼子李垂"举登科第，习知官守，今尚书祠部员外郎、秘阁校理、同修起居注"。[③]

钱塘万某之妻朱氏，丈夫祖上显赫，但到万某时则已辉煌不在，仅以力田为生，甚至是贫困不堪。朱氏所生三子，即长子万炳、次子万延之和幼子万宜之，看到夫家族内都有家业兴旺或孩子入朝为官的，为家庭生计抑或为祖业辉煌再现，她很平静地对三个儿子说："丰衣食，莫如耕；祈宠禄，莫如学。是谓不辱其先。"于是，朱氏根据孩子的兴趣，就让长子与幼子服劳于家，次子万延之外出求学。

①（宋）吕祖谦：《金华戚如圭母周氏墓志铭》，载《全宋文》第262册，第75—76页。

②（宋）叶适：《母杜氏墓志》，载《全宋文》第287册，第42—43页。

③（宋）公孙简：《宋赠大理寺丞赵郡李君墓志铭》，载《全宋文》第16册，第2页。

万延之也是不负振兴祖业之厚望，“其在州党刻苦术业，有名于庠校”。当时本地一向不出进士，如此破费让孩子去上学，难道不是自找苦吃，于是就有人对朱氏说：“延之无益生计。”但朱氏决心已定，“终不信，不夺其业，数给其资，使游学四方”。[①]就在宋仁宗嘉祐年间，万延之擢第，调鄂州司法参军。

诸暨士人俞择之妻王氏，生有六男二女，当其寡居后“遂专家政”，尤其是根据子孙的性情及家业所需各付其职，除二子早逝外，她对长子俞坚说：“坚，汝为鼻子，其总纲领，无远吾侧。”对三儿子俞确说：“确，汝其营花山之业。”对四儿子俞磷说：“磷，汝为产中浦。”对五儿子俞砥说：“砥，汝为产白门。”对六儿子俞磻及三个孙子说：“磻，汝与孙方、亢、彦，游学四方，维其所之，以昌而家。”犹如调兵遣将一般，使子孙各安其职，各尽其能，俞氏一家很快便成为当地的“望族”。[②]

还有，饶州人士吴守道之妻甘氏，生有四男二女，四男分别是吴尚忠、吴盛忠、吴移忠和吴思忠，待诸子稍长，她对儿子各自特点了如指掌，就对丈夫说：“尚忠能，可集家事；盛忠谨，可付金谷；移忠勤，可任产业。自兹与公少闲，然不教子，与田舍翁亡异。思忠敏而好学，俾从师，必能有成，以光大吾家。”为支持幼子吴思忠上学，乃“厚束修以遣之”。吴思忠亦是不负厚望，“克自奋有闻，一应广文举高中”。[③]

第五，学业中的母子互动。学校中有师生互动，在母教中也有母子互动的情况，一般都是有史学功底的母亲所为，在教子读书的同时还会就某些问题进行沟通。如苏轼的母亲程氏，丈夫苏洵游学四方，程氏便担当起对子女的教育。程氏在读《后汉书》中的《范滂传》时，深为范滂不畏权贵折腰而感慨不已，苏轼就问母亲：“轼若为滂，母许之否乎？”程氏接着说：“汝能为滂，吾顾不能为滂母邪？”[④]新淦县人士方德贤之妻邹氏，训导其子方千能、方千龄有力，尤其是“每母子尊俎谈笑间，时以班姬《女诫》及古今《列女传》反复评论，听者忘倦”[⑤]。

总之，两宋女子以其合理的教育理念，结合祖业家业以及子女的发展需求，在日常生活中对他们进行各个方面的引导和教导，虽没有学校那样规范和系统，但以其实用性和针对性，往往会使子女受益终身。不足者，主要是对男孩有所偏重，各种史料所载的“母教”信息也多以教导男孩为主，也许只有男孩才能光宗耀祖。至于施教中的体罚行为，这也是历朝历代学校或家庭中的常事，也是家长制在教育上的体现，无须以此评判母教之得失。

①（宋）沈辽：《万府君夫人朱氏墓志铭》，载《全宋文》第79册，第247—248页。

②（宋）陆佃：《俞君夫人王氏墓志铭》，载《全宋文》第101册，第255—256页。

③（宋）张根：《宋故夫人甘氏墓志铭》，载《全宋文》第133册，第103页。

④（元）脱脱等：《宋史》，中华书局1977年版，第10801页。

⑤（宋）杨万里：《夫人邹氏墓志铭》，载《全宋文》第240册，第301—302页。

第四节 为人媳之教：孝公婆勤理家使为“顺媳”

相夫教子不是女子生活中的全部，除外还要面对夫家的父母、兄弟姐妹、邻里故旧、族内姻亲等复杂的人际关系，以及担当起“主内”的家庭繁杂事务，诸如侍奉公婆、洗衣做饭、纺织缝补、家庭祭祀等。如果是长媳，在公婆过世后还要照顾年幼的弟弟妹妹等。因而，“顺媳”便成为社会及家庭对女子的另一角色期待，诚然，这对大多都在十五六岁就结婚的小媳妇来说，无疑是一个不小的挑战。

要使为人媳者尽快适应夫家的生活，尤其是承担起治家理家的重任，就自然少不了长者规训及丈夫的诸番说教，主要体现在孝敬公婆、和睦兄弟姊妹、处理邻里关系及经营家业等几个方面。

1. 事公婆如事父母

为人媳如何与公婆相处，或者如何对待公婆，《礼记·内则》早就主张妇事舅姑，如事父母。事实上，这也是两宋社会及家庭对为人媳说教的一项准则。

（1）尊古制行舅姑之礼或成媳之礼。此乃为人媳后侍奉或孝敬公婆的第一课。依据《仪礼》所定，在婚仪后的第二天，新媳要早早起来，身着盛服，往拜于堂上。新媳要把事先准备好的盛有枣、栗的小盒子敬送给公公，以示“早自谨敬”之情，再把装有腶修的小盒子敬送给婆婆，以示“断断自修”，即修炼家务之意。公婆受礼之后，自然要嘉勉一番。

宋初曾有“士大夫之子，有尚帝女者，辄皆升行，以避舅姑之尊”的规定，等于说公主可以例外。这在宋英宗看来是不合古训的，“岂可以富贵之故，屈人伦长幼之序也”。于是，就在治平二年（1065 年）颁行《公主行舅姑礼诏》，要求有司制诏革之，以厉风俗，诏曰：“盖圣人制礼，造端乎夫妇，所以正人伦；先王立教，莫善于孝悌，所以厚风俗。王姬下降，旧典有仪，于其舅姑，当行盥馈。”[①]从此，公主行舅姑之礼又得以延续。如熙宁元年（1068 年），英宗女儿下嫁尚书屯田郎中、赠给事中张宗雅之子张敦礼时就依新制。张家自张宗雅死后可说是“家无余资”，其子张敦礼是以“文行”被贡入王府的，所论不但被“翕然推重”，且“天子知其名，选尚卫国夫人”。宋英宗生前多次告诫诸位公主，“下嫁当行家人之礼，以见舅姑”。那么，卫国夫人到张家后，自然按照父亲生前嘱托而“祗循典则”。[②]周

①（宋）宋英宗：《公主行舅姑礼诏》，载《全宋文》第 79 册，第 289 页。

②（宋）陈襄：《崇国太夫人符氏墓志铭》，载《全宋文》第 50 册，第 250 页。

密在《武林旧事》中，也专门谈到宋理宗女儿下嫁驸马都尉杨镇时的行礼场面，“亲行盥馈舅姑之礼。谒见舅姑，用名纸一副，衣一袭，手帕一盒，妆盝，藻豆袋，银器三百两，衣着五百匹，余亲各有差”[①]。既然公主下嫁要行此大礼，那么仕宦之家女子下嫁就更不例外，因而对婚仪中的孝老习俗也起到垂范作用。

（2）社会对为人媳行孝的规训。从司马光的《居家杂仪》和朱熹的《小学》中，可以明显地感受到两宋社会对“顺媳”角色的定位和期待。如《居家杂仪》依据《礼记·内则》所言，将为人媳者一日之内或公婆有病时的侍奉生活，以及不存孝敬时的调教和惩罚等加以细化，如称：

凡子事父母，妇事舅姑，天欲明咸起，盥漱，栉总，具冠带。昧爽，适父母舅姑之所省问。父母舅姑起，子供药物，妇具晨羞。供具毕，乃退，各从其事。将食，妇请所欲于家长，退具而供之。尊长举箸，子、妇乃各退就食。……既夜，父母舅姑将寝，则安置而退。居闲无事，则侍于父母舅姑之所。容貌必恭，执事必谨。言语应对，必下气怡声。出入起居，必谨扶卫之。不敢涕唾喧呼于父母舅姑之侧。父母舅姑不命之坐，不敢坐。不命之退，不敢退。

凡父母舅姑有疾，子妇无故不离侧。亲调尝药饵而供之。父母有疾，子色不满容，不戏笑，不宴游，舍置余事。专以迎医检方合药为务。疾已，复初。

凡子妇未敬未孝，不可遽有憎疾，姑教之。若不可教，然后怒之。若不可怒，然后笞之。屡笞而终不改，子放妇出。然亦不明言其犯礼也。子甚宜其妻，父母不悦，出。子不宜其妻，父母曰，是善事我，子行夫妇之礼焉，没身不衰。[②]

司马光在治平四年（1067 年）《上皇太后疏》中，又谈到宫廷之内如何教导子媳具备“孝恭之心”问题。他说：

凡闺门之内，子妇有以孝恭之心至者，则尊亲当欢然以慈爱之心接之。若其有过，则当以忠厚之心教之。教之备矣，而犹不听，则虽责之可也，罪之可也。及其既改，则又当复以欢心接之，不可以一忤颜色而终身恶之。[③]

朱熹在《小学》一书中也有几乎是约定俗成的规定，与司马光的《居家杂仪》如出一辙。

（3）长者及同辈的时常劝导。长者劝导，一般是婆婆所为，其训媳法度及态度很重要。如北宋南阳士人宇文某之妻吴氏，婆婆“动循法度，语不虚出”，使吴氏“祗受教约，朝夕候问起居，未尝少懈。……处内事几六十年，中外姻族，终

---

①（宋）周密：《武林旧事》，中华书局 2007 年版，第 42 页。

② 费成康：《中国的家法族规》，上海社会科学院出版社 1998 年版，第 239—240 页。

③（宋）司马光：《司马光奏议》，山西人民出版社 1986 年版，第 151—152 页。

始如一。其自奉也，衣不尽于纤华，食不穷于珍异，虽高贵崇盛过于目前，不以向慕喜爱易其心”①。太中大夫、尚书屯田郎中王利的妻子李氏，谙悉为媳之道，事公婆尤勤，公婆也常拿她为例来教导其他两个儿媳说：“事我者当如此。”又告诫两个女儿说：“为人妇者当如此。”②

对于比较严厉的婆婆来说，她们的苛刻也会使儿媳做事变得非常谨慎，尽可能不出或少出差错。如南宋温州士人林文质之妻朱氏，婆婆冯氏“性勤以严，日以昧爽兴视家政”，即每天早上黎明时分就检查朱氏所做家务情况。尤其是对朱氏来说上有三个老人，祖母陈氏“春秋高，齿落尽”，公公“婴未疾”，即患病在身。且祖母和公公饮食各有所好，朱氏每天都要“治庖食上二老，各为之饱”。同时，朱氏还要侍奉婆婆，每“盥栉已，辑事以待”。好在朱氏未嫁之前便善事父母，也因此得到婆婆的认可，每次检查都能“有怿无诘”③。赠金紫光禄大夫黄崇之妻游氏，婆婆“性严，诸妇侍旁，有二十年不命坐者”。而游氏自幼通晓《女诫》《女训》大义，“至它组纫笔札之艺，皆不待刻意而能辄过人”。因此，到夫家后在婆婆的训导下，唯独游氏“能顺适其意，盥栉温清，礼无违者”。诸如“事舅姑、承祭祀勤肃不懈。舅喜宾客，佳辰令节，亲旧满门。夫人供馈唯谨，未尝顷刻自逸而委劳于娣姒也”。这让婆婆深感欣慰，以致“每因事指言以为诸妇模楷”。④还有，南康军学教授张某之妻徐氏，婆婆更为刁钻严厉，所谓“性严重，事有不可其意，终日不怿，左右莫能近”。徐氏深知婆婆的用意和性格，于是她能从容娱侍，即“事舅姑尽礼。晨夕敬问衣服食饮寒燠之宜而节适之，舅姑未食不敢食，未寝不敢寝。……如是者十有八年，邻里亲族覸之，不见其一日懈也”。⑤

除婆婆外，还有闾里之德高望重者，也会参与到调解家庭婆媳纠纷中来。北宋学者邵雍就是其中的一位。据马永卿的《懒真子录》所载，邵雍“术数极高，而心术亦自过人”，总是在春秋天乘车出游于众多好友之家，既能叙旧切磋学问，又充当家庭纠纷的调解员，可谓一举多得。如载：

先生以春秋天色温凉之时，乘安车，驾黄牛，出游于诸公家。诸公皆欲其来，各置安乐窝一所。先生将至，其家无老少，妇女、良贱，咸迓于门。迎入窝，争前问劳，且听先生之言。凡其家妇姑、妯娌、婢妾有争竞，经时不能决者，自陈于前，先生逐一为分别之，人人皆得其欢心。于是酒肴竞进，厌饮数日，徐游一家，月余乃归。⑥

---

①（宋）吴执中：《宋故南阳县君宇文夫人墓志铭》，载《全宋文》第41册，第322—323页。

②（宋）欧阳修：《长寿县太君李氏墓志铭》，载《全宋文》第35册，第390页。

③（宋）杨万里：《夫人朱氏墓志铭》，载《全宋文》第240册，第235页。

④（宋）朱熹：《建安郡夫人游氏墓志铭》，载《全宋文》第253册，第94页。

⑤（宋）朱熹：《夫人徐氏墓志铭》，载《全宋文》第253册，第107页。

⑥（宋）马永卿：《懒真子录》，载《宋元笔记小说大观》第3册，第3152—3153页。

当然，丈夫介于母亲与妻子两个女人之间，情感的天平偏向任何一方都会给另一方带来伤害，要不偏不倚则是最难的。然基于古训及孝道，诸多丈夫依然会以母亲为上，将自己的意志强行灌输给妻子，在一定程度上也带来婆媳关系的缓解及家庭的和谐。如《宋史·孝义传》中所载泰州泰兴人顾忻，为侍候病中的母亲，他常在"鸡初鸣，具冠带率妻子诣母之室，问其所欲，如此五十年，未尝离母左右"。湖州武康人朱泰，家里非常贫困，常常是上山砍柴卖钱养家，他自己"服食粗粝"，奉母则"常适数十里外易甘旨"，平日还经常"戒妻子常候母色"。①

对于嫌弃或根本不愿孝敬公婆的,有的丈夫也会拿出撒手锏来规劝妻子顺从。如夏县人苏庆文，事父母以孝闻，但他担心妻子"不能敬事"，于是就以"出妻"来告诫妻子说："汝事吾母，少不谨必逐汝。"其妻也是处于一种孝心，听从丈夫的忠告，以致"母得安其室终身"。②而何薳在《春渚纪闻》中提到的宣城有一俗子，妻子漂亮但对婆婆不孝，反诬陷婆婆凌虐自己，这位凡夫俗子则以磨刀规劝的方式，先对妻子说要杀掉凌虐她的母亲，但必须有母亲凌虐的证据才行，只有让邻里看到媳妇孝顺而婆婆反又凌虐媳妇时，才可以下手杀之。等妻子依古训极力尽孝、婆媳关系得以改善时，丈夫才说出自己的真实想法，并对妻子进行一番说教和警告，直让妻子能够抛弃非分所想而痛改前非。虽然磨刀杀妻过于暴力，但只是在震慑而没有付诸行动，却起到非常好的劝孝效果。如载：

娶妇甚都，而悍于事姑。每夫外归，必泣诉其凌虐之苦。夫常默然。一夕，于灯下出利刃，示其妇。妇曰："将安用此？"夫好谓之曰："我每见汝诉我以汝姑之不容，我与汝持此去之，如何？"妇曰："心所愿也。"夫曰："今则未也。汝且更与我谨事之一月，令汝之勤至而俾姑之虐暴，四邻皆知其曲。然后我与汝可密行其事，人各快其死，亦不深穷暴死之由也。"妇如其言，于是怡颜柔语，晨夕供侍，及市珍鲜以进饮馔。姑不知其然，即前抚接，顿加和悦。几致月矣，复乘酒取刃，玩于灯下，其气愤愤，呼其妇语之曰："汝姑日来于汝若何？"曰："日来视我非前日比也。"又一月，复扣□刃问之。妇即欢然曰："姑今于我，情好倍加。前日之事，慎不可作也！"再三言之。夫徐握刃怒视之曰："汝见世间，有夫杀妇者乎？"曰："有之。""复见有子杀母者乎？"曰："未闻也。"夫曰："人之生也，以孝养为先。父母之恩，杀身莫报。及长而娶妇，正为承奉舅姑，以长子息耳。汝归我家，我每察汝，恃少容色，不能承顺我母，乃反令我为此大逆。天地神明，其容之乎？我造此刃，实要断汝之首，以快我母之心。姑贷汝两月，使汝改过怡颜，尽为妇之道于我母。待汝之心知曲不在母，而安受我刃也。"其妇战

① （元）脱脱等：《宋史》，中华书局 1977 年版，第 13394、13395 页。

② （元）脱脱等：《宋史》，中华书局 1977 年版，第 13409 页。

惧，泪如倾雨，拜于床下曰："幸恕我此死，我当毕此生前，承顺汝母，常如今日，不敢更有少懈也。"久之乃许。其后妇姑交睦，播于亲党。有密知此事者，因窃语之。闻者皆谓："此虽俗子，而善于调御，转恶为良，虽士君子有不能处者矣。"[①]

（4）为人媳的自觉践行。有明细的规训以及来自各个层面的教导，为人媳做起事来自然就有了明确的目标，能够自觉地践行孝道，主要表现在以下几个方面。

首先，孝公婆躬亲力行，无论冬夏，多从鸡鸣时分起床做事，且事无巨细。如北宋户部郎中许某之妻王氏"克谨女训"，事其姑胜事其母，史称其"怡声下色，调膳扇枕，虽隆冬瘅暑，必躬亲之，未尝一委媵妾之手，室中举案，侃侃如也。……其族妇有贤而孝者，族人齿之，必曰何如王氏"。[②]右谏议大夫、集贤院学士杨大雅之妻张氏，虽生于富族，然"事其姑，视日时早暮、气节之寒暑、饮食起居之当进与否者，不少懈，如此十五年，如始归"[③]。翰林医官院医官张昭式之妻鲍氏，未嫁前事祖母如母，出嫁后事婆婆如祖母，"鸡鸣而起，率至夜分就寝。姑意有所欲，未及言，夫人辄先意而至"[④]。

要是遇到公婆生病等情况，诸多女子更是尽心护理。如北宋国子博士陈孝标之妻，婆婆过世早，而公公秘书监陈希古因病居家十年间，"凡其食欲，夫人非自烹饪，药非亲调，皆不以进。疾甚，则出其奁中物以有所祈请，无不至"[⑤]。南宋学者舒岳祥之妻王氏，不仅事公婆恭顺，尤其在公公中年多病、晚年又患风弱的情况下，一日五顿饭从不懈怠，有时"中夜或索饭啜"，王氏亦照样"烹炊调胹无倦色"[⑥]。

其次，丈夫在外为官，为照顾公婆而甘愿留在家里，而不随之就官享福。如北宋谏议大夫胡则之妻陈氏，丈夫及第后"累调远方"，但其愿侍公婆左右，凡二十年，"缝衣爨飧，必躬亲之"。至公婆过世，又与丈夫执丧三年，然后才跟丈夫一起生活。范仲淹称其有大节，"无愧天下之为人妇者，有声诗之义焉"。[⑦]官员邹某之妻沈氏，宋哲宗元符年间，丈夫被贬岭南，她执意留在婆婆身边"左右顺事之，无一不适其意者"。宋徽宗建中靖国初年，又因前事谪零陵，沈氏依然要留在婆婆身边，婆婆就劝她说："前者儿远谪，汝不行，吾身则安矣，而心未尝宁也。今汝行，则吾无忧，是乃所以安吾心也。"沈氏这才随丈夫一起前往任所生活。[⑧]

①（宋）何薳：《春渚纪闻》，载《宋元笔记小说大观》第3册，第2403页。
②（宋）余靖：《宋故冯翊县太君王夫人墓志铭》，载《全宋文》第27册，第132页。
③（宋）欧阳修：《漳南县君张氏墓志铭》，载《全宋文》第36册，第22页。
④（宋）陆佃：《鲍氏夫人墓志铭》，载《全宋文》第101册，第260页。
⑤（宋）刘挚：《李夫人墓志铭》，载《全宋文》第77册，第180页。
⑥（宋）舒岳祥：《故孺人王氏墓志铭》，载《全宋文》第353册，第35页。
⑦（宋）范仲淹：《胡公夫人陈氏墓志铭》，载《全宋文》第19册，第43页。
⑧（宋）杨时：《沈夫人墓志铭》，载《全宋文》第125册，第128页。

再次，丈夫死后为侍奉公婆而不改嫁。如北宋宣徽南院使郭仲通之子郭忠谏在永乐战死，其妻田氏终其夫丧之后，父母要她改嫁，她“守义不许，事其舅姑”①。公公郭仲通死后，婆婆卫国太夫人寡居而老，对儿媳要求甚严，但田氏毫不松懈，如墓志铭所载：

鸡初鸣则起，昧爽而至卫国之所问安以侍，不敢退。食饮非孺人所调视不举，衣服非孺人所纫制不服，起居上下非孺人扶承不适。及夜，振床布席，起衾箧枕几，以告卫国卧，孺人俛而覆之乃退。至鸡初鸣复起，以为常。……卫国益老，孺人事之益尽，不复归其室，夜分而寝，不离卫国之侧。张半床席，不帷。孺人既白首，卫国尚无恙。孺人起恭起孝，犹如初为妇时。②

《夷坚志》所提到的都昌王乙之妻吴氏，也是一位有名的孝顺媳妇。丈夫死后她不愿改嫁，婆婆想给她找一个“接脚夫”也不乐意，“孝”的观念在她心目中是根深蒂固的，因而一心一意要侍奉好婆婆，史志载其“为乡邻纺缉、浣濯、缝补、炊爨、扫除之役，日获数十百钱，悉以付姑，为薪米费。或得肉馔，即包藏持归。赋性质实，不与人妄交一言。虽他人财物纷杂在前，不举目一视，其所取唯称其直。故乡人交相邀唤，是以妇姑介处，略无饥寒之患”③。

最后，“色养”公婆，即能让公婆身心愉悦，如“父母所爱，亦当爱之；所敬，亦当敬之。……乐其心，不违其志；乐其耳目，安其寝处”④。两宋女子多能让公婆心情愉快，使之对自己的所为赞不绝口，她们也从公婆及外人的赞誉中获得认可、宽慰和动力。诸如尚书刑部侍郎蔡琇之妻卢氏，亦即朝廷重臣端明殿学士、尚书礼部侍郎蔡襄之母。卢氏公婆年老，“事之如其亲，其归宁于父母也，能使其舅姑不见三日，必涕泣而思”⑤。袁州万载县令陆琪之妻王氏，侍奉婆婆甚孝，在自己70岁、婆婆80岁那年，还经常带着婆婆在室外散步，惹得“乡人岁时窥园，见高曾二祖姑映花微步，曾玄随之，龙眉翠发，超然尘外，以谏议家真神仙也”。孰料，王氏先于婆婆过世，婆婆“哭之恸”。⑥还有惠州文学曾敏学之妻刘氏，婆婆年逾90岁，常对妯娌说：“胜日不为乐以娱老人，顾吝于财乎？”言外之意，希望在风光美好的日子里，大家可以聚会歌舞以让老人高兴一下，不要过于吝惜钱财。刘氏不仅这样说，也带头这样去做，以致婆婆“特爱之”。⑦

---

①（宋）毕仲游：《田孺人墓志铭》，载《全宋文》第111册，第169页。

②（宋）毕仲游：《田孺人墓志铭》，载《全宋文》第111册，第169—170页。

③（宋）洪迈：《夷坚志》第4册，中华书局1981年版，第1554—1555页。

④ 费成康：《中国的家法族规》，上海社会科学院出版社1998年版，第240页。

⑤（宋）欧阳修：《长安郡太君卢氏墓志铭》，载《全宋文》第35册，第395页。

⑥（宋）陆佃：《陆公夫人王氏墓志铭》，载《全宋文》第101册，第252页。

⑦（宋）杨万里：《曾正臣妻刘氏墓志铭》，载《全宋文》第240册，第232页。

如果做不到“色养”，没有让公婆感到内心的喜悦，反而使其产生不满情绪，那么，依照《礼记·内则》《居家杂仪》《小学》等书中所言，就会有被出的危险。陆游原配唐婉被出就是一例，虽然唐婉与婆婆系姑侄关系，与陆游恩爱有加，但却“弗获于其姑”。原因是婆婆担忧两人的缠绵之情会影响陆游日后的仕途，又听从于庵中尼姑的胡乱占卜，结果唐婉在婆婆的高压之下被迫离开陆家，由此也酿就了一出人间情爱悲剧。凡读过陆游的沈园之作《钗头凤》者，无不为之唏嘘叹息。

（5）奖惩中的鞭策。常言道，人在做，天在看。如果为人媳对公婆孝顺，不仅世人称颂，上天也会给予眷顾。如前文所提到的都昌人士王乙之妻吴氏，对有目疾的婆婆至孝而感动上苍，由此演绎出天帝召之、赐钱一千的传奇故事。如史志所载：

一日正昼，里人皆见祥云五色从空下，吴氏蹑之而升，冉冉际天，惊报其姑。姑曰：“莫胡说，恰才与人舂米回家，方倦卧在床，尔谛视之。”众诣房前窥之，果熟睡未寤，皆骇然而退。及寤，姑语之故。吴曰：“适梦二青衣童驾云而来，执符牒，牵我衣，言天帝有召，令我步空，直抵天门。引入朝谒，帝御坐临轩劳问曰：‘汝一下愚村妇，乃能诚事老姑，勤苦尽力，实为可重。’遂赐酒一杯，馨香彻鼻，又与钱一贯，曰：‘将归供赡，自今不须佣作。’拜谢而返，二童仍前送归，恍忽而醒。”果有千钱在床，满房香气。始悟众所睹者，乃神游尔！自是佣唤愈多，吴亦不拒，而赐钱专留姑用，用尽复生，一千绵绵一匮，姑双目寻亦再明。①

如果是不孝之媳，则会遭到上天惩罚的，或遭雷劈或者使之变成怪物之类等，多见于《夷坚志》等所载。如绍兴二十九年（1159 年）闰六月，盐官县数日雷震，平民顾德谦之妻张氏在睡梦中，有神人对其不敬公婆之事发出“当死”警告，唤醒其孝敬之心，得以赦免。如载：

先雷数日，上管场亭户顾德谦妻张氏，梦神人以宿生事责之曰：“明当死雷斧下。”觉而大恐，流泪悲噎。姑问之，不以实对。姑怒曰：“以我尝贷汝某物未偿故耶？何至是！”张始言之，姑殊不信。明日，暴风起，天斗暗，张知必死，易服出屋外桑下立，默自念“震死既不可免，姑老矣，柰惊怖何！”俄雷电晦冥，空中有人呼张氏曰：“汝实当死，以适一念起孝，天赦汝。”又曰：“汝归益为善。”②

无论是巧合抑或是附会，都是在用一种特殊的形式来彰显社会所普遍认可的一种价值观，即要孝敬长者。将孝与不孝与自然现象糅合在一起，会有一种超强的震撼力，其效果远胜过一般的伦理说教。

①（宋）洪迈：《夷坚志》第 4 册，中华书局 1981 年版，第 1555 页。

②（宋）洪迈：《夷坚志》第 1 册，中华书局 1981 年版，第 180 页。

2. 谦顺于叔妹及娣姒

女子进入夫家后，与夫之兄弟姊妹及妯娌之间关系相处情况如何，对能否成为“顺媳”也是一种严峻的考验。班昭曾在《女诫》中专置“和叔妹”一节来讨论这个问题，认为“舅姑之爱己，由叔妹之誉己也”，因此为人媳必须对叔妹“和之以求亲”，然要求得“叔妹之心”，必须做到“谦顺”，所谓“谦则德之柄，顺则妇之行”，只要做到“谦顺”，就能赢得叔妹及娣姒的欢心和尊重，也才能在这个家庭中站稳脚跟。袁采在《袁氏世范》中也提到“睦亲”问题，认为夫家如果有姊妹，那么公婆自会“爱偏”，只有“一意承顺，则尊长久而自悟”。[①]事实上，两宋诸多女子依据规训，都能将在娘家养成的对待自家兄弟姐妹的情感及行为方式迁移到夫家人身上，具体来说，主要体现在以下三个方面。

（1）支持婆家弟读书求学。前文已述，女子进入夫家后要支持丈夫外出求学读书，自然也会面对婆家弟的上学问题，一旦家庭经济有困难，那么为人媳者也多会伸出援助之手，支持婆家弟完成学业。如北宋官员许景衡之妻陈氏，刚到夫家，就遇到婆家弟许少雄“欲游太学，无以为道路费”问题，为不让公婆及丈夫作难，陈氏毅然“斥奁具以资其行”。[②]南宋时处州人士王长方之妻徐氏，王家本来并不富裕，王长方的两个弟弟王大方、王义方又“俱嗜学”，徐氏“不以衣食累其心而专于书”，结果两个婆家弟都学业有成，“大方登博学宏词科，义方亦有声上庠，起家永福尉”。[③]

（2）谦顺于叔妹。对婆家叔妹谦顺，并非单纯为取得叔妹的欢心或公婆的好感，而是基于彼此之间的长期和睦相处及家庭和睦。对此，有的女子帮助婆家弟料理家务，如北宋士人马服到外地执教，其妻何氏依其弟右赞善大夫马绛之家，马绛对嫂子尽“弟恭”之礼，且将家事交由何氏来管理，所谓“顺事夫人至谨，凡家事，一以诿夫人，不问”。马绛如此信任敬重何氏，何氏做事也十分精心，“为之收拾藏贮，岁时均节调用，内外所给如一，无半毫之私”。[④]饶州人士吴守道之妻甘氏，公婆殁后，丈夫与家弟“不分积，数岁而内外均一”，甘氏不仅无异言，且极尽为媳之道。[⑤]而修职郎王俊臣之妻欧阳氏，嫁到王家时，王俊臣之弟妹尚幼，欧阳氏便“上事舅姑，下抚俊臣之弟妹，补纫必躬，敬爱匪懈”。婆婆每谈起儿媳，都会热泪盈眶地说：“谁独无妇？吾有斯妇，非吾妇也，吾女也。”[⑥]

---

①（南朝宋）范晔撰，（唐）李贤等注：《后汉书》，中华书局1965年版，第2791页。

②（宋）许景衡：《陈孺人述》，载《全宋文》第144册，第93页。

③（宋）周必大：《王给事母安人徐氏墓志铭》，载《全宋文》第232册，第308页。

④（宋）文同：《寿安县太君何氏墓志铭》，载《全宋文》第51册，第202页。

⑤（宋）张根：《宋故夫人甘氏墓志铭》，载《全宋文》第133册，第103页。

⑥（宋）杨万里：《夫人欧阳氏墓志铭》，载《全宋文》第240册，第245页。

尤其在婆婆无力照看或缺位的情况下，作为嫂子便扮演着“嫂娘”的角色，其母性化色彩显得更浓一些。如北宋末年宣教郎范贲之妻朱氏，丈夫有两个妹妹尚未出嫁，朱氏便“斥奁橐与之，为求良配，俾克成家”[①]。南宋温州士人林文质之妻朱氏，婆婆冯氏年事已高，恐怕来日不多，最让她放心不下的就是“最爱念”的幼女林氏。于是便将幼女托付给朱氏照料，朱氏便充当起母亲的角色，既有生活上的关照，又有礼仪上的训导，所谓“与同卧兴，补纫必躬。既长及笄，饬厉勤劬，德言容功，不教以今，惟古是若”。待其长大后，还为林氏置备嫁妆，使之“归于陈氏，遂为贤妇”。这让自幼受到嫂子朱氏关爱的婆家妹感慨万千，她每想起朱氏，必然会说：“人有一母，吾有二母。”[②]这应该是对朱氏最好或最高的认可了。

（3）移友于娣姒，和谐共处。两宋时家庭平均有三个男孩，单个家庭一母或异母所生多者十个以上，娣姒则分别来自有着不同背景的家庭，其兴趣所好、教养程度及处世风格等对家庭的稳定影响极大，诸多家庭不和乃至矛盾冲突无不与此相关。如果能遵循古训，将在娘家养成的礼仪规范及情感态度转移到娣姒身上，既是夫家之幸，也是社会之幸。翻阅墓志铭，也确实发现有一大批女子能够做到“移其友以和娣姒”“协和娣姒，雅有礼法”“旁礼娣姒”[③]等。

她们对兄嫂如同对待婆母一样敬重，甚至每月的官奉都要交给兄嫂来掌管。如北宋户部郎中许某之妻王氏，婚后一直与兄嫂同住，“事其姒如姑之存。岁入地征，月入官奉，悉归兄伯之室，豁毫不以自名。婴孩之费，一请于其姒”。里人多有不解，还认为她没有主见，王氏却说：“世母在，吾何敢专？”墓志铭作者余靖称赞其“谦让之性然也”。[④]秘书省著作佐郎陈某之妻周氏，“为人柔嫕静庄……本于自修，而卒于能孚于属人”。来到陈家时，兄嫂寡居当家事，周氏则“常曲意下之，于事常退避不敢与”。兄嫂也因此与周氏和睦相处，所谓“顾夫人甚欢，而亲疏观者莫不悦”。[⑤]福州长溪主簿吴某之妻陈氏，来到吴家时婆婆已经下世，家内之事由兄嫂主持，陈氏则“事长姒如姑礼，外姻来者初不知其娣姒也”[⑥]，即让亲故感受不到她们是娣姒而是婆媳关系。如果兄嫂多，有的亦能动必礼法，周旋于其间。如信承郎赵某之妻郭氏，母亲崔氏治家有礼法，对郭氏虽慈爱备至，然“教训严切，未尝少假”。嫁到赵家时，公婆已不在人世，上有三位兄嫂，即“长

---

①（宋）刘一止：《宋故太孺人朱氏墓志铭》，载《全宋文》第152册，第281页。

②（宋）杨万里：《夫人朱氏墓志铭》，载《全宋文》第240册，第235页。

③（宋）宋祁：《故赠太师章公夫人追封邓国太夫人张氏墓志铭》，载《全宋文》第25册，第158页；（宋）张方平：《宗室太子右司御率府率宗彦夫人张氏墓志铭》，载《全宋文》第38册，第247页；（宋）李觏：《陈府君夫人聂氏墓志铭》，载《全宋文》第42册，第347页。

④（宋）余靖：《宋故冯翊县太君王夫人墓志铭》，载《全宋文》第27册，第133页。

⑤（宋）曾巩：《德清县君周氏墓志铭》，载《全宋文》第58册，第257页。

⑥（宋）黄庭坚：《陈夫人墓志铭》，载《全宋文》第108册，第120页。

妇疫令人，次妇王宜人，次妇勾安人，皆文献故家，妇德妇仪为一时矜式”。郭氏一方面对过世的公婆“岁时祭祀特致其谨，内外亲戚莫不信重之”；一方面又“周旋其间，誉弥著，人无间言”。在一次由部使者晁公遡之妻举办的姻亲聚会上，她们被称为“礼门四妇”。[①]

作为家庭长媳，她们既要主持家务，还要对诸娣加以训导，“莫不有常法度”。如屯田郎林某之妻、太常博士林槩之母黄氏，嫁到林家后上养祖母及公婆三位老人，下“训诸娣，朝夕无怠”，祖宗姻亲都称之为“孝妇”等。[②]

如因嫉妒而有意制造矛盾或有非法之举者，不但为人不齿，也会遭到报应的。徐铉《稽神录》中就述及一位建业蚕妇，因娣姒养蚕受益，自己则连年亏损，她不是向娣姒们请教如何把蚕养得更好，而是骤生嫉妒之意，将兄嫂的蚕种偷出来烧掉，于是背生一瘤，不能农事，只好沿街乞讨，以此警示世人娣姒之间应以和为贵。

（4）养育婆家叔妹之子女。由于死亡、疾病或贫困等特殊情况，诸多为人媳者主动担当起抚养婆家叔妹之子女的重任，虽非己出但胜似己出，这也是为人媳与婆家人和睦相处的最好见证。如前文所讲北宋士人马服之妻何氏，在婆家弟右赞善大夫马绛死后，她不仅出奁资办理丧事，还“携其孤女，抚视养育，择可婿者嫁之。奁具称足，如己出者”[③]。处士魏某之妻席氏，婆家弟媳生过孩子后突然缺奶，无法正常喂养。席氏也是刚生过孩子不久，就决定和自己的孩子一起喂奶，甚至有时“视其子呱呱不屑也，率得其所养”[④]。南宋中书舍人、直学士王鏻之妻孙氏，婆家弟王某曾任庐州录事参军，但不幸早逝，给其妻留下几个子女而无力照看。孙氏则“经纪其家，抚爱其子女不翅己私，忧乐与之同，婚嫁与之均，人尤以为难”[⑤]。

对于婆家妹，因其夫死亡、子女尚幼而生活陷入困境时，作为兄嫂也会担当养育孤幼责任，做到仁至义尽。如北宋朝请郎张次元之妻严氏，夫之姊、妹皆寡居，无力养活幼孤，丈夫就将她们的子女都接到任所家里来，严氏“待遇之甚厚。家事禀而后行，择名士以嫁其女”。丈夫死后，严氏又带领一群幼孤回到祖居地，继续支持他们读书问学，“有客造门，必询贤否，诚贤即纵从之游，促家人为具，笑语异常日”。严氏死时，远嫁他乡的侄女赶来奔丧，“若丧所亲，曰恨无以报德”。[⑥]

3. 以和、义睦族邻

北宋官员郑至道在知天台县发布的《谕俗文》，就“睦宗族”“恤邻里”问题

①（宋）度正：《郭安人墓志铭》，载《全宋文》第301册，第185页。注：“疫”字，疑有误。
②（宋）刘攽：《林氏母黄氏夫人墓表》，载《全宋文》第69册，第227页。
③（宋）文同：《寿安县太君何氏墓志铭》，载《全宋文》第51册，第202页。
④（宋）吴仪：《宋故夫人席氏墓志铭》，载《全宋文》第119册，第257页。
⑤（宋）楼钥：《永宁郡夫人孙氏墓志铭》，载《全宋文》第266册，第61页。
⑥（宋）邹浩：《寿昌县太君严氏墓志铭》，载《全宋文》第132册，第74页。

明确指出：

亲者，身之所自出；祖者，又身之所自出。则爱吾身与吾亲者，不可以不事祖，推尊祖之心，顺而下之，则宗族者，皆祖之遗体，可不敬乎？睦族者，尊祖之义也。

古者五家为比，使之相保；五比为闾，使之相爱；四闾为族，使之相葬；五族为党，使之相救；五党为州，使之相赒；五州为乡，使之相宾。如此，则百姓之情欢欣交通，而和睦之道著矣。①

可见，女子出嫁后与夫家族亲及邻里之间的关系，也是她们所必须面对的。一般来说，“主外”的丈夫主要从事诸如从政、经商、农耕或为人打工等社会性事务，族内及邻里家事多由“主内”妇人来承担或斡旋。尤其是相对于简单的邻里关系而言，族亲关系就显得比较复杂。自古多代同居的家族不在少数，至两宋时，八世、十三世、十五世同居的家族亦有之。如《宋史·孝义传》中所载许祚、陈昉等家世代同居情况：

许祚，江州德化人。八世同居，长幼七百八十一口。太平兴国七年，旌其门闾。淳化二年，本州言祚家春夏常乏食，诏岁贷米千斛。又有信州李琳十五世同居，贝州田祚、京兆惠从顺十世同居，庐州赵广、顺安军郑彦圭、信州俞隽八世同居，陕州张文裕六世同居，襄州张巨源刘芳、潭州瞿景鸿、温州陈侣、江陵褚彦逢五世同居，徐州彭程四世同居，皆赐诏旌表门闾。

昉家十三世同居，长幼七百口，不畜仆妾，上下姻睦，人无间言。每食，必群坐广堂，未成人者别为一席……建书楼于别墅，延四方之士，肄业者多依焉。乡里率化，争讼稀少。②

除这种少数同居的庞大家族外，绝大部分都是分而居之或多在同一村落的家族。但无论是家族同居抑或是分居，再加上部分邻里，都给异性新媳带来人际关系的挑战，何况族邻的口碑也是家人或乡人对其态度的重要参照，为人媳必须学会与族邻和睦相处。就史料所载而言，她们往往会在“和”与“义”上做功课。

自《论语·学而》中提出“礼之用，和为贵”后，“和”文化便融入中华民族的血脉之中，家庭要和谐，家族及邻里也要和谐，只有“家和”才能万事兴隆。作为家庭主妇对此更有体会，因此在做好家内事务的基础上，也把此种情感转移到族邻身上。如北宋尚书刑部侍郎蔡琇的妻子，也就是端明殿学士、尚书礼部侍

①（宋）郑至道：《谕俗文》，载《全宋文》第97册，第118—119页。
②（元）脱脱等：《宋史》，中华书局1977年版，第13390—13390页。

蔡襄的母亲卢氏，在夫家“事长慈幼，既俭且勤，久而宗族和，乡党化”。在其死后，里闾及族亲均哭曰：“夫人于我有德。”①南宋承信郎赵某之妻郭氏，不仅自身所为让“内外亲戚莫不信重之”，且还教育族内子侄要亲睦宗族。以致有的族侄在为官上任之前，虽然家居较远，也要亲自前来拜见郭氏，每如此，郭氏都要告诫他们说：“吾视今之族人，身既达则不复顾其未达者，既不能亲睦宗族，岂复能爱民重士？汝曹勉之。”②

同时，对儒家提倡的“义”也颇有领会和践行，主要表现在周济族邻，无论是疾病、贫困抑或是灾荒导致的经济困难，她们都会及时给予帮扶，且唯恐有所不及，体现出女性的慈爱和家国胸怀。

她们或用家产周济贫穷，如北宋进士吴颖之妻徐氏，日诵浮屠之书，故平生慈悯，乐善好施而恶生杀，故“待内外亲族莫不以义，善著于乡学。凡友朋至其门，则悉力为具。邻里急难，有不给者，辍所有以济，虽贫无憾”③。学者李觏之母郑氏，虽生于普通家庭，但生性好施，“好义而信人”。凡是族内祭祀、宾客、婚姻之礼，都一视同仁。尤其是“闻人缓急来有求者，应之唯恐不逮。衣服在身者必假，饮食在前者必辍”。④

或用自己的薪俸接济亲旧，如镇江节度使兼中书令、郇国公赵允成之妻康氏，亦即宋真宗之侄媳，宋仁宗之兄嫂，家庭非常富裕。即便是丈夫死后，每月朝廷给予她的薪俸亦很丰厚，这让她有点坐立不安，说自己每月所得“此农家几户之赋，而我无功享之，宁不自愧？”于是，她常将自己多余的钱财用于接济亲旧，“间疾病，则亲为制方药治之，岁市药至十余万钱。有不幸，则又为买棺衣衾，哀恤之甚厚”。宋仁宗称赞其：“数十年间，唯康夫人绝无一言及私。”⑤

或以其所有造福族里，如南宋中奉大夫阎骙之妻高氏，将自家祭田所得之租贡献出来，交由族长来惠及乡邻。如史载其：“平居不植产，族聚浸广，仰食者众。……得圭田之租，即以付族长，俾置田乡里，次第给之。”⑥

或告诫子媳与异性共处必须“遵义忍事”，与其将财产施与僧道“莫若济贫乏”。南宋崇仁人士吴某之妻熊氏，虽丈夫死后“所得产薄甚”，然不以介怀，且在家道日益丰足的情况下，从不怜惜钱财，如“宗族有不给，凡老病若吉凶，随多寡赒之，己之衣食取不饥寒而已”。她还时常告诫诸儿媳，与“异姓共处，当遵义

①（宋）欧阳修：《长安郡太君卢氏墓志铭》，载《全宋文》第35册，第395页。

②（宋）度正：《郭安人墓志铭》，载《全宋文》第301册，第185页。

③（宋）赵抃：《徐夫人墓表铭》，载《全宋文》第41册，第289页。

④（宋）李觏：《先夫人墓志》，载《全宋文》第42册，第353页。

⑤（宋）郑獬：《霍国夫人康氏墓志铭》，载《全宋文》第68册，第204页。

⑥（宋）刘一止：《宋故永嘉郡夫人高氏墓志铭》，载《全宋文》第152册，第298页。

忍事”。[①]士人谭彦才之妻王氏，既治家有法度、量入为出，又生性好施与，如“内赒其亲戚，外及其乡党，婚者丧者生子者皆给之。岁饥，一乡之人赖之以活者甚众”。乡人有受惠者想给以回报，王氏笑着说：“缓急相济，乡党之义也，敢因以为利乎？”临终之际，还训诫子孙说“施僧道莫若济贫乏”。[②]

尤其她们更会以其见识来教化族人为善，守礼法等。如北宋处士袁良之妻席氏，“天性甚顺于为善。常乐听人之讲学，又能以教其不率者”[③]。南宋左宣教郎江琦之妻虞氏，平日喜欢看《易经》《论语》等书，能得其大意。还对医药、卜筮、数术等，无不通晓。尤其是“与人言必依于孝弟忠信，词甚简而理无不足。族姻内外咸高其行，服其言，有疑必就咨焉。事有难平者，众口方欢呶不解，有告曰：‘夫人之言如是。’则往往翕然以定”[④]。还有朝奉郎、赠通奉大夫单莘之妻叶妙慧，其子单夔知平江府，恰是母亲叶氏“昔时寓居地，亲朋姻族尚不乏”。单夔上任后，叶氏常“戒以毋得毫发私吾家”，同时又告诫其亲朋故旧，即“俾家谕其族，毋令扰吾子”。叶氏的说教还是起很大作用的，以致单夔离任时“莫敢一人愿受私者”。[⑤]

4. 以法度、智慧经家理业

司马光在《温公书仪》卷三《婚仪上》中曾言：“妇者，家之所由盛衰。”他没有将家之盛衰归于男子，而是归于女子，足见女子在家庭中的地位和作用是男子所无法替代的，这不仅涉及前文所讲到的为人妻、为人母以及为人媳时要协调的各种人际关系，还有很重要的一点，就是作为“主内”的角色要学会经家理业，如果治家无法度，或既不能置产又不能俭约，那么这个家庭就会面临日益贫困乃至败家的危险。从多种史料记载来看，男主外事而不受家务缠绕，在内事问题上采取比较机动灵活的态度，给予家庭主妇几乎所有的支配权，使不少的女子在处理家庭事务、经理家庭财产以及协调多方关系方面颇有优势，以致逐渐成为家族事务正常运转乃至提高声望所倚重的主要角色。

1）主家政之前的受教训练

女子到夫家后并非直接进入角色主理家政，只有让公婆感到能够担当此任后才会委以重任。何况多在及笄之年就婚配，十五六岁还不到成熟的年龄，因而主家政之前还是需要一段时间的适应和能力训练的。如北宋尚书兵部员外郎王某之妻、御史中丞王拱辰之母李氏，不仅治家教子有方，还教年齿尚少的儿

①（宋）陈造：《熊氏墓志铭》，载《全宋文》第256册，第406页。

②（宋）度正：《故太原王夫人墓志铭》，载《全宋文》第301册，第184页。

③（宋）沈括：《席氏墓志铭》，载《全宋文》第78册，第17页。

④（宋）朱熹：《夫人虞氏墓志铭》，载《全宋文》第253册，第127页。

⑤（宋）袁说友：《故太淑人叶氏行状》，载《全宋文》第274册，第383页。

媳“以箴帨盥总觿甲之事，俾之居室皆弗违而婉”[①]。北宋重臣韩琦的儿媳、太常博士韩忠彦之妻，亦即观文殿学士、尚书吏部侍郎吕公弼之女吕氏，双方家族及家庭都十分显赫。吕氏在16岁出嫁之前，就已“妇道修谨”。到韩家后，婆婆即卫国夫人崔氏对其“爱而抚之，谓其可教”。崔氏本就“治家谨肃，仁而好施，亲族无疏近，资恤周至，其心勤勤，唯恐不及”。吕氏常在婆婆左右侍奉，故“朝夕师仰，禀训不怠，悉能知其薄己厚物之意”。有此经历，使吕氏对家务事应对自如，因此婆婆死之前就“以家事付之”。吕氏主家政之后，一切都按照婆婆立下的规矩行事，“惕然不敢失，凡所施设，与卫国平日无少异焉”。[②]朝议大夫吴执中的妻子宇文氏，婆婆治家“动循法度，语不虚出”。宇文氏则“祗受教约，朝夕候问起居，未尝少懈”。她从婆婆身上学会如何勤俭持家，以致“处内事几六十年，中外姻族，始终如一”。[③]又如陆游好友吕友德的母亲陈氏，陈氏自幼失父，然在母亲的教导下“经纪家事如成人”。嫁到吕家后便能独当一面，所谓“积勤俭以裕财，隆祭享以尽孝，厚振施以立义，吕氏之兴，夫人之助为多”。尤其是她“处事明果，虽吕君有不能回者”。事情的结果，往往又证明陈氏的决定是正确的，以致“人人叹服”。不仅自己善于治家，闲暇之时还“授诸妇以家事，谆谆不惰”。[④]还有处士胡宗古之妻陈氏，婆婆欧阳夫人行礼法，“静顺惠慈”，陈氏与婆婆相处久之，“其所趋向，目濡耳染以熟”，故认为“妇当学姑”，且说：“吾姑如是，是故庐陵多贤母，岂可不勉！”于是，陈氏无论严寒酷暑，凡“冠昏（婚）丧祭，及其所行，一切以夫人为准”。[⑤]

当然，对于大的家族来说，就不只是婆媳之间一对一的言传身教了，而是有意识、有计划地进行家务操练。如江州的义门陈氏家族，因家庭人口众多，仅每天一日三餐就需要八人配合来完成。根据家法所定，都由新妇来承担，其中“二人知修羹菜，四人炊饭，二人知汤水及排布堂内之事”。且在时间上不限年月，只有到再“遇迎娶新妇，则次第替之”。[⑥]《中国出土壁画全集·河南卷》载有一幅河南登封高村宋墓出土的备厨壁画图，有两位女子在配合着做烙饼，一位身着红色长袍，袖子撸起在擀面饼，另一位身着绿色长袍，同样撸起袖子在鏊子上翻饼，两个人边做饼边聊天。此画面出现在墓室内，极有可能是墓主生活于一个大的家族，曾长期负责烙饼家务，也是女子居家生活的一种真实写照（图3-1）。

①（宋）宋祁：《陇西郡君李氏墓志铭》，载《全宋文》第25册，第157页。
②（宋）韩琦：《故东平县君吕氏墓志铭》，载《全宋文》第40册，第104页。
③（宋）吴执中：《宋故南阳县君宇文夫人墓志铭》，载《全宋文》第41册，第322—323页。
④（宋）陆游：《夫人陈氏墓志铭》，载《全宋文》第223册，第223—224页。
⑤（宋）胡铨：《安人陈氏墓志铭》，载《全宋文》第196册，第69页。
⑥《江州陈氏义门家法》，载费成康：《中国的家法族规》，上海社会科学院出版社1998年版，第225页。

图 3-1　河南登封宋墓出土的备厨壁画图

2）以法度治家，恪守俭约

凡是被委以家事的女子，都是经过历练能够担当此任的，她们多被赋予诸多裁决权，不仅循有法度，且能身体力行，使“上下咸得其心，无间言”[①]。如梅圣俞之妻谢氏，生于“盛族”，然梅家却比较清贫，谢氏死时入殓所穿还是出嫁时的服装，的确与其力行俭约持家有关。据梅圣俞回忆说，谢氏“治其家，有常法。其饮食器皿，虽不及丰侈，而必精以旨；其衣无故新，而浣濯缝纫，必洁以完；所至官舍虽庳陋，而庭宇洒扫，必肃以严；其平居语言容止，必怡以和。吾穷于世久矣，其出而幸与贤士大夫游而乐，入则见吾妻之怡怡而忘其忧，使吾不以富贵贫贱累其心者，抑吾妻之助也”[②]。韩琦的妻子崔氏，可说是以严治家的典范。据韩琦所讲，妻子“治家严明，事无细大，处治条理，皆有法度，闺门之内，犹官府然。……凡岁时祖宗之祀，夫人必先朝严辨，纤悉精至……临事取舍剖断，有刚毅大丈夫所不能为者”。崔氏也曾说：“我遇小事，则胆薄多惊，若处大事，知义所在，虽死不怖也。”后来，崔氏患病在身，行走不便，仍“视家事不倦”。韩琦劝她不能操劳过度，要注意颐养身体。崔氏则慨然曰：“此吾平生所存，岂至此可变也！唯死然后不能为也。”[③]士人马服之妻何氏，非常讲究家庭环境的整洁及衣着朴素，“居处严洁，四坐清洒，几榻、帷幔、屏障之类，整妮次置，无一尘之栖。所服不务华靡，自非临祭祀、对宾客之外，袿裾裙襦，皆补浣者”。家人看到她所穿的衣服缝补多年，已经很破旧了，就劝她赶快换新的。她说：“是物□但

①（宋）沈遘：《方夫人墓志铭》，载《全宋文》第74册，第350页。

②（宋）欧阳修：《南阳县君谢氏墓志铭》，载《全宋文》第35册，第386页。

③（宋）韩琦：《录夫人崔氏事迹与崔殿丞请为行状》，载《全宋文》第40册，第59页。

被体，不至穿敝，何在新丽？纺绩之工，可惜也”[①]。

南宋清江士人时汝翼之妻邵氏，丈夫生前用法度严内外、文学训子孙。丈夫死后，邵氏把家人召集到一起，立下治家条约，内容为：“一曰子孙谨守家法，毋得违悖。二曰晨兴鸣板，长幼诣影堂早参，次会中堂叙揖。三曰男女出入，财货出纳，仆妾增减，必禀家长。四曰凡为子妇，毋得蓄私财。五曰女仆无故不许出中门，苍头毋得辄升堂室、入庖厨。”然后，邵氏亲自书写并刻在屏风之上，“使合居有礼，缀食无专，以不忘时君之法”。[②]一般来说，家法家规都是由男主人负责制定的，邵氏作为家庭主妇能有此举诚属可贵，尽管内容与古训及古制大同小异。

在家庭收支节用上，有的女子颇有心计，不仅能使自给，且常有余，以防不测。如韩琦的侄子韩公彦之妻张氏，自幼“惟姆训是服”，到了韩家更是“仪德益修，平居端然，以法度自处，宗亲钦式之”。丈夫韩公彦为官清廉，薪俸菲薄，张氏则平日淳约，“治家无一横费，故用度自给，而俸常有余”。虽然周围诸多少妇推崇时尚，服玩时常更新，互相攀比炫耀，但张氏“目之淡然，未尝为之少动，实闺壶之难能也”。[③]

另外，还存在对奴婢的管教问题。两宋稍微富裕的家庭都有奴婢的存在，只是或多或少，或男或女的差异，诸如达州之塾师乐君的家庭，虽“家甚贫”，但也雇有一个“跛婢”为其做家务事。这些奴婢多是罪犯家属、灾荒饥民及家庭非常贫困者，社会地位显然低下，如果遇到蛮横无理的雇主或悍妇，自然不把他们当人看，随意役使和鞭挞，甚至还会为此付出生命的代价。但因其所从事的劳动，诸如耕作打柴、洗衣做饭、照顾老小等，事关雇主家庭生活的有序和稳定，因而大多数奴婢还是会受到家庭主妇礼遇的，并非都生活在水深火热之中。如前文提及的南宋官员杨万里的母亲罗氏对奴婢的人文关怀，每天早上都起来为奴婢煮粥吃，因为在她看来“奴婢亦人子也”。此类事例在墓志铭中有较多记载，诸如北宋职方郎中郑当之妻陈氏，其“治家专用仁恕，妾侍有过告戒之，俾勿犯而已，屏内不闻有鞭扑之声”[④]。官员姚奭之妻、陈州宛丘令姚焕之母米氏，奴婢犯有过错时，她总是“正其容而视之，使其人意有悔，未尝笞骂”[⑤]。南宋处士胡宗古之妻陈氏，对奴婢不事鞭扑，但对子孙有违家训者，则予以惩罚。如载：“居家尽和易，驭奴婢未尝大声色，不事鞭扑。子姓或戾慈训，则移日不食，以故家人为之弛鞭扑，而家事益理。奴婢既去复来，待之如初，有老死不忍去者。”[⑥]

①（宋）文同：《寿安县太君何氏墓志铭》，载《全宋文》第 51 册，第 202 页。

②（宋）朱熹：《太孺人邵氏墓表》，载《全宋文》第 253 册，第 66—67 页。

③（宋）韩琦：《故仁寿县君张氏墓志铭》，载《全宋文》第 40 册，第 102 页。

④（宋）郑獬：《职方郎中鲍公夫人陈氏墓志铭》，载《全宋文》第 68 册，第 209 页。

⑤（宋）姚焕：《宋故度支郎中姚府君夫人米氏墓志铭》，载《全宋文》第 80 册，第 171 页。

⑥（宋）胡铨：《安人陈氏墓志铭》，载《全宋文》第 196 册，第 70 页。

3）以智慧经营家产，惠及子孙

对于传统社会中的女子来说，家族门户之内外虽然界限十分清楚，但并非不可逾越，主要取决于家庭生计的需求及社会经济的强制推动。正是在生计及社会经济杠杆的助推下，诸多女子开始尝试着触及“外”事，在实践中学会并懂得经营，从而成就一番家业和事业。

她们中有的善于思考与谋划，白手起家，辛勤操劳，使家业日益增大。如北宋处士许洸之妻夏侯氏，其为儿童时“已自有立如成人”，来到许家时“微约穷匮”，在她的经营之下，没几年“至有美田以食，有广厦以居”。丈夫死后，夏侯氏便将几个孩子叫到跟前，即将其保管的有关家产的契约文书全部拿了出来，对孩子们说：“而翁好学为善，足以遗而曹，此可以为养，吾闭口矣。”从此不再过问家事，子女或以家事问之，她不予回应，且说：“吾老嫠妇，知教养诸子与诸孙，俟死而已，无以吾告也。”[①]南宋赠承事郎陈宪臣之妻，即监察御史陈确之母时氏，丈夫从事医业，对家事“置不问”。时氏在夫家苦心“经理生产业，不避寒暑”。为此婆婆甚是欣慰地说：“自吾妇入门，吾心泰然也。”婆婆及丈夫都下世后，时氏便“既专内外，斩斩一如姑与承事无恙时”。晚年虽将家事托付给儿媳，但“有不能决，必资太孺人一言而定”。[②]

有的是靠多种经营或家庭副业来光大门庭的，如北宋官员李觏之母郑氏，生于普通民家，丈夫死时“家破贫甚，屏居山中，去城百里，水田裁二三亩，其余高陆，故常不食者”。然郑氏不甘于现状，她“刚正有计算，募僮客烧薙耕耨，与其同利。昼阅农事，夜治女功。斥卖所作，以佐财用。蚕月盖未尝寝，勤苦竭尽，以免冻馁”。郑氏的辛苦经营，使14岁而孤的李觏能够“游求师友，不为家事罔其心，用卒业为成人”。[③]而《玉壶清话》中所载的“节妇荃”则是从蚕织发家的，她“岁事蚕绩，得丝则机而杼轴，勤俭自营，生计渐盛”。在“产业益裕”之后，即为公婆选定一处风水绝好的墓地，还为不知何时才能归来的丈夫“创上腴田数百顷，水竹别墅，亭阁相望”。等到丈夫归来之时，两人均已皓首，一起“偕老于家林”。[④]

有的巧用嫁资来经营致富，如南宋朝奉郎谭微仲之妻左氏，丈夫是一介书生，虽建有精舍及读经堂，但收入甚微。自公婆下世后，左氏愈感入不敷出，就对丈夫说：“世有无职而食者乎？男职耕耘，女职组纠，弗耘弗纠，寒饥其臻。”于是，左氏将自己的嫁资全部拿出来，通过“绩麻条桑，以烛继晷，脱粟菅蒯”等方式来实施，结果是“三年而成室庐，五年而辟菑畬，七年而倍其初”。还使丈夫“得

①（宋）沈括：《故夏侯夫人墓志铭》，载《全宋文》第78册，第10—11页。

②（宋）张守：《太孺人时氏墓志铭》，载《全宋文》第174册，第43页。

③（宋）李觏：《先夫人墓志》，载《全宋文》第42册，第353页。

④（宋）文莹：《玉壶清话》，载《宋元笔记小说大观》第2册，第1483页。

颛颛于文字间，延师儒训子弟，暇则从宾客，投壶弈棋，酾酒赋诗，萧然有出尘之想”。她的几个孩子也遵从父母之训，“相高以行，相先以学，相琢以文。州庠邑序，春秋课试，非兄以《诗经》首选，则弟以《书经》首选”。左氏还不忘回报社会，每当“谷价如土”之时，便高价“敛之”，遇到灾荒之年“谷价如玉”时，又低价“散之。邑人德之”。[①]

有的以嫁资来拓展居住地或建造义庄，泽及子孙后代。如南宋赠通直郎袁方之妻，亦即墓志铭撰者袁燮之叔母范氏。袁家祖居地比较狭小，公公曾想扩而大之，但限于经济条件有限而未能如愿。这时，刚好邻家要出售宅田，范氏毫不犹豫地“鬻嫁时所自随之田以买之，纳其券于舅”。公公看到白纸黑字红印的地券，惊喜道：“有妇如此，吾得所托矣。”[②]等于说既了却公公的一桩心愿，也使袁家祖业扩而充之。北宋范仲淹的三女儿范氏，丈夫死后，她用数百顷田亩的嫁资，仿效父亲创建义庄的做法，为张氏家族创办了“张成义庄”，以不辱先父之志。

总之，作为家庭人的女子，所承载的说教要远胜于作为家庭人的男子，只因其所承载的事务繁杂，既主内还要主外，且负担重、压力大，甚至还有较大的风险，无论为人妻、为人母抑或是为人媳，一旦做得让公婆或丈夫感觉有不如意之处，便会有被出的结局。为了生存，她们在为人女时就必须接受种种规训，必须依据社会及家庭对她们的角色期待来形塑自己，并将在出嫁之前所获得的人生及伦理体验带到夫家去，将对自家亲人的情怀转移到婆家族人身上，以完成从孝女到柔妻、贤母、顺媳的角色置换。她们出嫁之后所经过的多次角色重组，也就意味着要经过多次重要的角色适应和训练，以便让自己日渐成熟和应对自如。伴随她们成熟的过程，实际上也是在生活中受教的过程，当然她们也会扮演家庭中的施教者角色。从她们相夫教子、热衷公益慈善及经营家业上，可以感受到她们的情怀、卓识和智慧，让家人、族人及邻里都能感受到她们的大爱，这是对“一妇正，一家正；一家正，天下定”[③]的最好诠释。

①（宋）杨万里：《夫人左氏墓志铭》，载《全宋文》第240册，第316—317页。

②（宋）袁燮：《太孺人范氏墓志铭》，载《全宋文》第282册，第36页。

③（宋）杨万里：《诚斋易传》，商务印书馆1935年版，第135页。

第四章

作为社会人的女子教育生活

如果说作为自然人的女子不可能单个生存而需要家庭归宿的话，那么作为家庭人的女子也不可能仅仅滞留于家庭空间而无须参与社会生活，恰恰相反，她们正是需要通过社会参与来完成社会人的角色转换，并借助扮演多重角色来实现社会对她们的角色期待。道理很简单，那就是马克思所主张的，“人的本质不是单个人所固有的抽象物，在其现实性上，它是一切社会关系的总和”[①]。社会性是人的本质属性，人只有融入社会，积极参与社会生活，学会与他人和谐相处，才能充分彰显人的价值，才能拥有完整意义上的人生。

然而真正的社会人需要经历一个社会化的过程，即“按照一定社会文化的要求教化为社会人的过程”[②]。人只有在社会化过程中，不断学习融入社会所需要的态度、知识及行为方式，以及社会所期待的角色规范，才能最终实现由“自然的我”“家庭的我”变为“社会的我”。既然女子跟男子一样需要社会化，那么教育也是需要先行一步的。

事实上，两宋时期的女子并非是完全被封闭在闺门之内的，社会的剧烈变革及活跃的经济生活，使她们日益成为社会劳动及社会生活力量的重要组成。由于社会生活的面相是多维的，女子作为社会人所扮演的角色也显得多重而交杂，但有一点可以肯定，即社会对她们的社会角色期待及规范都是一致的，从国家、社会到家族家庭，都会用同样的标准来对她们进行种种规训，包括道德、知识、技能等，并且在可控的限度内准许她们从事各种经营活动以及与士人交游而尽显才识。还有，佛、道等宗教事业的迅猛发展以及社会所提供的宽松的信教环境，也使诸多女子对佛、道情有独钟，甚至出家而为信教者和传教者，其参与的广泛性完全可以与其经商活动等而论之。可以说，两宋女子走出家门积极融入社会生活的情况带有一定的普遍性，与自幼所接受的来自不同层次的教化不无相关。

第一节　道德规训：在濡化中成人

道德是社会人立身处世的基本素养，也是社会文明进步的重要标志。自两汉以后，无论是家庭、学校抑或是统治上层，都很重视对人施与以儒家伦理为核心的道德濡化，从而成就中国古代重视道德教育的优良传统。女子作为社会发展与进步中的一支重要力量，其道德的养成也为历朝历代所关注。尤其是在两宋社会大变革时期，在道德出现滑坡、缺失的情况下，统治者提倡以文治国，地方官员

---

①〔德〕马克思：《关于费尔巴哈的提纲》，载（德）马克思、恩格斯：《马克思恩格斯选集》第1卷，中共中央马克思恩格斯列宁斯大林著作编译局编译，人民出版社1995年版，第60页。

② 司马云杰：《文化社会学》，山东人民出版社1987年版，第472页。

无不以“布宣德化，导迪人心”为己任，理学家亦为之疾呼要重建社会道德，于是女子道德便被纳入社会道德建构的框架之内而为世人所重视。

1. 社会意志的表达

女子个体道德修养水平不仅事关个人命运，还关系到家庭和社会的稳定与和谐，因而社会通过介入与干预的方式来表达自己的意志是必然的，往往是通过颁布劝谕告示，对包括女子在内所有民众的行为予以规范，又通过赐封、旌表、修祠等方式对部分女子的德行加以认同和褒奖，对社会上所有女子也无不起到一种规范和引领作用。

1）劝谕中的规训

大凡地方官员都会基于“承流宣化”及整顿风俗所需，在人员来往比较密集的地方加以张贴告示，或将民众集中起来加以宣读，并要求民众互相转告和劝谕。虽然不是专门为女子设置的，但女子也是受教的主要对象。如北宋官员郑至道在天台县为官时，发现本地民风民俗中存在的问题比较严重，诸如“违理逆德，不孝不悌，凌犯宗族，结怨邻里，以至婚姻之际，多事苟合，殊无恩义；五服之亲，问以服纪，全然不知；浮浪盗贩之人，日益加众”等。究其原因，自然是教化缺失带来的，所谓“民不知教，令之罪”，于是颁布《谕俗文》，从孝父母、爱兄弟、睦宗族、恤邻里、重婚姻、正丧服、重本业七个方面加以说教，并忠告民众“各以此更相训教，率而行之，礼义之风，必从此始。若顺尔旧俗，反予教言，恣意任情，必犯刑禁”。[①]南宋官员黄榦，针对临川的流俗之弊，在其发布的劝谕文中亦明确要求“士农工贾，各务本业，起居出入，常存善心；教（孝）顺父母，友爱兄弟，亲戚乡党，交相和睦；利则思义，忿则思难”，如此才能“既无争竞，亦无祸殃，既无追孙，□□□□，心平气和，身安家足”。[②]

地方官员也会将历史上或现实生活中的真人真事编成歌谣，或在各处所设粉壁上加以张贴，或请民间艺人在勾栏瓦舍内演唱，同样起到劝谕的作用。如朱熹所言：“如孝弟忠信，人伦日用间事，播为乐章，使人歌之，仿《周礼》读法，遍示乡村里落，亦可代今粉壁所书条禁。”[③]

2）以赐封树标杆

听封，即朝廷为勉励官员勤政，对其家庭女子包括祖母、母亲、妻子乃至嫡母、继母、乳母、兄嫂等，赐予不同的封号，借以显示“母以子贵”“妻以夫荣”，虽然是一种荣誉，但在一定程度上也是对此类女子德行及其价值的官方认同和褒

①（宋）郑至道：《谕俗文》，载《全宋文》第97册，第116页。

②（宋）黄榦：《临川劝谕文》，载《全宋文》第287册，第433—434页。

③（宋）黎靖德：《朱子语类》，中华书局1986年版，第2683页。

奖，对健在的当事人及其后人都是一种激励，对其他女子也能起到一种标杆的作用。如南宋奉议郎余君之妻姚氏，对兄嫂“事之如事所尊”，有饥寠上门求助者“无不可之语”，使独生子“卒能力学，擢进士第”而为庐陵别驾，因此先后两次赐封为“孺人”“宜人”。尤其是本族女子出嫁时，父母总是叮嘱说：“若以夫人为法，则终而身为良妇、为良母。”[①]又如安远主簿王季安之妻萧氏，接连被封为太孺人、太安人、太宜人，以致“族亲州里，罔不以手加额，以太宜人为母师”[②]。

受封女子多来自仕宦阶层，其封号往往是依据请封男子的官位来决定的，如《枫窗小牍》所载：“国朝妇人封，自执政以上封夫人，尚书以上封淑人，侍郎以上封硕人，太中大夫以上封令人，中散大夫以上封恭人，朝奉大夫以上封宜人，朝奉郎以上封安人，通直郎以上封孺人。”[③]根据官品，又有国、郡、县之别，如《春明退朝录》所载：

> 凡宰相、使相，母封国太夫人，妻封郡夫人。枢密使、副使、参知政事、尚书、节度使，母封郡太夫人，妻封郡夫人。直学士以上给谏、大卿监、观察使，母封郡太君，妻封郡君。少卿监、防团以下至升朝官，母封县太君，妻封县君。[④]

凡在朝官员，均可依据有关定制，自行或由其他官员如谏议官、知制诰等代行制文，以求赐封。此类制文在《全宋文》中甚多，凡是请封或皇帝敕文，一般都会使用“母仪”“母道”“母范”“母教”“母师”“三迁”“妇顺”等赞美性词汇。如在胡宿的制文中，吏部侍郎同中书门下平章事文彦博之嫡母耿氏，以“辅佐君子，尊四教之善言；诞育名臣，被三迁之慈训”而追封为“秦国太夫人”。[⑤]在余靖所制的敕文中，黄氏以“闺阃之则，人以为训”追封为“德阳郡太夫人”；张氏以“母天下”追封为“国太夫人”；华氏以“妇顺修饬，母道严明，聿生佐命之贤，以济奕世之美”追封为“国太夫人”；贾氏以“言容有则，宗姻为范，卜邻传芳，早勤胎教，断织成训，聿光彤史。福善所积，源流必长，垂休后昆，再世为辅”追封为“国太夫人”；严氏以“女仪修饬，母道严明”追封为“国太夫人”；赵氏以“闺壶著范，宗姻为则，妇顺自饬，慈诲有成，训章图史，福流后裔”追封为“南阳郡太夫人”等。[⑥]而为乳母赐封的，多是皇亲贵族子弟，如安德军节度使华

---

①（宋）林亦之：《宜人姚氏墓志》，载《全宋文》第259册，第367页。

②（宋）杨万里：《太宜人萧氏墓志铭》，载《全宋文》第240册，第275页。

③（宋）袁褧、袁颐：《枫窗小牍》，载《宋元笔记小说大观》第5册，第4763页。

④（宋）宋敏求：《春明退朝录》，载《宋元笔记小说大观》第1册，第972页。

⑤（宋）胡宿：《吏部侍郎同中书门下平章事文彦博嫡母耿氏可追封秦国太夫人制》，载《全宋文》第21册，第336页。

⑥（宋）余靖：《曾祖母黄氏追封德阳郡太夫人制》《祖母追封金城郡太夫人赵氏可追封南阳郡太夫人制》等，载《全宋文》第26册，第220—234页。

原郡王赵允良乳母王氏封为“永寿县君”，制文称其：“少率姆训，善治礼防，于藩邸有保阿之功，惟朝家敦崇睦之典。”①丹阳郡王赵守节的乳母徐氏被封为“高平县君”，制文曰：“朕睦邦族之良，愍宗藩之逝，延录保阿之旧，申加封胙之恩。”②

还有两种情况，即多次请封和三四世同时请封的。多次请封，主要是请封者官位变化所致，每一次赐封都会让请封者感恩戴德，如前文已提及的奉议郎余君之妻姚氏两次赐封为孺人、宜人，安远主簿王季安之妻萧氏三次赐封为太孺人、太安人、太宜人等。对朝廷重臣而言，为家庭女子常有三代或四代同时请封的情况，如北宋官员曾巩拟制的《左仆射门下侍郎王珪追封三代并妻制》，涉及为王珪一家四代四位女子的请封，其结果：曾祖母尹氏，以“启佑后人，任国机政”追封为“燕国太夫人”；祖母丘氏，以“教行闺门，自隐而显”追封为“魏国太夫人”；母亲薛氏，以“妇道以顺，母仪以慈，言为壶彝，动应图法，能教其子，为时宗工”追封为“汉国太夫人”；其妻郑氏，以“动静以礼，协于经言，相予宗臣，慎其内行”追封为“楚国夫人”。③曾巩在《中大夫尚书左丞蒲宗孟追封三代并进封妻制》中，则涉及为中大夫尚书左丞蒲宗孟的四代五位女子的请封，即曾祖母鲜于氏，以“作德于内，以宜厥家，启相后人，预蔽国论”追封为“大宁郡太夫人”；祖母陈氏，以“淑慎恭俭，化行闺门，启其元孙，持国纲要”追封为“蜀郡太夫人”；继祖母朱氏，以“婉嫕冲静，行孚于家，祚尔之孙，兴以辅朕”追封为“阆中郡太夫人”；母亲陈氏，以“经德履善，宜有家室，锡羡流祉，在尔后人”追封为“颍川郡太夫人”；妻子陈氏，以“言容功德，柔闲懿恭”封为“河东郡夫人”。④除外，还有王安石拟制的《宰相富弼三代制（六道）》《参知政事欧阳修三代制（六道）》《枢密使张昇封赠三代制（八道）》《枢密副使胡宿封赠三代制（六道）》等。⑤

帝王在得到下属请封的制文后，按照御批的模板适当改一下被赐者的基本信息即可，所表达的是皇恩浩荡和对女子德行的推崇之意。如北宋谏议官余靖所拟定的敕文《母在者加恩制》，称“德劭嫔风，义高壶则，克懋慈闱之训，聿生闺籍之贤”；《母亡者加恩制》称“言容著（着）范，礼训传家，沼沚宣勤，佩环有节”；《百官妻加恩制》称“夫家道正而天下治，盖《国风》之始，人伦之大，皆本于夫

① （宋）胡宿：《皇弟安德军节度使华原郡王允良乳母王氏可封永寿县君制》，载《全宋文》第 21 册，第 301 页。

② （宋）胡宿：《赠镇江军节度追封丹阳郡王守节乳母徐氏可封高平县君制》，载《全宋文》第 21 册，第 301 页。

③ （宋）曾巩：《左仆射门下侍郎王珪追封三代并妻制》，载《全宋文》第 57 册，第 17—19 页。

④ （宋）曾巩：《中大夫尚书左丞蒲宗孟追封三代并进封妻制》，载《全宋文》第 57 册，第 20—22 页。

⑤ （宋）王安石：《宰相富弼三代制》等，载《全宋文》第 63 册，第 174—184 页。

妇也。朕洁诚毖祀，奉先追孝，外修牲币之荐，内有粢盛之助。……乐与群伦，恩被伉俪。某妻某氏，柔明著（着）美，淑茂流声，居无出阃之言，动有鸣环之节”等。[①]知制诰郑獬也拟订有御批敕文，如《赠母制》称“朕之继大业，庆行于士大夫，亦念乎北堂之贤母，禄养不能及，乃饬（敕）有司，裂邑而封之”；《封妻制》称“古之正家，所以正天下。朕已锡休命，恩章骈累，荣及乎私门，则主馈于内，成尔室家者，可独遗之哉？其饬（敕）有司，按图考次，赐封脂泽，无失尔职，以义我正家之美”等。[②]

当然，除官员家属可以请封外，民间有特殊贡献的女子也可以得到赐封，对其事迹以示奖励，这对家中没有男子做官的女子而言也是一种鼓舞。如《宋史》本传所提到的汀州宁化人士曾某之妻晏氏，丈夫死后守幼子不嫁。绍定间爆发的农民起义，很快攻破宁化县城，将乐县宰黄垺令士绅王万全、王伦结约诸砦以拒起义军，晏氏亦予以人力和财力支持。后来，晏氏又依黄牛山傍，自为一砦。起义军对晏氏恨之入骨，便“遣数十人来索妇女金帛”。晏氏就将田丁召集到一起，对他们说：“汝曹衣食我家，贼求妇女，意实在我。汝念主母，各当用命，不胜即杀我。”说完，晏氏就将自己的首饰全部解下来，都交给田丁，田丁感激思奋，英勇作战，多次击败起义军。邻乡民众知其可依，亦携家带口前来投靠，家用有不能自给者，悉以家粮助之。于是聚众日广，同时又与王万全、王伦会合，将黄牛山分为五砦，选少壮为义丁，有起义军来袭则前呼后应，以致老幼数万人得以保全性命。知南剑州陈韡得知情况后，便遣人“遗以金帛……又遗楮币以劳五砦之义丁，且借补其子，名其砦曰万安”。晏氏事迹上报给朝廷后，宋理宗则“诏特封晏为恭人，仍赐冠帔，其子特与补承信郎”。[③]还有，普通百姓中如有高寿者，说明子孙能尽孝道，也可以得到加封。如宋理宗淳祐八年（1248年）二月，福州福安县民罗母年过百岁，“特封孺人，复其家。敕有司岁时存问，以厚风化”[④]。

3）旌表烈女节妇

普通女子如在孝顺、守节等方面有特殊事迹、能为人师表者，地方政府也会将其树为典型，借以彰显儒家伦理之道。如朱熹在知漳州时颁布的《揭示古灵先生劝谕文》，明确提出对“孝子顺孙、义夫节妇，事迹显著，即仰具申，当依条旌赏”[⑤]。有些家族也将对女子“旌表其节”写进家谱，如绍兴十八年（1148 年）修订的无锡《锡山邹氏家乘》中，规定“凡妇女有守节自誓者，为宗长当白诸

①（宋）余靖：《母在者加恩制》《母亡者加恩制》《百官妻加恩制》，载《全宋文》第26册，第217—218页。

②（宋）郑獬：《赠母制》《封妻制》，载《全宋文》第67册，第342—343页。

③（元）脱脱等：《宋史》，中华书局1977年版，第13486—13487页。

④（元）脱脱等：《宋史》，中华书局1977年版，第839页。

⑤（宋）朱熹：《朱子全书》第25册，上海古籍出版社、安徽人民教育出版社2002年版，第4620页。

有司，旌表其节，庶可以励薄俗。有司未行，即当备入于谱表立传，以载家乘外篇”[①]。地方政府及家族家谱如此之举，自然会形成一种旌表的氛围，对女子而言也会带来一种无形的力量，也想如同受到旌表的女子一样血食祠堂、树碑立坊以名垂青史。此外，元朝学者脱脱等在撰写《宋史·列女传》时，将有影响的43位列女节妇事迹收入其内，对后世女子的德行举止继续发挥效用。

凡是受到旌表的女子，一般分为以下两种情况。

一是在突发事件中为坚守清白或因孝顺父母等，不畏强暴而以身殉道者，多旌表其为“列女”或“烈女”。如宋仁宗时，鄂州江夏县一位民妻张氏，有位恶少谢师乞路过其家，见其美姿而“持刀逼欲与为乱”。谢师乞用刀威逼她说：“从我则全，不从则死。”张氏对之破口大骂，说：“庸奴！可死，不可它也。”在被恶少断其喉的情况下，张氏还能“擒师乞，以告邻人”。张氏的事迹被上报朝廷，嘉祐三年（1058年）“诏封旌德县君，表坟曰‘列女之墓’，赐酒帛，令郡县致奠”。[②]百年之后，知鄂州罗愿寻访张氏墓，然“中更兵火，吏民无知者”。[③]于是在淳熙十一年（1184 年）筹资建造“张烈女祠堂”，他在《鄂州张烈女祠堂碑》中对张氏的行为大加赞赏，还表明建造祠堂的目的在于警示男子免于“不义”及女子免于“苟贱”。[④]

上虞平民朱回之女朱娥，母亲早死，自幼跟随祖母一起生活。就在治平三年（1066 年），也就是朱娥 10 岁那年，祖母与邻居朱颜发生摩擦，朱颜持刀要杀死其祖母，就在这个关键时刻，朱娥居然挺身而出，说：“宁杀我，毋杀媪也。”结果，祖母得救，朱娥则连中数刀，又被“断其喉以死”。她的事迹感动闾里，地方官员闻知逐级上报，宋神宗“赐其家粟帛”，会稽令董皆则为朱娥“立像于曹娥庙，岁时配享”。[⑤]还有宋理宗嘉熙二年（1238 年），民女曹氏与母亲及邻居二十多位女子在山上采食笋，突然窜出一只猛虎，直扑向母亲，其他人都被突如其来的变故吓得不知所措。只见曹氏一手拉着母亲的手，一手推打老虎说：“舍吾母，吾代饲汝也。”母亲知道自己必死无疑，就让曹氏赶快松手，但曹氏依然不放弃，拖行数百步之后老虎放下曹母，反身攻击曹氏，使之遭受重伤。前来救援的人将曹氏用布衾裹回家，死之前，还对众人说：“黄虎也，吾不得代吾母死也。”学者车若水等一行八人得知情况后，就带着“酒升钱千”前往曹家慰问，称曹氏“今此亦曹娥也”。[⑥]

二是对夫死不嫁而守节终身，且孝公婆、教诸子名闻乡里者加以旌表。如南

① 费成康：《中国的家法族规》，上海社会科学院出版社 1998 年版，第 244 页。

②（元）脱脱等：《宋史》，中华书局 1977 年版，第 13478 页。

③（宋）罗愿：《鄂州张烈女祠堂碑》，载《全宋文》第 259 册，第 321 页。

④（宋）罗愿：《鄂州张烈女祠堂碑》，载《全宋文》第 259 册，第 322—323 页。

⑤（元）脱脱等：《宋史》，中华书局 1977 年版，第 13478 页。

⑥（宋）车若水：《黄岩曹小娥述》，载《全宋文》第 346 册，第 206 页。

宋汉州女子王氏，18岁嫁给同郡陈安节，其“节操行义，为乡人所敬”，乡人尊称其为“堂前”，史书称其“陈堂前”。婚后年余丈夫病卒，仅有一子。她不仅让“舅姑安之”，还为儿子陈新“延名儒训导，既冠，入太学”。不幸的是，陈新30岁时病死，留下两个孙子陈纲和陈绂，王氏又继续教育孙子，使之“咸笃学有闻”。还有，王氏来到陈家时，小姑子尚幼。王氏“教育之，及笄，以厚礼嫁遣”。公婆皆下世后，小姑子求分财产，王氏亦是“尽遗室中所有，无靳色”。不出五年，小姑子所得财产为夫所荡尽，不得已又投靠兄嫂。王氏二话没说，即“为买田置屋，抚育诸甥无异己子”。王氏对待邻里族亲亦有“大义”之举，如“亲属有贫窭不能自存者，收养婚嫁至三四十人，自后宗族无虑百数。里有故家甘氏，贫而质其季女于酒家，堂前出金赎之，俾有所归”。乾道九年（1173年），宋孝宗“诏旌表其门闾”。[①]还有南宋官员司马梦求之母程氏，新婚不久丈夫亡故，她“誓不它适”，求其夫家族子为养子，即司马梦求，被朝廷旌其门曰“节妇”。[②]

2. 家庭中的熏陶

司马光依据《礼记·内则》，在《居家杂仪》中就对女子的道德教化，在及笄未嫁之前的部分年龄阶段都做出具体安排，如刚出生时，如果要雇佣乳母，则“必择良家妇人稍温谨者”；能说话时，要教之道“万福”，即女孩子见面时的问候礼节；能懂事时，要“教之以恭敬尊长，有不识尊卑长幼者，则严诃禁之”；7岁时，与男孩子一样始诵《孝经》《论语》，同时还有男女之别教化，即“不同席，不共食”；8岁时，“出入门户及即席饮食，必后长者，始教之以谦让”；9岁时，为之讲解《论语》《孝经》及《列女传》《女诫》之类，使之略晓大意。10岁时以家庭教化为主，“教以婉娩、听从……未冠笄者，质明而起，总角靧面，以见尊长。佐长者供食，祭祀则佐执酒食。若既冠笄，则皆责以成人之礼”等。[③]除外，司马光的《家范》、袁采的《袁氏世范》等，对女子在仁、礼、孝、义、节、俭等方面也都有详细要求。

在实际生活中，一般家庭或长辈都很重视对女孩子的道德说教。他们或者是用古之节女列妇事迹加以感化，如北宋赠大理寺丞费文之妻魏氏，自幼受家庭熏染，“闻前世贤妇烈女事，历历志记，以自规饬”[④]。承事郎致仕王景亮之妻张氏则是受益于丈夫，王景亮步入仕途后不喜交游，公务之余喜欢读书，每当其读书时魏氏都在一旁听读，且时时为魏氏诵说。魏氏也便从丈夫那里经常“闻奇节异

①（元）脱脱等：《宋史》，中华书局1977年版，第13485页。

②（元）脱脱等：《宋史》，中华书局1977年版，第13309页。

③ 费成康：《中国的家法族规》，上海社会科学院出版社1998年版，第241页。

④（宋）吕陶：《仁寿县太君魏氏墓志铭》，载《全宋文》第74册，第126页。

行、死生之致”，每当动情之处，魏氏也“必嗟叹感慨，泣数行下”。遇到相类似的案例时，魏氏也会发一番评论“某是欤？某非欤？”她的想法与丈夫往往“多合”。[①]南宋宣议郎孙综之女孙氏，在其 10 多岁时，李清照本想以“文辞”之学传之，孙氏却说“才藻非女子事也”，这让父亲孙综感到女儿颇有自己的想法，于是“乃手书古列女事数十”授之，孙氏亦“日夜诵服不废”。[②]士人陈宗与之妻林氏，祖父以上“有隐德”，其父兄“业儒”，林氏亦身被儒风，所谓“承父兄教以自淑。未笄，德性成，柔嘉惠和，蔼然见诸声气间”。[③]

或在生活中给予礼仪规范，如女子“道万福”乃是两宋民间最为流行的相见时的问安礼。《居家杂仪》要求从幼儿时开始教起，至长则要求彼此相见必道“万福”。如《鹤林玉露》所载陆九渊之家，“每晨兴，家长率众子弟致恭于祖祢祠堂，聚揖于厅，妇女道万福于堂”[④]。吕希哲在《吕氏杂记》中亦称：“凡妇人相见，虽贱，必答拜。”[⑤]

或通过给女孩子起名取字来融入伦理内涵。按古制，在孩子出生三个月时起名，取字则是在及笄时进行的，在一定程度上起到一种训诫作用。如南宋官员游九言，史载其曾两次给亲戚家女子取字：一次是给妹妹的三个女孩取字，当时妹妹游氏已经不在人世，接到妹夫黄某的请求后，他考虑到游氏已经为她们起名，不敢负游氏所望，尤其是当时为女孩子取字比较少见，但又不能拒绝外甥女所求，还要鼓励她们有志于成人，于是依据游氏所盼为其取字以“志之”：

> 古之女子罕用名著，若姒、任、姜、姬皆氏也，大略不名。再思，如曰姜嫄、曰简狄、曰戴己，说者固已为名号，则是古尝有之矣。……名而字之，或存训戒，亦可也。虽然，而母固已名若辈曰华、明、柔矣，今其既没（殁），汝安敢忘而余安可易哉？其为汝次之，长曰伯华，华必务实，命之曰“全真”；次曰仲明，明不欲曜，命之曰“贵韬”。是二者君子制行犹然，矧居阃内乎？次曰季柔，柔者坤之德而妇之本也，其曰“德本”。呜乎！观而母名若之意，盖有在矣。余著（着）其义无它，即而母之训申之也。三甥志之。[⑥]

另外一次是应外甥媳妇上官氏所请。外甥媳妇上官氏，得知公公黄氏曾经向游九言给小姑子取字，也想请游九言给自己取字。至少看在妹妹及外甥黄炜的面上，游九言自然难以推却，他根据《易》中所讲及上官氏在家排行，而取字为“吉

---

①（宋）刘跂：《夫人张氏墓志铭》，载《全宋文》第 123 册，第 260 页。

②（宋）陆游：《夫人孙氏墓志铭》，载《全宋文》第 223 册，第 214 页。

③（宋）曾丰：《太安人林氏墓志铭》，载《全宋文》第 278 册，第 93 页。

④（宋）罗大经：《鹤林玉露》，载《宋元笔记小说大观》第 5 册，第 5369 页。

⑤（宋）吕希哲：《吕氏杂记》卷上，载《全宋笔记》，大象出版社 2003 年版，第 273 页。

⑥（宋）游九言：《黄氏三女甥名说》，载《全宋文》第 278 册，第 365 页。

卿”。因上官氏的父亲对《易》也颇有研究，还叮嘱上官氏回娘家时，一定要向父亲求证一下所取之字是否贴切等。

或是通过墓室壁画中的故事情节，来熏陶礼制文化。在各地发现的宋朝墓葬壁画中，孝文化元素比较突出。如 1998 年在河南新密平陌村宋墓中出土的有孟宗哭竹、鲍山王祥行孝、赵孝宗孝行、闵子骞行孝等壁画；1999 年在河南登封黑山沟村北宋李守贵墓葬中出土的有丁兰行孝、董永行孝、王武子行孝等壁画；2002 年在河南巩义涉村宋墓出土有五兄弟认娘等壁画；2008 年在河南荥阳槐西宋墓中出土的有舜帝行孝、丁兰行孝、曹娥行孝、赵孝宗行孝、郭巨埋儿、田真行孝、曾参行孝等壁画多达 15 幅。这些壁画都是画工临时绘制的，甚至是根据墓主人的嗜好及家人的祈愿绘制而成的，至少表达两个方面的信息：一是对生者要事之以礼；二是对死者葬之以礼、祭之以礼。无论是自家或他家遇到丧葬之事，左邻右舍及亲朋故旧均可耳闻目睹，对女孩子来说也无疑是一种有效的礼教熏陶。

3. 生活中的自觉践行

在社会及家庭的引导下，大部分女子往往会直接或间接地从书籍中汲取道德营养，并悟出一些做人的道理。对那些会识文断字的女子来说，常会阅读一些诸如《列女传》《女诫》《孝经》《女训》之类的书籍，其中对女子言行举止的规范也让她们受益匪浅。如南宋朝请郎曾嘉谟之妻李氏，按其“三世均不仕”推断，当生于一个普通家庭，然李氏“生数岁，从兄弟入小学，通《孝经》大义”。嫁到曾家后，除治家严而有法度外，“每事责己，不求备于人。周恤困穷略无吝啬，乡党贤之”。[①]学者朱著之妻洪万善，其父工于文章，虽对洪氏百般疼爱，但“不令习歌曲，诲以曹大家《女诫》”。洪氏对书中“心唯玉真，身且玉真，子若女以”之语体会尤深，故一生“亡一毫妒忌骄盈之累，而克成敬畏诚直之行”。[②]还有，资政殿大学士、金紫光禄大夫郑昭之妻黄德纯，自幼喜欢读书，有一天读《袁氏世范》，深为文中道理所折服，感慨道：“美哉，律身齐家，待人接物尽在是矣。”从此之后，她“自是成诵，而服行之终身”。[③]

懂得如何做人，然后就能在生活中自觉地践行及传承。通过史料所载两宋女子的日常行为，无论是治家，抑或是待人接物等，都可以充分感受到她们对伦理道德规训的接受及内化程度。诸如对礼、仁的践行，如河东都转运使、天章阁待制施某之妻徐氏，对内、对外“勤而有法，其施之各有宜”，以致外内婚姻宗族称

①（宋）周必大：《曾太宜人李氏墓志铭》，载《全宋文》第 233 册，第 131—132 页。

②（宋）朱著：《有宋淑人洪氏墓志铭》，载《全宋文》第 296 册，第 112 页。

③（宋）陈宓：《蜀郡夫人赠东平郡夫人黄氏行状》，载《全宋文》第 305 册，第 252 页。

之“夫人遇我有礼而仁”，妾媵左右称之“夫人于我仁而均”。[①]可见，徐氏对待每一个人都能做到“仁爱”而有“礼”。又如赵匡胤的孙媳妇、临汝侯赵惟和之妻冯氏，虽生于将门，但“孝谨柔明，动不逾礼”，虽家庭富裕，但“衣服饮食务为俭薄，居处严洁”。[②]

又如对传统孝、节之道的践行。前文对女子尽孝于父母已有提及，还有一种情况，即将孝道与贞操的完美结合，在关键时刻为免去父母担心，而舍身成仁。如歙县人士程叔清之女程氏，17岁时年色方盛，却偏遇方腊起义扰民。父母担心她会被起义军所辱，进而无法面见族党，于是将其叫到跟前叮嘱一番，族亲也反复教其如何应对，程氏的态度十分坚决，即一旦被擒将以死拒之。父母对她的决定十分赞赏，说“真吾女也”[③]。第二天，程氏与家人走散，终被军卒所擒。她不甘屈从受辱，蔑视富贵引诱，为保贞操而被军卒所杀。

还有，对父志的传承。如父亲为官清廉，属僚及族里或为感其恩惠，或因其家庭限于贫困等，常常会给予诸多捐助。这时，作为女儿往往会加以拒绝，不因此而影响父亲的清廉形象。如《墨庄漫录》中所载北宋官员任梦臣之女，任梦臣在四川路提点刑狱任上以廉节著称，后因病卧床不起，家徒四壁，甚至死后的丧葬费用都成问题。当时成都知府赵抃得知情况，力率僚属“以俸助之”。但任梦臣的两个女儿力辞不受，说：“岂敢以此污先君之清德？”时人认为此女之举乃“士夫所不逮也”。[④]还有殿中侍御史曹修古之女曹氏，曹修古曾以御史的身份上书，要求庄献太后还政，因此被降为工部员外郎，谪任兴化军，并在任上暴卒。当时的情况是“家贫，死之日无衣以敛，郡之属僚若吏民之贤者，莫不号慕叹息，相与出钱帛数十万赙其家”。对父亲生前故旧及民众的钱帛捐助，按其家庭的实际情况确实需要，却有悖于父亲生前的处世原则，在母亲犹豫不决的时候，刚过成年的曹氏便哭着对母亲说：“先人忠节名闻天下，不幸以直言谪死，且‘君子不家于丧’，安可受以浼我先人之全德哉！”官员及民众又反复宽慰劝说，坚持让曹氏收下，但曹氏“卒不受一钱，其纯孝高尚如此”。[⑤]

第二节　知识涵养：在阅读中沉淀

伴随图书业的发展及社会对女子读书足以涵养品性的共识，书籍便开始进入

①（宋）欧阳修：《万寿县君徐氏墓志铭》，载《全宋文》第35册，第388页。
②（宋）欧阳修：《雍国太夫人冯氏墓志铭》，载《全宋文》第36册，第4页。
③（宋）罗颂：《记程叔清女死节事》，载《全宋文》第254册，第355—356页。
④（宋）张邦基：《墨庄漫录》，载《宋元笔记小说大观》第5册，第4659页。
⑤（宋）王辟之：《渑水燕谈录》，载《宋元笔记小说大观》第2册，第1251页。

女子的视野，读书也便成为大多女子生活中的一部分。对此，司马光在《居家杂仪》中还对女子在不同年龄阶段所读书目予以设计，认为女孩子7岁时始诵《孝经》《论语》，8岁时诵《尚书》，9岁时为之讲解《论语》《孝经》《列女传》《女诫》之类，使她们略晓大意。朱熹也是极力赞同女子读书受教的，不仅主张自《孝经》之外，如《论语》“只取其面前明白者教之”[①]，还鉴于《女诫》之不足，计划专门编写一部女子读物。

可以说，在中国历史上，两宋社会为女子所创造的阅读空间是开放的和相对自由的，从而也成就了女子读书生活的丰富和多彩，使她们能在阅读之中来寻觅智识和滋养品性。

1. 走进阅读

能使女子对书产生兴趣，并能使之进入自主阅读的因素是多方面的，无论是个人爱好及环境的影响，抑或是家人及塾师的指引，都是她们自主阅读的推动力，并在阅读中持续发挥着重要作用。

（1）悟性与环境叠加所致。有的女子生在书香门第或与读书人有所接触，浓厚的阅读气氛加上自身悟性，便对读书产生了强烈的欲望或兴趣。如北宋刑部郎中、知制诰赵槩之母高氏，“幼敏悟，闻人诵诗书，一过耳尽记不忘”，当赵槩能言时，高氏竟能“日自课以书，使调四声作诗赋”。[②]中大夫、宝文阁待制程公节之妻沈宜，祖父、父亲皆隐居不仕，母亲早逝，然其“性警悟，事一经目，无不能者。夜听族中群儿诵书，翼（翌）日辄能尽诵。既长，雅好读书，不出闺闱，而经史百家之言亦略知大意。善字画知诗，温柔端厚，颇有古人之余风”。后来，沈宜亦能“教子孙多学问……训诸女皆有法，各能通经知诗”。[③]左藏库副使石继勋之女石氏，自幼聪慧，能读《女诫》，及笄时“聪明和静”。还有，庐陵秀才李恺之妻段氏，“自幼习见其父出入苏、黄之门，言论俊伟，遂能诵苏、黄之文，皆略上口而通其大意。至于六经、《国语》等书，皆涉猎焉”。她体会到读书的乐趣和价值，在丈夫死后便“倾奁具，益买书，纵诸子交四方贤豪，以卒其业”。[④]

洪迈在《夷坚志》中曾提到两位渴望读书的女子：一位是“双髻女”，政和二年（1112年），建安士子黄寅要到京师应试，在距家60里的旅舍夜宿时认识的。因其父母只让她学女工而不让读书，听到旅舍有读书声，便前往以求一听。

①（宋）黎靖德：《朱子语类》第1册，中华书局1986年版，第127页。
②（宋）苏舜钦：《广陵郡太君墓志铭》，载《全宋文》第41册，第135页。
③（宋）程遵彦：《宋饶州长安县君沈氏墓志铭》，载《全宋文》第97册，第153—154页。
④（宋）王庭珪：《故段夫人墓志铭》，载《全宋文》第158册，第300—301页。

如史所载：

> 夜将二鼓，观书且读，闻人扣户声，其音娇婉。出视之，乃双髻女子，衣服华丽，微笑而言曰："我只在西边隔三两家住，少好文笔，颇知书。所恨堕于女流，父母只令习针缕之工，不遂志愿。今夕二亲皆出姻知家赴礼会，因乘间窃步至此。闻君读书声，欢喜无限，能许我从容乎？"寅留与坐，即捻书册玩诵，又索饮。①

另一位女子是"东邻女"，在绍兴初年，应是家庭穷困，与书无缘，在听到邻家书院传出读书声后，便蓦然前往乞求一听。读书者乃是知县的三公子，看到这位女子如此渴望读书，便"欣然延入，留不使去"②。

两位女子对读书都有一种羡慕与渴望之情，只是在洪迈的笔下，都成了影响两位士子赶考入仕的女鬼或异己力量，也许是在告诉士子莫要贪图女色，但也足以显示社会对女子读书求学的不公平。

（2）家人施与指导。大凡喜欢阅读的女子受家庭的影响最深，她们自幼会接受来自祖父母、父母及兄长等家庭成员的读书指导，出嫁后又有丈夫的帮助，使她们能更快、更好地走进阅读的世界，从而充分体验阅读的快乐。

女子未嫁之前的阅读受父兄的影响最大，多是直接给予读书指导。如南宋庐陵人士段永之妻李氏，上三世均为儒生，隐居乡里不仕，李氏得以"幼从父兄学，通句读，晓大概"。年龄稍长，又读《列女传》，还能就书中所讲发表自己的看法，如曾对父亲说："今之为士而知名节者尚少，古之妇人操履乃如此，其节凛凛与秋霜争严，可不畏慕之哉！"③当地名儒段承议，也就是段永的祖父听说后，就找人提亲纳为孙妇。吉州太和人士胡著之妻刘氏，自幼柔惠警敏，于是"父授以《孝经》《论语》《孟子》，一过能诵，略通大义，终身不忘"④。安福人士朱邦衡之妻刘氏，父亲刘文蕴授以《孝经》《礼记·内则》《列女传》等，"一读成诵"⑤。学者方大琮之母林氏，父亲林国谕教以《女诫》，"父卒，每开卷感泣"⑥。还有免解进士戴冕之女、官员袁燮之母戴氏，父亲戴冕"修儒业，教子有法。度以夫人聪明静专，柔嘉孝谨，可教也，授以诸经，肄业如二兄"⑦。从上述可知，作为父亲并没有因为女孩而让其远离书本、远离阅读，虽然不会指望她们光宗耀

---

①（宋）洪迈：《夷坚志》第3册，中华书局1981年版，第976页。

②（宋）洪迈：《夷坚志》第2册，中华书局1981年版，第543页。

③（宋）王庭珪：《故李夫人墓志铭》，载《全宋文》第158册，第325页。

④（宋）杨万里：《太孺人刘氏墓志铭》，载《全宋文》第240册，第306页。

⑤（宋）杨万里：《夫人刘氏墓铭》，载《全宋文》第240册，第328页。

⑥（宋）方大琮：《妣太安人林氏墓志》，载《全宋文》第322册，第305页。

⑦（宋）袁燮：《太夫人戴氏圹志》，载《全宋文》第282册，第32页。

祖，但只要觉得可教，就会倾心施与教导。

当然，还有来自祖父母及外祖父母的阅读指导。如北宋淮南节度使推官、知上饶县事李介夫之妻吴氏，其祖母曾氏“博学善持论”，吴氏自幼跟祖母形影不离，“少习见之，故于文字多所通解，尤喜读佛书及唐人歌诗”[①]。南宋攸县人士廖天经之妻张氏，祖父张大任“贡上舍。尝注《春秋》，学子争传之”，并授张氏以《孝经》《女训》，使其“略通大义”。[②]而跟从外祖父授书的，多是父亲过世，母亲归宁所致。如北宋太子中舍致仕阎路之妻杨氏，自幼丧父，外祖父张春卿将其接到家里。张春卿为秀才出身，通五经，博览群书，但老而无子，外甥女杨氏的到来既给他带来诸多欢乐，也为杨氏读书“该涉文史”[③]创造了良好的条件和机会。

有的女子出嫁之后，会因丈夫的读书或教书生活而受到熏陶，久而久之，以致对读书情有独钟。如北宋学者希元之妻张氏，丈夫“以经史教子弟，夫人亦班班成诵之。讲解义训，无不通晓”[④]。苏轼的妻子王氏，“其始，未尝自言其知书也。见轼读书，则终日不去，亦不知其能通也。其后轼有所忘，君辄能记之。问其他书，则皆略知之。由是始知其敏而静也”[⑤]。

（3）塾师引路。有不少史料都足以证明，女孩子上学读书这件事是客观存在的。只是所就读的学校非官学，仅是私学或书院而已，且都是在幼儿阶段或及笄之前进行的。既然这样，那么就有一部分女孩子能够同男孩子一样得到塾师教导的机会。如北宋处士徐某之妻周氏，其家祖辈“以农自力”，可说是与学无缘。父亲周恭遇到这么一件事，即“豫章学家，分宁最盛，乡党命儒者出入，人皆知为可贵”。这里的“豫章”是指江西南昌，分宁为下属的一个县，说明豫章一地私学发达，分宁县最为兴盛，往往有知名学者前往执教，因而凡是进入私学读书的都是一种身份的象征。这让周恭甚是羡慕，但鉴于自己两个儿子都已长大成人，且“业已耕，念不可教”，于是周恭便将“幼而慧”的周氏送入私塾，“使授古《女诫》七篇习之”。[⑥]从周恭身上，看不出教育机会上的男女有别，至少他能根据“可教”与“不可教”来抉择，这对一位未受过教育的平民来说，诚属可贵。南宋武进大夫、承议郎赐绯鱼袋陈说之的妻子项氏，自幼亦是“禀姿淑慧，女工不待教而能”。因此，6岁时父亲就送她入学读书，“师授《内则》《女诫》《列女传》及韩、柳、欧、苏诸诗文，历耳辄成诵。稍成，深居无事，

①（宋）孔武仲：《吴氏夫人墓志铭》，载《全宋文》第100册，第338页。

②（宋）杨万里：《夫人张氏墓志铭》，载《全宋文》第240册，第314页。

③（宋）文同：《华阳县君杨氏墓志铭》，载《全宋文》第51册，第208页。

④（宋）文同：《张夫人墓志铭》，载《全宋文》第51册，第207页。

⑤（宋）苏轼：《亡妻王氏墓志铭》，载《全宋文》第92册，第83页。

⑥（宋）黄庶：《徐君处士妻周氏墓志铭》，载《全宋文》第51册，第251页。

取司马公《资治通鉴》阅之，世治忽、人贤不肖，必要其归，故其阅理明，持身谨”。①

在两宋笔记小说中，也有不少女子入学读书的记载，如刘斧在《青琐高议》所讲北宋诗人温琬，父亲死后家“甚贫，徒四壁立”，母亲生下她不久就将其送到凤翔姨家，由姨夫郭祥来训导，且将其送到私塾读书，所谓“尝衣以男袍，同学与之居，积年，不知其女子也”。早年的求学经历，使她对读书有着浓厚的兴趣，曾言“琬少时最忌蚊蚋，每读书辄相忘。暑之酷，汗交流至踵亦弗复之顾也。夜则单衣讽诵，必过更，家人固请，乃略就寝。及旦复然”。后来在母亲的迫使下坠为风尘女子，但其“不乐笙竽，终日沉坐，惟喜读书。杨、孟、《文选》、诸史典、名贤文章，率能诵之，尤长于孟轲书”。②罗烨在《醉翁谈录》所称静女，“乃延平连氏瞻缨之后。早孤，喜读书。母令入学。十岁，涉猎经史”③。另据吴曾的《能改斋漫录》所载，在宋徽宗宣和年间，有一位叫幼卿的女子题词于陕府驿壁，考称：“幼卿，少与表兄同砚席，雅有文字之好。未笄，兄欲缔姻。父母以兄未禄，难其请，遂适武弁公。”④这里的“同砚席”，就是一起同学于私塾之意，且是男女同学，以致未笄便有“缔姻”之请。

在冯梦龙纂辑的《警世通言》中，曾引用南宋话本《喜乐和顺记》，记述一位名叫“喜顺”的小女孩和一位名叫“乐和”的小男孩，两人一起在女孩父亲喜将仕开设的私塾里读书，并因此而萌发爱情，还私下约定终身，传为佳话。如言：

南宋临安府有一个旧家，姓乐，名美善，原是贤福坊安平巷内出身，祖上七辈衣冠。近因家道消乏，移在钱塘门外居住，开个杂色货铺子，人都重他的家世，称他为乐大爷。妈妈安氏，单生一子，名和，生得眉目清秀，伶俐乖巧。幼年寄在永清巷母舅安三老家抚养，附在间壁喜将仕馆中上学，喜将仕家有个女儿，小名顺娘，小乐和一岁。两个同学读书，学中取笑道：“你两个姓名‘喜乐和顺’，合是天缘一对。”两个小儿女，知觉渐开，听这话也自欢喜，遂私下约为夫妇。⑤

2. 时时乃至终身阅读

凡走进阅读世界的女子，一般都在幼年时开始接触书籍，成年时往往会利用

①（宋）刘宰：《故孺人项氏墓志铭》，载《全宋文》第 300 册，第 284 页。
②（宋）刘斧：《青琐高议》，载《宋元笔记小说大观》第 1 册，第 1135—1136 页。
③（宋）罗烨：《醉翁谈录》，古典文学出版社 1957 年版，第 14 页。
④（宋）吴曾：《能改斋漫录》，上海古籍出版社 1979 年版，第 478—479 页。
⑤（明）冯梦龙：《冯梦龙全集》第 2 卷《警世通言》，凤凰出版社 2007 年版，第 323—324 页。

闲暇或夜间读书，中老年时在没有家务缠身的情况下更是读之不倦，读书多成为其日常生活中的一部分。

（1）阅读始于幼时。大部分女子从五六岁或七八岁时开始介入阅读。北宋官员韩宗道之妻聂氏，“七岁读书史，能为诗，晓音律，聪警过人”[①]。南宋赠太子太师宣与言之女宣希真，“五六岁时，闻读书声，即历历成诵，曾不待教”。她从书中获取大量知识，以致父亲“每以事咨之，皆据理以对，深奇爱之”。[②]左朝请大夫杨某之女杨灵湛，“六岁诵《周》《召南》诗，通其意，识度过人”[③]。还有，武进大夫、承议郎赐绯鱼袋陈说之的妻子项氏，“六岁从句读，师授《内则》《女诫》《列女传》及韩、柳、欧、苏诸诗文，历耳辄成诵”[④]。

不过，诸多史料多是用“幼”“幼时”“幼年”来描述女子始读年龄的。如二程的母亲侯氏，“幼而聪悟过人，女工之事，无所不能，好读书史，博知古今。……七八岁时，常教以古诗”[⑤]。南宋建宁县主簿罗无競之妻朱氏，“方幼年，喜读《孝经》《女训》诸书，略能通其大意，终身奉以周旋。故凡所当从事，承上抚下，辑睦中外，无不得宜”[⑥]。龙图阁学士、新安郡侯罗汝楫之妻俞氏，“幼不嬉弄，暗诵孟、庄诸子书，知妇人法度之事”[⑦]。士人潘友恭之妻王氏，幼时“喜读《论语》《大学》《中庸》《孟子》诸书，略通大义”。她从书中受益匪浅，故常对人说：“‘吾尝自省终日之间承上接下幸无一失，然后得以退休而少安。’此意日新而未已也”。[⑧]

（2）利用闲暇及夜间阅读。女孩子一旦到 10 岁以后，就要学会做家务，尤其是及笄和出嫁之后，繁重的家庭事务使她们几无时间来阅读书籍，即便是如此，她们也会在家务之余或女工之暇来满足自己对读书的渴望。如北宋赠大理评事史某之妻夏氏，“服勤纂组，闲则观书”，还要亲授幼子《孝经》《论语》。[⑨]通议大夫、天章阁待制冯仲甫之妻杨氏，出嫁后“善女工音律，居有余力，则诵经史诸子，阅医药阴阳算术之书，至数千万言，皆通其大义，惟不喜为辞章”[⑩]。中奉大夫赠右光禄大夫阎骙之妻高氏，“女工之余，独玩意笔砚间，泛观六经诸

①（宋）刘攽：《聂夫人墓志铭》，载《全宋文》第 69 册，第 261 页。
②（宋）袁燮：《何夫人宣氏墓志铭》，载《全宋文》第 282 册，第 28 页。
③（宋）叶适：《宋故孟夫人墓志铭》，载《全宋文》第 286 册，第 148 页。
④（宋）刘宰：《故孺人项氏墓志铭》，载《全宋文》第 300 册，第 284 页。
⑤（宋）程颐：《上谷郡君家传》，载《全宋文》第 80 册，第 354 页。
⑥（宋）刘才邵：《罗无競妻朱氏夫人墓志铭》，载《全宋文》第 176 册，第 83 页。
⑦（宋）洪适：《俞淑人墓志铭》，载《全宋文》第 214 册，第 42 页。
⑧（宋）朱熹：《潘氏妇墓志铭》，载《全宋文》第 253 册，第 145 页。
⑨（宋）祖士衡：《宋故赠大理评事武昌史府君墓志铭》，载《全宋文》第 17 册，第 377—378 页。
⑩（宋）钟离景伯：《宋故安康郡君杨夫人墓志铭》，载《全宋文》第 100 册，第 95 页。

子，识其大指”[①]。还有，南宋朝请郎周池之妻刘氏，父亲刘彝为朝请大夫、赠银青光禄大夫，“以文学行义，为儒林所宗”。受父亲影响，高氏“女工之外，喜读书，能通其义，尝手书《列女传》，师慕往烈，银青嘉其志，为作诗以系之”[②]。

只是白天的闲暇时间毕竟是有限的，因此有更多的女子是在夜间阅读的。北宋赠大理评事史某之妻夏氏，虽然年纪大了，但仍“挟策读书……夜中烛下，曾无倦焉”[③]。南宋官员姚焕的前妻邹妙善，夜晚读书甚至“不寐达明”，所谓“通《孝经》《论语》《孟子》，偕某夜读书，卒不寐达明”[④]。虽非一人独自夜读，但其精神甚是可嘉。

然并非所有父母都很支持女子读书的，但也挡不住书对她们的诱惑，往往会趁父母不在家或睡觉的时候，悄悄地阅读自己喜欢的书籍。如北宋处士章积之女章氏，父母对其“诵书弄笔墨”是严格禁止的，认为女孩子应该学做女工才是。章氏晚上还要继续做绩麻之类的家务活，但等父母熄灯睡觉之后，她便“乃自程课，由是知书”。[⑤]诗人温琬早年在其姨家受教，尤嗜好读书，这让姨夫郭祥有些担忧，就对其姨妈说：“此女识量聪明，苟教不辍，数年间迤逦能通晓时事，第恐有异志，累我教矣。”于是，“遂藏取所读诗文，止使专于女事。”但温琬“既心醉诗书，深知其趣，至于日夜默诵未尝已”。[⑥]洪迈在《夷坚志》中提到的房州女子“解七五姐”，听到隔壁书馆诸生的阅读声后，对经史之书乃至“道教行持法书”等深感兴趣，于是就趁父亲不在家时私自拿来阅读。如载：“房州人解三师，所居与宁秀才书馆为邻。一女七五姐，自小好书，每日窃听诸生所读，皆能暗诵。其父素嗜道教行持法书，女遇父不在家时，辄亦私习。”[⑦]

（3）终身阅读。大量史料表明，凡自幼喜欢读书的女子，都会将这一兴趣爱好或阅读习惯保持下去，且不存在男子那种读书科举入仕的功利之念，可以说活到老便会读到老。如太子中允许益之的妻子刘氏，自幼至长“书传无有不经览者。于《左氏春秋》，尤能通诵之”，而且能做到“中间事迹词语，沿端极涯，开说讲辩；名氏世族，地里岁月，条分绪解，癸甲不乱”。[⑧]尚书都官员外郎王益的妻子吴氏，好学强记，老而不倦，其“取舍是非，有人所不能及者”[⑨]。

南宋朝请郎孙庭臣之妻施氏，可以说一生都与书结缘，墓志铭称其：“少喜读

①（宋）刘一止：《宋故永嘉郡夫人高氏墓志铭》，载《全宋文》第152册，第298页。
②（宋）李纲：《宋故安人刘氏墓志铭》，载《全宋文》第172册，第292页。
③（宋）祖士衡：《宋故赠大理评事武昌史府君墓志铭》，载《全宋文》第17册，第378页。
④（宋）姚勉：《梅庄夫人墓志铭》，载《全宋文》第352册，第147页。
⑤（宋）黄庭坚：《叔母章夫人墓志铭》，载《全宋文》第108册，第121页。
⑥（宋）刘斧：《青琐高议》，载《宋元笔记小说大观》第1册，第1135页。
⑦（宋）洪迈：《夷坚志》第4册，中华书局1981年版，第1544页。
⑧（宋）文同：《文安县君刘氏墓志铭》，载《全宋文》第51册，第203页。
⑨（宋）曾巩：《仁寿县太君吴氏墓志铭》，载《全宋文》第58册，第254页。

书，老而不衰，六经孔孟之书，略通其大旨。……晚传司马温公《家范》，乃并以授其子孙，或不如训者，引《家范》切责之，故子孙皆有前辈风。”[①]赠太子太师宣与言之女、士人何懋之的妻子宣希真，自五六岁开始读书，有了孩子后还亲授以《论语》《孟子》诸书以及《曲礼》《内则》《中庸》《大学》《冠婚》《乡饮》诸篇。到中年时，她开始“诵道释书”，又觉得释道之书似有不妥之处。她说：“虚无之言，诵之何益！孰若吾圣经，修身齐家之道具在其中乎。”于是又转向经史之书。[②]还有，武进大夫陈说之的妻子项氏，6 岁开始入学读《内则》《女诫》《列女传》及唐诗宋词，及嫁之后“深居无事，取司马公《资治通鉴》阅之”。在父母公婆都已下世后，项氏就将自己的卧室命名为“止斋”，每天都“诵释氏书”，在阅读《传灯录》时，“遇会意处辄抄录成编，或加点记，或成偈颂”。[③]

3. 经史百科无不涉足

如果把两宋女子所读书目放在一起综合一下，可以有于书无所不读的感觉。有学者曾对 206 位士人阶层女子所读书目进行归类统计，根据阅读人数依次分为佛道经典、儒家经典、史书、诗词文、女教典籍、音乐、家训、天文历算和医药术数、诸子百家和方技小说等九种情况。其中，阅读佛道经典的有 105 人，占总阅读人数的 51%，阅读儒家经典的有 69 人，占总阅读人数的 33.5%。[④]此统计结果，虽能反映出两宋女子阅读的大致范围，但很能让人感觉到在女子阅读的世界里，佛道经典的地位是超越儒经的。但从大量史料来看，士阶层女子早年所读书目是以《论语》《孝经》以及女教读物为主的，不可能在她们能阅读时就授以佛道之书。

事实上，多数女子的阅读也并非止于某一类书籍，而是涉及多个门类，除经史百家之外，还涉及诗词歌赋、天文历算、医药、佛道经典等。如北宋右监门卫将军赵世覃之妻郭氏，“聪明孝谨，能读书史，善书画，喜浮图之说”[⑤]。尚书都官员外郎吴某之妻曾氏，“于财无所蓄，于物无所玩，自司马氏以下，史所记世治乱、人贤不肖，无所不读。盖其明辨智识，当世游谈学问知名之士有不能如也”[⑥]。工部尚书致仕李兑之妻钱氏，母亲倪氏就“博通经史”，善于训饬子女。钱氏亦“读经史佛道书，手不释卷。博闻强记，谈论清辨。自晓音律，精于历数”。她不但通晓大义，还能与丈夫“从容讽切以古之忠义。其出藩于外，则劝以尚德缓刑”。

①（宋）汪藻：《令人施氏墓志铭》，载《全宋文》第 157 册，第 391—392 页。

②（宋）袁燮：《何夫人宣氏墓志铭》，载《全宋文》第 282 册，第 29 页。

③（宋）刘宰：《故孺人项氏墓志铭》，载《全宋文》第 300 册，第 284—285 页。

④ 铁爱花：《宋代士人阶层女性研究》，人民出版社 2011 年版，第 251 页。

⑤（宋）欧阳修：《右监门卫将军夫人武昌县君郭氏墓志铭》，载《全宋文》第 36 册，第 8 页。

⑥（宋）王安石：《河东县太君曾氏墓志铭》，载《全宋文》第 65 册，第 240 页。

到晚年时，钱氏又“好理性之学，颇自得，喜怒忧乐不入于心”。[①]通议大夫冯仲甫之妻杨氏，不仅“诵经史诸子”“善女工音律”，还“阅医药阴阳算术之书”。[②]尚书都官郎中李无競之女李仲琬，幼时即“所见书立诵”，至长“于书无不读，读能言其义，至百家、方技、小说皆知之”。[③]南宋官至吏部尚书、左丞相的周必大之妻王氏，父亲王葆“通经能文，登进士第”，王氏则自幼“聪敏高洁，女工儒业下至书算无不洞晓”。[④]官员杨某之妻何静恭，“姿敏惠，父爱之尤，教以《孝经》《论》《孟》《诗》《书》《左氏传》及《内则》《女诫》，终身不遗忘”[⑤]。

宋人的家训及其学术著作等也被有些女子纳入阅读的范围，就所查阅到的史料来看，主要涉及司马光、欧阳修、苏轼、二程、谢良佐等学者的论著。如南宋武进大夫、承议郎赐绯鱼袋陈说之的妻子项氏，在私塾时就阅读“韩、柳、欧、苏诸诗文”，后来又“取司马公《资治通鉴》阅之”。[⑥]朝请郎赠中奉大夫孙庭臣之妻施氏，“晚传司马温公《家范》，乃并以授其子孙”[⑦]。二程及谢良佐等理学家的书籍，也受到一些女子的青睐。如南宋赠太子太师宣与言之女、何懋之的妻子宣希真，中年时曾读释道之书，觉得“虚无之言，诵之何益”，然后又读《程氏遗书》，故而感触曰：“义理之同然者，固如是”[⑧]。金华学者戚如圭之母周氏，早年读《孝经》《论语》，晚年则“读上蔡谢良佐氏《语录》”[⑨]等。

4. 在阅读中改变自我

阅读对女子的影响或带给女子的变化是多方面的。

就女子自身而言，既有品性的涵养，使自己变得柔顺贤惠、知书达理，又影响其人生的改变，如在婚配时父母总是选择有识之士或贤良之士归之，前文均有述及。然而回馈她们更多的是视野的扩展与智识的积累，如北宋袁州万载县令陆琪之母吴氏，与儿媳王氏情同母女，当王氏寿止 72 岁时，年逾耄耋的吴氏痛哭不已，且用对《易传》所言的怀疑来表达自己的悲伤之情，说：“死生安可期？吾耄矣，岂知反哭者尔也。《传》曰：‘父不丧子，兄不丧弟，此和之极也。’顷以

①（宋）范祖禹：《工部尚书致仕李庄公许昌郡夫人钱氏墓志铭》，载《全宋文》第 98 册，第 320—321 页。
②（宋）钟离景伯：《宋故安康郡君杨夫人墓志铭》，载《全宋文》第 100 册，第 95 页。
③（宋）晁补之：《李氏墓志铭》，载《全宋文》第 127 册，第 107—108 页。
④（宋）周必大：《益国夫人墓志铭》，载《全宋文》第 233 册，第 133 页。
⑤（宋）袁甫：《县尉杨君太孺人何氏墓志铭》，载《全宋文》第 324 册，第 116 页。
⑥（宋）刘宰：《故孺人项氏墓志铭》，载《全宋文》第 300 册，第 284 页。
⑦（宋）汪藻：《令人施氏墓志铭》，载《全宋文》第 157 册，第 392 页。
⑧（宋）袁燮：《何夫人宣氏墓志铭》，载《全宋文》第 282 册，第 29 页。
⑨（宋）吕祖谦：《金华戚如圭母周氏墓志铭》，载《全宋文》第 262 册，第 76 页。

为然，今徒虚语耳。”[①]可见，吴氏早年是阅读过《易传》的，并对生死颇有感悟，并非像书中所言“白发人不送黑发人”，死生是没有定期的，以此表示对王氏过世的惋惜和上天的不公。南宋江南西路转运判官宋若水的前妻张氏，“读书史，善笔札，通古今，识义理，而不肯为词章”[②]。所谓的“词章”是指诗词文赋，与科举考试相关，张氏虽然不会为应试而学，但也不愿迎合时尚。朱熹也是不赞成学子一味沉溺于“词章”之学的，因而对张氏的为学倾向颇为赏识。

阅读带给北宋诗人温琬的是对人生问题的思考，正当温琬谈婚论嫁之时，已坠风尘的母亲也想把她变成自己的“摇钱树”。母亲的决定是让温琬所无法接受的，但她对人生却有另一番思考，温琬认为：“人之所以异于禽兽者，以其识礼义，知其所自先也。《传》曰：‘万物本乎天，人本乎祖。’《诗》云：‘哀哀父母，生我劬劳，欲报之德，昊天罔极。’则恩之重无过父母，章章明矣。”温琬基于一片孝心及对母亲的同情，还是无奈地依从了母亲。在她看到“群妓丽服靓妆，以市廛内为荒秽之态，旦暮出则倚门，皆有所待。邂逅而入，则交臂促膝，淫言蝶语以相夸尚”等俗不可耐的场面时，自然十分反感，暗自勉励自己“苟不能自持，入此流不顷刻耳”，这就是阅读的力量，故史称其“有节操廉耻，而不以娼自持”。[③]

同时，阅读也使诸多女子在文学及书画等领域能大展身手，甚至在尚未婚配时就已初露才华，此类女子举不胜举。如北宋右奉议郎、通判颍州的曹评之女曹氏，“性尚俭素。好读儒者书，作五七言诗百有余篇，人多诵之。其笔札亦精妙”。父亲曹评十分自豪地说：“此女所配，宜得贤君子。”[④]尚书都官郎中李无競之女李仲琬，“幼慧异甚，所见书立诵。十岁能为诗，代大夫公削牍敏妙，时裁其室中事，有理”[⑤]。而对于李清照来说，不仅仅是读书求知问题，在婚后家庭生活不太富裕之时，则与丈夫一起搜集、整理、研究书画，使其成为生活中的一部分而自得其乐，事业与生命也从中得以升华，远在“声色狗马之上”[⑥]。

当然，女子以其才识带给家庭的影响也是有目共睹的，诸如治家理业、相夫教子等。尤其是对子女成长的影响更为突出，在一定程度上既能改变孩子的人生轨迹，也决定着家庭家族的盛衰。如北宋太常少卿、赠尚书刑部侍郎沈周之妻许氏，自幼“读书知大意，其兄所为文，辄能成诵”。其长子沈披为国子博士，“有吏材”，次子沈括为扬州司理参军、馆阁校勘，“有文”。然两个儿子成就的获得，

---

①（宋）陆佃：《陆公夫人王氏墓志铭》，载《全宋文》第101册，第252页。

②（宋）朱熹：《运判宋公墓志铭》，载《全宋文》第253册，第173页。

③（宋）刘斧：《青琐高议》，载《宋元笔记小说大观》第1册，第1136—1140页。

④（宋）范祖禹：《右监门卫大将军妻仁和县君曹氏墓志铭》，载《全宋文》第99册，第137—138页。

⑤（宋）晁补之：《李氏墓志铭》，载《全宋文》第127册，第107页。

⑥（宋）李清照著，徐培均笺注：《李清照集笺注》，上海古籍出版社2002年版，第309—310页。

“皆夫人所自教也”。[①]南宋朝散大夫、直龙图阁张根之妻黄氏，“识趣高迈，尤深于老、庄之书”。生男四人，在其病逝时长子张涛为太常博士，次子张焘为将仕郎。生女 7 人，“皆通《诗》《礼》”。这一切都是黄氏“自训”的结果。[②]还有免解进士丁适道之母陈氏，“幼有异质，听诸昆诵言，辄暗记上口”。于是，父亲授以《论语》《孟子》《女诫》等经典书籍，“皆通大旨”。丈夫丁某死后，她学共姜而不更二夫，对刚满周岁的丁适道“身教意饬，日化月成，或为手抄，夜分不寐”，以致丁适道“好修文……慈母之教也”。[③]

第三节　生存技艺：在做学中养成

对绝大多数女子来说，学会生存还是最为重要的。如果说阅读是一种爱好和高雅生活方式的话，那么技艺则是生存的资本或手段，诸如家务、织纴等体力劳动所需要的技艺，以及诗词、书画、竞技等品位或谋生所需要的才艺等。这些技艺的获取，除少数需要集中培养外，基本上都是在实践中、在做与学的过程中来习得的。

1. 桑蚕织纴之教

男耕女织是农耕文明的主要标志，也是早期社会分工的必然产物，表明“耕织”乃是社会及个人生存所必需，即事关民生的温饱问题，没有小事，都是大事。诚如《管子》所言：“一农不耕民有饥者，一女不织民有寒者。”[④]且耕织也是百业之中最为辛苦的一项劳动，司马光在哲宗即位之初，即上疏力陈“四民之中，惟农最苦，寒耕热耘，沾体涂足，戴日而作，戴星而息。蚕妇治茧，绩麻纺纬，缕缕而积之，寸寸而成之，其勤极矣”[⑤]。可见，既必需又辛苦，又占据农耕事业半壁江山的桑蚕织纴非女子莫属，在女子教育生活中如同道德濡化一样重要，且在所有技艺或“女工”中是要率先学习熟练的。

1）来自社会的蚕织劝谕

蚕桑织纴绝非女子个人之事情，而是事关整个社会生活的一项事业，因而自古就为社会所重视，所谓“古者天子亲耕，教男子力作；皇后亲蚕，教女子治生”[⑥]。而在两宋时期，从中央到地方亦多有劝桑蚕之举，旨在引导天下女子要

---

①（宋）曾巩：《寿昌县太君许氏墓志铭》，载《全宋文》第 58 册，第 256 页。

②（宋）李纲：《宋故龙图张公夫人黄氏墓志铭》，载《全宋文》第 172 册，第 298—300 页。

③（宋）孙德之：《丁适道母墓铭》，载《全宋文》第 334 册，第 213—214 页。

④（宋）李昉等：《太平御览》第四册，中华书局 1960 年影印版，第 3661 页。

⑤（元）脱脱等：《宋史》，中华书局 1977 年版，第 4168 页。

⑥（元）脱脱等：《宋史》，中华书局 1977 年版，第 13477 页。

重视并学会如何养蚕制丝。

首先，来自宫廷皇后主导的“亲蚕”之礼及对地方政府的桑蚕业指导。据《宋史·礼五》所载，自宋真宗根据宰相王钦若的请求，诏令有司重新拟定皇后亲桑之礼，至宋徽宗时基本定制。宣和元年（1119年）三月，徽宗皇后率内、外命妇在延福宫正式行亲蚕之礼，主要活动内容有三项：一是设坛祭拜“先蚕氏”；二是皇后及命妇至桑田依次采桑叶；三是行礼时将采来的桑叶依次食蚕。在实际生活中，也有嗜好蚕桑的皇后会种些桑树来养蚕，如宋仁宗曹皇后，即枢密使周武惠王曹彬的孙女，“性慈俭，重稼穑，常于禁苑种谷、亲蚕”[①]。但总体来说，皇后亲桑是象征性的，同时也是一项针对性很强的女子劝教活动。一般是在每年的三月来进行，也正是植桑养蚕的最好时节，具有如同帝王亲耕一样的意义。

中央政府对地方桑蚕业也给予诸多支持和指导。如北宋熙宁六年（1073年），“立法劝民栽桑，有不趋令，则仿屋粟、里布为之罚”[②]。崇宁中，“广南东路转运判官王觉，以开辟荒田几及万顷，诏迁一官。其后，知州、部使者以能课民种桑枣者，率优其第秩焉”[③]。两宋之际，李纲在朝廷为官时，所制《诫谕守令劝课农桑诏》中称：

> 惟生民衣食之原（源），莫重于农桑……今海内承平之久，生齿日众，一夫不耕或受之饥，一妇不蚕或受之寒。饥寒切于肌肤，求民兴于礼义廉耻而亡为非，不可得也……夫承流宣化，推朕德意而致之民者，守令之职也。其务劝课农桑，毋违其时，毋夺其力。……四方万里之远，男子亩，妇人桑，丝身谷腹，衣食滋殖，蓄积足以备灾害，而无饥寒匮乏之患，称朕意焉。[④]

南宋宝庆三年（1227年）三月，宋理宗诏令“郡县长吏劝农桑，抑末，戒苛扰”[⑤]。乾道元年（1165年）正月，都省又下文称：“淮民复业，宜先劝课农桑。令、丞植桑三万株至六万株，守、倅部内植二十万株以上，并论赏有差。”[⑥]

其次，地方官员根据中央政府的指令，会通过发布劝谕文等方式，对女子从事蚕桑业加以督促。如范仲淹之子范纯仁，以著作佐郎知襄城县，他看到本地女子不务蚕织后，便发布谕告，“劝使植桑，有罪而情轻者，视所植多寡除其罚”[⑦]。有了奖勤罚劣这一举措，民风便为之一变，所谓“民益赖慕”。

至南宋时，因活跃的商贸经济及社会生活方式的改变，诸多民众期待远离故

---

①（元）脱脱等：《宋史》，中华书局1977年版，第8620页。

②（元）脱脱等：《宋史》，中华书局1977年版，第4168页。

③（元）脱脱等：《宋史》，中华书局1977年版，第4168页。

④（宋）李纲：《诫谕守令劝课农桑诏》，载《全宋文》第169册，第76—77页。

⑤（元）脱脱等：《宋史》，中华书局1977年版，第789页。

⑥（元）脱脱等：《宋史》，中华书局1977年版，第4174页。

⑦（元）脱脱等：《宋史》，中华书局1977年版，第 10282页。

土而向往都市生活，耕织业受到较大的冲击。在这种情况下，地方官员无不将耕织与民风改变及社会稳定紧密联系在一起，将劝谕民众勤于耕织提到议事的日程上来。如李石在知黎州时发布的告示中称：“今国家累圣以劝农为富足之本，太守等以劝农为倡率之官。……父兄勉力，子弟究心，男习耕耘，女亲蚕织，上慈下顺，内睦外亲，共笃孝悌之风，同趋礼义之俗。”①韩元吉根据闽中一带多山“可以艺桑柘”的情况，要求民众在麦子收割之后，“增修坡塘，稍资灌溉，多植桑麻，益务织纴”。②卫泾在知隆兴府时，劝谕民众要像古代那样“环庐植桑，女修蚕织，足以供一岁之衣”③。郭允喆在知忠州时，针对本地男女“不务农桑本业”的情况，及时发布《劝农文》，要求他们“力尔耕，勤尔蚕，无徒专利，以狃争讼，无负劝谕，以失农时”④。陈宓在知南剑州时，发现民众“怠惰不力，妇女坐食，无事蚕桑”情况后，发布告示加以劝导，以“使勤劳以给之”。⑤真德秀在隆兴为官时，对民众动之以情，晓之以理，他在《隆兴劝农文》中说：“一害尚存，太守断不敢自安，使尔农有愁叹之苦。汝农亦宜尽力以务本，谨身以节用。与其怠惰而饥寒，何如勤苦而温饱？与其奢侈而困穷，何如俭约而丰足？有子弟当教之以孝义，有妇女当课之以蚕织。”⑥还有，阳枋在大宁监任职时，针对土地荒芜而“商旅云集，流移辐辏，生者寡而食者众”的社会现实，提出要在“春事正殷，土脉已动”之际，男子要开荒种地，使地尽其利，对女子则提出“妇力于蚕，毋樵彼侯薪而弗烘于煁也。女勤于布，毋不绩其麻而市也婆娑也。……布帛如丘山，毋仰之他人，而自不寒”。⑦

从中央到地方的劝谕教化，尤其是一些奖惩举措，对发展蚕桑业及鼓励女子勤于并安于蚕桑都发挥出了应有的积极作用，甚至对贵族家庭的女子也起到一定的感化作用。如南宋婺州通判王梦龙之妻赵氏，虽其家“皆王公将相”，王梦龙家则“贫，不能使之安”，但赵氏“忘其为贵宗室女，乐其为贫士人妻，见桑而求蚕，行田而学稼”。⑧

2）始于幼时的织纴训练

依据《礼记·内则》所定规制，司马光在《居家杂仪》中提出女孩子 6 岁时就要“始习女工之小者”，10 岁时则“教以婉娩听从，及女工之大者”。⑨他还解

①（宋）李石：《黎州劝农文》，载《全宋文》第 205 册，第 292—293 页。
②（宋）韩元吉：《又劝农文》，载《全宋文》第 216 册，第 21—22 页。
③（宋）卫泾：《隆兴府劝农文》，载《全宋文》第 291 册，第 382 页。
④（宋）郭允喆：《劝农文》，载《全宋文》第 292 册，第 229 页。
⑤（宋）陈宓：《南剑州劝农文》，载《全宋文》第 304 册，第 377 页。
⑥（宋）真德秀：《隆兴劝农文》，载《全宋文》第 313 册，第 35 页。
⑦（宋）阳枋：《大宁监劝农文》，载《全宋文》第 325 册，第 297—298 页。
⑧（宋）叶适：《赵孺人墓志铭》，载《全宋文》第 287 册，第 34 页。
⑨ 费成康：《中国的家法族规》，上海社会科学院出版社 1998 年版，第 241—242 页。

释说，所谓“工之大者”，包括“蚕桑、织绩、裁缝及为饮膳。……兼欲使之知衣食所来之艰难，不敢恣为奢丽。至于纂组华巧之物，亦不必习也”。[①]朱熹在《小学》中，仍坚持“女子十年不出，姆教婉娩听从，执麻枲，治丝茧。织纴组紃，学女事，以共衣服，观于祭祀，纳酒浆笾豆菹醢，礼相助奠”[②]。

6岁也好，10岁也罢，只是一个文本年龄界限而已，对女子而言实际上并没有如此泾渭分明的始教年龄。就史料所载来看，也多是一个比较模糊的说法，即“幼时”。如苏辙的表姐苏氏，“幼敏而静，四岁而知丝纩，十岁而知馈膳，父母以为能”[③]。据《礼记·内则》所言：“能言……男鞶革，女鞶丝。”[④]那么苏氏在4岁之前就已略知“丝纩”，到4岁时对“丝纩”之物就了解得比较多了。太常丞致仕吴某之妻王氏，“自其幼时，凡于女事，其保傅皆曰‘教而不劳’；组紃织纴，其诸女皆曰‘巧莫可及’”。以致嫁到吴家后，母亲很失落地说：“自吾女适人，吾之内事无所助。”而婆婆则高兴地说：“自吾得此妇，吾之内事不失时。”[⑤]其实，吴母的失落也是对女儿能干的一种肯定和自豪。

婚后在夫家，因角色的变换，织纴训练或操练的机会将更多。山西晋城开化寺大雄宝殿内右墙壁上，有一幅出自《大方便佛报恩经》的宋朝壁画《善事太子本生故事观织图》，只见这位女子上身袒露，下着长裙，坐在长凳上专心织布，所使用的织机与山西当地20世纪50年代农村使用的织机几无二致，真实地再现了宋朝女子夏日居家的织纴生活（图4-1）。

图4-1　晋城开化寺内宋朝壁画《善事太子本生故事观织图》

①（宋）朱熹：《家礼》，王燕均、王光照点校本，上海古籍出版社1999年版，第886页。

②（宋）朱熹：《小学》，载韩锡铎主编：《中华蒙学集成》，辽宁教育出版社1993年版，第136—137页。

③（宋）苏辙：《亡姊王夫人墓志铭》，载《全宋文》第96册，第272页。

④ 杨天宇：《礼记译注》，上海古籍出版社2004年版，第358页。

⑤（宋）欧阳修：《北海郡君王氏墓志铭》，载《全宋文》第35册，第393—394页。

除单个家庭小范围的操练外，还有以下两种情况。

一是大家族内部的分工协作，有代表性的就是江州陈氏义门的做法。为解决族内“众寡不均”问题，先从设置“都蚕院”开始，每年春首都会从“每庄抽一丈夫后生者，妇中择一长者为首，束辖修理蚕具等”。[①]

届时，将成年女子分为两等：年龄在45—58岁的称为“蚕婆”，45岁以下的称为“蚕妇”。在都蚕院内，“每蚕婆各给房一间，蚕妇二人，共同看蚕，养桑柘”。成蚕后，得蚕多者还要额外奖赏，“所以相激劝也”。而对于家族中尚未出嫁的女孩子而言，也“令于蚕母房内，同养桑柘，其桑出都蚕院，平均给付”。另外，每年官方所收丝绸绢税也有分工，要求新妇自年40岁以下各织两匹，未嫁女孩各织一匹，婆母年40岁以上者则免织。[②]而对多数家庭来说，一般都是各自桑蚕。

二是女子之间的合作，从养蚕、缫丝到织锦，往往是多人合作完成的，这样既可以减少成本，还可以提高劳动效率。因此，在实践中她们不仅要学会分工与合作，还要学会精准测量和计算。对此，宫廷及民间画家留下诸多作品，足可看出她们合作织纴的场面。诸如北宋大中祥符年间画家王居正的《纺车图》，有两位女子在合作纺纱，站立者为一老妪，两只手里各拿着一个线圈，两根线与纺车连在一起。坐者为一年轻女子，一手摇着纺车，一手抱着婴儿，眼角带着微笑，似在与老妪说着什么，从其表情来看，纺纱动作对她们来说已经非常熟练，没有分散她们过多的注意力，而是借此机会在聊天。女子背后还有一个小男孩，手里牵着一只蛤蟆，正在抬头笑嘻嘻地望着大人说话。纺车前边还卧着一只黑犬，农家生活气息甚浓。至于两位女子之间的关系，或婆媳或母子（图4-2）。元朝学者赵孟頫在曾给该图题诗曰：“田家苦作余，轧轧操车鸣。母子勤纺织，不羡罗绮荣。童稚善自乐，小龙恬不惊。”南宋绍兴年间画家楼俦在于潜任职时，深入县域内的祈祥畈、方元畈、横山畈、对石畈、南门畈、敖干畈、竹亭畈等大畈的田间农家进行考察，与当地农夫蚕妇广泛接触，询问及交流植桑、织帛等经验及得失，然后将其所想、所悟都倾注在《耕织图》中，包括21幅耕图和24幅织图，24幅织图分别为浴蚕、下蚕、喂蚕、一眠、二眠、三眠、大起、捉绩、分箔、采桑、上蔟、炙箔、下簇、择茧、窖茧、练丝、蚕娥、祀谢、纬、织、络丝、经、攀花、剪帛。不久，被翰林画院摹为彩色画本，24幅画面用长房贯穿，每幅下面用楷书小字注明内容，为宋高宗吴皇后所书，共描绘翁媪长幼74人，皆服宋装，举止神态惟妙惟肖，桑树、户牖、几席、蚕具、织具等具备，真实再现了浙江一带养蚕制丝的壮观场景。

① 费成康：《中国的家法族规》，上海社会科学院出版社1998年版，第226页。
② 费成康：《中国的家法族规》，上海社会科学院出版社1998年版，第226页。

图 4-2　北宋画家王居正的《纺车图》（藏于北京故宫博物院）

南宋高宗时还有一幅佚名的《丝纶图》，描绘的是农家纺丝时的情景，看山脚下溪水漫流，溪旁竹林中有几间农舍，门前有几位妇人围在机前忙碌，溪边有两个童子裸浴玩耍，整个画面充满了浓郁的农村生活气息（图 4-3）。宋高宗还曾为此图题诗，曰："素丝头绪长，羡居好安排。青鞋不动尘，缓步交去来。脉脉意欲乱，春春首重回。王言正如丝，只付经纶才。"对整个画面是一个很好的诠释。

图 4-3　南宋佚名的《丝纶图》（藏于北京故宫博物院）

尤其是有相当一部分女子终身以织纴为己任，即便是家庭条件大有改变的情况下，仍不忍丢下伴随她们大半辈子的技艺，在子女面前依然身体力行，亲力不倦，敬业或职业感十足。如杨时的祖母朱氏，不仅抚育诸孙成人，还"逮诸孙有妇，犹执女功不替"[①]。

杨时等看到祖母年逾 80 岁，且已衣食无忧，不想让祖母日夜劳累，就劝她说：

①（宋）杨时：《杨母朱氏墓志》，载《全宋文》第 125 册，第 34 页。

“为母而年八十，亦可以已矣。虽不躬为之，其忧无人乎？何自苦如是耶？”然祖母不以为然，从容地对他们说：“为妇而执女功，乃其常也，汝何异哉？且吾虽老矣，使吾明衰而视昏，则虽欲疆为，可得乎？吾之所以不已者，第吾力之所能胜耳，汝何怪耶？”[①]虽然子孙多次劝她，但“其志终不可夺也”[②]，直到83岁寿终正寝。赠朝散大夫廖竦之妻萧氏，因“家世农桑”，故对蚕桑有不解之缘，直到年老之时，“纺绩之事，每亲之不倦。……盖自幼迄老如一日”。家人也曾加以制止过，但她依然故我，说：“此妇事也。弗胜，无可奈何；幸能之，焉用废？”[③]南宋士人杨伯起之妻荚氏，自幼“敏于女工”，在夫家仍勤劳不息，婆婆曾心疼地说：“盍诿使令，以间尔力？”荚氏觉得使唤他人做事，总有点不放心，便对婆婆说：“一有不至，非异人任也。”到晚年时，虽然家境富有，无用亲为，而荚氏“服纫补，敦俭朴，绩麻不释手”。诸子孙也不断劝她要多保重身体，她说：“此妇事也，不然，何所用心？”[④]

还有，叶适的母亲杜氏，其家“世为县吏”，杜父不想继续为吏，便辞职“居田间，有耕渔之乐”。杜氏自幼在如此事必躬亲的环境中生活，以致10岁时“则能当其门户劳辱之事”。婚后，其夫以塾师为业，即“聚数童子以自给”，然“多不继”。这时，“无生事可治”的杜氏也想找点事儿做，以维持家计。于是就做了一些非常琐碎细微的事情，“至乃拾滞麻遗纻缉之，仅成端匹”。可能是这些事情类似于拾荒，他人不屑一顾，故而常被邻里所取笑，但杜氏内心坦然，不为所动。她说：“此吾职也，不可废，其所不得为者，命也。”如是坚持二十多年，亲朋故旧都来劝止让她改换别的事情来做:“是不可忍矣,何不改业由他道,衣食幸易致。”杜氏则仍然坚持说：“然。不可以羞吾舅姑之世也。”[⑤]在杜氏看来，靠辛勤劳动求生存是很光荣的，只有不劳而获才是可耻的。杜氏的言行也影响到子孙，包括叶适在内，也不以母亲从事低人一等的事情而羞耻，反而感到很自豪，不然也不会写进墓志铭里。

3）母亲总是率先垂教

如果说家学或祖业总是在父子或同姓之间代代相传的话，那么织纴技能则总是在母女或异姓之间接续相继。因而，女孩子到该学织纴的年龄时，母亲总是第一位垂教者，几无例外。如北宋宗室延州观察使赵从古之妻宋氏，在其10岁那年，母亲“教之剪制之事……所学辄过人”[⑥]。给事中冯式之妻朱氏，出嫁后治家有

①（宋）杨时：《杨母朱氏墓志》，载《全宋文》第125册，第34—35页。
②（宋）杨时：《杨母朱氏墓志》，载《全宋文》第125册，第35页。
③（宋）廖刚：《太宜人萧氏墓志铭》，载《全宋文》第139册，第253—254页。
④（宋）胡寅：《荚氏墓志铭》，载《全宋文》第190册，第216—217页。
⑤（宋）叶适：《母杜氏墓志》，载《全宋文》第287册，第42—43页。
⑥（宋）王珪：《宗室延州观察使夫人京兆郡君宋氏墓志铭》，载《全宋文》第53册，第268页。

法，且在家庭困难之时，不仅亲授五个女儿“若鞶刻组绘之工”，还对儿媳、孙媳等教之以女工之事，使她们“皆精巧过人，至今荆襄间称冯氏家法”。[①]桐庐士人方淇之妻钱氏，根据三个女儿的志趣和爱好，“教以女功之余，声乐书□之属无不毕授也”[②]。虽然对女儿所教不只是女工，但总是以女工为主的。进士陈虞卿之妻彭氏，生有三个男孩六个女孩，除相夫教子，还要教女儿织纴。如墓志铭称：“诸女化其德柔顺静颛，不妄言笑，其刺绣缝裳，剪制结缕，承夫人指授，咸有法度可观。”[③]南宋奉议郎詹成老之妻邵氏，不仅对自己二个女儿，还对四个侄女“谆谆诲以女工妇道”，以致侄女们“怀其慈，以母事之”。[④]官员曾某之妻邹氏，对五个女儿“织纴纂组，必手携面命”[⑤]。迪功郎黄子建之妻，宣教郎、知泉州安县黄裳之母程氏，“夜缉苎麻，教诸女纺织”[⑥]。

从这里可以看出母亲对女儿的一种责任和担当，在她们看来，织纴为女孩子所必备之技艺，是女孩子所必须率先学习和熟练的，但也不排除对其他技艺的传授，如烹饪、声乐等。

4）自觉历练女工

在部分史料中，没有提及母亲是如何亲授女工的，无论是何种缘由，都体现出这些女子对社会角色的认同，以致能自觉地按照社会对自己的角色期待，对蚕桑织纴之事产生一种羡慕或向往之情，大致可分为以下三种情况。

一是悟性好，喜欢仿效成人的行为，虽然大人没有专门施教却能样样通晓，所谓“不学而能”。如朝廷重臣韩琦的母亲胡氏，“生而淑明，柔德备。善书札，尤精女工，凡点酥剪彩，拟状生物，随手万态，如出造化”[⑦]。太常博士之女，曾巩之长妹曾氏，据曾巩称：“吾妹为儿时，育于祖夫人，已不好戏弄。及长，喜读书。于女工之事，不教而自能。”[⑧]南宋赠右通直郎胡浚明之妻莫氏，“自少小知书，浸长，作诗论文，如慧男子，女工之事，不学而能”[⑨]。

二是受家庭环境的影响，从年长女子那里获取经验或体验，所谓“耳濡目染”所致。如陇西太子右赞善大夫李惟良之女李氏，家人对其管教比较宽松，或没有刻意去教她必须学会什么，以致“女工织纴之事，耳濡目染，有如天成”[⑩]。

①（宋）王珪：《永寿郡太君朱氏墓志铭》，载《全宋文》第53册，第276页。
②（宋）叶之表：《宋方府君并夫人墓志铭》，载《全宋文》第120册，第218页。
③（宋）谢逸：《彭夫人墓志铭》，载《全宋文》第133册，第274页。
④（宋）张守：《宋故孺人邵氏墓志铭》，载《全宋文》第174册，第45页。
⑤（宋）杨万里：《夫人邹氏墓志铭》，载《全宋文》第240册，第301页。
⑥（宋）刘克庄：《程孺人墓志铭》，载《全宋文》第332册，第61—62页。
⑦（宋）韩琦：《太夫人胡氏墓志铭》，载《全宋文》第40册，第65页。
⑧（宋）曾巩：《郓州平阴县主簿关君妻曾氏墓表》，载《全宋文》第58册，第206页。
⑨（宋）刘一止：《宋故太宜人莫氏墓志铭》，载《全宋文》第152册，第314页。
⑩（宋）宋祁：《南阳郡君李氏墓志铭》，载《全宋文》第25册，第160页。

三是早年丧母，没有母亲的呵护，使她们比其他的女孩子都早成熟一些，并较早接触织纴之事。如士人冯某之妻陈静婉，3 岁丧母，11 岁丧父，从其“事诸父如其皇考，事诸母如其母夫人，诸父、诸母亦爱之如己生”来看，应该是在伯父伯母的照看下长大的，使其“平居容止甚饬，凡组绣女工之事有所业，不尽其艺不止。事一历耳，辄记不忘”①。还有，对古代纺织业有着杰出贡献的黄道婆，松江府乌泥泾镇人，幼年时就失去双亲，10 多岁到婆家当童养媳，白天下地干活，夜晚还要学习纺织，受尽公婆及丈夫的虐待，于是逃离家乡到海南岛的崖州，在此度过近三十个春秋，刻苦学习纺织技术，并擅长织“崖州被”。

2. 诗词书画歌舞之教

琴棋书画、诗词歌舞等是中国传统文化的主要体现与组成部分，不仅文人墨客竞相追逐和标榜，也是一些名门闺秀个人修养的必备才艺，同时也是诸如宫廷乐女、妓女等从事特殊行业女子所必须掌握的一门技艺。无论是修养抑或是就业养生，都是需要经过长期专业训练的。

1）宫内女艺人的乐舞操练

每当重要节日或帝王寿诞、登基等国之大事，宫廷都要举办大型宴会以示庆贺，同时也有专业表演团队前来助兴，这是古代宫廷的惯例，到两宋时又出现大型的专业女子表演团队，即技艺类的“女弟子队”及杂剧类的“女童队”。“女弟子队”有 153 位成员，分为 10 个编队，各队队名、着装及规定动作等都非常明确：

一曰菩萨蛮队，衣绯生色窄砌衣，冠卷云冠；二曰感化乐队，衣青罗生色通衣，背梳髻，系绶带；三曰抛球乐队，衣四色绣罗宽衫，系银带，奉绣球；四曰佳人剪牡丹队，衣红生色砌衣，戴金冠，剪牡丹花；五曰拂霓裳队，衣红仙砌衣，碧霞帔，戴仙冠，红绣抹额；六曰采莲队，衣红罗生色绰子，系晕裙，戴云鬟髻，乘彩船，执莲花；七曰凤迎乐队，衣红仙砌衣，戴云鬟凤髻；八曰菩萨献香花队，衣生色窄砌衣，戴宝冠，执香花盘；九曰彩云仙队，衣黄生色道衣，紫霞帔，冠仙冠，执旌节、鹤扇；十曰打球乐队，衣四色窄绣罗襦，系银带，裹顺风脚簇花幞头，执球杖。②

“女童队”组成人员要多于女弟子队。据《东京梦华录》所载，宋徽宗的诞辰日是十月十日，被定为“天宁节”，节日前后安排诸多庆贺活动。就在十二日这一天，宰执、亲王、宗室、百官等都要参加盛大的酒会，轮番向宋徽宗祝寿。当进

①（宋）仲并：《夫人陈氏墓铭》，载《全宋文》第 192 册，第 332 页。

②（元）脱脱等：《宋史》，中华书局 1977 年版，第 3350 页。

行到第七轮祝酒时，女童队开始入场并致贺词，出场后又受到“少年豪俊”的追捧。如载：

第七盏御酒慢曲子，宰臣酒皆慢曲子，百官酒三台舞讫，参军色作语，勾女童队入场。女童皆选两军妙龄容艳过人者四百余人，或戴花冠，或仙人髻鸦霞之服，或卷曲花脚幞头，四契红黄生色销金锦绣之衣，结束不常，莫不一时新妆，曲尽其妙。……乐部断送《采莲》讫，曲终复群舞。唱中腔毕，女童进致语，勾杂戏入场，亦一场两段讫，参军色作语，放女童队，又群唱曲子，舞步出场。比之小儿节次增多矣。……诸女童队出右掖门，少年豪俊，争以宝具供送，饮食酒果迎接，各乘骏骑而归。或花冠，或作男子结束，自御街驰骤，竞逞华丽，观者如堵。①

如此大规模的演出，自然少不了平日的训练和排练，这主要是由专门机构教坊来组织的。教坊始于唐初，宋因袭旧制，原隶属宣徽院，置有使、副使、判官、都色长、色长、高班、大小都知等执事官员。天圣五年（1027 年），以内侍二人为钤辖，下设有乐工、教头等职位。宋高宗建炎初年曾罢置教坊，绍兴十四年（1144 年）又复置，绍兴末年再次罢置。隆兴二年（1164 年）太上皇宋高宗的“天申节”，将要动用乐舞队祝贺，宋孝宗觉得“一岁之间，只两宫诞日外，余无所用，不知作可名色？”大臣都建议“临时点集，不必置教坊”。于是，自孝宗乾道元年（1165 年）以后至宋末不再复置教坊，“女童队”也随之被罢，凡是宫廷需要乐舞表演时，都临时召集民间乐人来参与，由临安府具体操办，且提前二十天集中操练。②

那么，在有教坊存世的时候，对女子的乐舞训练主要是集中进行的，因为队员不属于常规编制，只有宫廷需要时才会提前把他们召集在一起，然后分门别类地加以专业演练。如为准备宋徽宗的“天宁节”表演，教坊需要提前一个月“集诸妓阅乐”。在演出前一天，也会进行所谓的彩排训练，即“每遇内宴前一日，教坊内勾集弟子小儿，习队舞，作乐杂剧节次”。③

由于每一次聚会主题不一样，从皇帝到乐官也不断有新的曲目呈现。如宋太祖建隆二年（961 年）教坊都知李德升曾作《长春乐曲》，乾德元年（963 年）又作《万岁升平乐曲》。乾德二年（964 年），教坊高班都知郭延美作《紫云长寿乐》鼓吹曲。还有，“洞晓音律”的宋太宗，“前后亲制大小曲及因旧曲创新声者，总三百九十”。宋仁宗亦“洞晓音律”，每制作新曲都“以赐教坊”，或者令教坊创作新曲，“凡五十四曲，朝廷多用之”。政和三年（1113 年）五月，宋徽宗诏令“比

①（宋）孟元老：《东京梦华录》，中国商业出版社 1982 年版，第 61—62 页。

②（元）脱脱等：《宋史》，中华书局 1977 年版，第 3359 页。

③（宋）孟元老：《东京梦华录》，中国商业出版社 1982 年版，第 32 页。

以《大晟乐》播之教坊”。八月，尚书省奏称：“大晟府宴乐已拨归教坊，所有诸府从来习学之人，元绛指挥令就大晟府教习，今当并就教坊习学。”政和四年（1114年）正月，礼部又奏：“教坊乐，春或用商声，孟或用季律，甚失四时之序。乞以大晟府十二月所定声律，令教坊阅习，仍令秘书省撰词。”[①]每一次变动，她们都需要熟悉新的曲目和编排动作，以及学会彼此之间的合作等。

而对日常被役使的宫女或乐女来说，凡是新来的也是需要进行培训的，使她们不仅熟悉日常事务、知礼节、守规矩、端庄大方，还要琴棋书画样样通晓，如此才能满足嫔妃闲暇时的消遣需求。周密在《武林旧事》中，曾提到刘婉容对两个女童琼华、绿华的才艺训练，并当着太皇、太后的面加以展示一事。那是在乾道三年（1167年）三月初十日，天气晴好，太上皇宋高宗到后园赏花，太后邀请他一起到刘婉容那里听艺人弹琵琶。一曲之后，刘婉容在进茶时便禀奏太后说：“本位近教得二女童，名琼华、绿华，并能琴阮、下棋、写字、画竹、背诵古文，欲得就纳与官家则剧。”于是，令琼华、绿华“各呈伎艺，并进自制阮谱三十曲”。太后非常欣赏刘婉容的训教和女童的表演，“遂宣赐婉容宣和殿玉轴、沈香槽三峡流泉正阮一面、白玉九芝道冠、北珠缘领道氅、银绢三百匹两、会子三万贯”。[②]除外，还有女子骑射训练，同样是在宫廷宴会上表演助兴的，如《清波杂志》所载：

> 政和五年四月，燕辅臣于宣和殿。先御崇政殿，阅子弟五百余人驰射，挽强精锐，毕事赐坐，出宫人列于殿下，鸣鼓击柝，跃马飞射，剪柳枝，射绣球，击丸，据鞍开神臂弓，妙绝无伦。卫士皆有愧色。上曰：“虽非妇事，然女子能之，则天下岂无可教。”臣京等进曰：“士能挽强，女能骑射。安不忘危，天下幸甚。”[③]

而具有实战性质的女子骑射训练，在民间会时有发生，且多是因为战事紧张，需要全民参与的情况下才会有此之举。如北宋将领种世衡，筑青涧城以抗击西夏的侵扰。当时青涧城“逼近虏境，守备单弱，刍粮俱乏”。种世衡一方面“以官钱贷商旅使致之，不问所出入，未几，仓廪皆实”；另一方面“又教吏民习射，虽僧道妇人亦习之。以银为射的，中者辄与之。既而中者益多，其银重轻如故，而的渐厚且小矣。或争徭役优重，亦使之射，射中者得优处。或有过失，亦使之射，射中则释之。由是人人皆能射。……寇至，屡破之”。[④]

2）仕宦之家女子的才艺培养

对绝大多数仕宦家庭来说，女子所受教化不只是满足于她们能知书达礼，为使其将来能够找到一个相匹配的如意郎君，还会自幼对她们进行音律、书画、诗

① （元）脱脱等：《宋史》，中华书局1977年版，第3351、3356、3359页。

② （宋）周密：《武林旧事》，中华书局2007年版，第197页。

③ （宋）周辉：《清波杂志》，载《宋元笔记小说大观》第5册，第5103页。

④ （宋）司马光：《涑水记闻》，载《宋元笔记小说大观》第1册，第867页。

词、琴棋等多个方面的才艺训练，这些女孩子的日常生活大都由女仆来照顾，她们会有更多的时间和精力投入学习之中，使诸多女子才貌双全。

首先，诗文陶冶。在仕宦之家，教女孩子诵读诗词或进行相关的创作是最容易做得到的事情。如工部侍郎崔立之女，亦即朝廷重臣韩琦的妻子崔氏，自幼在父亲教诲下能够写书札，且“体法甚老，殊无妇人气格”。不仅如此，还好读经史之书，熟知历代兴亡治乱之事，写一些政论性文章，所谓“时作篇章，有理致”，但又觉得撰文“非妇人之事”，故很少为人所知。[①]徐州丰县令关景仁之妻周琬，父兄皆举明经，有此家庭环境，也使周琬“独喜图史，好为文章，日夜不倦，如学士大夫”，还跟从舅父邢起“学为诗”。出嫁之后，虽家务繁杂，但其仍“行其素学……有诗七百篇，其文静而正，柔而不屈，约于言而谨于礼”。对此，曾巩感慨地说：“昔先王之教，非独行于士大夫也，盖亦有妇教焉。”[②]

凡以诗文闻名的女子，多在幼年就对诗文表现出浓厚的兴致。如《春渚纪闻》中所载嘉兴李巨山的女儿李氏，苏东坡路过其家小歇，李氏才数岁，竟“以领巾乞诗”，即用披巾让苏东坡题诗，苏东坡也毫不推辞，即赋绝句一首：“临池妙墨出元常，弄玉娇姿笑柳娘。吟看屡曾惊太傅，断弦何必试中郎。”据何薳讲，苏东坡还曾在主簿刘君佐的小女儿裙带上题绝句一首：“任从酒满翻香缕，不愿书来系彩笺。半接西湖横绿草，双垂南浦拂红莲。”建安一位暨氏女子，10 岁便能诗，有人让她以“野花”为题赋诗，她便一挥而就道：“多情樵牧频簪髻，无主蜂莺任宿房。”[③]诗人李清照曾指导过韩玉真学诗，韩玉真回忆说：“幼时易安居士教以诗。及笄，父母以妻上舍林子建，去年林得官归闽，妾倾囊以助其行。”[④]而李清照个人在诗词上的成就，自然与良好的早期教育和宽松自由的家庭环境密不可分。父亲李格非为进士出身，“以文章受知于苏轼”，名列“苏门四学士”之后。母亲王氏为仁宗朝重臣王拱辰之孙女，宋史称其“亦善文”。李清照的受教环境，可从其诗文中找到答案。诸如《如梦令》：“常记溪亭日暮，沉醉不知归路。兴尽晚回舟，误入藕花深处。争渡，争渡，惊起一滩鸥鹭。”好一幅洒脱飘逸的生活场景，醉酒、迷途之后的她，居然没有一丝惊慌，也没有惧怕父母责怪的担忧，还发现一幅惊起一滩鸥鹭的美丽画面，如此自由放纵的生活对少女李清照来说显然并不陌生，在礼教规训森严的社会里，一个少女如果没有父母的许可自然是不可能做得到的。在《怨王孙》中说：“湖上风来波浩渺，秋已暮，红稀香少。水光山色与人亲，说不尽，无穷好。莲子已成荷叶老，青露洗，苹花汀草。眠沙鸥鹭不回头，似

① （宋）韩琦：《录夫人崔氏事迹与崔殿丞请为行状》，载《全宋文》第 40 册，第 59 页。

② （宋）曾巩：《夫人周氏墓志铭》，载《全宋文》第 58 册，第 257—258 页。

③ （宋）何薳：《春渚纪闻》，载《宋元笔记小说大观》第 3 册，第 2428 页。

④ 胡文楷：《历代妇女著作考》，上海古籍出版社 1985 年版，第 67 页。

也恨，人归早。”正是大自然的山水景物所赐予李清照的灵感，她才会“用如此轻灵欢快的笔调去描绘暮秋的景色，以如此爽朗开阔的胸襟去拥抱自然”。[①]

其次，书画训练。书法与绘画有相通之处，也是那个时代学子的基本功，对女子进行书画训练也不是一件奢侈之事，因而也是比较容易做得到的。如北宋左侍禁郭昭晦之女，右监门卫将军赵世覃之妻郭氏，自幼“聪明孝谨，能读书史，善书画”[②]。右领卫将军余振之女、仁宗皇帝昭仪余氏，8岁开始接受“傅姆之训”，以致“鞶帨组紃，音弈书绘，耳目经涉，妙通多艺。……数捧神笔，侍为飞白，退而洒翰，亦习工焉”。[③]这里所讲的“飞白”是一种特殊的书写笔法，书写时有的部分呈枯丝平行，但在转折处笔画突出，能给人一种力度感，与涨墨、浓墨产生明显对比，借以强化书法的节奏感和韵律感，足见余氏的书法功底是颇为深厚的。书画家章友直之女章煎，受父亲影响颇深。章友直擅长画龟蛇，且常用象牙制作的筷子以篆笔创作，故有“玉箸篆”之美称。因此，章煎也自幼“工篆书，传其家学。友直执笔，自高壁直落至地，如引绳。而煎亦能如其父以篆，笔画棋局，笔笔匀正，纵横如一”[④]。苏轼的一位侍妾，钱塘人士王氏，跟苏轼一起生活日久，“敏而好义”的她也便“学轼楷书，颇得其法”[⑤]。而从官员谭文初之妻谢氏身上，也可以看到她早年刻苦训练的踪影，史载其：“居家，鸡晨以兴，家之事无不遍视。舍此则读书观古人书画，二事皆精。”[⑥]庄绰在《鸡肋编》提到婺州义乌县一位姓叶的女子，本是一位田家女，虽性极通慧，但在没有读过书也不识字的情况下，却突然“能操笔书，有楷法”，以致精通书画的宋徽宗听说后，“召至都下，引入禁中，赐号炼师”。[⑦]为给叶氏一个合理的解释，书中说她与兄嫂在河边洗衣服，见一巨桃漂于水上，伸手捞出来先让兄嫂吃，兄嫂以其非时而拒吃，叶氏便“啖之，归遂绝粒”[⑧]，似乎是外来或神仙导引之力。此说似不可信，如没有勤苦训练，即便是再聪慧，也达不到让宋徽宗赏识的高度。

南宋进士蔡诜之母徐蕴行，对唐朝书法家欧阳询、虞世南的书写风格深感兴趣，自幼“学虞世南书，得楷法，多手抄佛书”[⑨]。另据《玉台书史》所辑，徐蕴行自号“悟空道人”，“善读书，工欧、虞笔法”，晚年留心佛经，手抄《华严经》等经书95卷。尚书胡与可之女、尚书黄子由之妻胡氏，自号“惠斋居士”，时人

① 诸葛忆兵：《宋代文史考论》，中华书局2002年版，第59页。
② （宋）欧阳修：《右监门卫将军夫人武昌县君郭氏墓志铭》，载《全宋文》第36册，第8页。
③ （宋）张方平：《赠贤妃俞氏墓志铭》，载《全宋文》第38册，第232页。
④ （明）陶宗仪：《书史会要》，上海书店出版社1984年版，第274页。
⑤ （明）陶宗仪：《书史会要》，上海书店出版社1984年版，第274页。
⑥ （清）厉鹗：《玉台书史》，南海黄氏1916年刊本，第38页。
⑦ （宋）庄绰：《鸡肋编》，载《宋元笔记小说大观》第4册，第4066页。
⑧ （宋）庄绰：《鸡肋编》，载《宋元笔记小说大观》第4册，第4066页。
⑨ （明）陶宗仪：《书史会要》，上海书店出版社1984年版，第274页。

比之李清照。她“能草书，虽未有体法，然大书宏放，亦妇人所难”。其实“大书宏放”，亦是胡氏书法的独特之处。①

再次，琴棋训练。弄琴及弈棋也是诸多仕宦之家女子自幼所要学习的一种技艺。如天章阁待制许元之妹、屯田郎中张某之妻许氏，自幼“于文字声技无所不学，而卒通于诗，乐于琴，兼习于算数，故其于正静恬漠，不失于干者，殆其有以自资也”②。在洛阳一座北宋墓中，发现一块两位女子对弈的画像砖，从中可以看出是在下围棋，右边女子微笑着一手捋袖，一手在布棋，左边女子似在思考如何应对（图 4-4）。墓主人应该是生在富贵之家，自幼嗜好围棋，故死后墓室才会有如此布设。南宋官员周必大之妻王氏，父亲王葆“通经能文”，王氏自幼受父亲的教导，以致“聪敏高洁，女工儒业下至书算无不洞晓”。19 岁嫁给周必大后，白天料理家务，晚上则教儿读书时，“稍倦，对席博弈，或至丙夜”。③足见王氏应是自小学过围棋的，且将其当作消遣或缓解读书疲劳的一种娱乐方式，并又施与孩子。

图 4-4　洛阳北宋墓中的女子对弈画像砖

《夷坚志》中曾载有一位蔡州小棋童，该婚娶时不听从父母的安排，而是穿着道士服游天下，以期通过对弈来寻找一位志同道合者，于是就发生了他与少女妙观之间对弈定终身的一段传奇故事。当时，他来到已经被金人占领的燕地，到当地围棋高手妙观。妙观见其狂妄自大，“益不平，然揣其能出己上，未敢与校胜负，择弟子之最者张生往试之”④。从这里可以看出，这个妙观还收有弟子，足见其

①（明）陶宗仪：《书史会要》，上海书店出版社 1984 年版，第 299 页。

②（宋）王令：《故屯田郎中张公夫人许氏墓志铭》，载《全宋文》第 80 册，第 161 页。

③（宋）周必大：《益国夫人墓志铭》，载《全宋文》第 233 册，第 133 页。

④（宋）洪迈：《夷坚志》第 4 册，北京：中华书局 1981 年版，第 1729 页。

棋艺高超。但最后，妙观还是以赌棋失败而成为小棋童之妻。

最后，对音律即律吕、宫调的掌握。如北宋内殿崇班钱允德之女钱氏，善女工剪制之事及留心书法，尤“洞晓音律”。尚书比部员外郎乐理国之女乐氏，“性明悟，有深识”，她不仅善笔札、喜书数，还能自己作词谱曲，所谓“鸣弦度曲，咸造其妙”。①赠殿中丞宋之才之妻，亦即墓志铭作者的表姐龚氏，“天资柔和者也，其聪悟巧敏有过人之智，□维组纠皆一习而工，复喜音律，尤精于琵琶”②。殿中丞钱纬之妻高氏，不仅“喜读书，通音律”，而且还能听出音律的弦外之音，即能“识哀乐声”。丈夫知新兴时，曾一起参加宴会，高氏闻听所奏乐曲甚哀，即“闻乐声哀，忧之”，没多久丈夫病卒。③如上诸例音律之教，在她们的墓志铭中都没有提到家世是否与音律有关联，或父母是如何对她们进行音律教导的，但从对其音律熟练程度的文字表述，可以看出都是自幼受过专门训练的。

3）艺妓的特殊训练

两宋时还有一支庞大的演艺群体即艺妓，这自然是社会生活方式变革及民众追逐时尚、享受生活所带来的直接结果。凡是从事艺妓业的女子，在诗词、歌舞、琴棋以及书画等方面都要有不同程度的兴趣爱好，只有这样才能赢得达官贵人的追捧和眷顾。

艺妓才艺的获得同样离不开特殊环境的熏染，有的是自小被卖到专以培养艺妓的老鸨家后，由老鸨着意调教，然后充当各类艺妓。如《夷坚志》中所载的袁州娼女冯妍，本来姓谢，5 岁时被卖至冯家改为冯姓，经过九年的受教生活，至 14 岁时已经是“姿貌出于辈流，且善于歌舞”，成为一位名妓。由于被卖时立有七年的契约，后来谢母只身一人生活需要有人照看，又担心女儿身心遭受巨大伤害，就在期限已过两年后又要讨回女儿，于是投状郡衙说：“卖此女时才五岁，立券以七年为限。今踰约二年矣，乞取归养老，庶免使以良家子终身风尘中。”郡守张定叫来冯妍认母，“能认母”的她也许是基于对母亲当年狠心卖她的痛恨，或者是迫于老鸨的压力不敢认，或者是已经适应官妓生活而不愿脱籍，在见到母亲后居然不认，张定也据此判定：“既非真母，难以强取。免勘虚妄，逐。”冯妍又回到冯家，才入门便出现眼疾，“忽迷不识路”。老鸨问她怎么了，她说：“眼前冥冥漠漠，如人把手遮我，更不能晓解。”老鸨便告诉郡守，说冯妍眼疾不能陪客，需要告假以休息治疗。张定不信，传唤冯妍前来会客，于是出现如下场面：“因会客，命如常日呈伎，蒙然如碍。与之酒，亦不知盏所在，犹以为诈。曰：‘汝且归，只从当中去。’妍迂枉信足，遂堕砌下。始验其被疾，听除籍。遂竟失明。”冯妍最

①（宋）陆经：《宋故乐夫人墓志铭（并序）》，载《全宋文》第 27 册，第 225 页。

②（宋）龚鼎臣：《宋故仙游县太君龚夫人墓志铭》，载《全宋文》第 43 册，第 256 页。

③（宋）王瑜：《宋故殿中丞钱君夫人寿昌县君高氏墓志铭》，载《全宋文》第 101 册，第 330 页。

终还是被解除官籍成为一个自由民，但却落得个双目失明的后果。[①]

艺妓一旦加入官籍或军籍后，便会形成一个比较松散的演艺团队，除平日一起操练或应邀参加宴饮外，大型节庆之日还会被组织参加巡游表演，以及参加民间的婚庆、寿宴及丧事表演。而在宋墓出土的壁画中，也发现不少女妓乐舞表演的画面。如河南禹州白沙出土的北宋官员赵大翁墓内的乐舞表演壁画，乐人分站两边，成八字形。从着装上看女乐有 6 位，男乐有 5 位。1 人在中间表演，两边奏乐者各有 5 人（图 4-5）。官员在任时总会动用官妓来参与宴饮表演，死后也会以壁画的形式来伴随自己的阴间生活。因此，壁画所刻画的应该是官妓的表演，她们之间以及与异性之间的合作诚然需要训练和磨合，其实在一起演出的过程本身也是一个受教的过程。

图 4-5　河南禹州宋墓出土的乐舞表演壁画

对于达官贵人独自享受的私妓，往往会依据主人的需求加以调教或管教。如施德操在《北窗炙輠录》中提到的韩琦夫人崔氏，曾私自为韩琦“蓄婢”，还“教以歌舞”。至韩琦生日那天，“乃出之，使上寿”。即让她出来见韩琦，并送上生日祝福，也算是崔氏给韩琦的一份生日礼物和惊喜。韩琦见这位女子谈吐不凡，才貌俱佳，甚是欢喜。当她欢歌一曲之后，忽然泪如雨下，韩琦怪而问之。她说：“念妾父在时，每生朝，婢子辈上寿，亦必歌此曲。今忽感其事，不知泪之所从也。”韩琦进而问道：“汝父为何人？”她说：“某人，尝为某州通判。”韩琦听后大惊不已，转而责怪夫人说：“此士大夫女，安得辄取为婢？”于是将其当作女儿一样看待，还“择一有官人厚嫁之”。[②]洪迈在《夷坚志》中提到的观察使、绍兴中曾为江东副总管的张渊，在建康居住时，居然买来 20 多个佳丽，平时训导陪侍，来客

①（宋）洪迈：《夷坚志》第 3 册，中华书局 1981 年版，第 996 页。

②（宋）施德操：《北窗炙輠录》，载《宋元笔记小说大观》第 3 册，第 3316 页。

人时歌舞献艺，所谓“尝盛具延客，皆环侍执乐，歌舞精妙，一坐尽倾”[①]。

周密在《齐东野语》中曾提到学者赵元父的祖母徐氏，幼时随其母改适到吴郡王家，不几年又随母改适到平原郡王家，对两家的“侈盛之事，历历可听”[②]。尤其是平原郡王家还设置有“教习声伎之所”，层次之高、规模之大、乐器制作之精以及管理模式等，都不亚于官方之教坊，其办理情形如史书所载：

翠堂七楹，全以石青为饰，故得名。专为诸姬教习声伎之所，一时伶官乐师，皆梨园国工也。吹、弹、舞、拍，各有总之者，号为部头。每遇节序生辰，则旬日外依月律按试，名曰“小排当”，虽中禁教坊所无也。只笙一部，已是二十余人。自十月旦至二月终，日给焙笙炭五十斤，用锦熏笼藉笙于上，复以四和香熏之。盖笙簧必用高丽铜为之，龅以绿蜡，簧暖则字正而声清越，故必用焙而后可。[③]

3. 雇工及经营技能之教

活跃的商品经济及生活需求，为两宋女子提供了较多的、适宜的就业空间和机会，她们在走出家庭之前以及在就业实践中，练就了包括家政服务、受雇乳母或保姆、经营茶业、从医等诸多方面的谋生技能。

（1）家政技能训练。凡是受雇或被交易的女仆，在雇主家都要接受严格的家政训练。司马光在《居家杂仪》中，对已为女仆者每日工作内容、彼此之间如何相处、年满之后的去留及有过者的惩罚等，都有明确的规定，只需女仆依照规矩去做即可。如载：

凡内外仆妾，鸡初鸣咸起，栉总，盥漱，衣服。……女仆洒扫室堂，设椅桌，陈盥漱、栉靧之具。主父、主母既起，则拂床、襞衾，侍立左右，以备使令。退而具饮食，得闲则浣濯、纫缝，先公后私。及夜，则复拂床、展衾。当昼，内外仆妾，惟主人之命。各从其事，以供百役。

凡女仆，同辈谓长者为姊，后辈谓前辈为姨，务相雍睦。其有斗争者，主父、主母闻之，即诃禁之。不止，即杖之。理曲者，杖多。一止一不止，独杖不止者。

凡女仆，年满不愿留者，纵之。勤奋少过者，资而嫁之。其两面二舌，饰虚造谗，离间骨肉者，逐之。屡为盗窃者，逐之。放荡不谨者，逐之。有离叛之志者，逐之。[④]

在宋元笔记小说中，也发现不少女子都是在雇主家接受家政调教的。如罗大

---

①（宋）洪迈：《夷坚志》第 3 册，中华书局 1981 年版，第 1391 页。

②（宋）周密：《齐东野语》，载《宋元笔记小说大观》第 5 册，第 5639 页。

③（宋）周密：《齐东野语》，载《宋元笔记小说大观》第 5 册，第 5639—5640 页。

④ 费成康：《中国的家法族规》，上海社会科学院出版社 1998 年版，第 242 页。

经的《鹤林玉露》中，有位士大夫在京师买一妾，自言是蔡京府中包子厨的佣人。有一天，雇主令其做包子，她说不会做。雇主不高兴地说："既是包子厨中人，何为不能做包子？"她说："妾乃包子厨中缕葱丝者也。"[①]可见，她在蔡府厨中服务多年，一直从事缕葱丝的工作，分工之细可见一斑。

洪迈的《夷坚志》中，载有南宋时一位失去双足的残疾女子在沿街乞讨，被一位朝中官员看到，下马仔细盘问一番，得知其无家可归而又有一技之长"缝衽"时，便回家跟妻子商议能否带回家解决她的生存问题，妻子也很同情这位残疾女子，于是将其带回家，妻子还"授以针指"。《夷坚志》还载有一位叫段宰的人，跟妻子一起居住在婺州浦江县僧舍，遇见一位行乞女子，自称孤身一人，于是被带回住处纳为妾，并对其进行家政训练，即"教以饮膳"，"继以乐府训之"等。[②]

当然，如果是买来而不可调教的，还会被退回去。如刘斧的《青琐高议》中，载有一位京师人士李郎中，家庭比较富有，宋仁宗嘉祐年间曾买一位年仅13岁的女仆小莲，本想教其丝竹成之为家妓，无奈小莲学不会，又教以女工使之成为家仆，小莲还是学不成，所谓"教以丝竹则不能，授女工则不敏"。没多久，李郎中"复归之老妪"。[③]

不过，在没有到雇主家之前而受教的会更多一些，只有这样才会被雇主所看中。如《夷坚志》中所载都昌妇吴氏，无子而寡居，为侍奉婆婆而发誓不嫁，靠早年练就的一身手艺来打零工，所谓"为乡邻纺缉、浣濯、缝补、炊爨、扫除之役，日获数十百钱，悉以付姑，为薪米费"[④]。周密在《癸辛杂识》中所载南宋官员高炳如之妾何银花，高炳如40岁丧偶，儿女自幼至长大，既不再娶，亦不蓄妾婢，直到67岁时才买来何银花为妾。据高炳如讲，何银花到高家时，不仅会"专心供应汤药，收拾缄护，检视早晚点心，二膳亦多自烹饪，妙于调䐑。缝补、浆洗、烘焙替换衣服，时其寒暖之节，夜亦如之。余衰老，多小小痰嗽，或不得睡，即径起在地扇风炉，趣汤瓶，煎点汤药以进。亦颇识字，助余看书检阅，能对书札"。还"善小唱嘌唱，凡唱得五百余曲，又善双韵，弹得五六十套"。按契约三年应该归家，但何银花"一意奉侍内翰，亦不愿加身钱"。何母也不曾领取佣金，如此在高家供事十一年。77岁的高炳如担心自己百年之后，家人会在财产及费用上为难何银花，便书信一封，告诉子孙："银花自到宅，即不曾与宅库有分文交涉及妄有支用。遇寒暑本房买些衣着及染物，余判单子付宅库正行支破，银花即无分毫干预。他日或有忌嫉之辈，辄妄有兴词，仰即此示之。"在信中，高炳如把十

①（宋）罗大经：《鹤林玉露》，载《宋元笔记小说大观》第5册，第5378页。

②（宋）洪迈：《夷坚志》第1册，中华书局1981年版，第22页。

③（宋）刘斧：《青琐高议》，载《宋元笔记小说大观》第1册，第1102页。

④（宋）洪迈：《夷坚志》第4册，中华书局1981年版，第1555页。

多年何银花应该得到的及自己赠予的费用作了交代，共有：每月米1斛，每年身钱100贯，房卧钱280贯，嫁妆钱1000串，赠予的银器约100两等。[①]从高炳如“不好声色”及何银花所做的事情来看，她所扮演的就是一个保姆的角色。而从何银花的才貌双全来说，早年接受的教育应该是风尘业所需，却未能坠为风尘女子，也算是成全了她恪守清白之志。

（2）学做乳母或保姆。两宋时的乳母有官方所雇的，主要是喂哺慈幼庄或慈幼局所收养的婴儿，但更多的是为私家所雇，为即将出生的孩子寻找奶源及专门看护，然乳母对孩子的影响并非仅仅体现在乳汁营养这个层面上，她们会和孩子长期在一起生活，即便是断奶之后，有的还会留下来充当保姆的角色继续照看孩子，其言行举止、待人接物等素养，对孩子的成长是非常重要的，她们甚至在一定程度上担当着孩子第一任教师的角色。

一般而言，乳母或保姆的角色素养或经验多在受雇之前就已形成，在受雇期间又进一步打磨。如苏轼的乳母任采莲，因其所生女儿不幸夭折而来到苏家，直到72岁时病死。在苏家，先是喂哺并照顾苏轼，后又照顾苏轼之子苏迈、苏迨、苏过，等于是苏轼之子的保姆，另外还侍奉苏母三十多年。可以说，任采莲的大半生都奉献给了苏家，因而苏轼对“皆有恩劳”的她敬重有加，并在墓志铭中称“生有以养之，不必其子也”。[②]苏轼之弟苏辙的保姆杨金蝉，30岁时就来到苏家，既是苏母的女佣，又要照看苏辙，直到68岁时死，为感恩杨金蝉，苏轼在墓志铭中敬告后人：“百世之后，陵谷易位，知其为苏子之保母（姆），尚勿毁也。”[③]南宋鄞县一女子戴第九，她初嫁李家，生一男后就带着乳儿被雇去释宝昙家当乳母，在此连乳二子，且边照看孩子边做家务。如墓志铭所载：“乳母始生，吾家家君太傅犹布衣，生计萧然，先夫人食粝衣敝，仰事俯育，备尝艰苦，有人所难堪者。乳母侍左右，恪勤不懈。夜乳二子，避干就濡，啼声呱呱，终昔无宁寐。晨兴，左手更挟二子，右手供洒扫百役，至暮弗得息。”由于戴氏“勤于施，不获其报”，对释宝昙兄弟影响甚大。戴氏虽雇期满之后归乡，嫁郑氏为妻。但两家之间还常来常往，“时节来视，兄弟杯酒相劝，耳和目丽，辄欣然忘归，或至累月”。甚至最后，戴氏还卒于释宝昙家。[④]还有，南宋官员袁燮的乳母，常带他玩水，所谓“置盘水其前，玩视终日，夜卧常醒然”[⑤]。

（3）自主或独立经营家业。如果祖、父辈或夫家经营医药、茶肆等方面的生意，那么在此环境中生活的女子也会耳濡目染，以致懂得一些经营之道，既可以

①（宋）周密：《癸辛杂识》，载《宋元笔记小说大观》第6册，第5871—5873页。

②（宋）苏轼：《乳母任氏墓志铭》，载《全宋文》第92册，第83—84页。

③（宋）苏轼：《保母杨氏墓志铭》，载《全宋文》第92册，第84页。

④（宋）释宝昙：《乳母戴氏墓志铭》，载《全宋文》第241册，第192—193页。

⑤（元）脱脱等：《宋史》，中华书局1977年版，第12146页。

传承家业，还可以自主经营谋生。如陈师道在《后山谈丛》提到的宿州一位乳医陈妪，虽年逾 80 岁，仍能给人诊断看病，所谓“切脉知其生早晚，月则知日，日则知时”①，还提醒主家要为孩子的出生准备好用具等。

洪迈在《夷坚志》中，谈到北宋一位外科医者张生之妻，自称遇神人“皮场大王”，不仅“授以《痈疽异方》一册，且诲以手法大概”，还“转以教厥夫”。②由于她经常给人看病，小有名气，人称“张小娘子”。后来，她曾给县丞的祖母，亦即章惇的侍妾看病，单凭“泄脓秽”便一语言中症结所在，可谓高明。

两宋的茶文化甚是丰富，自唐朝陆羽撰《茶经》后，宋朝蔡襄的《茶录》、宋徽宗的《大观茶论》均为茶论的代表作。尤其是茶肆遍布大街小巷，大的茶肆中有斗茶以及讲史说经等民间说唱表演，不仅吸引众多茶客前来消费，还为女子参与茶肆生意以及学习茶艺提供诸多机会。如河南登封黑山沟村北宋李守贵墓出土的“备茶”壁画，应是与墓主人生前喜欢喝茶有关。只见左侧站立一女子，外穿褙子，内着抹胸，右手捧着茶罐，左手持凤首茶匙向茶盏中添茶。右侧亦站立一女子，看着对面夫人添茶，且右手伸出三个手指，似乎是在指导着对面妇人如何添茶，生活气息十足（图 4-6）。

图 4-6　河南登封宋墓出土的“备茶”壁画

有的女孩子自幼随父母一起在自家开的茶肆生活，常会为客人递送茶水，也从中熟悉茶业品质、性能以及冲泡色泽、温度等。洪迈在《夷坚志》中谈到在开封开茶肆的石氏，常“令幼女行茶”。有一天，石氏女竟遇到一位前来索饮的乞丐，“女敬而与之，不取钱，如是月余”。从中可知，石氏女不仅善于招待茶客，而且还对乞讨者不索要茶钱。后来得知这位乞丐竟然是吕洞宾，吕洞宾想点化她成仙，而她

①（宋）陈师道：《后山谈丛》，载《宋元笔记小说大观》第 2 册，第 1593 页。

②（宋）洪迈：《夷坚志》第 2 册，中华书局 1981 年版，第 828 页。

期待自己长寿，最终寿止 120 岁，也算是对石氏女善良的一种奖赏。[①]《夷坚志》中还提到平江一民家茶肆，就在乾道五年（1169 年）六月，茶肆家的一位 10 岁儿子丢失了，夫妻连日外出寻访，但留幼女守舍，即让其照看茶肆。从女孩能够独立招待客人喝茶而言，足以表明家庭环境对女孩掌握茶艺的影响是毫无疑问的。

而对绍兴年间的建州瓯宁县妇人汤七娘来说，家庭带给她的是屠宰技能。她的父亲就是做屠宰生意的，作为女子的汤七娘却继承父业，尤"善宰牛，平生所害以百数"。有一天，她"买一牛于野外，相去稍远，乃跨之以归，拟至家屠杀"。[②]结果骑在牛背上的她，竟与牛连为一体不可分开，数日乃死。她的死也许事出有因，却变成对女子从事屠宰业的一种惩罚。但从其善于屠宰而言，也是对自己及世俗的一种挑战。

另外，一些从事民俗演艺的女子，也多是受父母及环境的影响所致。大规模的节庆演出是官方组织的，而小规模的演出多是家族式的，因而父母在走街串巷演出时，也会带上无人照看的孩子，甚至孩子们还要帮助大人做一些力所能及的事情。吴自牧在《梦粱录》中就谈到南宋时，遇到朝会、圣节等，除官方大型活动外，还有"村落百戏之人，拖儿带女，就街坊桥巷，呈百戏使艺"[③]的盛况，可谓花样百出，令人目不暇接，对游客来说是一种享受，对那些村落百戏之子女而言，则是必须要学会的生存技能。

由上可知，两宋女子生存技能的养成，无不是在生活或实践之中来进行的。对她们来说，生活就是课堂，通过长辈的熏陶以及自行实际操作，来获得生活所需的各种技能，借以提升自己的生存能力，在分享时尚生活的同时，也在努力创造着属于自己的新生活。

第四节 社会阅历：在交游中丰富

自古士人都将交游视为磨砺志向、切磋学问及丰富社会阅历的一种方式喜而好之，从宋初宰相范质的《诫儿侄》到南宋学者吕祖谦的《五言古诗》，均言"举世重交游"，可以说在两宋时期，交游是一种极为常见的社会生活方式，"堪称无时不有，无处不在，无寄不存，而且涉及各阶层、各方面人群……如同学、同年、师生、同官、僚属、交政、乡贤、世交、姻亲，均是结成交游的社会基础。同年之谊、僚友之情、交承之雅、乡曲之好、姻亲之契、朋党之旧、方外之缘、逸老

①（宋）洪迈：《夷坚志》第 1 册，中华书局 1981 年版，第 7—8 页。
②（宋）洪迈：《夷坚志》第 4 册，中华书局 1981 年版，第 1577 页。
③（宋）吴自牧：《梦粱录》，中国商业出版社 1982 年版，第 179 页。

之会，则成为宋人交游的主要方式”[①]。而士人之间的交游活动不只是品茶喝酒，更重要的是诗文唱和，从君臣到属僚再到一般文人，唱和之风自上而下绵延不衰。到南宋时，“文人不再满足临时性、小群体之间的唱和，而开始结社唱和。结社唱和有助于形成固定的唱和群体、固定的活动内容和同一唱和主题，是唱和活动逐渐成熟规范的表现”[②]。在这支庞大的交游队伍里面，也不乏诸多女子的积极参与，她们在与同性及异性的交流互动中，积累人生经验，丰富社会阅历，并通过与士人的往来酬唱、尽显才华来获得社会的认可与尊重。

1. 士庶女子之交游

士庶女子，亦即仕宦及平民家庭的女子，她们往往会通过家宴、族内聚会、节庆聚会及各种社团等方式，广泛与同性、异性进行对等或平等交往。如北宋故太子中允许益之的妻子刘氏，早年的阅读积累及见多识广，使她“常以宴饮敖佚自喜”。刘氏也总是趁机“引古之所以因是而取诸悔咎者指谕之，益之未尝不慑然愧畏，遂至于不复更敢为此，恐或戾夫人之所陈者”。刘氏敢在客人面前侃侃而谈，且时不时还拿丈夫说事，丈夫不仅不会生气，反而还常对人说：“予之所以将放而复敛者，谓何？虑其闻于予之梱（阃）中也。盖使人听其言，惕然若严师良友在侧，动静语默，以教义谆谆警诲人者。予过渐鲜，有奥助尔。”[③]可知，在宴饮时刘氏与客人及与丈夫之间，应该是一种相对平等的交流或对话。太常博士单卿之妻张氏，晚年寡居的她将阃内之事交给儿媳妇，自己则同道士彼此往来，所谓“游道人宗本法秀之间，知生死之说”[④]。

南宋诗人王清惠，原为度宗昭仪，德祐二年（1276年）临安被元军攻陷，王清惠随同三宫一起被俘往大都。汪元量也是一位爱国诗人，度宗时常出入宫中，后亦随三宫北去，滞留大都。一日，两人在路上相见，当时王清惠已身着道服，从此两人或写诗或弹琴或下棋，彼此往来唱和。现存其诗四首、词一首，皆融个人遭遇与国破家亡、去国怀乡于一炉，为亡国遗民长歌当哭之作，格调极其悲壮低回。如《捣衣诗呈水云》云：“妾命薄如叶，流离万里行。黄尘燕塞外，愁听捣衣声。”汪元量要南归故土，王清惠便邀请十多位旧宫人为其送行，汪元量以“劝君更尽一杯酒，西出阳关无故人”相赠，王清惠则以“劝”做韵脚，即成《送水云归吴》云：“朔风猎猎割人面，万里归人泪如霰。江南江北路茫茫。粟酒千钟为君劝。”[⑤]

---

① 方健：《北宋士人交游录》，上海书店出版社2013年版，第1页。

② 陶然等：《宋金遗民文学研究》，浙江大学出版社2014年版，第222页。

③（宋）文同：《文安县君刘氏墓志铭》，载《全宋文》第51册，第203页。

④（宋）黄庭坚：《单卿夫人张氏墓志铭》，载《全宋文》第108册，第116页。

⑤（清）厉鹗：《宋诗纪事》，上海古籍出版社1983年版，第2029—2030页。

陈鹄在《西塘集耆旧续闻》中提到陈述古之女陈氏，随同丈夫李某在晋宁军判官任上，与士人多有往来，其中一位部使者以小雁屏向她求诗，陈氏便自作诗，又用黄庭坚的小楷题其上：“蓼淡芦欹曲水通，几双容与对西风。扁舟阻向江乡去，却喜相逢一枕中。”“曲屏谁画小潇湘，雁落秋风蓼半黄。云淡雨疏孤屿远，会令清梦绕寒塘。”[①]陈氏如此用心来做，说明她与部使之间的交往非同一般，至少说是彼此熟悉。

即便是应考得中的幼女林幼玉，也有一段与文人交往唱和的佳话。如官至右丞相的洪适曾作《答林神童》诗来赞赏林幼玉的才识，诗曰：“快睹终童英妙时，跫然衔袖出明玑。家声不诧大哉问，文律何愁知者希。益利锋铓临大敌，养成羽翼看高飞。红尘可厌忙车马，挹取西山爽气归。”[②]

2. 风尘女子之交游

然而更能体现或代表两宋时女子交游生活的，当是那些从事色情业的风尘女子与仕宦之间的酬唱往来，正因为这样，她们在诗词书画方面才会有非同一般的表现力，也才会在史书中留下极精彩的一页。

首先，通过交游来鉴赏与传播士人作品，主要是便于歌唱的诗词之作。如婉约派词人柳永，妓馆可以说是其创作的精神乐园，与其交往过的风尘女子不计其数，但其并未一味沉湎于色情与淫荡放肆，而是一直保持着儒师风范，将妓女作为讴歌的对象，在其笔下“妓女像彩虹，像轻风，像神仙，像精灵，使人似乎忘记了这是肉欲交易而产生的精神品，相反，却是身心浸溶于一个由微笑和欢乐组成的甜美的梦境中，减一分狎昵，添一分痴情”[③]。其诗词多通过歌妓传播开来，以致叶梦得在《避暑录话》中称：“凡有井水处，皆能歌柳词。”柳永晚年穷困潦倒，死时一贫如洗，还是那些歌妓念其才学和痴情而凑钱为其安葬，并每年清明时节前往祭拜。晏殊为开封府尹时，十分欣赏通判张先的诗词，每当张先前来拜访，必令家妓出来劝酒助兴，还要演唱张先所作之词。然夫人王氏对新来家妓有些妒忌，晏殊无奈而辞退。又有一天张先来访，晏殊又让营妓演唱张先所作《碧牡丹·晏同叔出姬》，当唱到“望极蓝桥，但暮云千里。几重山，几重水”之句时，晏殊感慨万千，“亟命于宅库中支钱若干，复取前所出侍儿”。[④]元丰年间以中大夫致仕的刘几，平时在政务之余，往往会“挟女奴五七辈，载酒持被囊，往来嵩、少间。初不为定所，遇得意处，即解囊藉地，倾壶引满，旋度新声自为辞，使女

① （宋）陈鹄：《西塘集耆旧续闻》，上海古籍出版社 1993 年版，第 21 页。

② （宋）洪适：《盘洲文集》卷 1，载四川大学古籍所：《宋集珍本丛刊》第 45 册，线装书局 2004 年版，第 60 页。

③ 伊永文：《行走在宋代的城市：宋代城市风情图记》，中华书局 2005 年版，第 51—52 页。

④ （宋）佚名：《道山清话》，载《宋元笔记小说大观》第 3 册，第 2934—2935 页。

奴共歌之”。因其洞晓音律，曾被招致京师议大乐，“旦以朝服趋局，暮则易布裘，徒步市廛间，或娼优所集处，率以为常，神宗亦不之责”。[①]宋徽宗政和初，徐伸以知音律为太常典乐出知常州，之前他有一侍婢，色艺冠绝，因妻子不容而逐去，在苏州一个兵库处做官妓，多次书信往来，徐伸亦眷恋不已，以侍婢在书信中所言撰《转调二郎神》词一首。当得知好友李孝寿来守苏州时，徐伸便趁机设宴款待，还“喻群娼令讴此词，必待其问乃止”[②]。李孝寿得知详情后，便设计而使之脱籍。

李师师与宋徽宗和监税官周邦彦之间的交往可谓众所周知。她本是汴京城内经营染房的王寅之女，王寅因罪死在狱中，她也渐渐出落得花容月貌，被经营妓院的李蕴所收养，教她琴棋、书画、歌舞等，很快成为汴京名妓，自然也是公子王孙、文人雅士竞相追逐的目标，甚至还成为宋徽宗的一名宠妓。对此，野史及笔记小说多有记载。如张端义在《贵耳集》中所载，有一次周邦彦去李师师家约会，正言谈甚欢之际，宋徽宗也不期而至，周邦彦“知道君至，遂匿于床下”。宋徽宗带来新上市的橙子，与李师师边吃边聊，言辞也不免有些色情，周邦彦在床底下听得一清二楚，并填新词一首《少年游・并刀如水》，云：“并刀如水，吴盐胜雪，纤手破新橙。……严城上，已三更，马滑霜浓，不如休去，直是少人行。”待宋徽宗走后，周邦彦就将《少年游》送给李师师。不数日，宋徽宗又来约会，李师师便演唱《少年游》，宋徽宗听出一些味道，便问是何人所作，当得知是周邦彦时，便醋意大发，授意蔡京治周邦彦的罪，定要将其赶出京城。宋徽宗了却一桩心事，又兴冲冲地去找李师师约会，谁知她不在家，一直等到夜半她才回家。当得知李师师是为周邦彦送行才如此晚归，宋徽宗心里自然十分不快，但听了李师师演唱周邦彦所做的《兰陵王・柳阴直》一词后，反而又将其召回任乐府待制。[③]

另据岳珂《桯史》所载，词人辛弃疾守南徐时，“每燕，必命侍妓歌其所作”。尤其是喜欢让侍妓唱《贺新郎》一词，他还会配合着自诵其警句，曰：“我见青山多妩媚，料青山见我应如是”；又“不恨古人吾不见，恨古人不见吾狂耳”。诵毕，还要“顾问坐客何如”。不久又作一词《永遇乐》，首章曰：“千古江山，英雄无觅孙仲谋处”，又曰：“可堪回首，佛狸祠下，一片神鸦社鼓。凭谁问，廉颇老矣，尚能饭否？”然后，特置酒招来文人墨客，“使妓迭歌，益自击节，遍问客，必使摘其疵，孙谢不可。客或措一二辞，不契其意，又弗答，然挥羽四视不止”。[④]

①（宋）叶梦得：《石林燕语》，载《宋元笔记小说大观》第3册，第2566页。

②（宋）王明清：《挥麈录》，载《宋元笔记小说大观》第4册，第3824页。

③（宋）张端义：《贵耳集》，载《宋元笔记小说大观》第4册，第4151页。

④（宋）岳珂：《桯史》，载《宋元笔记小说大观》第4册，第4359页。

其次，两宋时期的风尘女子不只是那些士人作品的鉴赏者及传播者，她们在与士人的交游中也能激发出灵感，创作出诸多诗词作品来。如洪迈在《夷坚志》中所载北宋吴女盈盈，盈盈 16 岁时就已才貌出众，“善歌舞，尤工弹筝，容色甚冶。词翰情思，翘翘出群”。不少才子少年，不惜金帛而争登其门。士人王山则“能为诗，标韵清卓”，因省试下第而薄游东海。恰好盈盈也来到东海成为一名官妓，郡守田龙图设宴招待宾客，王山也在被邀请之列，席间盈盈出而侍候，由此两人“相得于樽俎之间，从之忻处累月”。第二年，盈盈作《伤春曲》赠王山示爱，云：“芳菲时节，花压枝折。蜂蝶撩乱，栏槛光发。一旦碎花魂，葬花骨，蜂兮蝶兮何不来？空使雕栏对寒月。”王山亦作歌答之。后来，王山来到淄川，王通判拿出盈盈邀请王山一起游东山的帖子，上有盈盈撰写的一首词：“枝上差差绿，林间簌簌红，已叹芳菲尽，安能樽俎空。君不见，铜驼茂草长安东，金镳玉勒雪花骢。二十年前是侠少，累累昨日成衰翁。几时满饮流霞钟，共君倒载夕阳中。”盈盈对王山的爱慕之情跃然纸上，但王山因病未能赴约，四个月后盈盈竟悲伤抑郁而死。①

刘斧在《青琐高议》中载有诗人温琬，她本为良家女子，却因母亲而被迫沦落风尘。但又与一般风尘女子不同，温琬有节操知廉耻，不与庸俗同流。她“尝学写书字，每日有求书写者，琬熟视其纸，一挥而成，于是染指间”。郡守得知温琬才貌绝佳，有意让她入“官籍”，却遭到拒绝。当时的凤翔府，乃“郡邑关蜀秦晋之地，舟车商贾之辐辏，金玉锦绣之所积，肩摩车击，人物最盛于他州。而督师官属往来不断，府中无事，游宴之乐日多相继”。而府中每有“游宴之乐”，尤其是要会见名公贤士，太守总是邀请温琬参加。这时，温琬往往会“从行止一仆，携书篋笔砚以随。遇士夫缙绅，则书《孟子》以寄其志，人人爱之”。温琬虽有才学，但不擅长吟诗，太守张靖对她说：“歌诗，人之所难，故君子莫不有作。尔既读书，不学诗何以留名？”于是，温琬就“退而编诗”，模仿李白、杜甫之作而独自学作绝句，不数日已有文采可观。有一天，她见到太守张靖，说：“琬已学之矣。”太守就命题让她作诗，居然落笔而成。这让太守对她又刮目相看，在赠予温琬的诗中，其尾有“桂枝若许佳人折，应作甘棠女状元”之句。从此，“间或席上有所赠答，多警句，关中以至淮甸人人争传诵，于是又以诗名愈盛。同列者疾之，每太守与客会，出题赋诗，或问以《孟子》，则众环指之，日伺隙以非语毁之。琬处之晏然，曾不瞩顾”。司马光对温琬也早闻其名，但不知其实，趁回故里的机会，就想试探一下温琬的学问到底有多深。太守就把温琬找来侍奉司马光，接下来的情形如史载：“乃询其义，谦避不肯应。固问，则曰：‘孟子几圣者也，琬何人，讵敢谈其书。’久促之，复曰：‘琬妇人也，对大儒而言《孟子》，挟泰山以超北海，不量自力，不知其分者也。’君实喜，顾谓主人曰：‘君子识之，妇人其谦能如此。’”

①（宋）洪迈：《夷坚志》第 3 册，中华书局 1981 年版，第 1306—1309 页。

温琬的谦虚之词也显示出她的涵养和机智，这让司马光欣喜不已，太守也对温琬“待之益厚，竟使系官籍”。此后，温琬所交游的“皆当世豪迈之士”。①

《青琐高议》中还提及一位官妓王生，名真姬，小字幼玉，一字仙才，随父流落于江湖，姊妹三人均为名妓，然其“颜色歌舞，角于伦辈之上，群妓亦不敢与之争高下”。除其才艺高超外，还有与之交往的“皆衣冠士大夫，舍此虽巨商富贾，不能动其意”。有一天，名士夏公西游衡阳，郡侯设宴款待。夏公西说：“闻衡阳有歌妓，名王幼玉，妙歌舞，美颜色，孰是也？”郡侯张公起乃命王幼玉出来拜见，夏公西见之，赶忙对王幼玉说：“使汝居东西二京，未必在名妓之下。今居于此。其名不得闻于天下。”说完，便取笺为诗赠王幼玉，诗曰：“真宰无私心，万物逞殊形。嗟尔兰蕙质，远离幽谷青。清风暗助秀，雨露濡其泠。一朝居上苑，桃李让芳馨。”但是，对于王幼玉来说，到京师做名妓并非其所想，她的愿望是从良为人妇。她说：“今之或工或商，或农或贾，或道或僧，皆足以自养。惟我侪涂脂抹粉，巧言令色，以取其财，我思之愧赧无限。逼于父母姊弟，莫得脱此。倘从良人，留事舅姑，主祭祀，俾人回指曰：‘彼人妇也。’死有埋骨之地。”后来，王幼玉遇到一位东都豪俊之士柳富，两人花前月下，执手恋恋，诗词相赠。不久却被王幼玉的妹妹发现，并以告官府为由对柳富发出警告，使柳富知难而退。王幼玉临死之前留给柳富的遗书中，有诗云：“湘水佳人方告疾，帝都才子亦非安。春蚕到死丝方尽，蜡烛成灰泪始干。万里云山无路去，虚劳魂梦过湘滩。”②

周密在《齐东野语》中所载天台营妓严蕊，不仅“善琴弈歌舞、丝竹书画，色艺冠一时”，还喜欢交际，以致“四方闻其名，有不远千里而登门者”。尤其是在与士人交往中，“间作诗词有新语，颇通古今”。在新任台州知守唐与正举办的宴会上，名人学士汇集一堂，大谈风雅，赋诗作画，严蕊也被招来献艺。当时正值桃花盛开之际，唐与正有意试一下严蕊的才艺，就让她为“红白桃花”作词，严蕊即成《如梦令》一首，词云：“道是梨花不是，道是杏花不是，白白与红红，别是东风情味。曾记，曾记，人在武陵微醉。”唐与正听后大加赞赏，且赠给她缣帛两匹。到“七夕”节庆之日，州守又宴请名士，其中有一位叫谢元卿者，夙闻严蕊芳名，因命之以己之姓为韵赋词，酒未过三巡而已成《鹊桥仙》词一首，云：“碧梧初出，桂花才吐，池上水花微谢。穿针人在合欢楼，正月露、玉盘高泻。蛛忙鹊懒，耕慵织倦，空做古今佳话。人间刚道隔年期，指天上、方才隔夜。”这让谢元卿为之心醉，“留其家半载，尽客囊橐馈赠之而归”。后来，唐与正因反对并打击道学，而与朱熹及台州通判高炳如等结怨。朱熹以提举浙东抵达台州，欲治唐与正“尝与蕊为滥”之罪，就将严蕊关进牢狱，希望能从严蕊这里打开缺口，然“系

①（宋）刘斧：《青琐高议》，载《宋元笔记小说大观》第1册，第1135—1140页。

②（宋）刘斧：《青琐高议》，载《宋元笔记小说大观》第1册，第1083页。

狱月余，蕊虽备受棰楚，而一语不及唐”。后又将严蕊移籍到绍兴审问，依然没有结果。狱吏看到严蕊被棍杖责打，体无完肤，便好言相劝说：“汝何不早认，亦不过杖罪。况已经断，罪不重科，何为受此辛苦邪？”严蕊却说：“身为贱妓，纵是与太守有滥，科亦不至死罪。然是非真伪，岂可妄言以污士大夫，虽死不可诬也。”于是又遭痛杖，仍系于狱。未几，朱熹改官他处，岳飞之子岳霖提举浙东，看到严蕊遭受如此折磨，很是同情，便命之作词自陈。严蕊不假思索，即成《卜算子》一首，云：“不是爱风尘，似被前缘误。花落花开自有时，总赖东君主。去也终须去，住也如何住。若得山花插满头，莫问奴归处。”于是，岳霖于当日判其从良。①

另外，在交游中还能提升书法上的造诣。如徐州营妓马盼，“甚慧丽”。苏东坡知徐州时，“甚喜之”。往来多日之后，竟能仿效苏体，以假乱真。张邦基在《墨庄漫录》中有载：“盼能学公书，得其仿佛。公尝书《黄楼赋》未毕，盼窃效公书‘山川开合’四字。公见之大笑，略为润色，不复易之。今碑中四字，盼之书也。”②

第五节　宗教信仰：在修行中超越自我

两宋时期的宗教主要有佛教、道教、巫教和民间秘密宗教。巫教属于原生性宗教，亦即奉鬼神之教，诸如祭先祖、祀先农、祈雨等，至南宋时发展为信仰最广泛的宗教，不仅功利化、世俗化，且已生活化。民间秘密宗教，即流行于社会下层，有系统的、受到政府禁止的宗教。两宋时主要是通过结社汇聚人力，以吃素、夜聚晓散为基本特征，北宋仁宗时王则、徽宗时方腊、高宗时王念经等，均利用秘密宗教发动反宋廷暴动，因而两宋政府对民间秘密宗教是严加禁止和打击的。而对女子教育生活产生积极而广泛影响的莫过于佛、道两教。

“右文”之举使两宋在重儒的同时也兼用佛道，宋太宗曾说：“浮屠氏之教，有裨政治。……朕于此道，微究宗旨。”③又“清静政治，黄老之深旨也。夫万物自有为以至于无为，无为之道，朕当力行之”④。宋真宗亲撰《释氏论》，认为“释氏戒律之书，与周、孔、荀、孟迹异道同”，还伪造天书封老子为“太上老君混元上德皇帝”。上层社会的极力倡导，使各地纷纷修建寺观、刻印佛道经典等，由此所带来的变化：一是天下寺观数量增多，佛寺的规模要远大于道观。据吴自牧《梦粱录》所载：“释老之教遍天下，而杭郡为甚。然二教之中，莫盛于释，故老

① （宋）周密：《齐东野语》，载《宋元笔记小说大观》第5册，第5684—5685页。
② （宋）张邦基：《墨庄漫录》，载《宋元笔记小说大观》第5册，第4669页。
③ （宋）李焘：《续资治通鉴长编》第3册，中华书局1979年版，第554页。
④ （宋）李焘：《续资治通鉴长编》第4册，中华书局1979年版，第758页。

氏之庐，十不及一。但老氏之教，有君臣之分，尊严难犯，报应甚捷，故奉老氏者，倍加恭敬，不敢亵渎，此释氏之所不如也。”①二是从业僧道人员增加。从《宋会要辑稿》对北宋真宗天禧五年（1021年）至宋神宗熙宁十年（1077年）间的僧尼及道冠在职人数的记载，可以看出宋真宗时僧道从业人员最多，其中女尼就有61 239人，女冠731人。之后因政府对度牒的控制而有所减少。南宋时虽失去半壁江山，但绍兴二十七年（1157年）时从业人员依然有“道士一万人，僧二十万人”②。三是各阶层民众信教者日增。上至皇帝下至庶民百姓，不信佛教之人越来越少，即便是那些曾猛烈抨击佛道的士大夫也与佛道教有着千丝万缕的联系。至于信教者痴迷到何种程度，如苏轼所称：“今士大夫至以佛老为圣人，鬻书于市者，非庄老之书不售也。”③南宋学者周孚亦称：“天下之民，其奉事佛者十室而九，贫者敝衣菲食之不给，而闻施于佛，则往往假贷以自效。老而耄者，其奉养有所不忍，而持以供僧唯恐其不受也。”④

尽管男子信奉佛道者要远多于女子，但多数家族是不赞成男丁信奉佛道的，否则将不会被载入家谱，已入者也会被消掉个人基本信息。如修订于天圣五年（1027年）的《苏州吴县湖头钱氏宗谱》规定：“子孙为僧、为道者，当于名下直书‘某人子出家’，不入大宗谱内，以绝邪道。”修订于绍兴十八年（1148年）的无锡《锡山邹氏家乘》规定：“凡子孙有为僧道者，止于父表下注生几子，某为僧或道，不得录其备于谱，如入者削之。”⑤相对于男子而言，社会为女子信奉佛道提供了比较宽松的家庭或家族环境。

就总体情况而言，两宋女子因其特殊的角色集而成为一支不可忽视的信奉佛道群体，无论是出家修行、居家读经事佛，还是出入于寺观会社等，她们都扮演着受教者、施教者的双重角色，不仅涵养自家身心，还影响到家人及社会民众，从而成为女子教育生活中的一大景观。

1. 奉佛事佛之教

两宋时期信佛事佛女子不仅人数多，活动范围也广，就其活动空间及内容来说，可以分为出家女尼受戒修行、居家女子诵经事佛以及女尼与家庭女子共同参与的佛事活动等三种情况，一起构成两宋女子的信佛教育生活。

1）出家受戒修行

袁褧父子在《枫窗小牍》中，将出家僧尼列为“六民”之一，除士农工商“四

①（宋）吴自牧：《梦粱录》，中国商业出版社1982年版，第124—125页。

②（宋）周辉：《清波杂志》，载《宋元笔记小说大观》第5册，第5092页。

③（宋）苏轼：《议学校贡举状》，载《苏轼文集》，中华书局1986年版，第723页。

④（宋）周孚：《蠹斋铅刀编》卷23《焦山普济禅院僧堂记》，钦定四库全书本。

⑤ 费成康：《中国的家法族规》，上海社会科学院出版社1998年版，第237、244页。

民”之外，“执戈之士”为第五民，而“度人修寺，不耕不蚕，而具衣食”者属于第六民。既然成为“一民”，足见两宋出家修行的女子当为数不少，她们中既有皇室公主，亦有普通民女。如宋太宗第七女申国大长公主是自愿出家的，她平生不茹荤，端拱初年（988 年）幸延圣寺，对佛许愿舍身为尼。宋真宗即位后，对妹妹申国大长公主的削发乞求不甚同意，说：“朕之诸妹皆厚赐汤邑，筑外馆以尚天姻，酬先帝之爱也。汝独愿出家，可乎？”申国大长公主却说：“此先帝之愿也。”在她的坚持下，宋真宗还是答应了妹妹的请求，晋封“吴国”，赐名“清裕”，号“报慈正觉大师”，并为她在都城之西建寺，额曰“崇真”。与申国大长公主一起削发为尼的还有“若密恭懿王女万年县主、曹恭惠王女惠安县主凡三十余人”。[①]又如左朝议大夫、吉州太守吴禹功的弟媳，不仅自己“事佛谨甚”，还竟然“髡发二女为比丘尼”。吴禹功的妻子杨氏听说后非常惊讶，“亟命车造其家，喻止之”。她对吴家弟媳说：“吴氏以儒术起家，为学士大夫，有女当择良士归之。今无故弃之为茕独，血气未定，而能保其往，吾弗信也。”但她的劝解没有奏效，便以弟媳的行为感到可耻而“终身不复见”。[②]甚至有的女子生前未能出家，希望死后能够成为佛门弟子。如王辟之在《渑水燕谈录》所载：“丞相王公之夫人郑氏奉佛至谨，临终嘱其夫曰：‘即死，愿得落发为尼。’及死，公奏乞赐法名师号，敛以紫方袍。”[③]

然对女尼身份或资格的认定，需要通过以下两条途径。

一是来自佛门的受戒，凡欲出家女子需要在一定的仪式下接受佛门戒律，由僧门长者或所拜之师来受戒。最初是男女混同受戒，后遵循儒家礼制而分而举之。如开宝五年（972 年）正月，宋太祖在《禁尼与僧司统摄诏》中称：“男女有别，时在《礼》经；僧尼无间，实紊教法。自今应两京及诸道州府，尼有合度者，只许于本寺趣坛受戒，令尼大德主之。……如违，重置其罪。”[④]王林的《燕翼诒谋录》中，谈到男女分别受戒则另有隐情，即“近世僧戒坛中，公然招诱新尼受戒，其不至者，反诬以违法。尼亦不知法令本以禁僧也，亦信以为然”，尤其是“尼受戒混淆其中，因以为奸”。[⑤]宋太祖对此不法行为非常厌恶，故下诏要依礼制而行之。

在受戒仪式上，主持者会将佛门清规戒律逐一告知，并加以垂训。如宋初僧人释延寿在永明寺曾度僧尼 1700 多人，他在垂训时常说：“须信道真，善知识，是人中最大因缘，能化众生，得见佛性。……千经所说，万论所陈：若不去淫，断一切清净种；若不去酒，断一切智慧种；若不去盗，断一切福德种；若不去肉，

①（宋）文莹：《湘山野录》，载《宋元笔记小说大观》第 2 册，第 1397 页。
②（宋）孙觌：《杨恭人墓志铭》，载《全宋文》第 161 册，第 136 页。
③（宋）王辟之：《渑水燕谈录》，载《宋元笔记小说大观》第 2 册，第 1304 页。
④（宋）宋太祖：《禁尼与僧司统摄诏》，载《全宋文》第 1 册，第 149 页。
⑤（宋）王林：《燕翼诒谋录》，载《宋元笔记小说大观》第 5 册，第 4603 页。

断一切慈悲种。”[①]

如受戒女子认同佛门戒律，便要削发，甚至发给认定牒文，便可成为佛门弟子。如乾德二年（964 年）九月十四日三界寺受戒女弟子张氏牒文称：“得前件，弟子久慕良缘，夙怀善意，求出尘之捷径，祈入圣之广途。遂乃离火宅之苦空，向无涯之觉路。吾今睹斯真意，方施戒条，仍牒知者。”[②]又如雍熙二年（985 年）五月十四日三界寺受戒女弟子惠意程氏牒文称：“弟子白月垂光，入寒潭而是幻；红莲出水，悟生死之无余。今则方驾牛车，将辞火宅，欲纲烈而须坚固，尘世出而坐宝华。吾今睹斯真意，方施戒条，仍牒知者。”[③]

二是来自官方的度牒，亦即身份证明，对已受戒的僧尼进行考试，合格者才发给凭证，持此凭证可以享受免税等优惠待遇。宋初承袭唐制，就已颁发过度牒。不过，每年所度也有比例限制。如开宝六年（973 年）十二月诏曰：“释门崇教，实自前王；岁试度人，宜有定数。……应诸道州府管内僧尼，自今后逐年据帐，每一百人只许度有经业童行一人。仍令尚书祠部专切检点，如有额外度人者，并须退落。”[④]但宋太宗至道年间，“又令三百人岁度一人，以诵经五百纸为合格”。由于当时各地申请者甚多，如泉州已度者万数，未度者还有 4000 人。这也引起宋太宗的担忧，因此必须通过严格的考试及人数比例来加以限制，所谓“古者一夫耕，三人食，尚有受馁者。今一夫耕，十人食，天下安得不重困……东南之俗，游惰不职者，跨村连邑，去而为僧，朕甚嫉焉，故立此制”。[⑤]

无论受戒抑或是度牒女尼，都是佛门弟子，她们的区别在于：受戒女尼只是具有佛门凭证，而度牒女尼既有佛门凭证又有官方凭证，可以说是双重保险，不仅免去有关赋税，还有资格主持庵舍及云游传道。但佛门戒律对她们的要求都是一样的，必须不折不扣地遵从。

念经是女尼每天必须做的功课，北宋高僧释遵式曾撰有《念佛方法》，提出念经时既要心静，又要大声反复地念，如此才能成功，所谓“以心缘历，字字分明，使心口相系，若百声若千声若万声，若一日若二日若七日等。”“小念见小佛，大念见大佛。”“凡念佛时，一心不乱，高声唱佛，声声相续，不久成功也”[⑥]。不过，一年之中持续的念经时间也就三个月，即从四月十五日起至七月十五日止。据吴自牧的《梦粱录》所载，四月十五日为“结制”日，或称为“结夏”，天下僧尼要安居禅院修行，除念经外，还要参加诸多佛事活动，但不能起单云游，即“自

①（宋）释延寿：《永明寿禅师垂诫》，载《全宋文》第 2 册，第 64—65 页。
②（宋）释道真：《南赡部州婆诃世界三界寺授五戒牒》，载《全宋文》第 3 册，第 126 页。
③（宋）释道真：《南赡部州婆诃世界三界寺授八戒牒》，载《全宋文》第 3 册，第 125 页。
④（宋）宋太祖：《限数度僧尼诏》，载《全宋文》第 1 册，第 167 页。
⑤（宋）曾巩：《佛教》，载《全宋文》第 58 册，第 74—75 页。
⑥（宋）释遵式：《念佛方法》，载《全宋文》第 10 册，第 151—152 页。

结制后，佛殿起楞严会，每日晨夕合寺僧行持诵经咒，燃点巨烛，焚爇大香。或有寺院，朝廷降赐钱会、匹帛、金银钱，启建祈忏会四十九昼夜，每日六时修忏，祈国安民，其僧人一刻不敢妄出，斋戒严肃，不敢触犯，神天报应在目前”。而七月十五日为“解制”日，或谓“法岁周圆之日”“禅教僧尼，从便给假起单，或行脚，或归受业，皆所不拘”。[①]也就是说，从“解制”日开始，女尼便可以云游四方，可以去拜师、访友、传道、经商、化斋，也可以归家省亲。

若女尼归家省亲，也是要向父母尽孝的，而不能以出家人自居而接受父母的拜礼。何况佛教也是重人伦孝道的，北宋高僧契嵩在《孝论》中就以佛教的“五戒”等同于儒家的“五常”，提出“夫孝，三教皆尊之，而佛教殊尊也”的重要命题。他说：“五戒始一曰不杀，次二曰不盗，次三曰不邪淫，次四曰不妄言，次五曰不饮酒。夫不杀仁也，不盗义也，不邪淫礼也，不饮酒智也，不妄言信也。是五者修，则成其人，显其亲，不亦孝乎？是五者有一不修，则弃其身，辱其亲，不亦不孝乎？”[②]然在生活中确有女尼归家受父母拜礼的情况，且发生在注册僧尼数最多的宋真宗时期。天禧元年（1017年）高绅知越州，他在政务之余深入僧尼查访，发现“既受戒还家，即受父母拜礼”的情况比较普遍，又询问有关管理部门也“具言有实”。对此，高绅上奏宋真宗，要求敕令僧尼禁受父母拜礼，奏曰：

为臣为子，忠孝之道居先；在家出家，怙恃之情匪异。苟乘斯道，是曰乱伦。且子于父母，恩报皆一，在儒书则曰“昊天罔极”，在释教则曰“恩重莫报”，安可用小加大，使卑逾尊？盖由瓯越之民，僧俗相半，溺于信奉，忘序尊卑。窃见太宗贞观五年，尝禁僧尼受父母拜礼。方今鸿化风行，革除浇弊，望降敕命，特行戒止，奏有违者重决罚。[③]

2）居家诵经事佛

相对于出家女尼而言，居家诵经事佛的女子更是一个庞大的群体，南宋学者周孚所言天下之民“奉事佛者十室而九”，其中参与者多为女子。她们对佛教不仅虔诚，还将所得普施于他人，对家庭及社会的稳定发挥着积极作用。

第一，自少与佛结缘，不改初衷。居家女子信佛事佛者多，与其特殊的生存环境及多重角色的压力不无相关。当她们感受到“现实生活是如此的悲苦，生命宛如朝露，身家毫无保障，命运不可捉摸，生活无可眷恋，人生充满着悲伤、惨痛、恐怖、牺牲，万物似乎根本没有什么‘公平’‘合理’”[④]时，佛教便自然而然地走进她们的心灵，借以寻求一种超脱。在这种情况下，她们或自小从书中悟

①（宋）吴自牧：《梦粱录》，中国商业出版社1982年版，第18、23页。
②（宋）释契嵩：《孝论》，载《全宋文》第36册，第224、228页。
③（宋）高绅：《乞禁僧尼受父母拜礼奏》，载《全宋文》第10册，第195页。
④ 李泽厚：《美的历程》，文物出版社1981年版，第122页。

出佛性，以致终身不忘初心。如北宋太常博士刘延宇之妻赵氏，虽“家世儒素”，却“雅性奉佛，深通内典。女工之暇，惟诵金言”。[①]尚书兵部员外郎王某之妻，亦即翰林学士、诗人王拱辰之母李氏，“少悟佛谛，多薰（熏）袚诵经，率一月常十斋”[②]。南宋保宁军节度使、信安郡守王忠厚之妻王氏，自少至老对佛教信奉有加，所谓“自少喜诵佛书，晨香夜灯，不避寒暑；晚益精练，感通佛祖，至神交于寝寐之闲。……以至廪恤贫乏，供施佛僧，捐弃金缯，殆无虚日。持戒律严甚，未尝杀生物供馔”[③]。参知政事袁说友之妻惠氏，同样是“幼好内典，甫识字画，已能翻绎句读。未笄，通《法华》义，遇暇日默诵，一字不舛落”。嫁到袁家后，“绘佛图，蓄经卷，往往甚于经纪家事，其持阅视前日益苦也”。父亲的死，使惠氏哭泣尽哀，日课经文数十卷，“却荤茹久不复，见者流涕”。在其生命即将结束之时，仍对家人说：“吾死后，其归我所诵佛书于棺。其毋使吾子长而不学也。”[④]

或遭家庭变故，主要是丈夫的死亡所带来的伤痛及苦难无法释怀，且囿于传统礼教而要终身寡居生活时，只好从佛法中得以解脱。如北宋宗室左骁卫大将军赵世谧之妻安氏，丈夫、婆婆和独生子先后离世，所谓“既伤其夫而哀其姑，又悼其子”，带给她的伤痛无法用语言来形容，于是她“口不茹荤，手不释佛书，痛自勉约，如是积年”。[⑤]右屯卫大将军仲参之妻杨氏，在其 20 岁时丈夫死亡，杨氏为守节，便远离富贵生活，“晨起扫一室，薰（熏）洁诵佛书，柔日必齐素，终老不厌”[⑥]。南宋朝散郎、通判舒州单莘之妻，即敷文阁待制单夔之母叶氏，号妙慧，自幼跟父兄“课句读，日记数百言”，然自叶莘过世后，摒弃所有爱好，而“独紬绎佛书，辩析微旨，至忘餐食”。当其有病时，家人请大夫给其治病，她却拒绝用药，还对儿子单夔说：“吾自三十即奉释氏教，祀佛镵经，饭桑门者，未易屈指计，岂直为观美哉？诚欲今日受用耳。吾常诵其书而解死生之说，今八十二年，不为不寿，吾于此无嫪恋意也。汝等毋苦以药困我。”[⑦]

或受家庭成员的影响，无形之中对佛教有一种追求或向往。如南宋官员岳霖之妻、岳珂之母钮氏，亦称大宁夫人，她对佛教的热爱显然是受母亲的影响。钮氏在《遗训一》中谈到自己十二三岁时，“于道、释高深惝恍之论，辄皆谛听心服

①（宋）杨亿：《刘氏太夫人天水县太君赵氏墓碣铭》，载《全宋文》第 15 册，第 37—38 页。
②（宋）宋祁：《陇西郡君李氏墓志铭》，载《全宋文》第 25 册，第 157 页。
③（宋）孙觌：《宋故秦国夫人王氏墓志铭》，载《全宋文》第 161 册，第 121 页。
④（宋）袁说友：《惠夫人墓铭》，载《全宋文》第 274 册，第 386 页。
⑤（宋）张方平：《左骁卫大将军世谧夫人仁寿县君安氏墓志铭》，载《全宋文》第 38 册，第 249 页。
⑥（宋）范祖禹：《右屯卫大将军妻吉安县君杨氏墓志铭》，载《全宋文》第 99 册，第 140 页。
⑦（宋）袁说友：《故太淑人叶氏行状》，载《全宋文》第 274 册，第 381—382、384 页。

之不疑。辟一室事二氏，像设甚谨”[①]。母亲杨氏觉得她佛道兼学不会有大的长进，于是劝导她说：“尔必好此，当择一以休其心，毋多歧以滋惑也。”[②]即告诉她如果真的对此感兴趣，最好是专学一门，这样就不至于让自己陷入矛盾或困惑。钮氏觉得母亲的教导很有道理，但依然不知如何来选择或确定是学佛还是学道。有一天，她拿起《圆觉经》来读，当读到“幻身灭故幻心亦灭，幻心灭故幻尘亦灭，幻尘灭故幻灭亦灭，幻灭灭故非幻不灭”[③]一句时，掩卷而叹曰：

人一身皆不能有所思，有所为，惟心之恃。身恃心，心生尘，动息举作皆尘也。有尘必有灭。动者尘也，灭之者非尘也，无以别之，强名曰灭。凡平日所以收其放心，制其轶情，约而归之正，有所愧而不为，有所慕而愿为者，皆是物也，而皆托于幻。譬之寐然高枕而卧，百无营为，湛然若虚，不梦不觉，是心灭也。金珠在前而不顾，刀锯在后而不怵，是尘灭也。有喜有怒，以心制之，泊然无思，亦无以制，是灭灭也。[④]

这一番感叹，让钮氏对佛教有了更深的理解，当岳珂说她“佞佛”时，她说：“非也，非佞其佛也，爱其说也。”[⑤]而相伴厮守的丈夫如对佛学有研究，无形之中也会影响到妻子的爱好。如尚书职方员外郎韩铎之妻范氏，本就“有以自持，不从时好也”。当丈夫韩铎晚年“为浮屠老子之学，精志勤力，将以悟道”时，范氏则“闻而悦之，相与一意，戒警不怠，薄滋味，绝游燕”。[⑥]而尚书吏部郎中陆轸之妻吴氏，则是在丈夫痴迷学道的情况下而学佛的，如载：“谏议学道，炼丹辟谷，而夫人学佛。鸡初鸣，起诵经，至日旰乃已。盖更数十寒暑，精进如一日也。”[⑦]在其家中或夫妻身上，真可谓儒佛道兼有，相得益彰。

或拜师求教及仙人所指而热衷于佛教。如北宋高僧释从谏在《示陈行婆颂》提到的陈行婆，自称修行多年，释从谏问她有何感悟时，她说：“直截根源，也不看经，也不念佛。”释从谏听后，觉得她完全是个外行，不懂佛道如何修行，因而说她“错了也”。然后，就对陈行婆进行现场“说法”，直让陈行婆口服心服，且知应该如何去做。临走时，释从谏还送她两首诗：“直截根源不用修，算来此语少来由。会须把本逃生死，念念弥陀勿外求。”“念佛看经是本程，须信从来水是冰。但向根源深体究，声声提起甚分明。”[⑧]南宋朝奉郎、直秘阁王嵩之妻仲灵湛，本

①（宋）大宁夫人：《遗训一》，载《全宋文》第293册，第234页。
②（宋）大宁夫人：《遗训一》，载《全宋文》第293册，第234页。
③（宋）大宁夫人：《遗训一》，载《全宋文》第293册，第234页。
④（宋）大宁夫人：《遗训一》，载《全宋文》第293册，第234页。
⑤（宋）大宁夫人：《遗训一》，载《全宋文》第293册，第234页。
⑥（宋）刘攽：《金华县君范氏墓志铭》，载《全宋文》第69册，第252页。
⑦（宋）陆佃：《仁寿县太君吴氏墓志铭》，载《全宋文》第101册，第251页。
⑧（宋）释从谏：《示陈行婆颂》，载《全宋文》第83册，第185页。

自幼“诵《周》《召南》诗，通其意，识度过人”。后与高僧宗杲有过来往，宗杲见其“明悟”，就让她跟着自己的高徒无着道人妙总学佛，妙总“亦以其所知许之”。这样，年未而立的仲灵湛“即斋居蔬食，除割世欲，昼课经梵，夜习禅观，指月出之光自喻其性，以为亘古今不能亏也”。[①]洪迈在《夷坚志》中提到湖州一位村妇，胳膊久病不治，梦中白衣女子指引她去修复崇宁寺中手臂破损的观音像后，自己的胳膊也痊愈完好，所谓“佛臂既全，媪病随愈”[②]。

或对现实生活的不如意，而欲寻求一份清净所致。如北宋龙图阁学士范珣之女范氏，及笄后嫁给丞相苏颂之子苏悌，不久因夫妻之间有隔阂而回到娘家，索性要出家为尼，但未得到家人许可，于是居家修行佛法，又四处拜访高僧大德。有一天突发灵感，连写道：“浩浩尘中体一如，纵横交互印毗卢。全波是水波非水，全水成波水自殊。”“物我原无二，森罗镜像同。明明超主伴，了了彻真空。一体含多法，交参帝网中。重重无尽处，动静悉圆通。”[③]此偈子颇有禅意，为当时文人墨客所推崇，还被收入佛门重要经典《五灯会元》之中。尤其是她所写的《洗浴偈》：“一物也无，洗个什么？纤尘若有，起自何来？道取一句子玄，乃得大家入浴。古灵袛解揩背，开士何曾明心？欲证离垢地时，须是通身汗出。尽道水能洗垢，焉知水亦是尘。直饶水垢顿除，到此亦须洗却。”[④]此偈深刻描述生活中的禅道，被时人刻写在金陵保宁的一家澡堂大门之上，故广为人知。晚年拜会死心禅师后，在姑苏西竺寺削发皈依佛门，号为智通。而南宋中奉大夫、南雄使许经之妻张氏，不仅“世传忠节”，还“少有志操”，故及笄而“愿归儒家”。然面对社会生活的奢华及时尚，她毫无兴致，甚至有厌恶之感，尚未而立之年“即厌世味，修禅观，尝有闻于清道者、济书记。暮年数偈融悟透彻，解外胶，见本性，非但世俗人不能道，虽大浮屠、老居士未必能也”。[⑤]

也有因居所周围设有道场，耳闻目染之后对佛教发生兴趣。如宋仁宗第八个女儿赵幼悟，“生而明秀，自然温净，每省中建道场，闻梵呗铙磬之音，辄有悦色，以故尝依浮图，法号为‘保慈崇祐大师’”[⑥]。

第二，诵经事佛，自立课程。有宋一代，女子诵经事佛较为普遍，日益成为她们日常生活中的一部分，终日不懈。

就所诵佛经而言，基本上都是《华严经》《圆觉经》《金刚经》《法华经》等大乘佛教的重要经典，大多感受深切，对人生、对社会的看法也随之改变。如北宋

①（宋）叶适：《宋故孟夫人墓志铭》，载《全宋文》第286册，第148页。

②（宋）洪迈：《夷坚志》第1册，中华书局1981年版，第88页。

③（宋）释晓莹：《罗湖野录》，载《全宋笔记》，大象出版社2012年版，第211页。

④（宋）释晓莹：《罗湖野录》，载《全宋笔记》，大象出版社2012年版，第211页。

⑤（宋）刘克庄：《张硕人墓志铭》，载《全宋文》第331册，第270页。

⑥（宋）张方平：《皇第八女追封韩国公主石记文》，载《全宋文》第38册，第251页。

秘书省著作佐郎晁端友之妻杨氏，丈夫死后既布衣蔬食、教子读书，又笃信佛事，诵《金刚般若》二十余年。到晚年又读《圆觉经》，当读到“以幻修幻”时，慨然曰：“火出木尽，灰飞烟灭。以幻修幻，亦复如是。”又“我知木因幻生，火从幻出，幻灭无余，而不灭者常寂也”。[①]宝文阁待制陆师敏之妻范氏，早年读儒经，还亲授其子《论语》《毛诗》，晚年则诵《华严经》，临死之前还对家人说：“吾观《华严经》，前日至第十八卷，若其为我终之。”[②]南宋朝请郎慕容彦季之妻慕容氏，每天早上做完家务事之后，便“翻《金刚经》二卷，日一斋为常”[③]。还有，洪迈在《夷坚志》中提到的吉州永新人江安行之妻贺氏，自丈夫死后，便“日诵《圆觉经》，释服不辍”。有人劝她改诵他经，她说：“要知真性，本圆本觉，不觉不圆，是名凡夫，我不诵经，要遮眼耳。”绍兴六年（1136年），其长子江楹以进士第为贺州通判，贺氏也随子到任所生活，并从容对其儿媳说：“吾诵经以来，了无梦想，比年夜艾，常见瑞光中有猊坐，欲升之未果。今白日闭目，亦见佛相。”这似乎是佛祖要其升天的预测，不久便沐浴易衣，“忽收足端坐，两中指结印，瞑目而逝”，是年77岁。[④]龚明之在《中吴纪闻》中谈到自己的祖姑龚氏，早年教子读书登科，“晚而事佛，诵《莲经》皆千过”。她还曾问法于高僧圆照禅师，赠予法号“守安”。[⑤]

还有因观音信仰而诵读《观音经》的，亦属于大乘佛教的范畴。如北宋知汝州葛胜仲之妻张濩，虽世以儒学称，然“喜浮屠学，日诵其语，食不击鲜，奉观世音尤力，课所谓《大悲咒》者，数以万亿计”[⑥]。南宋敷文阁待制单夔之母叶氏，“日课《观音经》”[⑦]等。

就诵经的日程安排而言，可以说自始诵以来每日多有定数，且无论早晚寒暑都能坚持诵读，甚至是终身诵读，其阅读耐力远胜过对“四书五经”的坚持。如北宋南新士人万某之妻朱氏，终日诵读，还能前后贯通，所谓“性好浮屠书，终日持诵不懈。或有所不通，辄复能默识。人或问夫人，夫人曰：‘我若有所记，明白不疑，我知其前习也。’中年，遂不御荤血，至其终，垂三十年，世之所难能者”[⑧]。尚书屯田郎中侯正臣之妻鲍氏，每天早上起来必做之事就是“惟诵佛书，虽久弗懈”，直至病危之际，依然“合掌焚香，称诸佛名号乃卒”。[⑨]殿中丞钱纬

①（宋）杜纮：《宋寿光县太君杨氏墓志铭》，载《全宋文》第84册，第332页。
②（宋）晁说之：《文安县子硕人范氏墓志铭》，载《全宋文》第130册，第320—321页。
③（宋）何澹：《故恭人慕容氏墓志》，载《全宋文》第282册，第197页。
④（宋）洪迈：《夷坚志》第1册，中华书局1981年版，第86页。
⑤（宋）龚明之：《中吴纪闻》，载《宋元笔记小说大观》第3册，第2881页。
⑥（宋）葛胜仲：《妻硕人张氏墓志铭》，载《全宋文》第143册，第104页。
⑦（宋）袁说友：《故太淑人叶氏行状》，载《全宋文》第274册，第385页。
⑧（宋）沈辽：《万府君夫人朱氏墓志铭》，载《全宋文》第79册，第247页。
⑨（宋）陆佃：《鲍氏夫人墓志铭》，载《全宋文》第101册，第260页。

之妻高氏，“平生诵佛书，不一日辍也”①。安国军节度推官刘阳之妻苏氏，无论寒冬酷暑始终是诵读不倦，所谓“平生喜佛书，日翻数帙，虽寒暑不废，以为燕适之趣”②。承议郎李兢之妻高氏，每天诵经有常数，未诵完则不餐饮，所谓“平时奉佛甚谨，晨起诵其书有常数，数未满辄不饮食”③。南宋奉议郎詹成老之妻邵氏，更是带病诵读，还书写“心念不空过”作为座右铭张贴于坐卧之处，如载其：“自奉菲约，不喜华靡，诵佛书日不辍，夜讽秘咒、施饿鬼食，风雨疾病不渝也。数有异应。自书《观音偈》‘心念不空过’五字于经行坐卧之地，人初莫能晓。”④

与诵读佛经同步的，就是事佛，且多有章法，普遍的做法就是在家供奉佛祖或观音像，多数家庭甚至会专辟一室供奉，每天早上都会焚香膜拜。如北宋朝议大夫吴执中之妻宇文氏，早上起来盥洗之后第一件事就是事佛，然后再料理其他家务，所谓“每迟明盥洗，必先焚诵，然后安处，亲预他事”⑤。通议大夫冯仲甫之妻杨氏，从佛教中深悟性命之妙，年未30便“绝人事，屏荤血，晨夕躬治佛事，汲水焚香。诵经禅寂，积二十年无少懈”⑥。

第三，以佛性修身、治家。女子诵经事佛不纯粹是为排解压抑或寻找一种寄托，更多的情况下，她们也会把对佛教的感悟用于修身养性，进而达于治家以至回报社会。

首先，修养身心，能使自己远离浮华，淡泊名利，和睦家人，而非一味沉溺其中。如北宋汀州宁化县主簿俞备之妻陈氏，自诵经奉佛以来“无妒忌之心，饰妾妇以奉君子。与人无忤，见善如己所有，内外亲属趣或不同，皆能和会之，得其欢心。为女及妇，晨昏之间，甘旨之馈，盥栉之奉，厨爨之役，躬服其劳，未常有厌色。甘苦休戚，相间于姒妇，是以主簿与兄某虽少而孤，同居共财二十余年，义不可析”⑦。供备库副使、夔州兵马都监梁在和之妻金氏，自笃信释氏、诵其书、奉其戒律后，“平居笑语雍容，虽其所不怿，未尝见声气。对梁君如宾客，处姬妾如娣姒，抚诸子如己出”⑧。南宋左宣教郎江琦之妻虞氏，早年上至《易》《论语》下至医药卜筮数术无所不学，晚年则专注于“学浮图法，一旦脱然若有会于心者，即屏簪珥、却酒肉，布衣蔬食以终其身”⑨。宋孝宗淳熙年间，诸子要上书为其请封时，虞氏得知后赶忙制止说：“吾已弃人间事，何以此为？且命而

①（宋）王瑜：《宋故殿中丞钱君夫人寿昌县君高氏墓志铭》，载《全宋文》第101册，第331页。
②（宋）杨维：《宋故夫人苏氏墓志铭》，载《全宋文》第119册，第123页。
③（宋）邹浩：《长寿县君高氏墓志铭》，载《全宋文》第132册，第63页。
④（宋）张守：《宋故孺人邵氏墓志铭》，载《全宋文》第174册，第45页。
⑤（宋）吴执中：《宋故南阳县君宇文夫人墓志铭》，载《全宋文》第41册，第323页。
⑥（宋）钟离景伯：《宋故安康郡君杨夫人墓志铭》，载《全宋文》第100册，第95页。
⑦（宋）黄裳：《夫人陈氏墓志铭》，载《全宋文》第103册，第367页。
⑧（宋）黄庭坚：《永安县君金氏墓志铭》，载《全宋文》第108册，第122页。
⑨（宋）朱熹：《夫人虞氏墓志铭》，载《全宋文》第253册，第127—128页。

不谢，是为欺君，吾敢安乎？”[①]因而未能获得封号，朱熹在撰写墓志铭时也只能称之为“夫人虞氏”。朝奉郎李松之妻郑氏，平日讽诵佛书，深味其旨，有所感发，常说：“此可以明心见性，乃受用之地。火宅尘网，不可染著。”虽年逾古稀，仍神爽不衰，且“躬执妇道，定省无阙，仪状丰硕，进止雍容，如山如河，可观可象”。[②]浙江霅川人士张思明之妻卞氏，佛号妙觉，深得“佛氏之教”，她“妙年却荤不御，持诵观世音号，精严匪懈。……雅不喜纷华，不妄言笑，澹如也”。袁甫在墓志铭中感叹地说：“为佛之徒，从佛之教易能也，得佛之理，不泥佛之迹，难能也。太孺人有得于佛氏，而诲子孙则以儒，识超尘世之表，行修闺阃之中，余谓伟男子未能过也。”[③]

其次，以其所学传给他人，使人向善为善。如北宋官员韩琦的母亲胡氏，家世显赫，所谓“世籍富贵，豪于西土”，自归信释氏，历观藏典，深达义趣，不仅能口诵十数经，还于“闺门之内，传授教诱，人人向善。太师委以主家事。夫人上奉仁寿，下睦宗姻，内外无间言。仁寿爱而礼之，相待之意，犹侄娣然”。[④]南宋官员朱著之妻洪万善，不仅自己平生“课道释文”，还“率女隶辈日课诵不辍”。[⑤]洪迈在《夷坚志》中曾提到一位东平宣义郎梁元明的乳媪崔氏，“平生茹素，性极愚，不能与同辈争长短”。而梁母晁氏平日留意禅学，也教崔氏如何事佛，以致“能诵阿弥陀佛，虔诚不少辍，不持数珠，莫知其几千万遍”。绍兴十八年（1148 年），72 岁的崔氏腹泻不已，然其若无其事，持念愈笃，唱偈道：“西方一路好修行，上无条岭下无坑。去时不用著鞋袜，脚踏莲花步步生。”家人问她所言为何人语时，她说“我所作”。死后，家人“用僧法焚之至尽，舌独不化，如莲华然”。[⑥]

最后，践行佛说，施与邻里，回报社会。两宋凡热心慈善的女子，多有信佛的经历。如北宋职方员外郎韩璩之妻，亦即韩琦之兄嫂陈氏，本性仁慈，自信奉释教，既告诫家人“不害生物”，又“每见穷悴可怜之人，必亟自损刻而振施之”。[⑦]进士吴颖之妻徐氏，平生慈悯，喜诵浮屠之书，对待内外亲族莫不以义，“邻里急难，有不给者，辍所有以济”[⑧]。洪迈在《夷坚志》提到的金陵女子陆氏，自幼好诵佛书，曾出家奉新百丈山为尼童，还俗后嫁人生子，丈夫死后，受一老僧教诲，还赠予她一把扇子，自称：“吾扇非常，比遇病者，就以挥之，可不

①（宋）朱熹：《夫人虞氏墓志铭》，载《全宋文》第 253 册，第 128 页。
②（宋）袁燮：《李太淑人郑氏行状》，载《全宋文》第 281 册，第 362 页。
③（宋）袁甫：《太孺人卞氏墓志铭》，载《全宋文》第 324 册，第 121—122 页。
④（宋）韩琦：《太夫人胡氏墓志铭》，载《全宋文》第 40 册，第 65—66 页。
⑤（宋）朱著：《有宋淑人洪氏墓志铭》，载《全宋文》第 296 册，第 112 页。
⑥（宋）洪迈：《夷坚志》第 1 册，中华书局 1981 年版，第 262 页。
⑦（宋）韩琦：《故安康郡太君陈氏墓志铭》，载《全宋文》第 40 册，第 101 页。
⑧（宋）赵抃：《徐夫人墓表铭》，载《全宋文》第 41 册，第 289 页。

吃药而愈。”庆元元年（1195 年），卢氏赴新安石耳山，“辟十间房屋以处，为人怯灾治病”。[①]

3）周旋于寺、社之间

无论是出家女尼抑或是居家女子，除在寺院、家室有限的空间内从事小范围的诵经事佛活动外，她们还会积极参与佛教社组织的说法大会，或每年度节庆之日的佛事或放生活动，以及捐献佛塔等事宜。

首先，参与佛教结社，这也是信佛者广交佛友的最好方式。如北宋高僧释知礼在《结念佛会疏》中，曾谈到浙江明州延庆院设有“念佛净社”，当时已招纳僧俗男女一万人，以“毕世称念阿弥陀佛，发菩提心，求生净土”为宗旨，强调养心和彼此之间的关爱。规定每年的二月十五日，在延庆院建道场供养觉、正、净三宝，各斋设功德箱，以“祝延帝寿，福利军民”。[②]

《梦粱录》中也谈到杭州社团的设置情况，文有“西湖诗社”，武有“射弓踏弩社”等。而专属女子的佛教社团，主要是由贵族夫人组织成立的“庚申会”，平日聚会时主诵《圆觉经》，凡参会者俱带珠翠珍宝首饰赴会，珠光宝气夺人耳目，故时人又称之为“斗宝会”。

其次，参加各种佛事聚会活动，如节庆聚会、听法会、放生等活动，足以使信佛者增长见识、愉悦身心。据孟元老的《东京梦华录》所载，每年的十二月初八日，亦即“腊八”当日会有“浴佛会”，僧尼会三五成群“排门教化”，各寺院会将煮好的腊八粥施与门徒，同时收获一些灯油钱。如载：

> 初八日，街巷中有僧尼三五人，作队念佛，以银铜沙罗或好盆器，坐一金铜或木佛像，浸以香水，杨枝洒浴，排门教化。诸大寺作浴佛会，并送七宝五味粥与门徒，谓之“腊八粥”。都人是日各家亦以果子杂料煮粥而食也。腊日，寺院送面油与门徒，却入疏教化上元灯油钱。[③]

据《梦粱录》载，在每年的佛事节庆中，都会专门为信女们安排迎献活动，如“四月初八日，六和塔寺集童男、童女善信人建朝塔会。九月初一日，湖州市遇土神崇善王诞日，亦有童男、童女迎献茶果，以还心愫。每月遇庚申或八日，诸寺庵舍，集善信人诵经设斋，或建西归会”。太平兴国传法寺的净业会，每月十八日“集善女信人，入寺诵经，设斋听法”等。[④]耐得翁在《都城纪胜》中对净业会活动也有记载，称：“城中太平兴国传法寺净业会，每月十七日则集男士，

①（宋）洪迈：《夷坚志》第 3 册，中华书局 1981 年版，第 1112 页。

②（宋）释知礼：《结念佛会疏》，载《全宋文》第 9 册，第 126—127 页。

③（宋）孟元老：《东京梦华录》，中国商业出版社 1982 年版，第 69 页。

④（宋）吴自牧：《梦粱录》，中国商业出版社 1982 年版，第 168 页。

十八日则集女人，入寺讽经听法。”[①]即在每月十八日这一天，专门安排女信徒入寺讽经听法，这与儒家提倡的男女有别有异曲同工之妙。凡是参加寺内法事活动的女子，还可以在寺内的洗浴场所沐浴净身，这是前所未有的事情。南宋末年官员黄公绍为召集民众到寺院浴室中沐浴，曾写下若干则《浴堂榜》，称寺院设有男浴、女浴，浴身等于浴心，“若不洗心，何由见佛”，且规定“男女不可同浴”。尤其是他还专门为女子写有《荐母浴堂榜》，期待女子“即此清净心，离却尘浊世”。[②]

不杀生及放生是佛教五戒之一，也是佛教慈悲心怀的最直观体现。故凡信佛女子，都会既不杀生，亦会教导他人不杀生且放生。如北宋太子右监门率令时之妻宋氏，“性静惠，喜翰墨，博诵浮屠书，戒家人不杀生物”[③]。随州观察使汉东侯赵宗楷之妻吴氏，“主于慈爱，有馈生者，必育之而不忍杀，岁放禽鱼以万数”[④]。除个人放生外，更多地是参加各个寺院组织的放生会，如周密在《武林旧事》中提到的每年四月初八日即佛诞日，除诸寺院各有浴佛会外，还会在西湖组织放生活动，“是日西湖作放生会，舟楫甚盛，略如春时小舟，竞买龟鱼螺蚌放生”[⑤]。至如放生时的仪式也有定制，主持者要阐明“行放生业”的前因后果，祈愿天下之民要善待众生，这对所有参加人员都是一种无声的感化。北宋高僧释知礼在《放生文》中对放生仪式有过如下描述：

法师应于放生之处，不近不远，敷座而坐。若有徒众，亦于其傍列位坐之。各以慈眼悲心视诸众生，念其沈沦，深起哀愍。复念三宝有大威力能救拔之，作是观已。法师当执水盂默念想云：“一心奉请大秽迹金刚圣者潜降道场，加持此水。有大功勋，洒沾异类。令其身心清净，堪闻妙法。”即默诵秽迹真言一七遍，再三洒之。然后执手炉白云：……修菩萨行，发慈愍心，行放生业，作长寿因，赎其身命，却收逍遥……惟愿放生已后，汝等不逢网捕，尽其天年。[⑥]

最后，参与造献佛塔，即通过捐款造塔，来表白对佛祖的忠诚，甚至还会携带子女一起捐献，自然也会给子女崇佛带来一定的影响。如大观四年（1110年），宣州泾县龙山乡人奉佛弟子陈二娘与家人一起“同发诚心”，捐款125贯文，于宝胜禅院造“宝塔一面”。[⑦]政和五年（1115 年），同是泾县龙山乡人吴氏小四娘，

①（宋）耐得翁：《都城纪胜》，中国商业出版社1982年版，第12页。
②（宋）黄公绍：《在轩集》，钦定四库全书本。
③（宋）范祖禹：《左承议郎妻崇德县君宋氏墓志铭》，载《全宋文》第99册，第59页。
④（宋）范祖禹：《随州观察使汉东侯妻陈留郡君吴氏墓志铭》，载《全宋文》第99册，第89页。
⑤（宋）周密：《武林旧事》，中华书局2007年版，第79页。
⑥（宋）释知礼：《放生文》，载《全宋文》第9册，第119—121页。
⑦（宋）文宗义：《宝胜禅院造塔记》，载《全宋文》第119册，第266页。

率子孙及子孙妇等“同发志诚”，捐款250贯文，在宝胜禅院造“释迦、如来宝塔两面”等。[①]

诚然，在佛教昌盛且日益渗透于社会生活各个领域的变革年代，有些女子虽不加信奉，但也回避不了佛教对她们日常生活的影响，只是在“众人皆醉”之际仍保持着一份清醒。如北宋寿昌县士人张次元之妻严氏，在她得知“释氏禅家盛东南，士女纷造席下，往往空闺门”时，便告诫家人说：“苟尽妇道，即契佛心，安用从彼扰扰邪？”[②]只要恪守妇道便是悟得佛心，大不必遁入空门，其实就是将儒家的妇道与佛家的善道融为一体，可谓见识非同一般。还有，永嘉士人丁昌期之妻蒋氏，当地人多有“惑浮屠说”，其子则“从容道其必不然”，蒋氏听后深以为然，并告诫子妇不必沉溺其中，而要安心修妇道。宗亲故旧常到附近寺庙去游玩，时而会邀请蒋氏一起去，蒋氏因不喜欢祈祷许愿之类的事情，便拒绝说：“死生祸福，天也。”[③]无论是严氏，还是蒋氏，尽管她们想远离佛教，但总是挥之不去的，又不得不学会去如何应对。

2. 崇道修道之教

两宋时期的道教，虽然发展规模远不能与佛教相提并论，但亦有其自身的优势。依照南怀瑾的说法，道教似药店，人只有在疾病缠身或想长生不老时，才会尽心于道。那么在古代医疗技术受限、久病医治无效或无钱医治时，无论男女，自然会萌发求于道之念。鉴于女子生育子女及繁重的家务劳动等，生病的概率较男子为高，因而更容易产生奉道的倾向。她们或入道修炼，或居家修道，或参加结社及交游等，以此来寻求驱病养生长寿之方，从而也构成她们信教生活的一部分。

1）入道修炼

女子入道为女冠，也是需要道观认可及政府度牒的。尤其是政府度牒，是就道观认可的女冠中通过考试，来获得官方凭证，并获取诸多免税等特权。但限于申请者多，政府对度牒比例也给予限制，如皇祐六年（1054年）二月，宋仁宗曾诏令“道士及女冠不以路分，率二十人度一人”[④]。据《宋会要辑稿》所载女冠人数，天禧五年（1021年）为731人，庆历二年（1042年）为502人，熙宁十年（1077年）为708人，这些都是在政府注册备案的数字，不包括那些没有机会被度牒的女冠。[⑤]然从帝王诏令来看，女冠与道士被度牒的机会是均等的。

一旦成为女冠，就要遵从道观的戒律，静心修炼。诚如南宋知名道士白玉蟾

---

①（宋）吴氏小四娘：《宝胜禅院吴氏包镇造塔记》，载《全宋文》第145册，第360页。

②（宋）邹浩：《寿昌县太君严氏墓志铭》，载《全宋文》第132册，第74—75页。

③（宋）许景衡：《丁昌期妻蒋氏墓志铭》，载《全宋文》第144册，第110页。

④（宋）宋仁宗：《乾元节度僧尼诏》，载《全宋文》第45册，第318页。

⑤（清）徐松：《宋会要辑稿》第200册，中华书局1957年版，第7874—7875页。

在《劝道文》中所言："各宜勉力，下死工夫。……从今收拾一意，无他，眼不外观，耳不外听，节饮食，省睡眠，绝笑谈，息思虑。把茅盖顶，莫求安适；煮米疗饥，莫分美恶。如蝉饮露，体自轻清；如龟吸日，寿乃延长。"[①]在《道堂戒谕文》中又称："食不耕，衣不蚕，汝当知愧。""改好色贪财之念，为乐天知命之心。"[②]可见，道观内的修炼是多方面的，有修身养性，还有耕桑之劳。

两宋修道有成的女冠为数不少。如洪迈在《夷坚志》中提到的婺州金华"妙靖炼师"陈琼玉，17 岁时邀请兄长到海上遨游，"兄乘舟，而妙靖行水上，阅数日，衣裳不濡"。回到家后，还对人说："我水中遇婺女星君，相导往蓬莱，始知元是第十三洞主。"从此，她不仅绝食，还能诗词，以及知人间祸福之事，使"公卿士庶，日往叩之，户外屦满"。就在政和七年（1117 年），郡守刘安、上部使者卢天骥及王汝明等奏闻朝廷，宋徽宗召至京师赐对，后又乞还金华山中，独处一室继续修道。妙靖还亲作诗词，"前后无虑数千首"。弟弟陈昭曾问她："诗词所言，其应如响，何从而知？"妙靖从教人"忠孝诚信"角度解释说："声其里系，即仙官持簿来，五百年过去未来皆知。恐泄天机，姑以风花雪月为咏，而吉凶寓其中。非苟知之，又且掌之。昨权无常县尉，管人间生死。后权阴典，管人间六犯事。谓逍官钱、王逆、不孝、奸盗、逾滥、故杀也。世人冒犯，故多夭厉。不犯者，三世中出神仙。近又管月台仙籍，凡士大夫聪明者皆上籍，若有功行，可作月台仙。大抵勉人以忠孝诚信。"[③]《夷坚志》中还谈到南宋时一位叫麻姑的女冠，在四川青城山附近的麻姑洞修炼。丈人观道士寇子隆想前去拜谒，在途中"遇村妇数辈自山中担萝卜而出，弛担牵裳，就道上清泉跣足洗菜"。见到寇子隆，便问其何往，当得知是去拜谒麻姑时，一村妇笑着说："姑今日不在山，无用去。"说着便从箩筐中拿出一根萝卜递给寇子隆，寇子隆吃过之后，准备往回走，突然又觉得不对劲，暗想："彼皆村野愚妇，岂识麻姑为何人，得非戏我欤？"想到这里，抬头一看，那些"村野愚妇"消失得无影无踪，不过又顿感"神清气全"，以致老无疾病，宋孝宗隆兴年间过世时已寿过百岁。[④]这位麻姑修炼的是一种食用萝卜的长生术，通过自身辛苦劳作，来求得长生。那位递给寇子隆萝卜的村妇应该就是麻姑，当她得知寇子隆的来意后，就用一种很巧妙的办法，将自己的长生术传给了寇子隆。

《续资治通鉴长编拾补》中提到的北宋大观年间凤翔府太平宫女冠虞仙姑，年逾 80 岁然"状貌如少艾"的她不仅修炼大洞法，还关注国事。大观元年（1107 年），自称"教主道君皇帝"的宋徽宗在诵读《大洞经》时曾召见她，授予"清真

①（宋）白玉蟾：《劝道文》，载《全宋文》第 296 册，第 220 页。

②（宋）白玉蟾：《道堂戒谕文》，载《全宋文》第 296 册，第 224 页。

③（宋）洪迈：《夷坚志》第 1 册，中华书局 1981 年版，第 122—123 页。

④（宋）洪迈：《夷坚志》第 1 册，中华书局 1981 年版，第 391—392 页。

冲妙先生”，并向其问询如何治理国事，虞仙姑则明言“当用贤人”。宋徽宗继续问“贤人谓谁”，虞仙姑则明说是“范纯粹也”，亦即范仲淹第四子。在场的宰臣蔡京听后，赶忙制止说“此元祐臣僚所使”，并将虞仙姑驱逐出去，于是朝野士大夫“争言虞仙姑亦入元祐党矣”。[①]从这里可以看出虞仙姑对“元祐党人”的敬重，对国事及蔡京等人扰乱朝纲的担忧。

《古今图书集成》载有女冠曹仙家，又称“曹仙姑”，称其寓居京城，曾作诗赠予道士邹葆光，诗曰：“罗浮道士真仙子，跃出樊笼求不死。冰壶皎洁水鉴清，洞然表里无尘滓。……相近未必常往还，相遥未必长离别。翩然孤鹤又南征，寄语石楼好风月。”曹仙姑不仅善于长诗，还“明于丹术，尝作《大道歌》，深得要旨，道流竟传颂之”。[②]当时宋徽宗也正广求学道之士，曹仙姑被召入京师，敕封为“文逸真人”。

2）居家修道

两宋奉道女子大多会选择居家修道的方式，通过诵经、奉仙及操练等，来求得生死之说及吐纳术、清静术、炼丹术、辟谷术等长生之术。

不过，她们中有的是自幼喜读道家之说，如北宋承议郎舒之翰之妻王氏，既尊儒“以礼自防”，又崇尚道家的“清净之术，深颐微妙”，以致临终之际，“侧化长逝，了无滞碍”。[③]宁远军节度使兼领殿前都指挥使杨某之妻赵紫真，平生没有别的嗜好，“独喜黄老学。晏坐一室，诵《度人》《黄庭》二经，晨香夜灯，虽大寒暑不废。尝受道家箓，始命今名，以见其志”。作为宗室女，赵紫真有月俸，但不为己所用，除在三茅元符宫建造一大殿外，还用于慈善，如会稽大饥，发粟数千斛周济，“全活者甚众”；又借其田园，“收养百余家，至秋熟，给道路之费以遣”“嫁孤女之无归者八十三人”等。[④]南宋承事郎蔡湍之妻方道坚，佛道兼修，史载其“性淡泊，早受道家箓，斋戒之日十居四五。晨起诵浮屠书，非疾病不废”[⑤]。

苏辙在《龙川略志》中提到的歙州女冠郑仙姑，其父郑八郎学道有成，郑仙姑自幼随父一起生活，耳闻目染，整日以居家修道以求童身为事。家有一小阁楼，与父一起栖居其上，每当客人来访，“父见客阁下，姑自上捧茶汤下，率以为常，然人未常见阁上有烟火”。父死后，仍一人独居生活而不嫁，还会给人占卜灾福，“以此歙人大敬之”。苏辙为绩溪令时，听说郑仙姑的奇闻逸事，便“欲一见”而前去拜访，围绕“年八十而不嫁”及养生、佛法等问题，由此展开一场文人与修道女子之间颇有哲理的精彩对话，如载：

①（清）黄以周等：《续资治通鉴长编拾补》卷27《徽宗》，清光绪九年（1883年）浙江书局刻本。

②（宋）曹仙家：《赠邹葆光道士》，载《古今图书集成·神异典·女冠部》，内府藏本。

③（宋）许巨卿：《梁故仁和县君王氏墓志铭》，载《全宋文》第122册，第251页。

④（宋）孙觌：《杨国夫人赵氏墓表》，载《全宋文》第161册，第138—139页。

⑤（宋）杨万里：《太令人方氏墓志铭》，载《全宋文》第240册，第279页。

予问其年，曰：“八十矣，然处女也。”予曰：“室家，人理之常。”诘姑年八十而不嫁何也。曰：“吾诵《度人经》故尔。”余曰：“《度人经》安能使人不嫁？”曰：“此经元始天尊所说，元始天尊生于天地先，立于天地外，安得不尔？”予曰：“姑误矣！安有人能出于天地上者？”曰：“此非他，盖亦道耳。”予曰：“道则能尔，然何与姑事？”曰：“君谓道不在我，然我身何者非道？”予叹曰：“姑乃知此耶！明日略访我，当具一斋。”姑曰：“我随有而食，不择荤素。”明日即至，略能饮酒食肉。予问以养生，曰：“君今如器已破，难成道。”予遍以术问之，如导引、咽纳、烧炼，皆非是。予曰：“竟以何者为是？”徐曰：“人但养成婴儿，何事不了！”予曰：“尝有人于百里之外见姑，襁婴儿往耶？”微笑不答。予偶复谓曰：“姑家在岳庙前，庙中望水西，山林极佳，姑亦常至庙上否？”曰：“我道家，不信神佛，未常往也。”予曰：“道家不信神，可也；如佛，与道何异？”佛说《般若心经》与道家《清净经》文意皆同。姑诵《清净经》，予觉其不习佛法，因问之曰：“经所谓‘五蕴’，何物也？”曰：“五行是也。”予笑曰：“姑未常学佛，而遽忽之，可乎？‘五蕴’则所谓色、受、想、行、识是矣。”姑默默而已。[①]

有的因家庭变故、久患疾病等而修道不止。北宋湖州乌程县主簿胥茂谌之妻谢氏，婚后未几年，公公、丈夫及两个儿子均亡故，不仅痛苦不已，且“身体日销”，于是在侍奉婆婆之余，纵观方外之书，“求死生之说”。[②]太子左赞善大夫、知邵武军、赠金紫光禄大夫盛遵甫之妻王氏，丈夫死后宁死不嫁，除静心阅读“经史诸子，极乎释老阴阳卜筮之书”外，还擅长“吐纳术”。[③]承议郎李新之妻王兰，因病而事金仙，李新称其“一年三百六十日病，一日不病，即清斋事金仙，愈于事鬼，读其书不知其已”[④]。洪迈在《夷坚志》中提到南宋绍兴时，官员温谋的女儿温氏，曾嫁给秀州人士陈某，后被丈夫遗弃，便“居家学道”[⑤]，而与其朝夕相处的且还有一位年未三十的杨道人。杨道人本是一位士大夫家女子，从后来所发生的诡秘事件来看，她应是身体不好而出家为道，为求长生不仅云游各地，还欠人“药钱百万”[⑥]。杨道人来到温家，应该是温谋为女儿请来的学道塾师或陪读，这样对温氏修道会有更直接的帮助。

3）游走于会社、道观

奉道女子还会走出斗室，通过结社及交游等不同的方式，与同行进行广泛接

①（宋）苏辙：《龙川略志》，中华书局 1982 年版，第 63 页。

②（宋）黄庭坚：《湖州乌程县主簿胥君夫人谢氏墓志铭》，载《全宋文》第 108 册，第 125 页。

③（宋）晁说之：《崇德县太君王氏墓志铭》，载《全宋文》第 130 册，第 344 页。

④（宋）李新：《亡室王夫人真赞》，载《全宋文》第 134 册，第 161 页。

⑤（宋）洪迈:《夷坚志》第 1 册，中华书局 1981 年版，第 174 页。

⑥（宋）洪迈:《夷坚志》第 1 册，中华书局 1981 年版，第 174 页。

触和交流，借以提升自己的修道功底。

据《梦粱录》载，两宋时奉道者结社也是比较活跃的，除男女均可参加的社团外，还有专属女子的“女童清音社”，除平日聚会交流经验外，还会在法事活动中从事诵经及歌舞表演等。

许顗在其《彦周诗话》中，提到北宋一位女冠李少云，婚后无子，丈夫死后便入道为冠，但她不是居道观修炼，而是“著道士服，往来江淮间”，主要是想“炼丹砂”，也就是所谓的仙丹，以求长生。但又显得不自信，因此在金陵见到自家仆人时，曾对仆人说：“我命薄，政恐不能成此药耳。”果不其然，两年后仆人再次见到她时，已经是“受病骨立”。仆人忍不住地问她：“子丹成欲仙乎？惟甚瘦，则鹤背能胜也。”李少云也挺不好意思地笑曰：“忍相戏耶？”她虽然没有得到长生之术，却在文学上有所建树，著有《方书诗集》一部。[①]还有，光禄大夫单卿之妻张氏，丈夫死后不仅“以阃内付子妇，而老于堂，斋几薰（熏）炉，宴坐终日”。还游走于道士宗本、法秀之间，而“知生死之说”。[②]

总之，作为社会人，两宋女子和男子一样要承担一定的社会责任和义务，不可避免地要依据社会的角色期待而接受一定的社会化训练，在持续的社会化进程中不断提升道德水准、增长知识技能、丰富社会阅历等，同时又能用已所学来回报社会，为社会及家庭的稳定发挥出超越社会所期待的作用。社会也以不同的方式给予回应和褒奖，诸如赐封、旌表、撰写墓志铭等。当然，女子也是社会生活中的弱势群体，在男权社会她们不得不接受或服从强权制度的安排，忍辱负重，任劳任怨，不仅身体严重透支，且心理压抑及精神受虐现象也比较常见，这也是两宋女子青睐于佛道的一个深层次原因。尤其是生活在社会底层的那些婢妾及女妓，她们既是男人的玩物或宠物，又被玩弄的男人所鄙视或歧视，甚至是当作商品一样被买卖或交换，致使她们的人格及尊严几乎丧失殆尽，这也是古代男权社会的一个通病。

① 胡文楷：《历代妇女著作考》，上海古籍出版社 1985 年版，第 47 页。

②（宋）黄庭坚：《单卿夫人张氏墓志铭》，载《全宋文》第 108 册，第 116 页。

第五章

回应大变局：女子教育生活样态与检视

社会大变局最终铸就女子教育生活的新样态。

两宋社会大变局总的趋势，野蛮、蒙昧的因素在消减，理性、文明、开放、多元的色彩在增多，这不仅是一种文化形态、意识形态上的进步，为文化教育的发展营造出“一个自由、净朗的空间”①，还是女子社会生活适逢一次转型的关键时期，更为女子教育生活缔造出宽松的政策及舆论环境，以及诸多机遇和挑战。于是，从中央到地方，从家庭、社会到学校，从文本书写到现实生活，无不依照对女子的社会角色规范进行直观的、全方位的规训，使受教女子通过自觉或不自觉、主动或被动、情愿或不情愿、自教或他教等也在不断地完善对自我形象的塑造。与此同时，两宋女子也将自己的教育智慧以不同的方式回馈社会，以不断获得社会的认可与尊重，由此确立了她们在社会生活中不可或缺的“半边天”地位，并向世人呈现出一幅立体的、生动的、精彩的教育生活样态。

第一节　教育与生活融为一体：书写女子教育的“本真”

本真，顾名思义，即事物没有被建构的本来面目。但要想还原女子教育生活的本真并非易事，我们能看到的史料，包括文本史料和非文本史料，诸如正史、野史、笔记小说、墓志铭、壁画、绘画以及器皿等，无不是经过书写者加工之后的产物，难免会融入书写者的认知及情感倾向，如果被书写者刻意美化或丑化，就有可能使部分历史情景远离历史的真实。尽管历史是已经消失的“过去”，我们无法复制或改变，也无法确切知道两宋女子教育生活的真实情形，但历史的发展总是有规律可循的，事物之间也是有内在关联的。通过多学科渗透及多角度审视，可以让我们重新理解和解释历史，可以让我们充分感受到两宋女子无论是自然人、家庭人还是社会人，也无论是受教者还是施教者，其教育与生活一向是融为一体的。其基本特征，或如陶行知所言：“过什么生活，便是受什么教育。”②且其教育生活的真实源自实然的生活，而绝非文本中的应然规训。

1. 教育在生活中漫步

教育作为生活的一部分，自有人类以来便与生活融为一体，教育也便渗透于生活的各个角落，故人类的历史便是人类的教育生活史。同样，我们也可以说，女子生活的历史也是女子的教育生活史。只是在原始社会，教育和学校尚未从劳

---

① 龚书铎主编，王育济等著：《中国文化发展史》（宋元卷），山东教育出版社 2013 年版，第 1—5 页。

② 华中师范学院教育科学研究所：《陶行知全集》第 2 卷，湖南教育出版社 1985 年版，第 634 页。

动中剥离出来，女子的教育生活相对比较原始和简单。自从教育成为专门的社会活动、学校成为专门的教育机构之后，女子教育生活也变得日益复杂，家庭、社会、学校等空间领域无不涉足。只是已往对古代女子教育的关注多倾向于其家庭教化，如同对近世女子教育的关注多倾向于学校教育一样，关注某一点总会淡化或忽略另一点。事实上，两宋时期女子的教育生活如同其他历史时期一样，无不是在家庭生活、社会生活及学校生活中漫步前行的。

首先，受传统“主内”观念的影响，社会对女子的角色期待几乎完全被固化在家庭之内，家庭生活对女子来说是至关重要的。如《居家杂仪》《家范》《袁氏世范》《小学》等文本中对女子的种种规矩多滞留在家庭生活层面上，因而女子教育生活多在家庭中进行。诸如孝敬老人问题，规矩业已确立，只是要教她们如何依着规矩学着去做而已，即要求尚未成年的女孩子在鸡鸣时分起床，盥洗着装之后到父母住处问早安及问询饮食与否，如父母尚未饮食，就要协助哥哥、姐姐一同侍奉父母饮食。对已经成年的女孩子来说，如父母需要，她们还要为父母搔痒、出入扶持、盛洗脸水、拿擦脸毛巾以及做好饭菜待父母“尝之而后退”等。福建莆阳农家女张氏“养母至孝”，甚至母亲死后还要守丧终身而不再改嫁，当地太守不仅赐以钱酒，还扁其门，称何必读书为学，只此便是读书为学。可见对母亲的孝，已经由规矩变成张氏发自内心的自觉行为，实在是在读无字之书、求至善之学。对已经结婚的女子来说，还要求她们像侍奉父母那样来侍奉公婆，她们有的谙悉为妇之道，事公婆尤勤；有的“能顺适其意，盥栉温清，礼无违者”[①]。对于这样的儿媳妇，公婆自然求之不得，故而也常拿她们做楷模，或对女儿说“为人妇者当如此”[②]，或“每因事指言以为诸妇模楷”[③]。

又如相夫问题，可说是对女子最主要的角色要求，以期待她们通过相夫而成为“贤妻”。依据不同层面的规训及规范，不只是对丈夫的顺从，更重要的是要学会操持所有家务活，让丈夫专心从事耕作、为官、经商乃至求学等“主外”事务，而不让丈夫为家务事分散时间和精力，毫无疑问这是对家庭最无私、最有效、最直接的一种奉献。她们以其善良与智慧，有的“尽斥奁具，置书史，以助其夫之学”[④]；有的“经理其家务，俾得专力于学”[⑤]；有的励夫勤政而“勉公以国事”[⑥]；有的为支持丈夫广交宾客而“罄奁中物及父母所与之田，以资其用”[⑦]；有的为

①（宋）朱熹：《建安郡夫人游氏墓志铭》，载《全宋文》第253册，第94页。
②（宋）欧阳修：《长寿县太君李氏墓志铭》，载《全宋文》第35册，第390页。
③（宋）朱熹：《建安郡夫人游氏墓志铭》，载《全宋文》第253册，第94页。
④（宋）范祖禹：《右监门卫大将军贵州刺史妻永兴县君程氏墓志铭》，载《全宋文》第99册，第137页。
⑤（宋）陈造：《洪氏孺人墓志铭》，载《全宋文》第256册，第398页。
⑥（宋）毕仲游：《魏国王夫人墓志铭》，载《全宋文》第111册，第167页。
⑦（宋）吕陶：《仁寿县太君魏氏墓志铭》，载《全宋文》第74册，第126页。

支持丈夫办学授徒而“主膳羞（馐），必躬，必饬”[①]；有的在大是大非面前给丈夫以精神上的支撑，“苟以直言得罪，愿同谪岭海，死不悔。妾愿为贤人妻，不愿徒为贵人妻也”[②]，等等。

其次，作为社会人要融入社会生活，必定要先熟悉社会游戏规则，而这一目标又是在不断地接触社会、了解社会、参与社会生活的过程中逐步实现的。文本及图像史料对女孩子参与斗草、放风筝、蹴鞠、拈钱、推枣磨等游戏活动的描述，以及在节庆之日与家人一起踏青、登山、观赏和自然状态下的闲暇之游等，无不是她们受教的良好机遇。在诸如此类的一系列活动中，不仅能让其身心愉悦，还能提升其参与的积极性，培养合作意识，甚至还能激发其灵感，使她们的才艺得以充分展示。如李清照，宽松的家教环境，使她能自在地走出家门，不仅喝酒“沉醉”，还能到“日暮”之际才想到回家，且在回家的路上虽遭遇迷途之尴尬，却给后世留下了一首脍炙人口的《如梦令》，“争渡，争渡，惊起一滩鸥鹭”。

同时，为赢得社会以及未来夫家的认可，她们还要自幼通过观察模仿、言传身教、口耳相传等方式接受种桑养蚕、纺织缝纫、洗衣做饭、经营家产等家庭事务性熏陶，所谓“女红烹饪，皆使之习”[③]及“夜绀苎麻，教诸女纺织”[④]等。以致她们有的“四岁而知丝纩，十岁而知馈膳”[⑤]；有的治家事“事无细大，处治条理，皆有法度，闺门之内，犹官府然”[⑥]；有的“经理生产业，不避寒暑”[⑦]；有的家庭富裕之后不忘周济邻里，以致“闻人缓急来有求者，应之唯恐不逮”[⑧]。

在此基础上，她们还有读书明理以及对琴棋书画、诗词歌舞等高雅艺术的梦想和追求。她们有的“幼敏悟，闻人诵诗书，一过耳尽记不忘。……日自课以书，使调四声作诗赋”[⑨]；有的“幼从父兄学，通句读，晓大概”[⑩]；有的在“女工之余，独玩意笔砚间，泛观六经诸子，识其大指”[⑪]；有的“好学强记，老而不倦，

①（宋）杨万里：《曾正臣妻刘氏墓志铭》，载《全宋文》第240册，第232页。

②（宋）姚勉：《梅庄夫人墓志铭》，载《全宋文》第352册，第148—149页。

③（宋）胡铨：《林宜人墓志铭》，载《全宋文》第196册，第72页。

④（宋）刘克庄：《程孺人墓志铭》，载《全宋文》第332册，第62页。

⑤（宋）苏辙：《亡姊王夫人墓志铭》，载《全宋文》第96册，第272页。

⑥（宋）韩琦：《录夫人崔氏事迹与崔殿丞请为行状》，载《全宋文》第40册，第59页。

⑦（宋）张守：《太孺人时氏墓志铭》，载《全宋文》第174册，第43页。

⑧（宋）李觏：《先夫人墓志》，载《全宋文》第42册，第353页。

⑨（宋）苏舜钦：《广陵郡太君墓志铭》，载《全宋文》第41册，第135页。

⑩（宋）王庭珪：《故李夫人墓志铭》，载《全宋文》第158册，第325页。

⑪（宋）刘一止：《宋故永嘉郡夫人高氏墓志铭》，载《全宋文》第152册，第298页。

其取舍是非，有人所不能及者”[①]，等等。无论是何种原因走进阅读或以何种方式读书明理，都是在挑战传统，挑战自我，正是这种挑战，才使她们在精神上有一种超越，并在婚姻、治家、经营生活中也显示出一定的自信、自主与自觉，从而构成社会生活中一道亮丽的风景。

对女子来说，无论家庭、社会或学校，“到处是生活，即到处是教育”[②]，虽然这种教育是随机的、散在的，乃至于是星星点点的，但最终都汇聚成滋润女子心田的涓涓细流，并成就女子多重角色的一次次塑造与转换。

2. 以角色引领教育生活

如果说教育“是生活的教育，是供给人生需要的教育。……人生需要什么，我们就教什么”[③]，那么，也可以说古代的女子教育就是以生活为核心的教育，生活需要女子具备哪些素养，就要通过相应的教育加以培育和添补。然而生活对女子素养的诉求，在一定程度上是由其所要扮演的角色及其社会地位来决定的，无论是自然人、家庭人抑或是社会人；无论是为人女、为人妻、为人母抑或是为人媳；无论是主内、主外抑或是内外兼主，其角色及社会地位不同，规训与规范也不同，教育生活的内容自然也有所不同。

纵观两宋女子的教育生活，可以明显感受到角色期待对女子教育生活的引领，她们扮演什么样的角色，便会有什么样的角色教育遥相呼应。诸如囿于初期因性别带来的社会分工，使女子一出生就被习惯化地默认为“主内”的角色。既然要“主内”，所以自幼的言行举止及穿着打扮训练就与男孩子有所不同。依照《礼记·内则》的规训，即“能言，男唯女俞。男鞶革，女鞶丝”。“七年，男女不同席，不共食。”女孩子到 10 岁时，就不能像男孩子那样可以“出就外傅，居宿于外，学书计”了，而应该待在家里，在父母及其他长辈的训诱下“执麻、枲，治丝、茧，织纴、组紃、学女事，以共衣服”等。[④]于是，在日常生活中父母往往会“教子以经术，训女以妇礼”[⑤]，或“以进其男子于学，女子非女功不辄习”[⑥]。而对于受教者女子来说，她们也会习惯并默默接受命运的被安排，或曰“读书非吾女所先者，当先妇道而辅以剪制缕结可也”[⑦]；或曰“为妇而执女功，乃其常

①（宋）曾巩：《仁寿县太君吴氏墓志铭》，载《全宋文》第 58 册，第 254 页。
② 华中师范学院教育科学研究所：《陶行知全集》第 2 卷，湖南教育出版社 1985 年版，第 633 页。
③ 华中师范学院教育科学研究所：《陶行知全集》第 2 卷，湖南教育出版社 1985 年版，第 181 页。
④ 杨天宇：《礼记译注》，上海古籍出版社 2004 年版，第 358、360 页。
⑤（宋）许巨卿：《梁故仁和县君王氏墓志铭》，载《全宋文》第 122 册，第 251 页。
⑥（宋）陈亮：《汪夫人曹氏墓志铭》，载《全宋文》第 280 册，第 120 页。
⑦（宋）袁说友：《故太淑人叶氏行状》，载《全宋文》第 274 册，第 381 页。

也”①；甚至终身从事纺绩之事，“自幼迄老如一日”②。

再如为人女之角色，依古训“百善孝为先”，那么作为女儿首要做到的就是在家孝父母，这是天经地义之事，谁也不可违背，谁也不能违背。尤其是相对于男子而言，女子居家机会及时间最多，按照家务分工，照顾父母及公婆的衣食住行等又几乎都为女子所包揽。为此，两宋正史、笔记小说、蒙养读物、绘画、壁画、画像石、画像砖、族规、劝谕文等各类史料中，对孝子孝女事迹多有推介，让居家女子从各类标杆中既能感受到一番鼓励，又能找到适合自己的行孝方式。从《全宋文》中上千篇的两宋女子墓志铭来看，几乎都涉及她们的孝行表述，可以深切感受到她们出嫁之前对祖父母、父母及兄嫂，出嫁之后又对公婆及其他长辈“至孝”“孝谨”的行为，只是各自情况及路径不同而已。甚至有的女子，在长辈危难之时挺身而出，以生命的代价换取长辈的平安。如《宋史·列女传》中所记述的浙江上虞朱回之女朱娥、《夷坚志》中提到的芜湖孝女詹氏等，虽是非常时期的非常之举，但其勇气远胜过凡夫俗子，不仅是对中国传统孝道的最好传承和践行，也是对士大夫“杀身成仁”精神的最好诠释，对时人及后人都是一种激励。

诚然，同样的角色，因其社会地位不同，教育的起点、内容与方式等也多有不同，如生在皇亲国戚、仕宦等富贵之家的女子，接受更多的是正统而又严格的经史礼仪及诗词书画之教，因衣食无忧，她们五六岁时便可以入私塾读《孝经》《论语》《孟子》《女诫》等书，除外平日多不出门，或出门必“拥蔽其面”，烦闷时或站在“女儿墙”内眺望一下外面的世界，或者带着苦闷到佛经里寻找开脱，过着非尼似尼的生活。诸如《家范》《居家杂仪》《袁氏世范》等家规中对女子的种种规范，多是对这些富贵家庭女子而言的。而生在士庶之家的女子，为了生存，她们更多的是要接受洒扫、织纴、浆洗、做饭及照顾老幼等各种家务之教，甚至还要种桑养蚕及从事简单的农活，至如读书则多是一种奢望；如果家里经营餐饮、茶肆、杂货等生意，还要学会计算、熟悉经营品种、应对客人、端茶倒水规矩等事宜。对那些因家庭贫困而自幼被送往妓院或老鸨那里接受专门训练的女子，多要学习琴棋书画、诗词歌舞等才艺，以便迎合客人，尤其是文人墨客的兴趣和爱好等。这种因地位带来的教育生活状态，历朝历代大同小异，而绝非两宋所特有。

3. 旨在学会生活

与男子受教多为“黄金屋”“颜如玉”或为“钓声名、取利禄”不同，两宋女子受教则少了许多功利色彩，学会生活显然是最为重要的。对她们而言，教育只是一种手段，获得稳定、快乐、幸福的生活才是目的，因而从初极关怀到终极关

①（宋）杨时：《杨母朱氏墓志》，载《全宋文》第125册，第34页。

②（宋）廖刚：《太宜人萧氏墓志铭》，载《全宋文》第139册，第254页。

怀，旨在使其学会生活所需的基本规范和技能，她们只有学会生活才有可能去追逐生活的稳定、快乐与幸福。

由于生活无处不有，教育也就无处不在。最能影响个体幸福指数的应该是婚姻生活，而女子自身素养又是影响婚姻生活质量的关键因素。因而在女儿尚未婚配之前，家庭长辈都会对女儿进行女工或家庭主妇必备技能方面的熏陶，以为她们将来迎接美好的婚姻生活做充分的准备。于是，有的母亲“教训严切，未尝少假”，使女儿对“女工之事及史传所载可为阃范者无不通晓”[①]；有的女子虽然喜欢读书，但往往会遭到父母的禁止，只能“与诸女相从夜绩”[②]；有的女子天性聪颖，以致女工织纴之事“有如天成”等。而在女大当嫁之际，父母还会充分考虑到男方家庭情况有可能会给女儿生活带来什么样的影响，于是便约定“嫁女必须胜吾家者”。一旦有人提亲，其女工表现如何，还会被写入“纳采”环节的婚帖之内，以求得男方的好感。在女子出嫁之日，家庭长辈更会叮嘱一番，父亲会说“戒之敬之，夙夜无违命”；母亲则说“勉之敬之，夙夜无违宫事”；其他长辈则会劝道：“敬恭听，宗尔父母之言，夙夜无愆，视诸衿鞶。”[③]言辞之间，无不是在教导女子到夫家后如何去行事，只有“敬之”“勉之”“无愆”“无违”，才能与夫家人和睦相处，也才能过上稳定的日子。甚至地方官员在劝谕文中，还要求父母在女儿出嫁时必须教其“必敬必戒，无违夫子，以顺为正”。[④]虽然这样做只是长辈的一种愿望，甚至为此而让女儿学会“屈从”，但毕竟也是一种经验之谈，对她们婚后的日常生活大有益处。再如读书生活，两宋社会是提倡女子读书的，通过读书修养身心、勤俭治家，以为自己创造出更理想的生活。还有一些女子，无论家庭是否富有，都积极参与周济贫困、救济灾民、兴修水利、传授纺织技术等慈善公益活动，其胆识及壮举不亚于男子。尤其是当一些女子遭遇家庭变故或自身健康原因或厌烦世俗生活等，往往会结缘于佛道，通过诵经侍奉释道，追寻另一种全新的生活，以求得对现实苦闷或苦难的自我解脱。于是，她们中有的自亲人接连离去之后，便“口不茹荤，手不释佛书，痛自勉约，如是积年”[⑤]；有的在生活陷入困境时诵佛书，“食不味，衣不华，如此四十年”[⑥]；还有的年未而立“即厌世味，修禅观”，晚年则“数偈融悟透彻，解外胶，见本性，非但世俗人不能道，虽大浮屠、老居士未必能也”[⑦]，等等。

---

①（宋）度正：《郭安人墓志铭》，载《全宋文》第301册，第185页。

②（宋）黄庭坚：《叔母章夫人墓志铭》，载《全宋文》第108册，第121页。

③（宋）朱熹：《小学》，载韩锡铎：《中华蒙学集成》，辽宁教育出版社1993年版，第150页。

④（宋）郑至道：《谕俗文》，载《全宋文》第97册，第120页。

⑤（宋）张方平：《左骁卫大将军世谧夫人仁寿县君安氏墓志铭》，载《全宋文》第38册，第249页。

⑥（宋）黄裳：《夫人林氏墓志铭》，载《全宋文》第104册，第1页。

⑦（宋）刘克庄：《张硕人墓志铭》，载《全宋文》第331册，第270页。

以生活为核心的教育看似简单，其实并非易事，且意义重大。因为会生活的女子，不仅仅会计划自己的生活，还会安排料理好家庭生活，故而既关乎个人幸福，还事关家庭的和谐稳定。尤其是在宗法制社会，虽男子为一家之主，但因多主外事而将家务事几乎都交由女子来全权处理，如果女子不懂得如何治家，好吃懒做、惹是生非、伤风败俗等，不但撑不起这个家，或许还会因此败家而被休弃。

因此，在一定程度上来说，女子懂生活、会生活实乃家庭和谐幸福的稳定剂，如司马光所言，“妇者，家之所由盛衰”[①]。从墓志铭中，便可看到绝大部分女子都是很看重家庭并很善于治家的，如士人马服之妻何氏，是一位很善于生活的女子，所谓“居处严洁，四坐清洒，几榻、帷幔、屏障之类，整妮次置，无一尘之栖。所服不务华靡，自非临祭祀、对宾客之外，袿裾裙襦，皆补浣者”[②]。何氏所追求都是一种整洁有序、朴素俭约的家庭生活，也是中华传统美德的完美践行。

两宋女子教育生活的真实源自实然的生活，而绝非文本中的应然规训，亦非研究者的理论预设。尤其是诸如《内则》《列女传》《女诫》《女论语》《女孝经》《家范》《居家杂仪》《袁氏世范》等文本中对女子的种种规训，诚然是社会及家长意志的一种体现，又是对女子角色的一种理想期待，对女子的教育生活往往是一种引领或导向，可以说是一种应然的教育生活，却非一种完全真实的或实然的女子教育生活，尽管女子自幼至长一直是在这种应然的说教中一路走来。事实上，两宋女子并未严格按照规训的指引而不折不扣地去塑造自己，因为“女人不仅仅是单方面的男人行动的对象，她们还是创造、解释、操纵并讨论她们生存状况的行动者”[③]。伴随自主和独立意识的不断觉醒，她们能够在法律允许的范围内来反叛家法族规以实施生命的自救与自觉，这本该是值得关注的新气象，却多为一些史家所不顾，反单独将文本中的规训当成真实的女子教育生活来发挥。于是，便会带着一种批评者的姿态，将女子预设为“苦大仇深”的被压迫者或受害者，再寻找片言只语加以佐证，似乎历史就是依自己的想象或意志而发生似的，以致合理的、真实的也被视作虚伪的、反动的，层层累加的结论总会让人对封建王朝增加一丝仇恨感，既仇恨统治者的残暴又仇恨男人对女人的虐待，既仇恨社会规训对女子的种种约束又仇恨现实生活对女子的处处不公，等等。显然，这不是在还原历史，而是在制造历史、曲解历史，甚至在一定程度上也是对女子的一种“贬低”或不尊重。我们真正需要做的，就是要深入到女子现实生活的深处，找寻多种元素交织而成的教育生活之“场”，以此来建构一幅立体的、生动的女子教育生活场景。

①（宋）司马光：《温公书仪》卷3《婚仪上》，钦定四库全书本。

②（宋）文同：《寿安县太君何氏墓志铭》，载《全宋文》第51册，第202页。

③〔美〕伊沛霞：《内闱：宋代的婚姻和妇女生活》，胡志宏译，江苏人民出版社2004年版，第230页。

第二节 教育生活的时空增温：传承中的开放与时尚

两宋时期编撰刊行的学术论著及各类普及读物甚多，但尚未呈现专为女子编著的有一定影响的读物。两宋女子普遍阅读的女教书籍主要是《礼记·内则》及汉朝刘向的《列女传》、班昭的《女诫》、蔡邕的《女训》，其次是唐朝宋若莘、宋若昭姐妹的《女论语》及郑氏的《女孝经》等，而这也恰恰是唐朝女子所阅读的女教书目。这并非意味着两宋女子对时人论著的忽略，事实上二程的《程氏遗书》、司马光的《资治通鉴》《家范》《居家杂仪》、欧阳修及苏轼等名家诗文、谢良佐的《语录》、袁采的《袁氏世范》等，还有黄庭坚、米芾等大家的书法作品，也颇受喜欢书画女子的青睐。另外，从《家范》《居家杂仪》《袁氏世范》等族规家规以及朱熹的破蒙读物《小学》有关女子规训的内容来看，无不是以《内则》《列女传》及《女诫》为立论依据的，甚至有些部分简直就是在"搬运文字"。诸如司马光的《家范》，因有编撰《资治通鉴》的基础，《家范》中更是旁征博引，自先秦至隋唐五代，凡是史书文本所载可为治家法则者无不收录，且多有原文摘录，间有作者自论。这一切都足以表明：两宋对女子的角色规训主要是对传统的因袭或传承，始终保持着"夫夫妇妇""三从""四德""主内""贤妻良母"之格调。

从各种女子生活史料所载来看，恪守传统依然是两宋女子教育生活的主流。如多数父母都会认为，女孩子首先要学的是如何操持家务及专于女工，而不是读书求知之类，故而到 10 岁以后，大凡喜欢读书的女孩子不得已要转向织纴组训，如不听从教诲，有些家长将"藏取所读诗文，止使专于女事"[①]。平日对女孩子的教育也多倾向于为女、为妇之道，诲之曰"妇事也，毋怠"[②]，使绝大多数女子将"女事"作为自己一生的主业来追求，她们或曰："此妇事也，不然，何所用心？"[③]或曰："此吾职也，不可废，其所不得为者，命也。"[④]似是命中注定唯"女事"是从，而别无他求，其实是有诸多难言之隐而无法诉说的。又如对女子的顺从之教，认为"柔顺""不妒"乃是为人妻的美德，因而女子出嫁后就要对丈夫"一切顺承"，以致多数女子"以顺称"。在她们看来"不如是，是吾不能从其夫"。[⑤]有的甚至在丈夫醉酒之后对其蛮横无理之时，亦能做到"承之，

① （宋）刘斧：《青琐高议》，载《宋元笔记小说大观》第 1 册，上海古籍出版社 2007 年版，第 1135 页。
② （宋）胡铨：《林宜人墓志铭》，载《全宋文》第 196 册，第 72 页。
③ （宋）胡寅：《莢氏墓志铭》，载《全宋文》第 190 册，第 217 页。
④ （宋）叶适：《母杜氏墓志》，载《全宋文》第 287 册，第 42—43 页。
⑤ （宋）叶适：《张令人墓志铭》，载《全宋文》第 286 册，第 178 页。

未尝不以礼也”[①]。还有，丈夫死后的“不更二夫”之教也普遍存在，以致当其家人乃至婆家人劝其改嫁时，往往会用古训加以拒绝，如说“终身不改。夫死不嫁，古志甚明”[②]；或说“女不事二夫，新妇自能供奉，勿为此说”[③]等。

然而，社会大变局本身就是对传统的一个挑战，挑战的结果不仅在改变着社会与政治格局，也在改变着人们的思想观念，更渐进地影响到人们的生活方式，此乃社会及历史发展的必然规律。伴随新生的政治及社会生活因素，两宋女子教育生活的时空温度也在不断地提升，即在传承传统的基础上悄然地发生着质的变化，即由传统向开放、由因旧向时尚发生着改变，在身体的重塑、入学读书、社会交往、主内又主外等方面都有不凡的表现。

1. 身体从禁锢趋向重塑

依两宋社会对女子的规范，10 岁之后不仅要居家学练女工，还要接受言行举止等方面的礼节礼仪教化，出门做事的机会甚少，假如出门还要“拥蔽其面”等，这在一定程度上自然有限制女子身体自由的倾向。然而事实上，受社会大环境的影响，禁锢身体的空间得以开放，无论是仕宦女子抑或是庶民女子，出入闺门或家门，尤其在节庆之日游玩、闲暇之时登山运动等舒展身心、享受社会生活的情况还是比较普遍的。尤其值得注意的是，不适宜女子参与的运动，在两宋时期则可以堂而皇之，如蹴鞠、相扑等，男女蹴鞠的场景不是制作在铜镜上，就是烧制在瓷枕上，且作为家庭日用品而公然进入千家万户。女子相扑的装束和男子没有多大差别，甚至还有男女对打的情况，上至帝王嫔妃下至普通民众都喜欢观看，无不为之欢呼雀跃。

对于身体的包装，从政府屡次禁止的所谓“腰上黄”“不制衿”的“服妖”以及发饰上的“假髻”和“垂肩冠”等来看，表明女子一向对美的追求或对时尚的向往。政府的说教禁令甚严，违者要“重寘于法”，但总是禁而不止，且“春风吹又生”。这其中包括士庶女子“着胡服”问题，宋仁宗曾颁布《禁士庶著胡人衣装诏》，到宋徽宗时还在诏令“敢为契丹服若毡笠、钓墩之类者，以违御笔论”。至南宋时，朱熹又忧心忡忡地说：“今世之服，大抵皆胡服，如上领衫靴鞋之类，先王冠服扫地尽矣。”[④]可以说，禁令并没有发挥出它的约束力，被禁的行为又恰恰是社会时尚文化的领跑者，且是先自宫中流行，然后蔓延到京城，又辐射到其他城镇，只因不合传统规制而禁之，却因社会及各层民众所需而得以传播，女子的身体美也得以精彩妆点。

① (宋) 黄庭坚：《叔母章夫人墓志铭》，载《全宋文》第 108 册，第 121 页。
② (宋) 杨简：《宋母墓铭》，载《全宋文》第 276 册，第 30 页。
③ (宋) 洪迈：《夷坚志》第 4 册，中华书局 1981 年版，第 1555 页。
④ (宋) 黎靖德：《朱子语类》第 6 册，中华书局 1986 年版，第 2327 页。

2. 读书从内闱步入学堂

两宋社会是积极提倡女子读书的，只是居家读书抑或是入学读书，则要受多种因素的制约。诸如官学教育资源非常稀缺，即便是肩负光大门庭使命的男子也多不能如愿，只能到遍地而立的私学或日益兴起的书院里接受教育。因而，对女孩子来说也只能选择私塾或书院等民办教育机构来接受初级教育。

在两宋墓志铭中，发现有部分女子在未笄之前就有入学读书的情况，且也不乏一般家庭的女子。如北宋处士徐某之妻周氏，父亲周恭很羡慕那些送孩子上学读书的家庭，鉴于两个儿子“业已耕，念不可教”，于是便将“幼而慧”的周氏送入私塾读书。[①]南宋朝请郎曾嘉谟之妻李氏，虽三代不仕，但其“从兄弟入小学，通《孝经》大义”[②]。武进大夫陈说之的妻子项氏，6岁时“师授《内则》《女诫》《列女传》及韩、柳、欧、苏诸诗文，历耳辄成诵”[③]。在笔记小说中，也有不少的记载。如《醉翁谈录》中提到的“静女”，虽早孤，但“喜读书，母令入学，十岁涉猎经史”。《青琐高议》中提到的温琬，在沦为风尘女子之前曾“尝衣以男袍，同学与之居，积年，不知其女子也”。《能改斋漫录》中提到的女子幼卿，“少与表兄同砚席，雅有文字之好”。《警世通言》中提到的女子喜顺，与一个叫乐和的男孩子“两个同学读书”。因而，有些学者所言“古代女子根本就没有入学读书的机会和权利”，或“在官学及私塾中没有一席之地”等，应该是对历史的一种误判，两宋女子已能实现从内闱步入学堂的梦想，且可以男女同学，这在元明清时期是很少见的。

3. 交往从家内移到家外

两宋社会生活的增温将“男女授受不亲”的冰层渐渐融化，女子教育生活中的一个重要节点人际交往也在不断地拓展着，从原来相对闭塞的内闱或家庭空间走出，让自己融入各色人群之中，借以丰富自己的教育生活及人生阅历。

最明显的一点变化，首先是男女均可参加的或单独由女子组建的社团不断出现。如涉及身体活动的，有相扑社团“角抵社”，蹴鞠社团“齐云社”等。齐云社还要求男女社员都要遵守社规“十禁戒”“十紧要”。涉及佛道活动的，宋初就有浙江明州延庆院的“念佛净社”，当时已招纳僧俗男女上万人，每年的二月十五日都会在延庆院设道场开展佛事活动。南宋时出现专属女子的佛教社团“庚申会”，由仕宦家庭女子组织成立，平日聚会时要一起主诵《圆觉经》。还有

① （宋）黄庶：《徐君处士妻周氏墓志铭》，载《全宋文》第51册，第251页。
② （宋）周必大：《曾太宜人李氏墓志铭》，载《全宋文》第233册，第131页。
③ （宋）刘宰：《故孺人项氏墓志铭》，载《全宋文》第300册，第284页。

道教社团“女童清音社”，在法事活动中会从事诵经及表演等。除外，还有定期或不定期的诸如节庆聚会、听法会、浴佛会、放生等活动。这使信奉佛道的女子，在积极参与各种法事活动的同时也扩大了交往的范围。甚至在没有佛道活动时，诸如太常博士单卿之妻张氏，也会时常“游道人宗本法秀之间，知生死之说”①。

其次是仕宦家庭女子之间，往往会通过设宴集会或参加宴会的方式增强交往。如北宋故太子中允许益之的妻子刘氏，常以宴饮敖佚自喜。太中大夫、权判北京留司御史台韩璹之妻陈氏，曾参加时任宰相吕公著的夫人召集的内、外命妇聚会，虽不像其他命妇那样绮纨哗然，而是衣无缋绣，但以其语言容止不矜慕，一座皆耸。

最后是风尘女子如李师师、温琬、严蕊等与仕宦之间的密切交往，不仅让自身的文化修养得以提升，还使文人墨客的诗词书画得以传播开来。诚如日本学者斋藤茂所言：“无论哪个时代，妓女都是扮演歌舞、奏乐等音乐文化的主角，特别是高级妓女，与社会统治阶层交往密切，有诸多接触时代新文化的机会，并且通过与统治阶层的接触交往，其自身也具有相当的教养。”②

4. 治家从“主内”到“主外”

对于女子而言，“内”与“外”有严格的界限。从空间位置而言，必须待在家里做事是为“内”；从社会分工角度上说，必须做家“内”之事，诸如织纴、烹饪、照顾老小、洒扫应对等。无论是空间位置抑或是社会分工，均是以家庭为轴心的，做好家内之事自然就成为女子毋庸置疑的职责或本分，“主内”似乎也顺理成章地成为女子的一个代名词。但还涉及一个更深层次的意识形态问题，那就是政统中的“亲亲尊尊”礼制规范及社会需要维持的“整体秩序格局”。因而女子“言外”或干预“外事”、参与“外事”，就被认为是一种“僭越”行为，如果发生在宫廷嫔妃身上无疑事关政局的稳定。而对于一般仕宦或处于社会下层的女子来说，家族门户之内外虽然界限清楚，却并非不可逾越，多是基于家庭生计所需及社会经济的强制推动。

事实上在两宋时期，女子凭借早年所接受的教育及见识，多能冲破“主内”这道无形的性别角色隔离墙，在社会生活中还兼主各类的“主外”角色，或涉足本应属于男子所为的“外事”。诸如北宋元丰年间，史官要修国史，太子太保田况之妻，亦即大臣富弼之妹富氏，命其子田旦将父亲田况的“奏议、行事、功状上史官”，还让田旦将父亲的文章编为30卷呈上，“请藏秘阁”等。范仲淹的三女儿范氏，晚年有田亩数百顷，看到夫家上下百余口人，于是便萌发学父亲建义庄的想法，“终

①（宋）黄庭坚：《单卿夫人张氏墓志铭》，载《全宋文》第108册，第116页。

②〔日〕斋藤茂：《妓女与文人》，申荷丽译，商务印书馆2011年版，第129页。

不辱其先正也”。宰相蔡卞之妻、王安石之女王氏，“颇知书，能诗词。蔡每有国事，先谋之于床笫，然后宣之于庙堂”。由此也引来诸多官员的吐槽，或曰：“吾辈每日奉行者，皆其咳唾之余也。”或曰：“右丞今日大拜，都是夫人裙带。”[①]广南转运副使周谓之妻“节妇荃”，新婚不久，丈夫周谓来不及告别便南下赴任，一去26年间杳无音信，家人劝其改嫁而死活不从，既要照顾公婆和孩子，还要内外之事兼顾，包括经营产业、为孩子办家塾、为公婆选坟地、为丈夫置田造园等。袁采在《袁氏世范》中，确定“贤妇人”的标准有三条：一是丈夫懦弱时而自料理家务；二是丈夫不肖而与子一起料理家务；三是夫死子幼而教子兴家。只要符合一条标准就可以称之为“贤妇人”，且如此“贤妇人”是必须内、外兼顾的。

除上述案例外，在实际生活中还有诸如经营茶肆、药店、饭店、旅店、流动摊贩，以及给人接生看病、为乡里修坝及治理荒坡、出资办私学、参加科举考试、诗文创作、体娱表演，等等。可以说，理想与现实之间有重叠，应然与实然之间有冲突。在邓小南看来，“‘应然’的理想秩序结构之强调，并不排斥对于社会生活‘实然’情境的承认”，于是，“呈现在我们面前的，是一种交互重叠的影像”，其中既有轮廓分明的“内外”秩序格局，又有两宋女子“寻求夹缝、寻求沟通，活动于内外之间的身影”。[②]这种对理想及应然的超越，在一定程度上又恰恰是对秩序格局的一种维护，道理很简单，女子“主外”往往是男子的职能缺位或事业短板带来的。

第三节　“母教”在生活中拓展与深化：教育生活的完美建构

两宋时期虽然女子难以摆脱对男子依附的命运，但男人对女人确实表现出其他朝代所少有的尊重与喜爱，对于母亲的尊重也是远远超过其他时期的。如嘉祐六年（1061年）三月，宰相富弼的母亲病故，群臣共议哀乐之制，还集体“请罢春宴，以表优恤大臣之意”。朝廷对文武官员之祖母、母亲、妻子等，分别赐封为夫人、淑人、硕人、令人、恭人、宜人、安人和孺人等荣誉称号，这更是一种常态。之所以会这样，一个很重要的因素，就是母亲对教育子女的卓越贡献。可以说，“母教”乃是两宋女子教育生活中颇为精彩的一个片段，作为母亲无不会将

①（宋）周辉：《清波杂志》，载《宋元笔记小说大观》第5册，第5047页。

② 邓小南：《“内外”之际与“秩序”格局：宋代妇女》，载杜芳琴、王政：《中国历史中的妇女与性别》，天津人民出版社2004年版，第294—296页。

自己早年受教所得无私地倾注于子女的成长过程，她们身上所表现出的敢于担当、以教为乐、捐资助教以及由家及国的教育智慧与境界，实乃两宋女子教育生活的另一番真实写照，既合时需又难能可贵。尤其是一种责任或使命，将曾经的受教者与教育者两种角色紧紧地连接在一起，从而使女子的教育生活得以完美建构。

1. 敢于担当

陶行知在《中国女子教育之既往与将来》一文中曾言："做母亲的人，自己受过教育的，没有不给子女受教育的。"[①]所谓"没有不给"，其实就意味着一种责任和使命，意味着母亲对子女教育的敢于担当意识。对此，两宋女子无论丈夫是否在世，或是否有闲暇时间顾及子女教育，她们都义不容辞地担当其教育子女的重任，一年四季无论酷暑严寒，从早到晚，从不间断地遇物则诲，相机而教。有的在"闾里未知读书"的情况下"始教其子"，且又在邻里风言风语之中"自信不疑，而教之愈笃"[②]；有的对丈沉溺"黄白术"而从不过问子女教育的情况，愤而"取其书并烧炼之具悉焚之"，且劝其"兴君之门"之道在于让儿子入学读书[③]；有的为支持孩子外出求学，"以纺绩自给，日与易十钱，使从学"[④]；有的为支持孩子广交贤达之士，不仅每当宾客至其家"必手为具，尽意厚遇之，寒暑未尝惮"[⑤]，还常会指导孩子"某可师，某可友，某当绝勿与通"[⑥]；有的为孩子创造一个安静的读书环境，而学孟母或"筑舍于外，购书命师教之"[⑦]，或"徙居城中，择精于教导者，俾师事焉"[⑧]；有的因陋就简，教子"以荻画地学书"[⑨]；有的亲自"夜课以书，必漏下三十刻乃止"[⑩]；有的教已经步入仕途的儿子为官清廉，为其树立标杆，让孩子像父亲那样"以清白传家"，等等。

正因为这些女子敢于担当的卓识与大爱，才赢得社会的普遍认可和赞许，如宋太宗不止一次地称赞大臣的母亲为当世之"孟母"。宋初大臣贾黄中自幼聪颖，5岁开始读"等身书"，6岁举童子科，7岁能属文。淳化二年（991年）拜为给事中、参知政事，宋太宗因以召见其母王氏，对王氏说："教子如是，真孟母矣。"同时，还对在场的参知政事苏易简说："易简之母亦如之，自古贤母不

① 华中师范大学教育科学研究所：《陶行知全集》第8卷，湖南教育出版社1992年版，第107页。
②（宋）王藻：《魏国夫人施氏节行碑》，载《全宋文》第301册，第269页。
③（宋）司马光：《涑水记闻》，载《宋元笔记小说大观》第1册，第872页。
④（元）脱脱等：《宋史》，中华书局1977年版，第11173页。
⑤（宋）黄庶：《徐君处士妻周氏墓志铭》，载《全宋文》第51册，第251页。
⑥（宋）陆游：《青阳夫人墓志铭》，载《全宋文》第223册，第192页。
⑦（宋）文莹：《玉壶清话》，载《宋元笔记小说大观》第2册，第1483页。
⑧（宋）袁燮：《何夫人宣氏墓志铭》，载《全宋文》第282册，第28页。
⑨（元）脱脱等：《宋史》，中华书局1977年版，第10375页。
⑩（宋）陆游：《青阳夫人墓志铭》，载《全宋文》第223册，第192页。

可多得。”[①]苏易简也是聪悟好学，风度奇秀。太平兴国五年（980 年）参加科举考试时，宋太宗看完他的试卷便感慨道“君臣千载遇”。淳化四年（993 年）苏易简升任参知政事时，宋太宗同样在禁中召见苏母薛氏，“赐冠帔”后，就问薛氏：“何以教子成此令器？”薛氏答曰：“幼则束以礼让，长则教以诗书。”听完薛氏的讲述，宋太宗对左右大臣说：“真孟母也。”[②]无论王氏还是薛氏，只是两宋女子教子成材的一个缩影或代表，凡是有封号的女子，几乎都是其子为官之后请赐的，这是对她们教子成果的最高奖赏，也是对那些准母亲最好的一种勉励。

司马光在《家范》中，曾要求天下母亲对子女要“爱之当教之使成人”。事实上绝大多数女子都能做到全身心的投入，这也是母爱在子女身上的一种最无私的书写或表达，诚如南宋学者袁燮之妻边氏所言：“吾之心，写于儿之身。”[③]在两宋母亲的心灵深处，子女是其生存的最强大动力，也是其实现生命自救与延续的最佳选择，她们通过“借助创造另一‘自我’的过程，又体会到从未有过的生命愉悦，不幸与幸福就这样交织于温暖的伟大母爱之中”[④]。

2. 以教为乐

孔子将“乐知”视为求学者的最高追求，所谓“知之者不如好之者，好之者不如乐之者”。孟子则将“乐教”视之为教育者的最高境界，所谓“得天下英才而教育之”一乐也。然既“乐知”又“乐教”者不只是那些士大夫，还有许许多多敢于担当教子重任的母亲，只是表现形式有所不同而已。

从两宋女子墓志铭中的文本描述可以看出，由于各个家庭的情况不同，作为母亲对子女教育的起点不仅最早，也最低，早到从怀孕时的期待，低到从呱呱落地时开始，且并非每一个孩子都会让人感觉到“可教”，但能感受到每位母亲对每位子女的美好期待，正是带着这种美好的期待，她们没有把教育子女视之为一种负担，而是当作一种快乐的事情而甘于付出，且还会被邻里引以为法。有的是来自墓志铭书写者的间接表达，她们或“颇乐于教子，故平居里巷有以妇事相诱，则指夫人以为法”[⑤]；或“治家严肃，唯喜教子。坐堂上，日闻弦诵声”而喜于言表[⑥]；或在丈夫死后“内外之姻未尝有见其笑者”，然当儿子杨大雅在 10 岁那年撰《雪赋》一篇时，方“始为之笑”[⑦]；或在生活困窘之时，“惟知教子之为乐，

---

①（元）脱脱等：《宋史》，中华书局 1977 年版，第 9161—9162 页。
②（元）脱脱等：《宋史》，中华书局 1977 年版，第 9173 页。
③（宋）袁燮：《夫人边氏圹志》，载《全宋文》第 282 册，第 38 页。
④ 阎广芬：《中国女子与女子教育》，河北大学出版社 1996 年版，第 64 页。
⑤（宋）李中：《宋彭城钱氏夫人墓志铭》，载《全宋文》第 75 册，第 130 页。
⑥（宋）王庭珪：《故段夫人墓志铭》，载《全宋文》第 158 册，第 301 页。
⑦（宋）欧阳修：《谏议大夫杨公墓志铭》，载《全宋文》第 36 册，第 12 页。

不以不自给为忧”，当其子冯京的好友来到家里时，则“知其贤，尝躬为饮食之”。当得知冯京除为翰林学士时，则“喜不自胜矣”。[①]有的是家人转述墓主人生前所言，或言“世俗尚逸豫，我乐教子”[②]。

将子孙的学业成长与光大门庭看作治家之重或“瞑目无憾”之事，既得其乐又齐其家，足见她们积极进取的教子心态跃然纸上。诚然，以教为乐是一种精神境界，与施教过程中的严教或“恨铁不成钢”时的各种体罚并不矛盾，体罚多是严厉或一时的无奈之举，尤其是对文化水准低又无教子经验的女子而言更是常有之事，退一步说乐于教子者并非就善于教子。何况有些体罚对孩子的成长也是非常有效果的，如果没有寇准的“不修小节，颇爱飞鹰走狗”之不良习性，也不会有寇母的“举秤锤投之”。如果不是寇母“举秤锤投之，中足，流血”，寇准也不会自此而“折节从学”，以致功成名就。[③]因而，不能轻易否认有体罚行为女子的乐于教子之心情、热情及“望子成龙”“盼女成凤”之愿望。

3. 捐资助教

两宋社会的普遍重教兴学，使部分女子的教育视野并没有仅仅停留在对子女的言传身教上，而是受诸多办学者乃至丈夫授徒讲学的影响，以己之所能，通过捐资、助教、辟馆等不同的形式，将爱心传递到更多的适龄孩子身上，在其教育生活中更是一桩锦上添花之举。如她们中，有的是在邻居家孩子“好读书，欲为儒而父难之”的情况下，而“资以金钱，使与其子俱试太学，以遂其志”。[④]有的是丈夫辟馆授徒，但“膳馐之事，取具于家”，于是“处之不少懈，病则躬为之粥药，故士得悉意于肄业”[⑤]；或丈夫想办学，却苦于资金短缺，于是便“罄奁中物买地筑室佐其事，无一毫顾惜”[⑥]；或在丈夫所办私塾中充任“教姆”的角色，如太子中舍致仕的阎路之妻杨氏，丈夫居家办学教诸生及二个儿子，杨氏“亦以章句字画训诲诸女，及里中内外亲表之甥侄。每佳时令节，车交马集，衣冠拥会，立候墙宇；邻钗巷帔，招约呼引，裙裾次次，罗列梱（阃）内，修弟子之礼，为经师、教姆之贺。如是者凡三十年，远近称仰之”[⑦]。

有的女子还充当私塾创办者的角色，使更多的孩子受益。如北宋故太子中允许益之的妻子刘氏，丈夫死后携诸孤回到成都，目睹旧居已荡然无存，便“寄人

①（宋）王珪：《永寿郡太君朱氏墓志铭》，载《全宋文》第53册，第276—277页。

②（宋）胡铨：《饶州进士胡镐母李氏墓志铭》，载《全宋文》第196册，第160页。

③（宋）司马光：《涑水纪闻》，载《宋元笔记小说大观》第1册，上海古籍出版社2007年版，第841页。

④（宋）朱熹：《宜人丁氏墓志铭》，载《全宋文》第253册，第176页。

⑤（宋）杨时：《沈夫人墓志铭》，载《全宋文》第125册，第128页。

⑥（宋）邹浩：《夫人林氏墓志铭》，载《全宋文》第132册，第64页。

⑦（宋）文同：《华阳县君杨氏墓志铭》，载《全宋文》第51册，第208—209页。

舍下。合聚闾巷亲族、良家儿女之稚齿者，授训诫，教书字。逾十年，获所遗以给朝夕，仅取足，不营于他”①。虽然刘氏办学是谋生的一种手段，却不以获利为主要或唯一目的，而考虑更多的是这些“稚齿者”今后的出路，且以其多年随丈夫出入仕途的见识来回馈族亲对她的照顾。南宋武翼郎赵公恃之妻郭氏，丈夫死时“家徒四壁”，几个已为官的侄子则拿出薪俸在西湖边为其建造一处住宅，且“堂奥粗备，植松竹，莳花果，为亭为沼，以奉燕游”。她却对侄子说：“若专从事于此，何以训勉孙曹？”于是令榜其堂曰“操修”，又赠置两斋，合而名之曰“西湖书院”。②虽然堂室非郭氏所建，但更改其用途却是郭氏所为，理应为书院的创始者。

上述女子的捐资助教行为，表明女子教育生活自内向外的拓展，也是女子积极参与社会生活的一种表达方式，社会也并未因其有“僭越”之嫌而拒绝，反而在墓志铭书写者的笔下视之为人生的一大亮点而加以颂扬，这不能不说是社会进步的一个表现。

4. 爱及家国

《孟子》《大学》等儒家经典，对家与国之间的关系都有过经典表述。如《孟子·离娄上》称：“天下之本在国，国之本在家，家之本在身。”③《大学》则曰：“古之欲明明德于天下者，先治其国；欲治其国者，先齐其家；欲齐其家者，先修其身；欲修其身者，先正其心；欲正其心者，先诚其意；欲诚其意者，先致其知；致知在格物。”④由此勾勒出宗法制社会独特的“家国同构”观，也成为封建士子的修身之道和理想。两宋时特殊的政治环境及复杂的周边关系，使士人视野中的“家国”观念更为强烈，不仅涌现出许许多多诸如岳飞、文天祥、辛弃疾等家喻户晓的爱国志士文人，也使普通士人或普通民众的“家国”意识得以强化。即便是远离政治及军事的女子，因其被赋予“治家”的重任，也不可避免地要与国家及天下的命运息息相关。

大量事实表明，两宋女子在内忧外患之际，自觉或不自觉地由对家的关注延伸到对国的关注，由对家庭的情怀升华为对国家的情怀，多能表现出对国事的密切关心、对故土的深深眷恋、对山河一统的热切期盼以及对来犯者的刻骨痛恨，甚至会以超人的胆略和勇气，将其浓郁的爱国情怀寓于相夫教子之中。或者说，在家事与国事面前，她们总是以国事为重，极力支持丈夫、儿子为国勤谨做事或奋勇抗敌。如北宋官员陈尧咨镇守荆南时，其间曾回家看望母亲冯氏，母亲问他

---

① （宋）文同：《文安县君刘氏墓志铭》，载《全宋文》第51册，第203页。
② （宋）度正：《郭安人墓志铭》，载《全宋文》第301册，第186页。
③ 万丽华、蓝旭译注：《孟子》，中华书局2006年版，第150页。
④ 杨天宇：《礼记译注》，上海古籍出版社2004年版，第800—801页。

“汝典郡有何异政”时，陈尧咨则洋洋得意地说：“日有宴集，尧咨每以弓矢为乐，坐客罔不叹服。”冯氏听后训斥道：“汝父教汝以忠孝辅国家，今汝不务行仁化而专一夫之伎，岂汝先人志邪？”陈尧咨不但没有得到母亲的称赞，反被臭骂一顿，还对其“杖之，碎其金鱼”。[①]经略安抚使杨政之母，在崇宁年间金兵南侵，因母亲滞留在“敌境”，故不断地遣派属下前去看望，但其母亲总是“惟勉以忠义”。更有岳飞之母姚氏，在金兵大举南下之时，为激励儿子岳飞英勇杀敌，便在其背上刺下“尽忠报国”四字，且已“深入肤理”。[②]

南宋时战事更为频繁，史书对女子心怀故土、情系国事的记载也更多，母亲对儿子国事或国家至上的叮嘱，妻子对丈夫情真意切的勉励，其忘我、其悲壮乃至舍生取义，实乃可歌可泣。如绍兴三年（1133 年）韩肖胄被任命为端明殿学士、同签书枢密院事，并以通问使身份前去与金人谈判，临行前母亲叮嘱他说：“汝家世受国恩，当受命即行，勿以我老为念。”[③]宋高宗称之为“贤母”，加封为“荣国夫人”。又如朝散大夫、直秘阁、荆襄使节盖铸，想抽空回家为母亲章氏做寿，章氏立即修书一封加以制止曰：“边氛未靖，汝当宣力国事，毋以私废公。”[④]侍郎赵时侃之妻汤氏，常常“以王事勉其夫”。宁宗嘉定初年，因“淮土未靖，诏求善守边者”，赵时侃因此被派往滁州坚守，但他犹豫不决，甚至是要辞掉这一差事。汤氏借用《春秋公羊传》中“不以家事辞王事”的这一名言规劝道：“行也，君子不辞难，不以家事辞王事，吾当归为君忍贫教子耳。”汤氏所讲的“不辞难”，即在国家危难之际不退却，应该迎难而上为国分忧，赵时侃不仅打消“欲辞”的念头，还“以治最登朝，未几尹京”。[⑤]宁宗开禧三年（1207 年），兴州正将李好义得知四川宣抚副使吴曦叛宋降金后，便约好义士李彪、黄术、路良弼、王芾以及自家弟兄李好古、李好仁等上百人前去诛杀吴曦，临行前对妻子马氏告别说：“日出无耗，当自为计，死生从此决矣。”马氏既为丈夫的诛杀叛将行为而感动，又因其担忧家计诀别而愤怒，便呵斥说：“汝为朝廷诛贼，何以家为？我决不辱李家门户。”其岳母也鼓励他说：“行矣，勉之！汝兄弟生为壮夫，死为英鬼。”李好义对母女的态度甚为赞赏，曰：“妇人女子尚念朝廷不爱性命，我辈当如何？”[⑥]

还有将爱国情怀融入作品之中，以此来唤醒民众勿忘国恨以雪“靖康之耻”的。如诗人李清照，早期的作品多是描写家庭及情感生活的，然宋室南渡之后，面对山河破碎，不断勾起她对故土的眷恋及国家一统的期盼。于是在乘船经过和

①（宋）王辟之：《渑水燕谈录》，载《宋元笔记小说大观》第 2 册，第 1298 页。

②（元）脱脱等：《宋史》，中华书局 1977 年版，第 11393 页。

③（元）脱脱等：《宋史》，中华书局 1977 年版，第 11691 页。

④（宋）卫泾：《故安康郡夫人章氏行状》，载《全宋文》第 292 册，第 54 页。

⑤（宋）刘宰：《故令人汤氏行状》，载《全宋文》第 300 册，第 224 页。

⑥（元）脱脱等：《宋史》，中华书局 1977 年版，第 12199 页。

县乌江时，便有感而发，撰成《夏日绝句》曰："生当作人杰，死亦为鬼雄。至今思项羽，不肯过江东。"这首诗不只是在提倡不以成败论英雄的英雄史观，更在激励世人要像项羽那样拥有一种精神和志气，以此讽刺朝廷不图北土的逃跑主义。她还以"南渡衣冠少王导，北来消息欠刘琨"①断句诗来表达对北方沦陷的悲叹和对朝廷偏安江南的不满，希望能有一位像东晋王导一样的大臣来力挽狂澜。

值得一提的是，有着特殊身份与地位的两宋皇太后及皇后，她们的施教对象有王子、帝王、外戚及宫女等，故其施教关系重大，具有较强的国家意义。如首位摄政的真宗刘皇后、仁宗时的皇太后刘娥，仁宗 11 岁即位后她垂帘听政，谕旨辅臣："皇帝听断之暇，宣诏名儒讲习经史，以辅其德。"于是就在崇政殿之西庑设幄，"日命近臣侍讲读"。②又如神宗向皇后，宋哲宗时尊为皇太后。哲宗要为诸王纳妇，向皇后则敕令"向族勿以女置选中"。然其族党仍"有欲援例以恩换合职，及为选人求京秩者，且言有特旨"。向皇后告诉他们说："吾族未省用此例，何庸以私情挠公法。"③两宋尚未出现汉唐外戚干政、祸国殃民的乱象，自与宋初的顶层设计有关，也与诸如向皇后等"母仪天下"不无关系。

学者南怀瑾在谈到中国的"母教"文化时，曾说："中国文化中，维持传统的家族人伦之道的，都是历代中国妇女牺牲自我的成果，是母德的伟大，不是男士们的功劳。……母教，才是天下文化教育的大教化事业。大至国家、民族，小至一个儿女，没有优良传统贤妻良母的教育基础，那就什么都免淡了。"④他的观点笔者不敢完全苟同，但用来表明两宋女子对于子女教育及文化传承之贡献则一点都不为过。

第四节　巾帼不让须眉：女子教育生活的终极呈现

经过三百多年传统文化的熏染，以及教育和环境的陶冶，两宋女子教育生活可以说是精彩纷呈，其终极呈现便是多个领域的才女辈出，她们或以其大爱成就子女的梦想，更以其大智来实现自己的人生追求，且在诗词、书画、科技、军事及科举等领域多有卓越表现。

1. 善诗词能成一家

谈及唐宋，无不会想起盛极一时的诗词文化，而为诗词文化增砖添瓦者除男

① （宋）庄绰：《鸡肋编》，载《宋元笔记小说大观》第 4 册，第 4006 页。
② （元）脱脱等：《宋史》，中华书局 1977 年版，第 8615 页。
③ （元）脱脱等：《宋史》，中华书局 1977 年版，第 8630 页。
④ 南怀瑾：《原本大学微言》，复旦大学出版社 2003 年版，第 157 页。

性外，还有为数不少的女中豪杰。《全唐诗》中收有124位女诗人的作品，但传世名篇不多。《全宋词》中收有85位女词人的作品，虽数量不及唐朝，但以李清照等为代表的女性在文学上的成就却是无人可比的。清朝学者厉鹗编著的《宋诗纪事》亦收录75位女诗人的作品。另据胡文楷编著的《历代妇女著作考》，收录两宋时期诸如李清照、朱淑真、何师韫、史琰、王纶、刘京、温琬、谢希孟、蒲芝、曹希蕴、杨吉、李少云、张玉娘、谢慧卿、贺罗姑等有诗文集的女子多达43位。而未被史书所收录，却又颇有文学天赋及诗词作品呈现的女子也不在少数。如北宋工部尚书李兑之妻钱氏，读经史、佛道书手不释卷，自晓音律，尤其“善为歌诗，多或数百言，平生所著千余首”[①]。又如宋真宗东巡时，访天下隐者，“得杞人杨朴，能为诗”。当宋真宗让其对诗时，他也许有些顾虑而说自己不能。宋真宗有些不高兴，问他：“临行有人作诗送卿否？”他说自己的妻子曾作有一首诗可以相送，即“更休落魄贪杯酒，亦莫猖狂爱咏诗。今日捉将官里去，这回断送老头皮”。[②]宋真宗听后哈哈一笑，于是放杨朴归家。

有不少家庭同时有几位女子会赋诗作文的。如王安石之家，魏泰在《临汉隐居诗话》曾称：“近世妇人多能诗，往往有臻古人者，王荆公家能诗者最众。”王安石的妹妹、张奎之妻长安县君，所作佳句最好，如“草草杯盘供笑语，昏昏灯火话平生”。王安石的女儿、吴持安之妻蓬莱县君，亦有绝句：“西风不入小窗纱，秋意应怜我忆家。极目江山千万恨，依前和泪看黄花。”王安石的侄女、刘天保之妻王氏则有“不缘燕子穿帘幕，春去春来可得知”。[③]还有王安石的妻子吴国夫人亦能文，有《约诸亲游西池》绝句：“待得明年重把酒，携手那知无雨又无风。”[④]如朝奉郎丘舜中之家，据蔡绦的《西清诗话》所载，丘舜中的几个女儿“皆能文词，每兄弟内集，必联咏为乐”。其二女儿丘氏曾撰有《寄夫诗》，云：“帘裹孤灯觉晓迟，独眠留得宿妆眉。珊瑚枕上惊残梦，认得萧郎马过时。”[⑤]又如太学博士李格非之家，宋史本传称其妻王氏为诗人王拱辰之孙女，“亦善文”。其女李清照，“诗文尤有称于时”。尤其是李清照，虽流传至今的诗词之作为数不多，但“无一首不工”，诸如早期的《如梦令》《一剪梅》，南渡之后的《夏日绝句》等无不为人所知晓，其造诣可谓千古一才女，“词家一大宗”。还有陈述古之家，几个女儿“多能诗文”。其中一个女儿嫁给晋宁军判官李生，部使者知道陈氏“于诗最工”，于是就所藏小雁屏而求“题品”，陈氏便作两首绝句，并用黄庭坚的小楷

①（宋）范祖禹：《工部尚书致仕李莊公许昌郡夫人钱氏墓志铭》，载《全宋文》第98册，第320—321页。
②（宋）赵令畤：《侯鲭录》，载《宋元笔记小说大观》第2册，第2083—2084页。
③（宋）胡仔：《苕溪渔隐丛话》前集卷60《丽人杂记》，钦定四库全书本。
④（宋）胡仔：《苕溪渔隐丛话》前集卷60《丽人杂记》，钦定四库全书本。
⑤（宋）胡仔：《苕溪渔隐丛话》前集卷60《丽人杂记》，钦定四库全书本。

书写其上，堪称一绝。[①]

即便是家中侍妾，也多有不凡之辈。如北宋官员寇准的侍妾蒨桃，不仅姿色艳丽，还灵淑能诗。寇准早年家庭贫困，位居高官之后开始追求生活时尚，在家宴上命歌姬弹唱曲目，每唱一曲便赏给绫缎一匹，这让来自社会下层的蒨桃看不下去了，便作诗《呈寇公》以劝，诗曰："一曲清歌一束绫，美人犹自意嫌轻。不知织女萤窗下，几度抛梭织得成。"又"风劲衣单手屡呵，幽窗轧轧度寒梭。腊天日短不盈尺，何似燕姬一曲歌"。[②]对于蒨桃的委婉相劝，寇准反不以为然，且和诗一首给蒨桃："将相功名终若何，不堪急景似奔梭。人间万事君休问，且向樽前听艳歌。"[③]蒨桃作为侍妾，竟敢作诗来批评当朝宰相的奢侈之举，还为织女的辛酸而鸣不平，可见其是一位极富同情心和正义感的才女。

而在诗词界比较活跃的一个群体就是女妓，她们自幼或坠入风尘前的诗词歌赋训练，也为日后在各种场合尽显诗词才华奠定了扎实的基础。如洪迈在《夷坚志》中提到的"紫姑咏手"。吉州一户人家邀请紫姑参加宴饮，正在准备作诗的时候，旁边一位美少女便请其"咏手"，她即书曰："笑折夭桃力不禁，时攀杨柳弄春阴。管弦曲里传声慢，星月楼前敛拜深。绣幕偷回双舞袖，绿衣闲整小眉心。秋来几度挑罗袜，为忆相思放却针。"[④]洪迈称其："信笔而成，殊不思索，颇有雅致也。"[⑤]颇有名气的女诗人温琬，自幼在姨家"训以诗书，则达旦不寐"，又"暇日诵千言，又能约通其大义。喜字学，落笔无妇人体，遒浑且有格"。被迫沦为风尘女子后，却颇有节操，而不为权贵卖身，尤其在诗词上颇有成就，史称其"有诗仅五百篇，自编为一集"，"后继吟百首"。[⑥]

另据孟元老《东京梦华录》所载，北宋末年知名杂剧艺人丁都赛等，平时都在勾栏瓦舍中演出，元宵节时则会在皇城门前搭建的露天戏台上登台献技，被称为"露台弟子"。河南偃师宋墓中曾出土一块"丁都赛"青灰色砖雕，长 28 厘米，宽 8 厘米，厚 3 厘米，所反映的正是丁都赛表演时的角色形象，只见她侧身站立，高簇花枝，上身内着抹领，外穿紧袖窄衫，下身为契丹族式的吊敦服，背插团扇，双手抱拱作插手状。尤其是"市民将雕刻砌入墓室之际，正是丁都赛活跃舞台之时，可见丁都赛在市民中间声誉已不是一般女伎所能比拟"[⑦]。

---

①（宋）洪迈：《夷坚志》第 1 册，中华书局 1981 年版，第 204 页。
②（清）厉鹗：《宋诗纪事》，上海古籍出版社 1983 年版，第 2084 页。
③（清）厉鹗：《宋诗纪事》，上海古籍出版社 1983 年版，第 2084 页。
④（宋）洪迈：《夷坚志》第 2 册，中华书局 1981 年版，第 834 页。
⑤（宋）洪迈：《夷坚志》第 2 册，中华书局 1981 年版，第 834 页。
⑥（宋）刘斧：《青琐高议》，载《宋元笔记小说大观》第 1 册，第 1135—1140 页。
⑦ 伊永文：《行走在宋代的城市：宋代城市风情图记》，中华书局 2005 年版，第 28 页。

2. 工书画有章有法

两宋时期的书画艺术在中国艺术史上可以说是处于巅峰状态，也使诸多女子喜与书画结缘，且成就不凡。陶宗仪在《书史会要》中，收录两宋书画女子 23 人。清朝学者厉鹗在《玉台书史》中对《书史会要》多有借鉴，收录两宋擅长书画女子 41 人。汤漱玉又仿厉鹗的体例，在《玉台画史》中收录两宋擅长书画女子 34 人。从陶宗仪到厉鹗、汤漱玉，对收录的个案因书画兼工而有重合，又因编写角度不同又有所取舍，无论收录的是 23 人、34 人抑或是 41 人，都不会是一个准确的数字，但可以肯定的是，被收录的每一位女子都是书画中的佼佼者。

对书画有造诣的女子，多在初仿名家的基础上而能形成自己的书画风格，颇得文人墨客的称赞。成就大者当首推宫廷女子，如宗妇曹氏的绘画成就，据《宣和画谱》所载，其“所画皆非优柔软媚取悦儿女子者，真若得于游览，见江湖山川间胜概，以集于毫端耳”[①]。可见曹氏所画是先有实际生活体验，然后将对江湖山川的喜爱与胜景表达于毫端。因而其所画《桃溪蓼岸图》“极妙”，有学者观后题诗曰：“咏雪才华称独秀，回纹机抒更谁如？如何鸾凤鸳鸯手，画得桃溪蓼岸图。”[②]这幅画也使曹氏“益显其名于世”。虽所画传世不多，但为皇宫收藏的就有《桃溪图》《柳塘图》《蓼岸图》《雪雁图》《牧羊图》等五幅，史称“妇人女子能从事于此，岂易得哉”。[③]再如宋高宗吴皇后，《宋史》称其“博习书史，又善翰墨”[④]，因此日益受宠而由贵妃立为皇后。《兰亭博议》称其：“喜亲翰墨，尤爱兰亭，尝作小楷一本，全是王体，流传内外。”《庚子销夏录》称其在《养蚕图》上题字，自浴种至剪帛凡二十四事，不仅字体“极其工致”，且所题内容“使阅者宛然置身田舍，见妇子劼勮不遑之景也”。[⑤]还有，宁宗时的杨妹子，有说是杨皇后，也有说是杨皇后的妹子。不管是谁，其书法水平倒是史家所颇为认可的。《续赏录》《韵石斋笔谈》都称其“书法类宁宗”，且“凡御府马远画，多命题咏”。如在马远的《松院鸣琴》上，杨妹子题词曰：“闲中一弄七弦琴，此曲少知音。多因淡然无味，不比郑声淫。松院静，竹楼深，夜沈沈。清风拂轸，明月当轩，谁会幽心？”[⑥]杨妹子不仅书法“极工”，诗词亦很有意境，题后还会盖上自己的“杨娃”小方印章。

当然，一般仕宦家庭女子习书画有章法者更不乏其人。如北宋韩琦之妻崔氏

① 潘运告：《宣和画谱》，湖南美术出版社 1999 年版，第 347 页。
②（清）汤漱玉：《玉台画史》卷 1《宫掖》，南海黄氏 1916 年刊本。
③（清）汤漱玉：《玉台画史》卷 1《宫掖》，南海黄氏 1916 年刊本。
④（元）脱脱等：《宋史》，中华书局 1977 年版，第 8646 页。
⑤（清）厉鹗：《玉台书史》，南海黄氏 1916 年刊本，第 11—12 页。
⑥（清）厉鹗：《玉台书史》，南海黄氏 1916 年刊本，第 14 页。

“善书札，体法甚老，殊无夫人气”[①]。章友直之女章煎，“工篆书，传其家学。……能如其父以篆，笔画棋局，笔笔匀正，纵横如一”[②]。南宋临川教授蔡诜之母徐蕴行，自号“悟空道人”，史称其“手写佛经九十五卷，得唐人笔法，字画亦细楷”[③]。尚书黄子由妻胡氏，自号“惠斋居士”，《书史会要》称其：“能草书，虽未有体法，然大书宏放，亦妇人所难。”[④]不仅如此，一些懂书画的女子还能发挥其特长来帮助主人或官员处理公务。如南宋官员辛弃疾的两妾田田和钱钱，“皆善笔札，常代弃疾答人尺牍”[⑤]。

至如风尘女子在书画上的不俗表现，亦未被写史者所忽略。《书史会要》收录有楚州官妓英英、彭泽娼女楚珍、徐州营妓马眄、洪内翰侍人翠翘、建宁乐妓苏翠、天台营妓严蕊等六位女子。《玉台书史》中收录有钱塘妓女张秾。《玉台画史》中除翠翘、苏翠、严蕊外，还收录有延平妓、湖州妓两位女子等。这些风尘女子无不是在与文人骚客交游中技艺大增，以致获得较高评价的。如北宋楚州官妓英英，史称其“学颜鲁公书，蔡襄教以笔法，晚年作大字甚佳”。官至尚书都官员外郎的梅尧臣赠其诗曰：“山阳女子大字书，不学常流事梳洗。亲传笔法中郎孙，妙尽蚕头鲁公体。”[⑥]

3. 懂技术造福闾里

两宋发达的制造业及建筑业同样给女子教育生活带来较大的影响，只是部分女子不仅是改革成果的分享者，也是走出闺门的积极参与者，她们用自己学到的技术来造福闾里，惠及后世。如北宋都料匠预浩（喻皓）的女儿预氏，父亲预浩因建造开宝寺塔，名震朝野。受父亲的影响，预氏自幼就看一些建造方面的书，还经常跟随父亲在建筑工地上耳闻目睹，据说在她 10 岁时，“每卧，则交手于胸为结构状。如此逾年，撰成《木经》三卷，今行于世者是也”[⑦]。

有的是以其远识和勇气，组织民众修坝治荒，发展农业生产。如福建长乐女子钱四娘，在原籍曾修过水坝，在得知莆田人渴望治理木兰溪和海潮后，便筹集费用，带领当地民众，于治平元年（1064 年）开始修筑木兰陂。坝体竣工后，突然遭遇山洪暴发而被冲垮。钱四娘目睹功亏一篑的坝体，悲愤至极，投水以身殉陂。熙宁八年（1075 年）福建侯官县的李宏，汲取教训，修筑成功，且在坝边修

---

①（清）厉鹗：《玉台书史》，南海黄氏 1916 年刊本，第 36 页。

②（明）陶宗仪：《书史会要》，上海书店出版社 1984 年版，第 274 页。

③（清）厉鹗：《玉台书史》，南海黄氏 1916 年刊本，第 40 页。

④（明）陶宗仪：《书史会要》，上海书店出版社 1984 年版，第 299 页。

⑤（明）陶宗仪：《书史会要》，上海书店出版社 1984 年版，第 300 页。

⑥（明）陶宗仪：《书史会要》，上海书店出版社 1984 年版，第 275 页。

⑦（宋）欧阳修：《归田录》，载《宋元笔记小说大观》第 1 册，第 603 页。

筑“钱妃庙”以纪念钱四娘。当时多有文人学者为凭吊钱四娘赋诗作文，如南宋理宗时官员吴叔告曾赋《吊钱四娘》诗曰：“将军岩下吊钱娘，协应祠前献瓣香。生已开基留胜迹，殁犹呵护现灵光。金挥鼓角波涛险，骨窆香山草木芳。济济功臣皆后进，不妨女士庙中央。”[①]北宋学者王令之妻吴氏，丈夫死后抱着刚刚出生不久的孩子回到娘家。熙宁年间，当地官员欲招募民众垦荒治理废坡，因担心工程大而不敢轻举。吴氏不仅“天才超然，辞翰之工，不假师授。喜读孟轲氏书，论议宿儒所不及”，且对治理荒坡也有自己的想法，然其兄长正好居住在田坡边，恐怕别人以为有己私，便慨然开导民众说：“我非徒自谋，陂兴，实一州之利。当如是作，如是成。”接着，吴氏率先垂范，“辟污莱，均灌溉，身任其劳，筑环堤以潴水，疏斗门以泄水”。吴氏此举，使“四境无复凶岁，民深德夫人之惠”。于是，当地民众将其事迹反映到州守那里，州守核实后又上奏朝廷“优赐米帛”，乡人亦以其为荣。墓志铭称其事迹“泽被一方，功昭于时，岂特古今女子所未尝有，虽烈丈夫建立，无以过之”。[②]

对古代纺织业有着杰出贡献的黄道婆，曾前往海南学得先进的纺织技术，元朝初年回到家乡，根据家乡普种木棉且纺织业滞后的情况，她大胆改造纺织工具，并将自己学到的纺织技艺传给家乡民众，所制产品以“吴泾被”而闻名。

4. 知军事保家卫国

两宋女子不仅具有爱国情怀及对子女的忠君爱国之教，有的还在国难当头，以其胆略和智慧亲自参战，保家卫国，建功立业。如众所周知的北宋名将杨业之妻折赛花，封号太君，武将折德扆之女，亦即戏剧中所描写的杨继业之妻佘太君。据清康熙《保德州志》载：“折太君，宋永安军节度使镇府州折德扆女，代州刺史杨业妻，性警敏，尝佐业立战功。”[③]另据《晋乘搜略》所载，佘太君“善骑，婢仆技勇过于所部，用兵克敌如蕲王夫人之亲援桴鼓然”[④]。这里所说的蕲王就是南宋时抗金名将韩世忠，其夫人就是大名鼎鼎的抗金女将梁红玉。

而梁红玉的抗金事迹，在《宋史》《建炎以来系年要录》《续资治通鉴》《韩忠武王世忠中兴佐命定国元勋之碑》中都有记载。梁红玉的祖父与父亲都是武将出身，因而自幼随父兄练就一身功夫，且足智多谋。如《宋史·韩世忠传》称，建炎三年（1129 年）元宵节那天，韩世忠引兵前往镇江，“及金兵至，则世忠军已先屯焦山寺。金将李选降，受之。兀术遣使通问，约日大战，许之。战将十合，

①（宋）吴叔告：《吊钱四娘》，载莆阳水利功臣谱编委会：《惠泽长流：莆阳水利功臣谱》所附录诗选，2013 年（内部资料）。

②（宋）王云：《节妇夫人吴氏墓碣铭》，载《全宋文》第 176 册，第 134—135 页。

③（清）王克昌等：《保德州志》，成文出版社有限公司 1976 年影印本，第 437 页。

④（清）康基田：《晋乘搜略》卷 20，清嘉庆十六年（1811 年）霞荫堂藏版。

梁夫人亲执桴鼓，金兵终不得渡”[①]。不久，韩世忠赴任武宁安化军节度使、京东淮东路宣抚处置使，置司楚州。在此夫妻二人又亲密合作，大战金兵。

还有南宋时和州知州周虎的母亲，开禧二年（1206年）金兵会攻和州，面对“敌骑蔽野，居民官军无以为食，城欲下者屡”的复杂局势，周母毫不犹豫地“自拔首饰奁具，巡城埤，遍犒军，使尽力一战。命虎同士卒甘苦，与之俱攻围以出战”。作为一女子，居然有如此胆略诚然可敬，以致“士卒感其诚意，遂以血战，敌骑几歼”。最终迫使金兵议和，江南一带亦获得安宁，周母也因此被封为“和国夫人”。[②]

5. 应科举惊动朝野

科举自隋朝创立，至唐朝定制，到宋朝科考体制更加完备，使诸多士子乃至贫寒子弟的梦想得以成真。钱穆在《国史新论》中，曾将唐以后的中国社会称为“科举社会”。也可以说，自宋开启科举的“平民化”时代，虽然宋之前一直都是男子独步场屋，然而在举国重科举的背景下，童子科的设置也为女子涉足科举创造了机会。

宋承唐制，童子科规定“凡童子十五岁以下，能通经作诗赋，州升诸朝，而天子亲试之”[③]。此规定只有年龄、程序及考试内容的要求，没有性别设限。南宋建炎年间，童子科考试内容又有拓展，“或诵经、史、子、集，或诵御制诗文，或诵兵书、习步射”[④]。于是，就在宋孝宗淳熙元年（1174年），9岁女孩林幼玉参加童子科应试得中。王应麟在《文献通考》中如是说：“自置童子科以来，未有女童应试者。自淳熙元年夏，女童林幼玉求试，中书后省挑试所诵经书四十三件，并通，诏特封孺人。”[⑤]李心传《建炎以来朝野杂记》正集卷15《女神童》中，亦载林幼玉“孝宗淳熙元年夏考试，四月辛酉诏封孺人”[⑥]。

至南宋淳熙八年（1181年），宋廷对童子试进行改革，加大难度，分为三等，即“凡全诵《六经》《孝经》《语》《孟》及能文，如《六经》义三道、《语》《孟》义各一道，或赋一道、诗一首，为上等，与推恩；诵书，外能通一经，为中等，免文解两次。止能诵《六经》《语》《孟》，为下等，免文解一次。覆试不合格者，与赐帛”[⑦]。在科考难度加大的情况下，居然还有女孩子自幼在家庭引导下来备

①（元）脱脱等：《宋史》，中华书局1977年版，第11361页。

②（宋）叶绍翁：《四朝闻见录》，载《宋元笔记小说大观》第5册，第4981页。

③（元）脱脱等：《宋史》，中华书局1977年版，第3653页。

④（元）脱脱等：《宋史》，中华书局1977年版，第3653页。

⑤（元）王应麟：《文献通考》，中华书局1986年影印版，第330页。

⑥（宋）李心传：《建炎以来朝野杂记》乙集卷15《女神童》，载《全宋笔记》，大象出版社2013年版，第235页。

⑦（元）脱脱等：《宋史》，中华书局1977年版，第3653页。

战童子科。宋孝宗嘉定五年（1212 年）四月，就有一位叫吴志端的 8 岁女孩应试，却遭到一些臣僚的阻挠，因而没有像林幼玉那么幸运被封为“孺人”，只是赐予“量赐束帛以示优异”而已。如《宋会要辑稿》所载：

四月十一日，臣僚言：“女童子吴志端，令中书覆试。窃谓童子设科，所以旌颖异、储器业也。本朝名公巨儒，如杨亿、晏殊之伦，载在史册，后世歆慕。今志端乃以女子应此科，纵使尽合程度，不知他日将安所用？况艳妆怪服，遍见朝士，所至聚观，无不骇愕。尝考《礼记》，女子之职，惟麻枲丝茧、织纴组紃是务；又曰：‘女子出门，必拥蔽其面。’志端既号习读，而昧此理，奔走纳谒，略无愧怍。其执以为词者，不过淳熙间有林幼玉一人，以九岁中选。今志端但知选就，傍附八岁申乞，不思身已长大。十目所视，其可欺乎！傥或放行覆试，必须引至都堂，观听非便。乞收还指挥，庶几崇礼化，厚风俗。若以其经国子监挑试，则量赐束帛以示优异。”从之。①

林幼玉和吴志端敢于应童子试，还引起朝野的震动，并被载入史册，也足以证明她们在应试之前已阅读大量的书籍，至少童子试所规定的书目及词章功课等都是必须应对的。应试的结果如何是次要的，重要的是敢于挑战自我和男权制度，证明巾帼不让须眉，这是最为可贵的，也是最能感动人的。此后，直到太平天国时才开设女科，女子才能和男子一样公平地进出场屋。

综上所述，受社会大变局的影响，两宋女子的教育生活丰富而精彩，终使她们的家庭及社会生活变得活跃起来，在政治、经济、文化、教育、宗教等各个领域里都有不俗的表现，时人及后人都有不同程度的认可和较高的评价，业已构成两宋教育文化不可分割的重要组成部分。诚然，缘于最初的社会分工、主内角色的固化、不合情理的陈规、偏离主流的陋俗及没有法律依据的约束等，也使女子的教育生活在一定程度上带有一丝丝强制和压抑。虽然女子的自主和自觉意识有较大提升，但在强大的社会及父母意志面前又显得较为劣势，以致有时不得不顺从或屈从，进而在较大程度上又约束或限制了女子能力的发展与个性的张扬，这也是两宋女子不可能在更多的领域或更大的舞台上大有作为的主要原因之一。

① （清）徐松：《宋会要辑稿》第 112 册，中华书局 1957 年版，第 4466—4467 页。

结语

处在社会大变局中的两宋，一切都在“变”之中。如钱穆所言：“论中国古今社会之变，最要在宋代……政治经济、社会人生，较之前代莫不有变。”①日本学者也因此提出“唐宋变革”说。尤其是两宋之“变”，非是变得“积弱不振”“积贫难疗”而“始终摆脱不掉贫弱的命运”②，亦非是“积弱”“腐败”乃至“民穷财尽”，而是逐渐朝向文明理性、经济繁荣、文化及社会生活多元时尚开放之变，甚至如张舜徽所言，“曾一度形成小康局面”③。社会如此之变，也带来两宋女子教育生活的巨变。对此，依据社会角色理论，运用大史料观及多学科理论，在分别对自然人、家庭人和社会人的两宋女子教育生活进行微观分析和深度描述之后，发现导致两宋女子教育生活巨变的因素既有国家层面的又有家族家庭及个人层面的，既有政治经济上的又有社会生活习俗上的，既有身体方面的又有个性心理方面的，既有客观的又有主观的，既有内在的又有外在的。诸多因素聚合在一起，共同构成一个多维的、动态的、复杂的“女子教育生活场”。因而，只是简单地用“上升”或“下降”则难以准确地表达两宋女子教育生活丰富而复杂的内涵。如果将其置于中国乃至世界历史的进程中来考察，则更能客观地反映出两宋女子教育生活的进步与辉煌。

第一，以两宋史视野来审视女子教育生活，可以看出：两宋理性文明的开国气象所带来的社会生活新业态，直接催生出女子教育生活的多元、开放、自主之态势，成为两宋社会生活中最具活力的一大场域，也构成两宋社会和谐进步的重要推动力。相比较而言，两宋女子教育生活的同一性远大于差异性。

两宋的理性文明开国主要是确立“右文”的治国战略。在政治上，表现为“不

① 钱穆：《理学与艺术》，载《宋史研究集》第7辑，台湾书局1974年版。

② 钱穆：《国史大纲》，商务印书馆1994年版，第523—549页。

③ 张舜徽：《中华人民通史》（上），华中师范大学出版社2008年版，第321页。

得杀士大夫及上书言事人”“宰相须是读书人”“取士不问家世”及契约让佃户成为自由民等，以致有学者称两宋政治系“平民政治”，两宋社会系“平民社会”。在经济上，两宋农业经济、城镇商业十分繁荣，还与50多个国家保持着商贸往来。英国学者安格斯·麦迪森在《世界经济千年史》一书中所称，在公元1000年即宋真宗咸平三年时，宋朝的国内生产总值就占世界总量的22.7%，中国无疑是这个世界上领先的经济。[①]以致美国学者斯塔夫里阿诺斯认为在宋朝确实“发生了一场名副其实的商业革命”[②]。政治经济领域里的变革也带来文化上的巨大创新与发展，雕版印刷技术的改进及活字印刷术的问世，引发一场伟大的印刷革命，使普通家庭、普通民众都能买得起书，看得起书；在“轴心时代”生成于中国的儒学、道学及生成于古印度后又传入中国的佛教，三教自两汉以降相互碰撞、吸纳及与政治结缘，至两宋时儒学仍高高在上，佛道亦颇有社会基础，尤其是以周敦颐、程颢、程颐、朱熹等为代表的理学家，对儒学进行援佛道于儒的大手笔改造，建构起一套博大精深的新儒学体系即理学，无疑使轴心后时代的两宋又迎来一个“小轴心时代”。两宋文学从“雅”到“俗”带来宋词的繁荣与绝唱，书法从碑书到帖书转向，绘画从政治及宗教画到山水、花鸟画转型，特别是在“右文”政策引领下，宋初的“三次兴学”不仅进一步完善了官学教育体系，还促成自上而下的重教、兴学、劝学之风，使介于官学与私学之间的新型教育组织形式即书院，以及民间私学、义学与家学等都获得快速滚动发展，至南宋都城内外，无论官学抑或是私学，居然“每一里巷须一二所，弦诵之声，往往相闻”[③]。法国学者谢和耐在其《中国社会史》一书中，将宋朝文化上的巨变比作欧洲的“文艺复兴”，或与“文艺复兴”有诸多相似之处，的确有一定的道理。

从“平民政治”“商业革命”到“文艺复兴”，无不表明两宋在政治、经济、文化方面所经受的巨大变革，从而带给世人一个全新的世界。然而，这一切又在极大地促动并改变着两宋的社会生活，以其活跃、开放、时尚、闲适的人性化表现，完全可以说是步入了一个市场化、大众化“享受生活”的时代。与此同时，女子的自主自觉意识开始觉醒，因而其社会生活也得以吐故纳新，不仅可以婚姻自主、继承财产、作一家之主、诉讼维权，还可以自主地走出家门扮演各种各样的角色，在享受生活的同时又能从事除家务之外的诸如农耕桑蚕、经营店铺、公益慈善、受雇打工、行医治病、文学创作、杂艺表演乃至习武从戎等社会性事务。更可贵的是，这又为女子教育生活的拓展与变向创造出前所未有的机遇和空间。

---

①〔英〕安格斯·麦迪森：《世界经济千年史·前言》，伍晓鹰、许宪春、叶燕斐，等译，北京大学出版社2003年版，第6页。

②〔美〕斯塔夫里阿诺斯：《全球通史：从史前史到21世纪》，董书慧、王昶、徐正源译，北京大学出版社2005年版，第260页。

③（宋）耐得翁：《都城纪胜》，中国商业出版社1982年版，第16页。

在“源头活水”的浇灌下，两宋女子教育生活如雨后春笋般地充满生机与活力，既是社会生活的重要组成，又成为社会生活的重要推动力。刘智峰在《国家治理论：国家治理转型的十大趋势与中国国家治理问题》一书中曾言，相对于掌握国家治理大权的统治者来说，“沉默的大多数似乎没有多少发言权，但长期来看，则是那些没有在历史上留下名字的成千上万的小民的日常生活和无数的选择，他们的习惯、思想的变化在决定着统治者的命运”[①]。之所以会有如此效果，是因为这些“沉默的大多数”所做的事情“常常是风化”，风化日久必将会山石俱粉，因而“山崩只是当然的结果”。[②]那么，两宋女子就是这“沉默的大多数”中的一部分，多元的教育生活使其知识、技艺及经验不断得以丰富与改造，以致能够冲出“内外”之间的藩篱而进行社会角色的不断重构与转换。她们虽不直接从政，却能承揽全部家务，让丈夫尽心于政，关键时候还能为丈夫出谋划策、抉择是非，使之为官期间敢于担当、清明廉洁。她们虽无机会步入仕途，却承载着调教子女的重任，为宋廷输送一批批新科进士甚至是寒门进士。她们虽无多少机会为国尽忠，却会用另外一种方式来表达，即寄希望于丈夫或儿子来替自己实现为国尽忠的梦想，或勉励丈夫“不以家事辞王事”，或教育儿子国难当头要“当捐身以报国恩”“尽忠报国”或“当宣力国事，毋以私废公”。她们虽多在及笄就嫁为人妇，但在磨砺中学会理家治业，维持着家庭的稳定与家族的和谐。每当自己的意愿与传统规训发生冲突，诸如命其嫁人、强其守节、劝其改嫁、夺其应得财产时，她们敢于挑战或反叛传统，坚持己见，甚至是诉讼衙门或“宁死不从”。每当遭受他人凌侮而不甘受辱之时，为坚守自身清白，她们往往会为“舍生取义”而以死抗争。每当政府颁布禁令杜绝“服妖”“胡服”时，她们也往往会“冒天下之大不韪”而勇于追求生活中的美。正是这些女子默默无闻的承受、点点滴滴的付出和合情合理的抗争，才汇聚成社会生活的强大推动力，社会生活才变得如此精彩纷呈。

相比较而言，两宋之间女子教育生活的同一性远大于差异性。从版图上看，宋室南移后，北方大约有三分之一的国土被金朝所占，剩余的三分之二仍继续为赵宋王朝所有，也就是说南宋时的国土一直是与宋王朝相存亡的。把宋朝分为北宋和南宋，实乃一个相对的时空概念，多为便于学术研究而为之。其实，更值得关注的是宋室南移前后，宋廷治国方略的可持续性及其所带来的社会生活的变迁和态势。各种史料表明，宋初所颁行的尊孔崇儒、整饬风俗、重建社会人伦秩序等重要律令及相关政策，在宋室南移后仍持续发酵。从朝廷颁发的涉及婚俗、服饰、褒奖等各种诏令及地方官员发布的一系列劝谕文中，可以明显看出统治者对

① 刘智峰：《国家治理论：国家治理转型的十大趋势与中国国家治理问题》，中国社会科学出版社2014年版，第13页。

② 吕思勉：《中国的历史》，北京联合出版公司2013年版，第5页。

社会现实问题的积极回应，以及对社会道德及社会生活秩序重建的进一步加强。另从北宋司马光的《家范》《居家杂仪》到南宋袁采的《袁氏世范》，从北宋吕氏兄弟的《吕氏乡约》到南宋朱熹的《增损吕氏乡约》，对女子的种种规训基本上是对传统礼教的恪守，且多本之于《礼记》《列女传》等经典文献。从两宋墓志铭所载墓主人的生平事迹来看，几无例外地都会赞美她们孝敬父母及公婆、相夫以礼、教子以法、治家有度、和睦邻里等美德，喜好读书的女子所读书目也大同小异，经史子集、诗词书画都有涉足。当然，在恪守传统的同时，两宋之间也会表现出比较一致的灵活性，诸如因袭唐朝婚俗观念，对女子的性需求以及是否再嫁等，都能保持一种肯定、包容和开放的心态，使守节者能成全“共姜”之志，再嫁者亦能继续找寻自己的幸福。因此，可以说两宋女子的教育生活，从形式到内容，从时间到空间，无论是变抑或是不变，都具有高度的同一性。

然而相对于同一性而言，因南北方的自然环境、经济结构及风俗习惯有所不同，女子教育生活内容及方式也存在不同程度的差异。尤其是宋室南移带给南方更多的发展机会，相比之下北宋比较保守和传统，南宋更加自由和开放，如女子聚会，北宋时多家庭宴饮、姻亲聚会，而在“举世重交游”的南宋则出现专业女子社团；如女子受教，北宋女子自幼多受女工操练，南宋则在“商业革命”浪潮的洗礼下，多数女子能走出家庭从事茶业、药业、餐饮、客店等各种经营服务活动。导致两宋差异的主要原因，在于宋廷南移后的统治力在下降，地方治理力比较薄弱，从宫廷朝臣再到普通民众对时尚生活的追逐，使经济及社会生活日益活跃，如果说宋廷是一棵“病树”，那么生活万象就是“万木春”，女子教育生活便是这万木之春中的一朵奇葩。

第二，以中国史视野来审视女子教育生活，可以看出：两宋女子教育生活上承汉唐多有超越，下启近世，又多为元明清三代所不及，实乃中国古代女子教育生活的黄金时代。

毫无疑问，女子教育生活是伴随人类教育的产生而产生，又是伴随社会的发展而发展的。最初的辉煌显然是在母系制时期，女子处于社会生活的核心地位，既要承担一定的社会生产及生活事务，又要从事教民稼穑、治丝、驯兽、占卜等，教育生活简单而又原始。进入父系制或宗法制后，最初的社会分工及一夫一妻多妾制，使女子的生活空间大为减缩，直至局限在家庭之内。男子不仅在社会生活中日益占据主导地位，还为维系父权制而建构一整套礼制及道德规范，“女主内”及“三从四德”等观念开始生成，《礼记》中的“内则”就是对女子“主内”生活的整体设计及全面规训，既确立女子在家庭中不可或缺的地位，又成为后世规训女子教育生活的蓝本。与此同时，“贞节”观念亦开始孕育，齐国退隐大夫王蠋有“贞女不更二夫”之言，《礼记》中亦有“夫死不嫁”之说。秦汉时开始收拾春秋以降“礼乐崩坏”之残局，重建礼制与社会秩序，女子的教育生活也被重新建构。董仲舒的“独尊儒术”之策被汉武帝所采纳，使儒家的君臣、父子、夫妻等一系列伦理纲常之教开始发挥作用，女子被正式纳入男权社会的框架中来，按照社会的角色期待分别施与不同的教育。尤其是女子的“贞节”观念得到强化，政府有旌表贞节之举，刘向在《列女传》中还专置“贞顺”“节义”篇进行说教，但似乎收效甚微，诸如朱买臣之妻等都有改嫁、再嫁的自由。“继汉开唐”的魏晋南北朝时期，儒学根基虽有动摇，但与宗法制实为生死两兄弟，故依然占据官学位置，对女子的贞节及不妒之教有所加强，但因受到玄学的冲击及王朝更替的影响，“名教”对女子的约束似有所放松，现实生活中改嫁及再嫁女子也为数不少。还出现韦逞之母宋氏居家“立讲堂，置生员百二十人，隔绛纱幔以授业”[①]的惊人之举，尽管是受前秦苻坚之命而为之，唯此一例，也使女子的潜能及个性得以彰显。

宋之前夜的唐朝国势强盛、文化多元及生活空间开放，使女子教育生活再度辉煌，甚至是呈现出奔腾豪放、毫无拘束的态势。诸如宫廷设有教坊、梨园等艺伎训练机构；贞节观念比较淡薄，择偶及再嫁比较自由，但政府也多有旌表“贞顺之妇”之举；袒胸装、透装等着装大胆、开放和浪漫，甚至是京城女子喜着男装穿梭于人群之间；可以从事户外的击球、蹴鞠、拔河、荡秋千等健身活动，如史载“教女伎乘驴击球”[②]“与近臣观宫女拔河”[③]等。然而《女孝经》《女论语》等女教读物的相继问世，应该是对女子奔放生活状态的一种反思性回应。

至两宋时，伴随社会的变革与转型，两宋女子的教育生活更呈现出新的秩序及格局，在传承汉唐以来女子规训的基础上，又呈现出更加多元与开放的态势。她们能挣脱传统观念的束缚，以社会生活主人的姿态实施生命自救，诸如贞节及性观念少受礼教的约束，改嫁再嫁、两嫁三嫁、夫死后父母强制其再嫁者不乏于史载，以棋、诗论嫁者有之，权益受损时将对方告上公堂者有之，等等。尤其是她们能突破“女不主外”“女不言外”的羁绊，勇敢地走出家门，以其技艺和智慧活跃于社会生活的各个领域，诸如身体的自由度增大，蹴鞠中男女可以对踢，女子在大庭广众之下可以从事相扑表演；积极参与治荒、修坝以及赈灾、济贫等各类公益及慈善活动；居家或借居，倾奁资办理家塾、私塾；国难当头勉励丈夫、儿子“尽忠报国”，或亲自上阵指挥作战，或以金银首饰激励兵卒保卫家园；她们可以大方地步入学堂，男女同学，甚至是在男子独霸场屋之际，林幼玉、吴志端两位幼女竟能应试童子科，震动朝野；有关商贸、表演、交游、宗教等方面的女子专业社团开始呈现，成为女子扩展交游及丰富社会阅历、增加社会适应能力的

①（唐）房玄龄等：《晋书》，中华书局1974年版，第2522页。

②（宋）欧阳修、宋祁等：《新唐书》，中华书局1975年版，第4546页。

③（唐）康骈：《剧谈录》，古典文学出版社1958年版，第8页。

新平台，等等。这一切，无不彰显着女子自主自觉意识的觉醒以及参与社会生活的激情，也是前朝后代所无法比拟的。

还有，值得一提的是备受后世诟病的“缠足”“守节”问题，在两宋时期对女子教育生活的影响几乎是可以忽略不计的。

缠足，诚然是男权社会对女子身体的一种畸形塑造与控制。对缠足的最早记载，当是两宋之际学者张邦基在《墨庄漫录》中所称：“妇人之缠足，起于近世，前世书传皆无所自。”[①]南宋末学者车若水最早对缠足提出质疑，说：“妇人缠脚，不知起于何时。小儿未四五岁，无罪无辜，而使之受无限之苦，缠得小来，不知何用？”[②]而缠足具体始于何时，则是周密在《浩然斋雅谈》中引用宋人所著《道山新闻》之说，最早提到缠足始于南唐时的“窅娘以帛绕脚”。张邦基则提出始于“近世”，应该是在北宋的中后期。而宋元之际学者白珽在《湛渊静语》中，记述程颐六世孙、度宗咸淳年间曾为安庆守官的程淮所言，称程氏家族女子“俱不裹足、不贯耳，至今守之”[③]。两宋学者所言，当是一种实录，可以说两宋时已有女子缠足，但为数非常少，多是艺妓及仕宦之家女子。部分文人学者总是带着猎奇心理或为搜集创作素材之需，对个别女子的缠足之举赋诗填词予以极度赞美，结果给人一种两宋女子缠足甚是普遍的错觉。

关于“守节”，已往谈及两宋女子或女子教育问题时，多数学者会拿理学家的“饿死事极小，失节事极大”及“存天理”“灭人欲”等说教来说事，以为北宋以后女子守节“自然是受理学诸儒的影响为最大”等。似乎一下子就让两宋女子生活变得“水深火热”，或完全沦为男人的“性奴”，或从社会生活中彻底“消失”。事实上，宋之前《礼记》《史记》中就有“夫死不嫁”“不更二夫”之论。程颐是在回答门生所问时有感而发，认为寡妇再嫁为失节，男子迎娶寡妇亦是失节，故不独对女子而言，也包括男子。在接着回答生存难以为继“可再嫁否”问题时，才引出他的“饿死事极小，失节事极大”等经典之语。[④]直到朱熹编著《程氏遗书》加以刊行后，程颐的“失节”之论才广为人知。又如理学家的“天理”之说，无外乎“三纲五常”等维系统治格局及社会秩序之理，如缺乏或丧失此理，就会出现“人欲横流”“天下大乱”，因此必须重建社会秩序与社会道德，使人人“明天理”“存天理”，同时还要克制、遏制有悖于天理的种种欲望，如此才能“尽天理”，当然也包括女子“守节”在内。

然而，理学家的至理名言并未因此而成为两宋女子教育生活的座右铭。从程

①（宋）张邦基：《墨庄漫录》，中华书局2002年版，第220页。

②（宋）车若水：《脚气集》，钦定四库全书本。

③（元）白珽：《湛渊静语》卷1，钦定四库全书本。

④（宋）程颢、程颐：《二程集》，中华书局1981年版，第301页。

颐、张载及朱熹晚年的遭遇，可以看出他们思想的影响力是非常有限的。程颐晚年因党争被贬，虽门生故友众多，但死时唯恐避之不及，只有四位弟子斗胆前往为其送葬。张载虽在外为官多年，在带病告归途中客死潼关旅舍。朱熹亦因庆元党案被弹劾，还被罗列“不孝其亲”“不敬于君”“不忠于国”“玩侮朝廷”“怀卵翼之私议”“害于风教”六大罪状，乞“将朱熹褫职罢祠，以为欺君罔世之徒、污行盗名者之戒”。[①]可以说，他们的思想还仅仅停留在学术研究层面或一直处在“曲高和寡”的状态，时而因党争还会加之“莫须有”的罪名而遭受遏制或打击，尚未成为一种共识而深入社会生活中去，更不可能因此而成为一种制度或生活习惯。尤其是理学从初创到鼎盛之时，社会生活也在发生着巨变，从北宋到南宋，从城镇到乡村，从王室到寒舍，虽“禁欲”守节者为数不少，然“纵欲”再嫁女子亦举不胜举。范仲淹随母亲改嫁到朱家，还更姓改名为“朱说”，步入仕途后才恢复“范”姓。范仲淹还将守寡的儿媳嫁给丧妻的门生王陶。在他所定的《范氏义庄田约》中，给付再嫁者的费用也高出再娶者。王安石为使儿媳不再受儿子的虐待，居然为她另择新君而改嫁之。即便是程颐也未遵其言，亲自将守寡的外甥女嫁给他人。南宋地方官员在处理与改嫁有关的案件时，也不得不倾向于合情合理又合法的再嫁女子。朱熹在写给陈师中的书信中，也不免认为程颐的“失节”之论，“自世俗观之，诚为迂阔”。墓志铭中，初嫁即为继室及父母规劝改嫁者的情况为数不少，三嫁者亦非个别现象。因此，制造理学束缚两宋女子“冤案”的不是理学家本人，而是后世的研究者。

遗憾的是，如此良性的两宋女子教育生活态势，却伴随南宋的灭亡和元朝的建立而来了一个“急刹车”。元朝虽“尊用汉法”，但非完全沿袭唐宋之制，且在民族问题上划分为蒙古人、色目人、汉人和南人四等，汉人和南人地位低下，又都属于大宋遗民；在社会分工问题上，将人的职业分为十等，让社会生活舞台上最为活跃的士人位列第九等，比之娼妓还低一等。尤其是统治者对程朱理学开始推崇，如《宋史・道学传》中称：“道学盛于宋，宋弗究于用，甚至有厉禁焉。后之时君世主，欲复天德王道之治，必来此取法矣。”[②]于是，程朱理学就被升格为官学，开科取士必考《四书章句集注》，理学家苦心建构的社会秩序及道德重建方案也开始发挥作用，元朝的社会生活不但没有延续两宋的自由、包容与开放优势，反而在各种禁令的施压下渐次被禁锢，也使两宋女子教育生活业态从此风光不现。特别是对女子约束力极强的“缠足”等陋俗也自元朝得以提倡和强化。如清朝学者钱泳所言：“元、明以来，士大夫家以至编民小户，莫不缠足，似足之不能不裹，

①（宋）叶绍翁：《四朝闻见录》，载《宋元笔记小说大观》第5册，第4964—4966页。

②（元）脱脱等：《宋史》，中华书局1977年版，第12710页。

而为容貌之一助也。”[①]

明清时期继续推崇程朱理学，专制制度进一步加强，对知识分子采取既笼络又高压的政策，对女子的规训亦更加严格，专为女子编撰的读物也频繁问世，诸如明朝的《女范捷录》《内训》《女小儿语》《闺范》《温氏母训》以及清朝的《内则衍义》《女学》《教女遗规》《改良女儿经》《闺门女儿经》《闺门千字文》等。尤其是明初朱元璋亲自下令旌表“节妇”，称“民间寡妇，三十以前夫亡守制，五十以后不改节者，旌表门闾，除免本家差役”[②]，导致明清时期节妇、烈女较之前成倍增长。陈东原在《中国妇女生活史》中称，“二十四史”中收入节妇烈女最多的“莫如《明史》”达到308人，而修《明史》时所收集到的则“不下万余人”。而之前的《后汉书》有21人，《旧唐书》《新唐书》有54人，《宋史》有55人，《元史》有187人。[③]缠足之风，在明清两朝也比之前代“有进无退”。至如士人所言“女子无才便是德”一语更为时人所曲解，直接导致对女子受教的歧视。虽然明清之际女子教育生活在某些方面有所进步与拓展，诸如江南一带出现职业女塾师、部分私塾明确开招女弟子、女子文学社团的出现、清廷屡次禁止缠足，以及女子在诗词、曲赋、书画方面的不凡成就等，但就整体水平来看无法与两宋相比。

可以说，两宋业已形成的女子教育生活良性业态在元朝发生巨大改变，主要是多元、开放、自主的一面没有被复制和传承，反而对女子身体、对性的禁忌和对婚姻关系，逐渐有了严格的规定和限制，与其他经济文化生活一样直到近代才让人看到一丝丝曙光，因此诸多学者都把两宋断为中国“近代化”的开端。如葛兆光所称：“我们现在记忆中的或是生活中所遇到的，其实不是真正古代的传统，而是宋代的传统。家族、伦理、道德等历史和常识，往往都是宋代给我们留下来的。”[④]日本学者陈舜臣在其《中国历史风云录》一书中，也曾言“宋朝是一个让我们觉得距离很近的时代”[⑤]。如果说华夏民族之文化，历数千载之演进，造极于赵宋之世，那么，女子教育生活同样历经千载之传承与创新，至两宋时既超越汉唐，又为元明清三代所不及，可谓中国古代女子教育生活史上的“黄金时代”。

第三，以世界史视野来审视女子教育生活，同样会发现：轴心前时代的文明古国，唯独中国的教育文化没有出现中断而源远流长、绵延至今，也唯独中国两宋时期的女子教育生活在同时代的世界舞台上成为领跑者。

处于轴心前时代的文明古国不外乎古巴比伦、古埃及、古印度、古克里特及中国，都曾“以其高度发达的文化和教育光芒四射，给蒙昧的人类以光明”。然而，

①（清）钱泳：《履园丛话》，中华书局1979年版，第627—629页。

②（明）李东阳等：《大明会典》卷79《旌表》，续修四库全书本。

③ 陈东原：《中国妇女生活史》，商务印书馆1937年版，第180—181页。

④ 葛兆光：《思想史研究课堂讲录：视野、角度与方法》，生活·读书·新知三联书店2005年版，第212页。

⑤〔日〕陈舜臣：《中国历史风云录》，陈亚坤译，广西师范大学出版社2009年版，第262页。

“能够悠久而又绵延不断、源远而又流长、古老而又风韵常存的，唯有中国文化以及这种文化所哺育的教育”。[①]中国教育文化的丰满成熟、博大精深及切于实用，以及其强大的包容性及同化力、适应力，使各族军事上的胜利者同时又成为文化教育上的臣服者，其他的古老文明，均因外族入侵或自然灾害等文化血脉中断。因而，在世界教育文明史上，中国教育文化有着举足轻重的地位。

从亚洲来看，美国学者斯图亚特·戈登在《极简亚洲千年史》中，认为公元618—1521年欧洲处在“黑暗时代”，而同时期的亚洲则正处于最辉煌的巅峰，可说是“世界中心在亚洲”。[②]而汉唐以降中国又一直都是亚洲政治经济文化的中心区域，扮演着文化输出国的重要角色，即通过留学、商贸、使节往来、战争、移民、通婚、传教等多种方式，将中国文化传播或辐射到周边诸多国家或地区，使这些国家或地区的社会生活深深打上中国文化的烙印，从而形成一个中国文化圈或儒家文化圈。而受中国文化影响最深的莫过于日本、朝鲜及越南等国，以致有学者称，古代的日本“没有历史和传统所支持的、整体的、根本的解释系统，它的许多文化是借来的，拼凑而成，所以不大有主体性”，或者说日本没有“体”只有“用”的文化。[③]如与两宋同时代的平安时代及镰仓时代，日本贵族家庭的女子同样要遵从儒家妇道，阅读《孝经》《史记》《千字文》《蒙求》等书籍，平时还要习字、和歌和赋诗；普通家庭的女子要学习机织、染色、裁缝等“女艺”，类似中国的“女红”或“女工”。周密在《癸辛杂识》中，还曾描述日本女子着装不仅“衣大袖而短，不用带”，且“所衣皆布，有极细者，得中国绫绢则珍之”。[④]同时代的朝鲜也强调对女子进行忠孝、节义及贞烈等儒家伦理之教。《高丽史》中亦置有“烈女”传，如胡寿之妻俞氏，高丽高宗四十四年（1257年）胡寿遇害时，她“恐为贼所污，投水而死”；玄文奕之妻史氏，高丽元宗十一年（1270年）因不为贼所辱，“携二女投水而死”等。[⑤]足见，日本、朝鲜等国的女子教育生活受儒家文化的影响颇为深刻，可以说在世界上“没有任何一种文化教育曾经像古代中国文化教育那样给予邻近的国家和民族以如此巨大深刻的影响”[⑥]。以致日本学者内藤湖南在其《中国史通论——内藤湖南博士中国史学著作选译》中，提出一部东洋史“即是中国文化发展的历史”[⑦]。美国学者费正清在《费正清中国史》

① 喻本伐、熊贤君：《中国教育发展史》，华中师范大学出版社1999年版，第2—4页。

②〔美〕斯图亚特·戈登：《极简亚洲千年史》，冯奕达译，湖南文艺出版社2017年版。

③ 葛兆光：《思想史研究课堂讲录：视野、角度与方法》，生活·读书·新知三联书店2005年版，第228页。

④（宋）周密：《癸辛杂识》，载《宋元笔记小说大观》第6册，第5811页。

⑤（李朝）郑麟趾等：《高丽史》第75册《烈女》，汉城大学奎章阁档案馆本。

⑥ 喻本伐、熊贤君：《中国教育发展史》，华中师范大学出版社1999年版，第4页。

⑦〔日〕内藤湖南：《中国史通论——内藤湖南博士中国史学著作选译》，夏应元、刘文柱、徐世虹，等译，社会科学文献出版社2004年版，第3页。

一书中，认为“中国是所谓东亚文明的母源与主体”[①]。也正因为这样，日本、朝鲜等国的女子教育生活远不如同时期的两宋那样丰富、深刻和开放。

再从欧洲来看，宋之前的中国与欧洲之间尚未有正式的直接对话，但在宋元时期中西方文化交流的浪潮中，“中国文化由地中海沿岸向西欧各国扩散，对欧洲社会变革和文化复兴起了推波助澜的作用”，尤其是两宋时期的三大发明对欧洲变革的影响最为深刻。[②]培根在《新工具》一书中，认为宋朝的三大发明“已经在世界范围内把事物的全部面貌和情况都改变了”[③]。马克思在评价宋朝的三大发明时，则指出火药、指南针和印刷术是“预告资产阶级社会到来的三大发明，火药把骑士阶层炸得粉碎，指南针打开了世界市场并建立了殖民地，而印刷术则变成新教的工具，总的来说变成科学复兴的手段，变成对精神发展创造必要前提的最强大的杠杆”[④]。可见两宋的科技文化传入欧洲后，成为欧洲“科学复兴的手段”，尤其是印刷术变为“新教”掌控社会生活的“工具”，中国文化发展到宋朝时已居于世界最前列。

而与两宋同时期的中世纪欧洲，却被学界普遍称为“黑暗时代”，也有学者形容为“文明的土壤进入了休耕期”[⑤]，或认为此时“文化的变迁是向下的，而不是向上的”[⑥]。之所以有如此认知，是因为在公元 1000 年之际，“几乎整个欧洲大陆都皈依了基督教”[⑦]，而在教会眼里唯有《圣经》，故对教育、学校及教师予以高度垄断，“把普遍知识限制在它的兴趣和教义固定范围之内”[⑧]，道德教育被宗教灌输所取代，使“教育本身也渗透了神学的性质”[⑨]，甚至成为宗教的奴仆。哪怕是人们日常生活中的言行举止都要受制于教义，如此扼杀现实人生及独立思考的蒙昧局势在西欧居然持续了一千多年。而对于当时的世俗封建主家庭女子来说，其教育主要是在官邸中进行的，旨在“养成贤妻良母”，故学习内容主要是编织、缝纫，尤其注重持家、管理财产方面的训练。除此之外，还会进行礼仪、音乐、舞蹈方面的教化，然“竟绝少见有知识方面的教育”[⑩]。相对于同时代的两

①〔美〕费正清：《费正清中国史》，张沛、张源、顾思兼译，吉林出版集团有限责任公司 2015 年版，第 3 页。

② 龚书铎、王育济等：《中国文化发展史》（宋元卷），山东教育出版社 2013 年版，第 513 页。

③〔英〕培根：《新工具》，许宝骙译，商务印书馆 1984 年版，第 103 页。

④〔德〕马克思：《机器、自然力和科学的应用》，自然科学史研究所译，人民出版社 1978 年版，第 67 页。

⑤〔美〕房龙：《给大家看的全球通史》，高雅译，哈尔滨出版社 2016 年版，第 118 页。

⑥〔美〕海斯、穆恩、韦兰：《全球通史》，冰心、费孝通等译，红旗出版社 2015 年版，第 162 页。

⑦〔美〕菲利普 · J. 阿德勒、兰德尔 · L. 波韦尔斯：《世界文明史》（上），林骧华、庄彩云等译，上海社会科学院出版社 2012 年版，第 378 页。

⑧〔英〕博伊德、金合：《西方教育史》，任宝祥、吴元训主译，人民教育出版社 1985 年版，第 99 页。

⑨〔德〕恩格斯：《德国农民战争》，载（德）马克思、恩格斯：《马克思恩格斯全集》第 7 卷，中共中央马克思恩格斯列宁斯大林著作编译局编译，人民出版社 1959 年版，第 400 页。

⑩〔美〕格莱夫斯：《中世教育史》，吴康译，华东师范大学出版社 2005 年版，第 68 页。

宋女子教育生活而言，也确实逊色不少。

因此可以说，两宋作为当时世界上最先进的文明国家，又处在中国古代女子教育生活的黄金时代，那么必定是同时期世界舞台上女子教育生活的领跑者。

总之，论及教育，有一个朝代不能绕过，那就是宋朝；论及教育生活，有一个群体不能绕过，那就是两宋女子。两宋既是中国古代社会的转型期，又是古代教育的鼎盛期，更是女子教育生活的黄金期。多元、开放、自主的两宋女子教育生活，既受教于他又自教于我，既变向于形而上又践行于形而下，既显于内又彰于外，既承继汉唐传统又开启近世新气象，在中国古代社会生活及教育生活史上可谓独领风骚，它不仅属于中国，也属于世界，理应为之感到自豪和自信。诚然，也不能否认男权社会中对两宋女子教育生活的种种不合理乃至于非人性化的约束，何况这也是古代各个时期的一个共性问题。

然在研究过程中，笔者明显感觉到结论性史料有余，而过程性史料不足，由过程推出结论者易，由结论再现过程者难。因此，要想使女子教育生活更加逼近历史的真实，必须不断地发掘过程性史料，以进一步解释被遮掩的历史，如此才能真正还原女子教育生活的原生态。也只有不断地用新材料研究新问题，才能改变传统历史书写中女子的“失语状态”，改变女子仅仅是作为“男性的附庸和配角”而出现的一元之论，让历史走进女子的生活、身体与情感，让女子从社会生活的幕后登上前台，最终让历史及教育史真正成为“人的历史”而非仅仅是“男性的历史”。

后记

本书是就我的博士论文修改而成，创作中的辛酸与甘甜、眼泪与微笑，至今仍历历在目。

回想2014年那个秋天，自踏上桂子山，便决心要做个好学生。只因为，虽已迈入知天命之年，然未必已知天命；虽学教育出身，然未必尽懂教育；虽不再为职称所累，然未必名副其实。总之，有一种“根底浅”之感，只有静下心来读书、求知，才能弥补人生及学业之缺憾。幸蒙恩师周洪宇教授不弃和厚爱，将53岁的我招至门下，以其大智卓见，从读书、治学到博士论文选题、布局、修改等方方面面，不断地为我指点江山，还不时地为我创造诸多历练的机会和平台，三年下来自感进步不小，尤其是寻觅到学术之根，周师之功实是最多。师母张老师退而不休，既忙于家务，又在生活、学业上给予我等诸多关照，提供诸多方便，倍感亲切和温暖。对周师及师母的感激之情，实在难以言表。经周师安排，还有幸拜见师祖章开沅先生，感谢章先生对我整理其《教育史研究与评论》所收特稿的认可及鼓励，成为我不断前行的强大动力。

在写作框架初步成形后，我曾专门致函请教过在女子教育史研究方面卓有建树的专家学者，台湾师范大学的周愚文教授、乐山师范学院的杜学元教授、深圳大学的熊贤君教授等，诸位先生在百忙之中的悉心订正及中肯建议，使我感动之中而思路大开。教育史前辈田正平教授，既审阅拙文、主持答辩，又提出诸多建设性的修改建议。尤其是在答辩之后十多天，也就是2017年6月13日，田正平教授给我发微信，让我看一下中国宋史研究会会长包伟民教授在《光明日报》6月11日国学版上的一篇文章《以历史思维看唐宋城市史》，他说：“一篇好的博士论文不是通过就完事了，在出版之前，要力求完善、完美。出版之后，有机会仍要不断打磨，力争成为一部能在学术史上占有一席之地的精品。”感激之情难以言表。前辈们的鼓励和支持，促使我鼓足勇气，敢于面对史料不足等诸多挑战。

后　记

在华中师范大学求学的三年间，典雅古朴的校园、幽静温馨的图书馆、纯朴智慧的桂子山人，都给予我无穷的力量。我感觉自己就像一只小蜜蜂，在书山中穿梭，在学海中遨游。又感觉自己像一个小学生，总是尽力抓住每一次聆听或求教的机会，通过与教育史专业的余子侠教授、喻本伐教授、杨汉麟教授、申国昌教授、刘来兵副教授、李先军副教授、郑刚副教授、王莹副教授，以及与其他专业的范先佐教授、王坤庆教授、董泽芳教授、涂艳国教授、雷万鹏教授、杜时忠教授等专家学者的近距离接触，他们的学科背景、求学经历、治学态度、学术成就等，无不让我深切感受到学识的价值，因而无不在鞭策我前行。在此，对所有老师的无私付出、鼓励和包容表示崇高的敬意！

求学期间，基于学缘的关系，我有幸与同门学人广少奎、郭娅、李忠、刘训华、陈光春、赵厚勰、黄宝权、张建东、刘大伟、李永、于洋、李艳莉、宋俊骥、魏珂、周娜、蓝日模、易凌云、徐莉、李木洲、袁海霞等，在读同门邓凌雁、黄亚栋、侯耿耿、付睿、王配、龚苗等，以及同沐华师阳光雨露的学妹学弟程功群、夏军、张攀、卢同庆、闫昌锐、付辉、梁云真、任洁、郭景川、黄欢、王欢星、邓冰晶、贺云飞、张春草、唐紫盈等相识，在与他们彼此接触、交流、共勉中，我不仅感受到知识的价值，还体会到一种强烈的存在感和大家庭的温暖，我的校园生活才显得那么充实和有味道，感谢他们的陪伴！

诚然，创作能顺利完成，自然也离不开母校河南大学及教育科学学院的老师、同事、同学、朋友的鼓励和支持，离不开教育史专业研究生的事务性分担，离不开妻子李玲及家人的理解和支持，离不开科学出版社编辑的辛勤付出。他们的包容、勉励和支持，为我赢得了充裕的时间来读书、思考和作文。另外，我在写作过程中，也充分借鉴了诸多学人的科研成果，在此一并致以深深的谢意！

只因本人学识浅薄，文中纰漏在所难免，在今后研究中定会不断修正、补充和完善，以不辜负于众望！

赵国权

2019 年 10 月于寒舍